法律与科技译丛

欧盟个人数据
保护制度

《一般数据保护条例》

〔波兰〕马里厄斯·克里奇斯托弗克 著

张韬略 译

商务印书馆
The Commercial Press

Mariusz Krzysztofek

GDPR: Personal Data Protection in the European Union

This is a translation of *GDPR: Personal Data Protection in the European Union,* by Mariusz Krzysztofek, published and sold by The Commercial Press, by permission of Kluwer Law International BV, Alphen aan den Rijn, The Netherlands, the owner of all rights to publish and sell same.

中文版序

　　个人数据保护已经成为理解当前世界体系的核心问题之一。欧盟在个人数据保护领域创建了一个复杂的制度，其集大成者即目前正在实施的《一般数据保护条例》（General Data Protection Regulation, GDPR）。《一般数据保护条例》的主要目标是保护自然人的基本权利和自由，特别是保护其个人数据权利（该权利是隐私权的具体表述，而隐私权是人的权利和基本自由，是人的一项基本权利）和个人数据在欧盟内的自由流动，同时确保尊重成员国公民保护其个人数据的权利。借助该条例，欧盟内部建立了统一的数据保护标准。

　　环顾全球，类似《一般数据保护条例》的立法模式，或者至少欧盟委员会认定达到了欧盟保护水平的数据保护制度，也已被许多非欧盟国家（包括亚洲和环太平洋地区）所采用。

　　曾经有一段时间，作为两个主要的全球参与者，中国和美国并没有采取欧盟这种立法模式。但是，自2021年11月1日起施行的中国《个人信息保护法》（PIPL）建立了一个全面的数据保护框架，用以规制在中国的个人的数据处理，并具有域外效力，即可适用于不在中国但向位于中国的个人提供商品或服务或分析或评估活动的企业，该法在许多方面与《一般数据保护条例》有着明显相似之处。中国《个人信息保护法》改变了游戏规则，该法不仅影响了中国的企业和公民，而且——由于中国是世界上人口最多的国家以及在全球经济中的地位——也影响了国际的数据流动。

　　同样地，美国在联邦层面由参议院起草了《建立确保数据访问、透明度和问责制的美国框架法》（SAFE DATA Act）立法草案，引发了关于联邦消费者数据隐私标准的辩论。美国加州通过了《加州消费者隐私法》（CCPA），该法案将由《加州隐私权法》（CPRA）做进一步修订。

国家之间围绕个人数据保护法律的这种协调有助于消除国际经济合作的障碍。同时，它确保参与全球活动的大多数国家（包含了全球大多数的人口）的公民保护其个人数据的权利能够得到尊重。

信息技术在全球范围的大量应用和演进改变了数据处理环境，带来了新的挑战。这种变革与下述现象尤其相关：大量数据在网络上处理，可访问互联网的设备无处不在，社交网络服务、在线购物和在线银行的普遍使用，跨国公司内部数据的大规模传输，以及数据处理硬件和软件容量的增长。大量收集可用以开发用户画像的数据，企业的监控，向广告商出售用户行为数据，移动电话运营商收集地理定位数据，互联网用户画像，面向服务的架构，云数据处理，公共场所无处不在的闭路摄像机，购买或卡交易信息的获取等做法，在加剧隐私侵犯可能性的同时，也给现有秩序带来了严重的挑战，进而呼唤数据隐私保护时代的来临。

在这种时代背景之下，我的书能面向中国读者在中国出版，我感到非常荣幸。对于在该领域进行研究或向客户提供建议的企业、客户、承包商、律师和学者而言，本书提供了欧洲数据保护机构多年来所通过的众多判例法、指南和最佳实践。

更令我高兴的是，这本书的出版发生在中国《个人信息保护法》施行之后不久。由于欧盟《一般数据保护条例》和中国《个人信息保护法》有很多相似之处，所以本书中的很多评论可能有更广泛的适用性。中国读者会发现，虽然它们主要用于《一般数据保护条例》分析，但在一定程度上也可以适用于中国《个人信息保护法》，以及适用于许多受到该条例影响并采用同等制度或类似法规的非欧盟司法管辖区。

　　非常感谢上海同济大学法学院张韬略教授对本书的精彩翻译，这是我的荣幸。我为这次学术合作过程中双方的专业精神和友好沟通感到由衷的高兴，对此我非常感谢译者。我还要感谢商务印书馆和威科出版社的通力合作，以及两家出版社法律编辑团队的精心投入，没有这些努力，本书无法在中国出版。

马里厄斯·克里奇斯托弗克

2022 年 3 月

译者序

在读者阅读本书具体章节，详细了解欧盟《一般数据保护条例》（以下简称 GDPR）的具体规定如何适用之前，有必要简单了解 GDPR 的出台背景以及它在整个欧盟数据战略之中的地位，以便从历史和体系的角度，更加全面、立体地把握这部立法。

毫无疑问，欧盟是目前世界上对个人隐私和数据保护最为严格的地区，这与其历史文化和地缘政治是息息相关的。只要联想到"一战""二战"期间发生在欧洲的种族清洗（例如奥斯曼土耳其政府对亚美尼亚人，德国纳粹政府对犹太人）和其他政治迫害行为，联想到翔实记录的个人数据被不法政府系统性地用于这类罄竹难书的反人类罪行，我们就能理解，为何欧盟自民间到政府都极为担忧个人数据被滥用，并异常坚决地将个人数据权利高举为公民的基本权利。GDPR 为个人数据权利提供了高标准的保护，正是欧盟这种历史观和价值观的立法表现。

欧洲层面对个人信息保护的协调和规制，可以一路追溯到 1980 年 9 月 23 日由经济合作发展组织（欧洲经济合作组织的前身）所发布的《保护个人信息跨国流动及隐私权指导纲领》。该纲领虽对经济合作发展组织的成员国不具有法律约束力，但前瞻性地提出了个人数据保护的国内适用和国际适用的基本原则，包括个人数据国际间自由流通和合法限制原则，奠定了欧洲个人数据保护和跨境流动法律规制的方向和框架。

因应信息技术的发展，1981 年 1 月 28 日欧洲理事会各成员国签署了《关于保护自然人个人数据自动处理的第 108 号公约》以及附加议定书，明确了保护个人基本权利和自由，尊重个人隐私，并促进信息自由流动的宗旨。该公约成为欧洲层面首个具有法律约束力的规范个人数据保护的法律文件，也是全球首个有关数据保护的公约。虽然受限于签约国的数量，该公约的实施效果有限，但欧洲的个人数据立法借此拉开了正式影响全球数据治理格局和个人数据立法面貌的序幕。

此后，随着欧盟的诞生，欧洲个人数据保护开始了一体化的进程。1995 年 10 月 24 日，欧盟通过了《关于个人数据处理和自由流动的个人保护的第 95/46/EC 号指令》（本书中简称为《第 95/46/EC 号指令》）。该指令为欧盟成员国国内法设定了个人数据保护的最低标准，规定了个人数据保护的基本原则，数据主体的权利，数据控制者和处理者的义务，数据跨境传输的制度，以及相关的法律责任。虽然该指令在转化为欧盟成员国国内法的过程中，由于立法和执法标准差异问题，无法避免地导致了欧盟内部个人数据保护制度的复杂性和不确定性，但在 GDPR 出台之前 20 多年的时间里，该指令在欧盟个人数据保护领域发挥了至关重要的作用，属于"欧盟个人数据保护共同体法（*acquis communautaire*）二级法律中的关键立法"（参见第一章第一节）。在该指令之后，欧盟在个人数据保护领域制定的重要法律文件是 2002 年 7 月 12 日由欧洲议会和理事会通过的《隐私和电子通信指令》以及 2009 年对其中 Cookie 使用规则的修订即《欧盟 Cookie 指令》，它们主要针对电信和互联网行业的个人数据安全和保护问题，要求成员国在保护电子通信领域个人数据和隐私等基本人权的同时，确保电信服务之中个人数据的自由流动。

为了在欧盟内部实现更加统一和严格的个人数据保护制度，同时应对信息技术在各领域对个人数据保护的挑战，GDPR 应运而生。从 2012 年欧洲议会公布草案，到 2016 年 4 月 14 日通过，GDPR 的制定历经了 4 年。GDPR 的出台是自《第 95/46/EC 号指令》之后，欧盟个人数据保护制度的首次全面改革，其在 2018 年 5 月 28 日起正式适用于欧盟各成员国，完全取代了《第 95/46/EC 号指令》，也影响到了《隐私和电子通信指令》的适用和后续修订。

欧盟的 GDPR 立法过程就吸引了全球主要经济体的关注，在出台后更是影响了许多国家的个人数据保护立法。我国 2021 年颁布的《个人信息保护法》在立法体例、数据处理原则、权利义务设定、行政监管和执法等方面就与 GDPR 有着较高程度的相似性。从其立法理念和示范作用来看，GDPR 可谓是欧盟一次值得称赞的成功立法了。然而，我们也应当看到，GDPR 在施行之后也面临着诸多挑战。例如，欧盟各成员国的数据保护执法存在巨大差异，执法效率低下、选择性执法等现象依然存在；许多中小企业面临较为沉重的合规成本；美欧跨大西洋的数据跨境流动机制被屡屡阻断等等。如何应对这些挑战，落实立法目标，在保护个人数据的同时促进其流动和利用，才是真正检验GDPR 是否是一次成功立法的最终标准。

同样需要注意的是，GDPR 仅是欧盟个人数据治理法律框架的一个有机组成部分而已，远不是欧盟个人数据治理的全貌。随着数字时代的来临，特别是面对中美数字经济飞速发展以及美国的数据霸权，欧盟在近年觉醒数据主权，逐渐在强调个人数据和隐私的基本权利保护的同时，大力推进数据的利用和共享。2019 年的《开放数据和公共部门信息再利用指令》（简称《开放数据指令》）就开始强化对公共部门数据的利用。2020 年 2 月 19 日，包含一系列立法策划的《欧盟数据战略》也应运而生。该战略畅想在未来 5—10 年内构建欧洲数据经济，创设欧盟共同数据空间，通过"开放更多数据"和"增强数据可用性"促进欧盟数字化转型。为推进该战略，欧盟 2020 年 11 月 25 日推出了系列立法之中的首个法案即《数据治理法案》。该法案明确定义了数据共享的欧盟路径和制度安排，且已经在 2022 年 4 月和 5 月分别获得欧洲议会和欧盟理事会的批准。如果该战略的系列立法计划推进顺利，可以设想，在不久的将来，重在保护个人数据的 GDPR

将会与重在促进各类数据利用的《开放数据指令》《数据治理法》《数字市场法》《数字服务法》《数据法》等立法交汇到一起，共同构成欧盟单一数字市场的顶层设计。如何处理、协调 GDPR 与这些理念不同（甚至相互冲突）的立法之间的关系，同样将成为考验 GDPR 及执法者的重大问题。我们可以拭目以待。

作为欧盟的第二大贸易伙伴，我国政府、业界和学界从 GDPR 立法之初就给予其极大的关注，国内也出现了 GDPR 法律文本的多个翻译版本。但就我了解，目前国内尚未全面、系统地引入欧盟和美国研究 GDPR 的专著。这与 GDPR 才施行数年，实务素材与理论研究的深度结合尚在酝酿阶段有一定的关系。而摆在读者面前的这本著作（《欧盟个人数据保护制度——〈一般数据保护条例〉》），可以说是这个领域的先行者之一了。

该书由波兰的马里厄斯·克里奇斯托弗克（Mariusz Krzysztofek）博士以英文写就。马里厄斯·克里奇斯托弗克是一名资深的学者型数据保护专家，目前是一家跨国公司的数据保护官和隐私法律顾问。多年以来，他一直深耕于隐私和个人数据保护领域，是六本专著和数十篇学术文章的作者。他曾在金融行业主要国际集团里担任过全球数据保护官，曾是四大会计师事务所的专家。他在加格罗林大学法学院、南加州大学法学院和 SGH 华沙经济学院担任隐私和个人数据保护课程的讲师，获得过华沙银行学院（the Warsaw Institute of Banking）20年以来的"杰出讲师"称号。他曾获得过波兰银行协会授予的银行教育活动奖章，担任过波兰司法部、数字事务部以及商业电视频道的专家。他是美国乔治敦大学和威斯康星大学拉克罗斯分校的访问学者，也是《公共管理信息》（Information in Public Administration）季刊的项目委员会成员。马里厄斯·克里奇斯托弗克博士在个人数据保护领域的深厚学术和实践积累，保证了该书的质量，这也是商务印书馆和我决定推动该翻译项目的主要原因之一。

该书第一版由威科出版社在 2016 年于欧洲荷兰出版，2018 年更新为第二版，2021 年更新到第三版。与第一版相比，第三版在体例和内容方面都做了一些调整。从体例来看，新版不再沿袭初版之中的"重要提示""案例法"等实务色彩较重的栏目设置，但在保留这类重要信息的基础上，提升了著作的学术性。就内容来看，初版仅有 11 章，新版则扩展到 15 章，其中"雇员个人数据的处理"（第 7 章）、"数据的设计保护和默认保护"（第 12 章）、"数据保护官"（第 13 章）等都是通过扩充初版之中某些小节的内容而独立出来的。

　　尽管 GDPR 在近些年之内不大可能会有改变，但欧盟各成员国在适用该条例的过程中所产生的具有约束力的裁判、指南和最佳执法实践，的确在不断推陈出新。译者在比较该书原版的第一版、第二版和第三版时，能清楚看到作者紧跟实务、与时俱进的努力和专业精神。新版也确实覆盖到了 GDPR 领域最近几年一些比较重要的变化。但是，纸质专著的出版永远跟不上实践的变化，在经常变动的个人数据保护领域尤其如此。举例来说，欧盟委员会于 2021 年 6 月 4 日发布了《关于将个人数据传输到第三国的标准合同条款的第（EU）2021/914 号委员会实施决议》，由此早先使用的根据《第 2001/497/EC 号决定》和《第 2010/87/EU 号决定》发布的数据保护标准合同条款（SCC）将被替代。根据新的决议，2021 年 9 月 27 日之后，跨境传输数据的出口方必须停止使用旧版本的标准合同条款，转用新版本的标准合同条款。实务之中，这意味着数据出口和进口方必须围绕其中条款的变动进行新一轮的协商谈判。而根据史瑞姆斯 II 案（Schrems II，C-311/18）的判决结果，在使用欧盟数据传输机制——无论是标准合同条款还是具有约束力之企业规则（BCR）——时，数据出口商必须逐案核实，数据进口国的政府（情报机构）对个人数据的访问是否符合欧盟标准并执行该标准合同，以确保达到充分的数据保护水平。又如，本书第十四章提到，2021 年 2 月 19 日，欧盟委员会根据 GDPR 发布了两项关于向英国传输个人数据的保护充分性决定的草案，且指出"该草案如果通过，其有关英国个人数据保护充分性的决定将允许个人数据从欧盟继续自由传输到英国"。后续的进展是：2021 年 6 月 28 日，这两项草案都已经获得通过，英国个人数据保护充分性获得了欧盟委员会的承认；2021 年 12 月 17 日，韩国个人数据保护充分性同样获得了欧盟委员会的承认。

其他来不及收入该书第三版的最新动态可能还有：第十一章脚注中提到的《关于〈一般数据保护条例〉中数据控制者和数据处理者概念的第 07/2020 号指南》第一版征求意见稿，已经在 2021 年 7 月 7 日更新为第二版，并在向公众征求意见之后通过；欧洲数据保护委员会（EDPR）出台的一些特别指南，例如 2021 年 11 月 18 日《关于〈一般数据保护条例〉第三条与第五章数据国际传输规定的适用的相互作用的指南》，2021 年 7 月 7 日《关于作为数据传输工具的行为准则指南》，以及 2021 年 3 月 9 日发布的《车联网个人数据保护指南 2.0》等等。不过，这些信息的更新与否并不影响作品相关内容和分析的准确性。

该译著之所以能够顺利出版，离不开多方的辛苦劳动和精诚合作。借付梓作序的机会，我要向促成译著出版的各位同仁和朋友致以深深的谢意！首先我要感谢商务印书馆编辑金莹莹女士及同仁的辛苦付出。除了与国外出版社多番联系，落实原作多个版本的翻译版权事宜，她还对我的译稿做了认真、细致的校对，尤其是核实了大量非英文文献翻译的准确性。我还要感谢原著作者马里厄斯·克里奇斯托弗克博士。在完成译文初稿之后，我联系上他并附上了很长的问题清单，他都耐心逐一回复。在发现版本更替问题之后，他还第一时间向我提供了交付给威科出版社筹备印刷的原文第三版，大大缩短了英文原著和中文译著出版的时间间隔。

在翻译的过程中，我还得到了许多亲友的支持。2021 年上半年，在译作初稿完成之后，我指导的八位研究生同学（白冰、程云鑫、黄杰、李永双、吴书曲、王倩、周祥回、张语兮）协助我对译稿做了初步的"除错"工作。作为译稿的第一批读者，他们每人通读了将近 50

页的译文，帮我挑出明显纰漏或语言晦涩的地方。2022 年上半年，任教于浙江大学法学院的魏立舟博士也向我反馈了若干修改意见。他们的无私帮助提升了部分译文的准确性与可读性。但限于译者能力，译稿的错漏仍在所难免，还请读者海涵。针对译著的任何批评和改进意见，欢迎大家向我提出，在此先行谢过！

译稿最后付印之际，恰逢京沪两地深陷疫情防控之中。我们的个人信息被现代信息技术大量收集和处理，并以"核酸码"及类似方式嵌入到我们每天的生活之中，极大影响了每个人的衣食住行。在疫情期间以及后疫情时代，我国新生的《个人信息保护法》应该如何适用，如何在维护公共利益的同时保护公民的个人数据权利不受侵犯，如何约束和预防数据处理者对个人数据的滥用，必将成为检验我国立法是否成功的标准，也是我国政府回避不了的法治话题。对此，我们同样拭目以待。

张韬略

同济大学衷和楼

2022 年 6 月

谨将本书献给我的妻子贾斯汀以及
我的儿子马里厄斯和米恰尔

目　录

第一章 《一般数据保护条例》的主题、目标及其所引发变化的本质；条例的直接适用性

第一节 《一般数据保护条例》的主题、目标及其所引发变化的本质

2016 年 4 月 27 日欧洲议会和理事会《关于在处理个人数据和自由流动此类数据方面保护自然人并废除第 95/46/EC 号指令的欧盟第 2016/679 号条例》（简称《一般数据保护条例》，英文缩写为 GDPR）[1] 规定了对自然人个人数据的保护，并在欧盟成员国（以及欧洲经济区成员国冰岛、列支敦士登和挪威）建立了个人数据保护的统一标准。由于它所确保的数据保护水平在欧盟内部是统一的，因此也保障了欧盟成员国之间的个人数据自由流动。该条例——如同之前的《第 95/46/EC 号指令》——是欧盟个人数据保护共同体法二级法律中的关键立法。

《一般数据保护条例》是自 1995 年 10 月 24 日欧洲议会和理事会通过了《关于个人数据处理和自由流动的个人保护的第 95/46/EC 号

1　OJ EU L 119, 4.5.2016, p.1.

1

指令》[2]（简称《第 95/46/EC 号指令》）之后，欧盟个人数据保护制度的首次全面改革。

《一般数据保护条例》于 2016 年 5 月 25 日生效，2018 年 5 月 25 日起适用，取代了先前的《第 95/46/EC 号指令》。根据《一般数据保护条例》第 94 条第 4 款，《第 95/46/EC 号指令》于同日即 2018 年 5 月 25 日被废止。根据《一般数据保护条例》第 94 条第 2 款，如果在该日之后，在其他法律活动中援引被废止的指令的，将依照新条例进行解释。

《一般数据保护条例》第 1 条明确列举了其主要目标。具体包括：

- 保护自然人的基本权利和自由，特别是自然人的个人数据保护权（正如后文所展示的，这项权利是对隐私权的具体表述，是人权和基本自由之一[3]，并在《欧洲联盟基本权利宪章》生效后被视为一项基本权利）；
- 个人数据在欧盟内部的自由流动，不得以保护自然人为由，限制或禁止个人数据的处理，但同时确保尊重成员国公民保护其个人数据的权利。

正如《一般数据保护条例》第 1 条、第 4 条第 1 款的定义以及序言第 14 条所示，个人数据的范围仅涵盖自然人的信息。它不包括法人的数据，尤其是作为法人的企业数据，包括法人名称、法律形式和联系方式。

2　OJ EU L 281, 23.11.1995, p.31.

3　P. Craig（P. 克雷格）, G. de Búrca（G. 德布尔卡）, *EU Law: Text, Cases, and Materials*（《欧盟法：法律、案例及素材》）, Oxford 2008, p.384; S. Rodotà（S. 罗德塔）, Data Protection as a Fundamental Right（《作为基本权利的数据保护》）, in: *Reinventing Data Protection?*（《重新发现了数据保护？》）, ed. by S. Gutwirth, Y. Poulet, P. de Hert, S. Nouwt, C. de Terwangne, Dordrecht 2009, p.77.

根据《电子隐私指令》(ePrivacy Directive 2002/58/EC)[4]，在电子通信环境下，个人数据保护范围拓展到诸如电子营销和 Cookies[*]等方面。该指令对《一般数据保护条例》起到了补充作用，并将由《电子隐私条例》(《隐私和电子通信条例》)取代。

随着欧盟内部自由交换个人数据原则的制定，欧盟确立了统一的数据保护标准。该统一标准可以防止由于限制成员国之间的数据传输而在欧盟内部形成国际经济合作的壁垒。经济一体化的目标是《第95/46/EC 号指令》在保护自然人的基本权利和自由的目标之外的关键特征，在《一般数据保护条例》中也是如此。

欧盟数据保护法改革的另一个目的是使其与当前社会形势保持一致，因为目前的社会现实与《第 95/46/EC 号指令》(以及实施该指令的国家法律规定)生效时的情况大不相同。因此，现有的数据保护法规需要更新。

信息技术的全球规模和快速发展改变了数据的处理环境，并带来了新的挑战。这些改变和挑战主要归因于广泛应用的在线个人数据处理，无处不在的可访问互联网的设备，普遍使用的社交网络服务，网络购物和网络银行业务，跨国公司内部数据的大规模传输，以及硬件和软件不断增长的数据处理能力。

第三方间接使用互联网、移动电话以及其他技术来获取(主要出于商业目的但又不局限于此)特定时间的用户位置，用户人际关系、职业活动、兴趣、健康或财富的数据。新的数据类别出现了，例如地理位置数据，或者作为消费者的互联网用户的数据画像。新技术的影

3

4　Directive 2002/58/EC of the European Parliament and of the Council of 12 July 2002 concerning the processing of personal data and the protection of privacy in the electronic communications sector (欧洲议会和理事会 2002 年 7 月 12 日《有关电子通信行业中个人数据处理和隐私保护的第 2002/58/EC 号指令》) (Directive on privacy and electronic communications) (《隐私和电子通信指令》), OJ EC L 201, 31.7.2002, p.37.

*　Cookie 或 Cookies 是指某些网站为了辨别用户身份，进行跟踪而储存在用户本地终端上的加密或不加密的数据，由用户客户端计算机暂时或永久保存的信息。——译者

响与日俱增。有些技术是以前就已经存在的,例如物联网或面部识别系统,但是,随着这些技术的普及,它们的重要性愈加明显。所有这些发展意味着,对隐私权的威胁与数据冗余和存储保存的规模成正比。

应注意的是,欧盟之前生效了长达 21 年的个人数据处理规则并未被取代,但已作了更新,且被显著地强化了。改革后的个人数据保护法是以先前的个人数据保护法为模板建立的。

欧盟的数据保护机制依然建立在既有的基本原则之上,例如目的限制原则、数据最小化原则或存储限制原则。数据控制者仍然有义务明确其处理数据的法律依据;对于敏感数据,此项要求变得更加严格。数据主体仍旧享有访问、修改或反对处理其数据等诸多权利。然而,该法律架构的要素已经与时俱进地做了更新,以回应互联网和新技术对个人数据保护日益增长的影响。

例如,改革之前在《第 95/46/EC 号指令》第 12 条第 a 款中规定的数据访问权,现在的内涵改变了,不仅包括《一般数据保护条例》第 15 条规定的信息权(right to information),还包括《一般数据保护条例》第 20 条规定的电子格式数据的可携带权(right to portability of data in electronic format)。该指令第 12 条第 b 款和第 c 款以及第 14 条所规定的反对处理数据的权利,已进一步发展为《一般数据保护条例》第 17 条规定的"被遗忘权"〔就该权利包括了互联网上"被遗忘的权利"而言,这是史无前例的,这要归功于 2014 年 5 月 13 日欧盟法院在谷歌西班牙公司、谷歌公司诉西班牙个人数据保护局和马里奥·科斯特贾·冈萨勒案所作的第 C-131/12 号判决(*Google Spain SL and Google Inc. v. Agencia Española de Protección de Datos and Mario Costeja González*)〕,以及包括《一般数据保护条例》第 21 条规定的反对数据画像的权利(right to object to profiling)。

《一般数据保护条例》并没有引入新的义务或强化现有的义务;实际上,它还软化了某些其他要求。例如,数据处理活动的记录(第

30 条）和基于风险的方法（《一般数据保护条例》第 5 条第 2 款所引入的问责原则核心内容，以及第 32 条规定的确保数据处理安全性的适当措施的要求），进行数据保护影响评估的义务（第 35 条），以及数据的设计保护原则和默认保护原则（第 25 条）。

《一般数据保护条例》通过取代之前使用的各种记录，引入了统一的文档处理要求，例如由数据保护主管机构维护的个人数据文档系统记录，或者由数据控制者维护并应要求提供给主管机构的内部文档系统记录。数据处理活动的记录是由数据控制者维护的内部记录，在有限的范围内也由数据处理者维护（第 30 条第 1 款和第 2 款）。

4

基于风险的方法实质上是根据风险分析结果所获得的优先级和时间表，采取行动，保护正在处理的数据。这种方法会阻止当事人在不考虑风险程度（例如风险类型和数据性质）的情况下进行投资。它的行动依据在于确定需要加强安全性的关键区域，并且确定其优先级以增加投入和支出。《一般数据保护条例》废除了迄今为止成文法或实施法规中规定的低级清单。另一方面，它要求对安全措施进行适当性分析。

欧盟和其他欧洲经济区国家已引入了独具特色的严格的个人数据保护标准。值得注意的是，一些非欧盟国家也采用了欧洲数据保护模式，例如阿根廷、加拿大、以色列、日本、新西兰、瑞士和乌拉圭，而且欧盟委员会也已经确定，这些国家确保了与欧洲一样的充分数据保护水平（第 45 条第 1 款）。目前欧盟还在与韩国进行充分对话，欧盟议会最近还就美国加利福尼亚州的数据保护是否充分进行了讨论。[5]其他一些国家，例如澳大利亚、巴西、智利、加纳、印度、新加坡、南非、泰国和土耳其，也制定了具有类似解决方案的法规。

5　EU Parliament debates: Could California be considered "adequate" on its own? The answer is "yes"（欧盟议会辩论：美国加利福尼亚州的数据保护是否"充分"可以由加利福尼亚州自行认定吗？答案是"可以"），https://iapp.org/news/a/eu-parliament-debates-could-california-be-considered-adequate-on-its-own/, retrieved 1 September 2020.

但是，并非所有参与全球活动的主要国家都采用这种模式。相反，欧盟与美国或中国等主要经济体之间的个人数据保护法规的范围和方法存在很大差异。如果某些国家缺乏充分的数据保护保障措施，并且个人数据被转移到了那些国家，就有可能导致与适用于欧洲公民的保护保障措施发生冲突。尽管如此，最近美国和中国的立法所引入的法律框架，与欧盟的《一般数据保护条例》是具有某些相似之处的。[6]

放眼全球来看，各国或地区对隐私权的解释，包括对个人数据保护的限制和通过特别条款对这些限制进行规范的法律，都存在不同。[7]这些差异是历史、社会、政治制度、文化、个人主义或集体主义盛行所造就的。[8]同样重要的是，尽管某些事件是偶然的，但却足以影响公众的观点和情绪，例如恐怖袭击。社会大众通常能够接受，恐怖袭击

5

6　美国加利福尼亚州于 2018 年通过了《加州消费者隐私法》(the California Consumer Privacy Act)，随后又通过了《加州隐私权法》(the California Privacy Rights Act)，该法案于 2020 年 11 月 3 日获得通过，并将于 2023 年 1 月 1 日生效。在美国的联邦层面，2020 年 9 月，美国参议院提出了《建立确保数据访问、透明度和问责制的美国框架法》(the Setting an American Framework to Ensure Data Access, Transparency, and Accountability Act，SAFE DATA)，旨在建立全国性的消费者数据隐私保护标准，这在美国联邦层面引发了关于未来联邦数据隐私法的辩论。此外，中国于 2016 年通过了《网络安全法》，并于 2020 年 10 月 21 日，全国人民代表大会发布了《个人数据保护法（草案）》以征询公众意见，如果该草案获得通过，将成为中国第一部个人数据保护法。

7　M. Kirby（M. 柯比），The History, Achievement and Future of the 1980 OECD Guidelines on Privacy（《1980 年经合组织隐私准则的历史、成就和未来》），*International Data Privacy Law* 2011（《国际数据隐私法（2011）》），Vol. 1, No. 1, http://idpl.oxfordjournals.org/content/1/1/6.full. 该文指出，在不同文化和法律体系中，个人数据保护和隐私保护制度的法律性质各不相同，因此该领域的任何国际共识都是有问题的。P. E. 费舍尔明确表达了协调隐私保护法律的需求，参见其著述：P. E. Fischer, *Will Privacy Law in the 21st Century be American, European or International?*（《21 世纪的隐私法会是美国、欧洲还是国际的？》），London 2010, pp.4–5。

8　P. Trudel（P. 特鲁德尔），Privacy Protection on the Internet: Risk Management and Networked Normativity（《互联网上的隐私保护：风险管理和网络规范》），in: *Reinventing Data Protection?* ed. by S. Gutwirth, Y. Poullet, P. de Hert, C. de Terwangne, S. Nouwt, Springer 2009, p.322.

这类事件是扩大国家服务的力量、牺牲个人隐私的理由。

欧盟（尤其是与美国和中国之间）的贸易规模要求找到一种制度安排，既不会使国际贸易停顿，又不会使数据保护权成为维持国际贸易的牺牲品。欧洲理事会 1981 年 1 月 28 日在斯特拉斯堡签署的《关于保护自然人个人数据自动处理的第 108 号公约》（Convention No. 108 for the Protection of Individuals with regard to Automatic Processing of Personal Data）表达了对这个问题的关切。该《公约》在序言中强调："鉴于被自动处理的个人数据的跨境流动越来越多，最理想的做法是扩大对每个人的权利和基本自由，尤其是隐私权的保障。"但是，它宣布"同时［致力于］不受疆域限制的信息自由"。为了防止这两个价值之间的冲突，欧盟委员会宣称"有必要调和尊重隐私和信息在民众之间自由流动这两个基本价值"，也即评估并平衡这两个价值。

该结论对于《一般数据保护条例》第 1 条第 2 款和第 3 款规定的两个目标而言非常重要：保护自然人的基本权利和自由，特别是自然人保护个人数据的权利；与此同时，确保不以数据保护为由而限制或禁止欧盟境内个人数据的自由移动。

重要的是，《一般数据保护条例》的宗旨就在于防止这两个目标之间发生任何冲突，也即确保尊重个人数据保护的基本权利（正如《欧洲联盟基本权利宪章》以及《一般数据保护条例》本身所明确规定的），同时允许在欧盟范围内特别是在经济领域内的合作，以及为科学或公共利益的合作。

第二节 《一般数据保护条例》的直接适用性

按照《欧洲联盟运作条约》（TFEU）第 288 条的规定，《第 95/46/EC 号指令》要求欧盟成员国达到其规定的结果，但仅限定所需的最小调整范围；因此，任何成员国在制定自己的法规时都有可能超出各自领域的最低要求，这会导致每个国家的法规之间出现差异。此外，该指令没有强制要求欧盟成员国使用特定的法律形式或法律手段来执行指令的规定；其序言的第 8 条仅要求成员国法律的近似（最小的协调）。因此，该指令不需要完全的协调统一，也即成员国没有义务引入完全统一的法规。

通过颁布条例来取代该指令，欧盟委员会消除了成员国的数据保护法律之间迄今存在的差异。根据欧盟条例的性质，条例将直接适用于成员国，从而可以确保欧盟范围内数据保护范围的统一性（完全的协调统一），避免任何差异（除非以下指定领域）。欧盟法院也强调了这一目标。[9]

欧盟法院在 1964 年 7 月 15 日弗拉米尼奥·科斯塔诉国家电力委员会案[10] 的开创性判决中，确定了欧盟法律（当时称为"共同体法律"）高于成员国法律的优先效力地位。

《一般数据保护条例》对成员国具有直接的横向影响。[11] 这意味着该条例规范各个实体之间的关系，并且可以直接适用于这些实体的争议。因此，《一般数据保护条例》的约束力不仅覆盖成员国法律所及

9　根据欧盟法院于 2011 年 11 月 24 日对合并审理的 C-468/10 和 C-469/10 案，也即法国国家信用金融公司和联邦商业电商局诉埃斯塔多行政区案（*Asociación Nacional de Establecimientos Financieros de Crédito (ASNEF) and Federación de Comercio Electrónico y Marketing Directo (FECEMD) v. Administración del Estado*）判决的第 28—29 点："《第 95/46 号指令》旨在……确保，欧盟所有成员国就个人数据处理所提供的个人权利和自由的保护是平等的。……欧盟成员国国内法律的统一不仅仅限于最低程度的统一，而且还包括总体的完整的统一。"http://eur-lex.europa.eu/legal-content/EN/TXT/?uri=CELEX:62010CJ0468。

10　*Flaminio Costa v. E. N. E. L.*, Case 6/64; ECLI: EU: C: 1964: 66.

11　下述文献也持这点看法：M. Kawecki（M. 卡维基），Wybór rozporządzenia jako instrumentu prawnego unijnej reformy prawa ochrony danych osobowych oraz konsekwencje takiego rozwiązania（《欧盟个人数据保护法改革的规制方案选择及其后果》），in: *Ogólne rozporządzenie o ochronie danych osobowych. Wybrane zagadnienia*（《〈一般数据保护条例〉：问题精选》），ed. by M. Kawecki, T. Osiej, p.2; M. Wiewiórowski（M. 维维罗斯基），Nowe ramy ochrony danych osobowych w Unii Europejskiej（《欧盟个人数据保护的新框架》），special appendix to *Monitor Prawniczy*（《法律监督》特别附录），2012, No. 7, p.3。

的范围，而且还将统一适用于整个欧盟。就跨国公司客户的数据主体以及国际业务数据控制者而言，这势必提高了该领域的法律确定性；它还有助于加强内部市场的运作。[12]

《一般数据保护条例》序言的第8条指出，只有在该条例明确规定的领域，成员国法律才可以对其规范进行说明或限制。因此，数据控制者和数据处理者的义务，以及数据主体权利的范围，都是由《一般数据保护条例》而不是由成员国国家法律规定的。《一般数据保护条例》仅规定了某些例外情况可以由成员国立法者自行决定。

成员国不得维持与《一般数据保护条例》冲突的法律或法规，也不得在受欧盟法律管辖的地区重复其规定，这类做法是无效的，因为《一般数据保护条例》和任何欧盟条例一样，都直接适用于欧盟成员国（第99条第2款第2句的规定），并且，考虑到欧盟法律对成员国的国家法律具有约束力的优先效力原则，成员国不得适用与欧盟法律相抵触的国家法律规定。[13]

在受《一般数据保护条例》规制的领域，国家立法行为不得重复或修改数据处理的主要原则、数据控制者的义务、数据主体的权利或者罚款（除非在属于《一般数据保护条例》明确规定由成员国有关个人数据处理的特定法律规定所约束的领域）。国家行为必须局

---

12 支持协调欧洲个人数据保护法必要性的论点，以及其他内容，可参见：C. Kuner（C. 库恩），*Regulation of Transborder Data Flows under Data Protection and Privacy Law: Past, Present, and Future*（《数据保护和隐私法对跨境数据流的监管：过去、现在和未来》），Tilburg University, Netherlands, TILT Law & Technology Working Paper 2010（《TILT 法律与技术工作文件（2010）》），No. 016, Version: 1.0, p.35, http://www.tilburguniversity.edu/research/institutes-and-research-groups/tilt/publications/workingpapers/ckuner16.pdf.

13 Judgment of the Court of Justice of the European Union (CJEU) of 15 July 1964 in Case 6/64 *Costa v. E. N. E. L.*, http://eur-lex.europa.eu/legal-content/EN/TXT/HTML/?uri=CELEX:61964CJ0006, and the CJEU judgment of 10 December 1969 in joined Cases 6 and 11-69 *Commission of the European Communities v. French Republic*, http://eur-lex.europa.eu/legal-content/EN/TXT/HTML/?uri=CELEX:61969CJ0006.

限于充当"触发器"的角色，确保《一般数据保护条例》得以实施和适用。因此，国家立法必须规范以下问题，例如国家数据保护主管机构的运作、检查程序、调查违反个人数据保护法规的程序、施加行政罚款的程序、认证和证明程序、与个人数据保护索赔相关的法院程序、向监管机构通知数据保护官的任命、信息社会服务相关的儿童年龄、限制将敏感数据转移到第三国、在雇佣关系中处理数据、对公共当局罚款的限制，以及对中小企业客户的数据主体权利的限制。

《欧洲联盟运作条约》第 16 条第 2 款是采用统一的欧盟数据保护法的法律依据，即制定欧盟机构、团体、办公室、机关以及成员国开展联盟法律管辖范围内的活动时处理个人数据的个人保护规则。

由于《一般数据保护条例》统一适用于所有成员国，因此它并未像某些内国法那样去援引其他不同的法律（例如关于银行或保险保密的法律），这些法律规定的数据保护超出了个人数据保护法所规定的一般级别。《一般数据保护条例》明确指定了某些领域，成员国可以出台特定的个人数据处理法规；然而，它并未笼统地规定，可以通过颁布其他不同的法律来实施更加严格的数据保护。因此，就规范个人数据处理而言，《一般数据保护条例》优先于成员国国内法，也优先于其他欧盟法律，但《2002/58/EC 号指令》（该指令规定了在欧盟公共网络中提供普遍可用的电子通信服务时的数据处理规则）以及随后取代该指令的《电子隐私条例》即《隐私和电子通信条例》除外。

尽管欧盟内部统一了数据保护规则，但在某些选定的领域，仍然允许成员国国内法之间对数据处理有不一致的具体规定。这是因为，首先，并非所有领域都受到欧盟法律的管辖；其次，《一般数据保护条例》本身就允许某些特定情况之下国家法律可以有所不同。雇佣关系中的数据处理就是允许采用不同法律规则的领域之一（第 88 条规定："成员国可以……规定更加具体的规则，保障雇佣环境中处理雇员个

8

人数据时的权利和自由。"）。[14]

在欧盟委员会尚未认定某一国家是否具备个人数据保护的充当水平时，成员国法律还可以就特定类别的个人数据转移到该国设定限制（第 49 条第 5 款）。

另一个例外情况是处理刑事诉讼中的个人数据，这是由于成员国执法部门和司法当局之间就刑事案件的合作有具体要求，并且有必要在该领域引入个人数据保护和自由流通的规则。[15]

具有某些数据处理形式或行业特色鲜明的行业性规定依旧是必要的，但必须与《一般数据保护条例》保持一致。这尤其包括与电子通信隐私相关的法律，因为这些法律相对于《一般数据保护条例》更具体。

为了确保这种一致性，必须修订有关电子通信领域隐私的《第2002/58/EC 号指令》也即俗称的《电子隐私指令》[16]（《一般数据保护条

14　C. Fritsch（C. 弗里奇），Data Processing in Employment Relations; Impacts of the European General Data Protection Regulation Focusing on the Data Protection Officer at the Worksite（《雇佣关系中的数据处理；欧洲一般数据保护条例对工作场所数据保护官的影响》），in: *Reforming European Data Protection Law*（《欧洲数据保护法的改革》），ed. by S. Gutwirth, R. Leenes, P. de Hert, Springer 2015, pp.147–167; W. R. Wiewiórowski (Assistant European Data Protection Supervisor), Nowe ramy ochrony danych osobowych w Unii Europejskiej, *Monitor Prawniczy* 2012, No. 7, special appendix 'Ochrona danych osobowych 2012', p.3; M. Meints（M. 迈因茨），Profiling in Employment Situation (Fraud)（《雇佣情况下的特征分析（欺诈）》），section 'Legal Grounds with Respect to Data Protection in the Working Context'（"工作环境下数据保护的法律依据"），in: *Profiling the European Citizen. Cross-Disciplinary Perspectives*（《对欧洲公民的数据画像：跨学科的视角》），ed. by M. Hildebrandt, S. Gutwirth, New York 2008, pp.217 et seq.

15　该领域受欧洲议会和理事会于 2016 年 4 月 27 日发布的《关于保护自然人的第2016/680 号指令（EU）》的规制，该指令涉及主管当局出于预防、调查、侦查或起诉刑事犯罪或执行刑事处罚，以及为了这类数据自由流动目的而处理个人数据，并废除了欧洲理事会《第 2008/977/JHA 号框架决定》（OJ EU L 119, 4.5.2016）。

16　Directive 2002/58/EC of the European Parliament and of the Council of 12 July 2002 concerning the processing of personal data and the protection of privacy in the electronic communications sector (Directive on privacy and electronic communications), OJ EU L 201, 31.7.2002, pp.37–47.

例》序言第 173 条和正文第 95 条）。[17] 欧盟委员会于 2017 年 1 月 10 日提交了《隐私和电子通信条例》也即《电子隐私条例》的初稿，该条例旨在废止和取代《第 2002/58/EC 号指令》。[18] 欧盟委员会最初的计划是《电子隐私条例》与《一般数据保护条例》在同一天（即 2018 年 5 月 25 日）生效。

但是，在几个理事会主席提交了草案之后，在该条例的立法过程中，大家认为《电子隐私条例》的原定适用日期是不现实的。现在看来，该法规不太可能在 2023 年之前生效，而且，考虑到条例草案中规定的 24 个月过渡期，这意味着该法规最早只能在 2025 年生效。但几年后在 2021 年 2 月 10 日，欧盟理事会一致同意就《电子隐私条例》草案进行协商，允许在"三方会谈"过程中与欧盟议会进行磋商。

对引入数字单一市场（the Digital Single Market）而言，《一般数据保护条例》和《电子隐私条例》也是至关重要的。整个欧盟数字经济的愿景涉及整个工业和服务行业的数字化，以及物联网或云计算等技术的充分利用，因此需要建立符合隐私和个人数据保护标准的数字安全保障。

---

17 The Article 29 Data Protection Working Party（第二十九条数据保护工作组），Opinion 03/2016 on the evaluation and review of the ePrivacy Directive（《关于评估和审查〈电子隐私指令〉的第 03/2016 号意见》），No. WP 240 of 19 July 2016, http://ec.europa.eu/justice/data-protection/article-29/documentation/opinion-recommendation/files/2016/wp240_en.pdf.

18 Proposal for a Regulation of the European Parliament and of the Council concerning the respect for private life and the protection of personal data in electronic communications and repealing Directive 2002/58/EC（《欧洲议会和理事会有关出台条例以促进电子通信中尊重私人生活和保护个人数据并废除第 2002/58/EC 号指令的提案》），http://eur-lex.europa.eu/legal-content/EN/TXT/?uri=CELEX:52017PC0010.

第二章　隐私权的定义；作为隐私权内容之一的个人数据保护；欧盟隐私权的法律基础；欧盟判例法中隐私权的范围

第一节　隐私权的定义，作为隐私权内容之一的个人数据保护

隐私权的定义和范围受制于各种各样的解释。这些解释指向隐私 11
的各个方面，涉及私人和家庭生活、经济活动、个人财务、言论和出
版自由以及个人数据等多个领域。[1]

---

1 K. Motyka（K. 莫蒂卡），*Prawo do prywatności*（《隐私权》），*Zeszyty Naukowe Akademii Podlaskiej w Siedlcach* 2010, No. 85, pp.25-35; M. Jagielski（M. 捷吉尔斯基），*Prawo do ochrony danych osobowych. Standardy europejskie*（《个人数据权的保护：欧洲的标准》），Warszawa 2010, pp.23-24; C. J. Bennett（C. J. 贝内特），C. D. Raab（C. D. 拉布），*The Governance of Privacy. Policy Instruments in Global Perspective*（《隐私的治理：全球视角下的政策工具》），London 2006, pp.13 et seq.; L. A. Bygrave（L. A. 拜格雷夫），Privacy Protection in a Global Context: A Comparative Overview（《全球背景下的隐私保护：比较概述》），*Scandinavian Studies in Law* 2004, Vol. 47, pp.320 et seq.; C. Doyle（C. 道尔），M. Bagaric（M. 巴格里奇），The Right to Privacy: Appealing but Flawed（《隐私权：吸引人但有缺陷》），*International Journal of Human Rights* 2005, Vol. 9, No. 1, pp.4 et seq.; J. H. F. Shattuck（沙特克），*Right of Privacy*（《隐私权》），New York 1997, pp.145 et seq.; A Sakowicz（萨科维奇），Prywatność jako samoistne dobro prawne（per se）（转下页）

　　人们普遍认为，美国学术文献首次提出隐私权的时间是 1890 年，在该年《哈佛法律评论》发表的《隐私权》一文中，隐私权被定义为

12　"独处的权利"（right to be let alone）。[2] 作者援引了保护个人权利的普通法原则。他们还指出，鉴于社会的变化以及公众对媒体发布信息的访问程度，有必要定期核实和更新隐私保护的范围。[3]

　　1928 年，美国最高法院法官布兰代斯在奥姆斯特德诉美国一案判决的反对意见中，再次将隐私权等同于"独处的权利"。[4] 他表示这是文明人最看重的权利，政府对个人隐私的任何无理干涉，都违反了《美国宪法》第四修正案。

　　欧盟法院的现任法官、波兰宪法法庭前任主席马雷克·萨夫扬也表达了同样的观点。他认为："应该严格保护隐私，这恰恰且仅仅是因为每个人都被赋予了独占控制与他人无关的生活领域的权利。在这个领域，

（接上页）（《自身作为内在法律利益的隐私》），*PiP* 2006, Vol. 1, pp.20 et seq.; J. Braciak（J. 布拉西亚克），*Prawo do prywatności*（《隐私权》），Warszawa 2004, pp.28 et seq.; A. Etzioni（A. 埃齐奥尼），*The Limits of Privacy*（《隐私的局限》），New York 1999, pp.183 et seq.; S. Crawford（S. 克劳福德），Keeping it to Themselves: Bank Privacy Towards 2000（《自我保存：迈向 2000 年的银行隐私》），*Ottawa Law Review* 1998, No. 29, pp.426–475; R. Jay（R. 杰伊），A. Hamilton（A. 汉密尔顿），*Data Protection Law and Practice*（《数据保护法和实务》），London 2003, p.35; J. Klosek（J. 克洛塞克），*Data Privacy in the Information Age*（《信息时代的数据隐私》），Westport 2000; D. H. Flaherty（D. H. 弗莱厄蒂），Visions of Privacy: Past, Present and Future（《隐私的愿景：过去、现在和未来》），in: *Visions of Privacy: Policy Choices for the Digital Age*（《隐私的愿景：数字时代的政策选择》），ed. by C. J. Bennet, R. Grant, Toronto 1999, pp.19 et seq.

2　S. D. Warren（S. D. 沃伦），L. D. Brandeis（L. D. 布兰代斯），The Right to Privacy（《隐私权》），*Harvard Law Review* 1890, No. 4, pp.193–220, http://groups.csail.mit.edu/mac/classes/6.805/articles/privacy/Privacy_brand_warr2.html.

3　K. Motyka, Prawo do prywatności, Zeszyty Naukowe Akademii Podlaskiej w Siedlcach 2010, No. 85, p.11; A. Mednis（A. 梅德尼斯），Prawo do prywatności a interes publiczny（《隐私权和公共利益》），Kraków 2006, p.59.

4　*Olmstead v. U. S.*, 277 U. S. 438, 478 (1928); quoted in: R. B. Standler（R. B. 斯塔德勒），*Privacy Law in the USA*（《美利坚合众国的隐私法》），1997, http://www.rbs2.com/privacy.htm, 43 S. Ct. 394; 67 L. Ed. 785; 1923 U. S. LEXIS 2588; 24 A. L. R. 1238.

不受他人好奇的干涉是个人自由发展的特定先决条件。"[5]我认为，这种保护隐私的方式传达了隐私的本质，强调了个人的排他权，即可以就其私生活作出决定，并且就此不受政府当局和其他实体的任何干扰。[6]但是，个人的隐私权受到他人隐私以及保护公共利益之必要性的合理限制。

W. L. 普罗瑟在 1960 年《加利福尼亚法律评论》上发表的文章《隐私》[7]以及后来于 1977 年在《（第二次）侵权法重述》第 652A—652I 条中所发表的观点，同样对隐私权的解释产生了实质性的影响。[8]普罗瑟区分了隐私权的四个方面，并从侵犯权利的角度作出如下定义：

- 不合理干扰他人的居所，例如，侵入他人房屋并违反了通信秘密；
- 盗用他人的名字或肖像，包括使用他人商标从事不正当竞争行为；　13
- 公开私人事实，例如，某人在家中的照片、所得税数据、私人信件、医疗状况；
- 诽谤。

---

5 M. Safjan, Prawo do ochrony z ycia prywatnego（《受到保护的私人生活权利》）, in: *Podstawowe prawa jednostki i ich ochrona*（《个人的基本权利及其保护》）, ed. by L. Wiśniewski, Warszawa 1997, p.128; M. Safian, Prawo do ochrony z ycia prywatnego, in: *Szkoła praw człowieka*（《人权学院》）, Helsinki Foundation for Human Rights, Warszawa 2006, pp.211 et seq.

6 类似观点参见：J. Braciak, Prawo do prywatności, in: *Prawa i wolności obywatelskie w Konstytucji RP*（《波兰宪法中的公民权利和自由》）, ed. by B. Banaszak and A. Preisner, Warszawa 2002, p.278; 也参见：A. Kopff（A. 科普夫）, Koncepcja prawa do intymności i do prywatności z ycia osobistego (zagadnienia konstrukcyjne)（《私密和隐私权的概念——私人生活（架构问题）》）, *Studia Cywilistyczne* 1972, Vol. 20. 该作者将隐私定义为："以私人生活形式存在的人身权利，这些私人生活形态涵盖了方方面面由于个人与社区的合理分离而为达到发展个人身心个性并维护其社会地位的一切。"

7 W. L. Prosser, Privacy, *California Law Review 1960*, Vol. 48, pp.383–423.

8 W. L. Prosser, Restatement (Second) of Torts § § 652A–652I (1977), quoted in: R. B. Standler, *Privacy Law in the USA*, 1996, last revision: 24 May 1998, http://www.rbs2.com/privacy. htm.

上述第三点与作为隐私权基本内涵之一的个人数据保护范围相吻合。约瑟夫·科勒（Josef Kohler）还从个人自由使用自己信息的角度来定义隐私。

上述定义和法律法规表明，法律制度和学术文献创建隐私权法律定义的方法基于以下因素：

— 该概念所统辖的领域范围，例如家庭生活、内部安宁、通信秘密、个人数据保护或者银行保密，[9]包括敏感数据、涉及亲密关系的数据，以及对个人隐私特别重要的数据；
— 在特定领域侵犯隐私权的类型。

因此，隐私权的一般法律框架尚有待判例法和法律理论的进一步阐释。[10]

9　波兰宪法法庭在 1997 年 6 月 24 日 K 21/96 案的裁定之中（OTK 1997, No. 2, Item 23, p.15 of the grounds）指出了这一事实，"隐私权也涵盖了关于公民财务状况数据保密的保护，因此也涵盖了他或她的银行账户（和类似账户）以及他或她进行的交易"。探讨银行保密属于隐私权内涵之一的文献可以参见：M. Krzysztofek, *Tajemnica bankowa i ochrona danych osobowych w praktyce bankowej*（《银行业务中的银行保密和个人数据保护》），Warszawa 2010, p.11; M. Krzysztofek, *Tajemnice zawodowe i ochrona danych osobowych w instytucjach finansowych*（《金融机构的职业秘密和个人数据保护》），Warszawa 2015, p.29; A. Mednis, Ochrona prawna danych osobowych a zagroz enie prywatności — rozwiązania polskie（《个人数据的法律保护和对隐私的威胁——波兰解决方案》），in: *Ochrona danych osobowych*（《个人数据的保护》），ed. by M. Wyrzykowski, Warszawa 1999, p.168; A. Mednis, Prawo do prywatności a interes publiczny, Kraków 2006, p.163; A. Jurkowska-Zeidler（尤尔科夫斯卡－柴德勒），Tajemnica bankowa jako środek ochrony prawa do prywatności（《银行保密是保护隐私权的一种手段》），in: *Prawa człowieka: wczoraj-dziś-jutro*（《人权：昨天、今天和明天》），ed. by J. Zajadło, Gdańskie Studia Prawnicze 2005, Vol. 13, p.220。

10　持相同观点的还有：J. Hołda（J. 侯达），Z. Hołda（Z. 侯达），D. Ostrowska（D. 奥斯特罗夫斯卡），J. A. Rybczyńska（J. A. 雷布钦斯卡），*Prawa człowieka. Zarys wykładu*（《人权法：讲座大纲》），Warszawa 2008, p.114。

欧洲人权法院（ECtHR）在 2017 年 9 月 5 日的判决[11]中指出，"人人有权享有私人生活，且不受不必要的关注"，参见斯米尔诺夫诉俄罗斯［*Smirnova v. Russia*, nos. 46133/99 and 48183/99, § 95, ECHR 2003-IX (extracts)］。欧洲人权法院还认为，将"私人生活"的概念限制在一个"内部圈子"之内过于严格了，因为按照这种理解，只有在这个内部圈子里，个人可以按照自己的选择过自己的个人生活，从而完全排除了该圈子之外的外部世界，参见涅米兹诉德国（*Niemietz v. Germany*, 16 December 1992, § 29, Series A no. 251-B）。因此，第 8 条保障了广义的"私人生活"权利，包括享有"私人的社会生活"的权利，即个人发展其社会身份的可能性。在这方面，所涉权利明确规定了与他人接触以便与他人建立和发展关系的可能性，参见比加耶娃诉希腊（*Bigaeva v. Greece*, no. 26713/05, § 22, 28 May 2009），以及奥兹皮纳尔诉土耳其（*Özpınar v. Turkey*, no. 20999/04, § 45 in fine, 19 October 2010）。

第二节　欧盟隐私权的法律基础

联合国大会 1948 年 12 月 10 日在巴黎通过的《世界人权宣言》第 12 条[12]明确规定了隐私权。1966 年 12 月 19 日，根据联合国大会第 2200A（XXI）号决议，《公民权利和政治权利国际公约》第 17 条在纽约开放供签署。这两条规定禁止非法侵犯任何人的隐私，并授予每个人保护自己免于遭受这种干涉的法律权利。[13]

11　巴尔布雷斯库诉罗马尼亚（*Bărbulescu v. Romania*），61496/08, http://hudoc.echr.coe.int/spa?i=001-177082，判决书第 70 点。

12　文献出处可见于：http://www.un-documents.net/a3r217.htm。

13　个人数据保护也是下述文献所建议的主题：the OECD Council Recommendation concerning Guidelines governing the Protection of Privacy and Transborder Flows of Personal Data（经济合作与发展组织理事会《有关保护个人数据的隐私和跨境流动准则》，由经济合作与发展组织于 1980 年首次发布；修订版于 2013 年 7 月 11 日（转下页）

除了这些全球奠基性的立法行为，欧洲理事会和欧洲联盟通过的欧洲法律也规定了隐私权。[14] 欧洲理事会由 47 个成员国组成，而欧盟原本由其中 28 个成员国所组成，但在英国脱离欧盟之后，目前只有 27 个成员国。这些立法所珍视的个人数据保护原则在很大程度上趋于一致。

欧洲理事会在以下法律条款中规定了个人数据的保护原则：

- 欧洲理事会成员国于 1950 年 11 月 4 日在罗马起草的《保护人权和基本自由公约》第 8 条。本条规定赋予每个人享有其私人及家庭生活、家庭和通信受到尊重的权利，并禁止公共当局干涉这一权利的行使，除非这种干涉符合法律规定，并且在民主社会中是为了国家安全、公共安全或国家的经济利益，为了预防疾病或犯罪、保护健康或道德或保护他人的权利和自由的必要而实施的。

- 欧洲理事会于 1981 年 1 月 28 日在斯特拉斯堡签署的《关于保护自然人个人数据自动处理的第 108 号公约》（简称《第 108 号公约》）第 1 条。该规定明确了《第 108 号公约》的目的，即为了在每个缔约方领土上确保每个人在自动处理个人数据方面的权利和基本自由，特别是隐私权。[15] 欧洲理事会《第 108 号公约》是规范个人数

15

（接上页）通过），http://oecd.org/sti/ieconomy/oecd_privacy_framework.pdf; Resolution 45/94 of the United Nations General Assembly of 14 December 1990—Guidelines for the Regulation of Computerized Personal Data Files（1990 年 12 月 14 日联合国大会第 45/94 号决议——《规范计算机化的个人数据文件的准则》），http://www.refworld.org/pdfid/3ddcafaac.pdf.

14 L. A. Bygrave, International Agreements to Protect Personal Data（《保护个人数据的国际协议》）, in: Global Privacy Protection. The First Generation（《全球隐私保护：第一代》）, ed. by J. B. Rule, G. Greenleaf, Cheltenham–Northampton 2007, pp.15 et seq.

15 欧洲委员会《第 108 号公约》于 2001 年 11 月 8 日发布了关于监管部门和跨境数据流动的附加议定书。

据保护的第一部具有法律约束力的国际法（欧洲理事会包括了所有欧盟成员国）。该公约是世界上很大一部分地区的个人数据保护的国际标准，因为目前保护个人数据权利的国家中有一半是其签署国。《欧洲联盟条约》第6条第2款和第6条第3款规定了关于该联盟加入《欧洲保护人权和基本自由公约》的宣言，并授予该公约所保障的基本权利，这些权利也源自成员国共同的宪法传统以及欧盟法律的一般原则。

在经过了将近四十年的发展之后，《第108号公约》也已经历了现代化的升级。2018年5月18日，欧洲理事会部长委员会第128届部长级会议在丹麦的埃尔西诺尔（Elsinore）通过了修正公约的议定书（CETS No. 223），并批准了其解释性报告（Explanatory Report）。[16] 该议定书于2018年6月25日在斯特拉斯堡开放供签署。欧盟启动《第108号公约》修订的原因，与欧盟积极引入《一般数据保护条例》的原因是相同的：新数据处理技术和环境，以及全球数据处理和交换规模，向旧的规则提出了挑战。此次修订和更新过程的第一步是2010年11月于伊斯坦布尔召开的欧洲理事会司法部长会议上通过了《第三个千年中有关数据保护和隐私的第3号决议》。[17] 修订程序的主要目标是加强数字环境中的隐私保护，并加强《第108号公约》的后续行动。[18] 作为公约修订的一部分，欧洲理事会提出的应对技术挑战并确保制度有效的一种机制是所谓的"隐私的设计保护"（privacy by design），这也是《一般数据保护条例》的关键要求即"数据的设计保

16　https://search.coe.int/cm/Pages/result_details.aspx?ObjectId=09000016807c65bf.

17　Resolution No. 3 on data protection and privacy in the third millennium adopted at the 30th Council of Europe Conference of Ministers of Justice, Istanbul, Turkey, 24-26 November 2010, MJU-30 (2010) RESOL. 3 E.

18　https://www.coe.int/en/web/portal/28-january-data-protection-day-factsheet?desktop=true.

护"（data protection by design）[19]。在 2016 年 6 月 15、16 日举行的会议上，由欧洲理事会成员国和观察员国代表组成的数据保护专门委员会（the Ad hoc Committee on Data Protection，CAHDATA）在工作的最后阶段审议了一项修订《第 108 号公约》的议定书草案。[20] 作为修订的内容之一，《第 108 号公约》的范围涵盖了数据处理，且不再局限于之前的自动处理范围。此外，数据主体的同意被认为是数据处理的基础，从而消除了《第 108 号公约》与《一般数据保护条例》（以及之前的《第 95/46 /EC 号指令》）之间的现有差异。该公约还引入了问责制原则，要求数据控制者以及数据处理者（另一处新修订）在没有受到数据主体或监管机构提示的情况下，积极确保遵守数据保护法。另一个修订内容是要求进行涉及数据主体的数据保护影响评估。《第 108 号公约》还要求其签署者建立独立的监督机构。重大个人数据违规行为必须通知此类监督机构。[21]《第 108 号公约》的这些修订和其他修改将确保其与《一般数据保护条例》的一致性，从而确保适用《一般数据保护条例》的国家 / 地区的个人数据保护标准也会引入到签署《第 108 号公约》的其他国家 / 地区之中。《第 108 号公约》的修订在很大程度上反映了《一般数据保护条例》所采用的数据保护模式。但是，它要求签署各方遵守最低标准，并且允许它们采用更严格

19　S. Kierkegaard（S. 克尔凯郭尔），N. Waters（N. 沃特斯），G. Greenleaf（G. 格林利夫），L. A. Bygrave, I. Lloyd（I. 劳埃德），S. Saxby（S. 萨克斯比），30 years on: The Review of the Council of Europe Data Protection Convention 108（《30 年过去了：对欧洲委员会数据保护第 108 号公约的审查》），*Computer Law & Security Review*（《计算机法与安全评论》），No. 27/2011, p.224.

20　Ad Hoc Committee on Data Protection (CAHDATA) Abridged Report Strasbourg 15–16 June 2016 CAHDATA(2016)RAPAbr.

21　M. Ciechomska（M. 契乔姆斯卡），Zmiana Konwencji nr 108 Rady Europy o ochronie osób w związku z automatycznym przetwarzaniem danych osobowych szansą na powstanie globalnego instrumentu ochrony danych（《欧洲理事会数据保护第 108 号公约的修改——创设全球数据保护法律文件的机会》），*Monitor Prawniczy*（《法律监督》），No. 16/2017, August 2017.

的标准。

欧盟的下述法律也规定了个人数据保护的原则：

- 《欧洲联盟条约》；[22]
- 《欧洲联盟运作条约》；[23]
- 《欧洲联盟基本权利宪章》；[24]
- 《一般数据保护条例》，即《欧盟第 2016/679 号条例》，以及在其通过之前的《第 95/46/EC 号指令》——欧盟二级法中规范个人数据保护的两项主要法案；[25]
- 欧洲议会和理事会于 2002 年 7 月 12 日发布的《有关电子通信行业中个人数据处理和隐私保护的第 2002/58/EC 号指令》（《隐私和电子通信指令》）[26]，将由欧洲议会和理事会《关于在电子通信中尊重私人生活和保护个人数据

17

22　该条约的合并版见于 2016 年 6 月 7 日的 OJ EU C 202，第 13 页。它被称为《马斯特里赫特条约》（the Maastricht Treaty），于 1992 年 2 月 7 日签署，并于 1993 年 11 月 1 日生效。

23　《欧洲联盟运作条约》的起源如下：《建立欧洲经济共同体条约》（《罗马条约》）于 1958 年生效。根据 1992 年《马斯特里赫特条约》，该条约被修正为《建立欧洲共同体条约》。目前的题名即《欧洲联盟运作条约》是由《里斯本条约》首先采用的。修订《欧洲联盟条约》和《建立欧洲共同体条约》的《里斯本条约》于 2007 年 12 月 13 日签署，于 2007 年 12 月 17 日在 OJ EU C 306 上发布，并于 2009 年 12 月 1 日生效。1957 年的《罗马条约》和 1992 年的《马斯特里赫特条约》的合并版发布于 2008 年 5 月 9 日的 OJ EU C 115 中；《欧洲联盟运作条约》的合并版发布在 2016 年 6 月 7 日的 OJ EU C 202，第 47 页。关于《里斯本条约》的相关论述，请参阅：P. Craig, *The Lisbon Treaty. Law, Politics, and Treaty Reform*（《里斯本条约：法律、政治和条约改革》），Oxford 2011。

24　合并版见于 2016 年 6 月 7 日的 OJ EU C 202，第 389 页。2000 年 12 月 7 日，在欧洲理事会尼斯峰会期间，欧洲议会、理事会和欧盟委员会的代表签署了《欧洲联盟基本权利宪章》。该条约文本经过更正后，这些机构的主席在 2007 年 12 月 12 日的里斯本首脑会议上再次签署了该条约。《里斯本条约》构成了该《宪章》法律效力的基础。

25　《第 95/46/EC 号指令》和《一般数据保护条例》都涵盖了属于欧洲经济区成员的非欧盟国家，即冰岛、列支敦士登和挪威。

26　OJ EC L 201, 31.7.2002, p.37.

的条例》所取代，并废除《第 2002/58/EC 号指令》（《隐私和电子通信条例》，或称《电子隐私条例》）；

— 欧洲议会和理事会于 2018 年 10 月 23 日发布的《关于欧盟机构、团体、办公室和机关处理个人数据以及自由流通此类数据时保护自然人的（EU）2018/1725 号条例》，同时废止《第（EC）45/2001 号条例》和《第 1247/2002/EC 号决定》；[27]

— 欧洲议会和理事会于 2016 年 4 月 27 日发布的《关于保护自然人的第 2016/680 号指令（EU）》，该指令涉及主管当局出于预防、调查、侦查或追诉刑事犯罪或执行刑事处罚的目的而处理个人数据，以及此类数据的自由流通，并废除了欧洲理事会第 2008/977/JHA 号框架决定。[28]

《欧洲联盟条约》第 6 条第 1 款还包含了欧盟承认 2000 年 12 月 7 日《欧洲联盟基本权利宪章》所规定的权利、自由和原则的声明，该声明于 2007 年 12 月 7 日在斯特拉斯堡通过，与前述《条约》具有同等的法律价值。《欧洲联盟条约》第 6 条第 2 款和第 3 款载有该联盟加入《欧洲保护人权和基本自由公约》的声明，并赋予该公约所保障

27　OJ L 295, 21.11.2018, p.39, ELI: http://data.europa.eu/eli/reg/2018/1725/oj.

28　参见 2016 年 5 月 4 日的 OJ EU L 119。针对刑事案件中成员国执法机构和司法机构之间开展合作的特定要求，以及有必要在该领域引入个人数据保护和自由流通的规则，该指令对刑事诉讼中个人数据的处理进行规范。该指令取代了欧洲理事会 2008 年 11 月 27 日作出的《关于在刑事领域警察和司法合作框架中保护个人数据处理的第 2008/977/JHA 号框架决定》(Council Framework Decision 2008/977/JHA of 27 November 2008 on the protection of personal data processed in the framework of police and judicial cooperation in criminal matters, OJ EU L 350 of 30 December 2008, p.60)。关于在刑事诉讼中处理个人数据的问题，请参阅：Council of Europe（欧洲理事会），Limits to the Use of Personal Data, IRIS plus collection（《使用个人数据的限制，IRIS 及收集》），2011, No. 6。本书不讨论《关于刑事诉讼中个人数据保护的第 2016/680 号指令》的相关内容。

的基本权利，确保其源自成员国共同的宪法传统以及欧盟法律一般原则的地位。该《公约》第 8 条第 1 款承认尊重个人生活的权利，尽管其第 8 条第 2 款规定，在某些条件下（例如预防犯罪）允许主管当局干预这一权利的行使。

《欧洲联盟运作条约》第 16 条第 1 款授予所有人保护其个人数据的权利。重要的是，该规定所确立的标准具有直接适用的效力，这意味着即使在没有二级法律作出类似规定的情况下，个人也有权保护其个人数据。[29] 立法者将该条款置于《欧洲联盟运作条约》的一般适用条款之列，表明该条款自己就足以作为数据保护权的独立基础，具有横向效力，可以影响欧盟及其成员国的公共机构以及私营部门实体。

《欧洲联盟基本权利宪章》第 8 条第 1 款规定，每个人都有权保护其个人数据（类似于《欧洲联盟运作条约》第 16 条第 1 款）。根据该《宪章》第 8 条第 2 款规定的原则，必须基于特定目的并在相关人员的同意下，或在法律规定的其他合法基础之上，公平处理这些数据。第 8 条第 2 款还进一步规定，每个人都有权访问自己被收集的个人数据，并有权纠正这些个人数据。《欧洲联盟基本权利宪章》第 7 条还规定了人人享有私人生活的权利，这表明保护个人数据的权利是隐私权的特定内涵之一。随着《里斯本条约》（包括《欧洲联盟基本权利宪章》）于 2009 年 12 月生效，保护个人数据的权利已经成为一项基本权利。

由于《里斯本条约》废除了欧洲联盟先前根据 1992 年 2 月 7 日签署的《马斯特里赫特条约》所确立的三支柱结构（第一支柱是经济联盟，第二支柱是政治联盟，第三支柱是警察和司法联盟），它的生效为统一以前分别涵盖三个支柱领域的个人数据保护制度提供了法律

29 P. Litwiński（P. 利特温斯基），P. Barta（P. 巴特），M. Kawecki, *Rozporządzenie UE w sprawie ochrony osób fizycznych w związku z przetwarzaniem danych osobowych i swobodnym przepływem takich danych. Komentarz*（《欧盟关于处理个人数据和此类数据自由流动方面保护自然人的法规——评论》），Warszawa 2017, p.11.

依据。《欧洲联盟运作条约》第 16 条第 2 款授权欧洲议会和理事会通过正常的立法程序制订相关规则，规范欧盟机构、团体、办公室、机关以及成员国在欧盟法律范围内从事与保护个人有关的个人数据处理行为，以及此类数据在欧盟成员国之间的自由流动。

《欧洲联盟条约》第 39 条授权欧洲理事会制定与个人保护相关的规则，规范成员国开展共同外交和安全政策活动时处理个人数据的行为，并且制定与这些数据相关的自由流动的规则。因此，与《欧洲联盟运作条约》第 16 条第 2 款相比，适用这一特殊程序以绕过欧洲议会的空间受到了约束。

以上所有条约均规定，个人数据保护的合规与否必须受到独立机构的控制（参见《欧洲联盟条约》第 39 条、《欧洲联盟运作条约》第 16 条第 2 款和《欧洲联盟基本权利宪章》第 8 条第 3 款）。

《欧洲联盟条约》《欧洲联盟运作条约》和《欧洲联盟基本权利宪章》是欧盟立法之中个人数据保护权的主要来源。

鉴于信息社会服务、电子通信以及未经授权访问在线数据对隐私权造成的特定威胁，2000 年 6 月 8 日欧洲议会和理事会《关于内部市场中信息社会服务特别是电子商务若干法律问题的第 2000/31/EC 号指令》（《电子商务指令》，OJ EU L 178 of 17.07.2000, p.1）和 2002 年 7 月 12 日欧洲议会和理事会《有关电子通信行业中个人数据处理和隐私保护的第 2002/58/EC 号指令》（《隐私和电子通信指令》，OJ EU L 201 of 31.07.2002, p.37），对《一般数据保护条例》做了补充。直接营销通信主要以数字形式分发，例如通过电话、电子邮件、短消息服务（SMS）和多媒体短信服务（MMS）、信息传递应用程序——诸如脸书信使（Facebook Messenger）、苹果短信（Apple iMessage）、微信、网络信使（WhatsApp）等，在移动设备上弹出诸如推送通知、即时信息、应用程序内的聊天信息以及其他类型的信息。因此，它们不仅受到《一般数据保护条例》的监管（因为所有直接营销传播都是数字或非数字形式的，例如邮政），还受到《电子隐私指令》（《第 2002/58/

EC 号指令》）以及欧盟成员国的国内法的规制。有些成员国在其数据保护法中实施了《电子隐私指令》，而另一些成员国则在其电信法中实施了该指令。

《第 2002/58/EC 号指令》将被《电子隐私条例》取代（2017 年1 月 10 日，欧洲委员会提交了欧洲议会和理事会《关于尊重私人生活和保护电子通信中的个人数据并废止〈第 2002/58/EC 号指令〉的条例（提案）》——被称为《隐私和电子通信条例》或者《电子隐私条例》）。这些法案的适用范围涵盖各个部门或行业的数据控制者的数据处理，只要它们使用这些指令所涵盖的工具、分发渠道或通信手段。

为确保隐私和电子通信条款与《一般数据保护条例》的一致性，必须修订《第 2002/58/EC 号指令》（参见《一般数据保护条例》序言第 173 条和正文第 95 条）。欧盟委员会曾计划让《电子隐私条例》与《一般数据保护条例》在同一天（即 2018 年 5 月 25 日）生效。但是，在多个理事会主席提交草案之后，在立法程序中，立法者认为《电子隐私条例》在该日期开始适用是不现实的。现在看来，该条例不太可能在 2023 年之前生效，考虑到草案规定了 24 个月的过渡期，这意味着该条例最早的生效时间只能在 2025 年。但几年后在 2021年 2 月 10 日，欧盟理事会一致同意就《电子隐私条例》草案进行协商，允许在"三方会谈"过程中与欧盟议会进行磋商。

对建立数字单一市场而言，《一般数据保护条例》和《电子隐私条例》也至关重要。整个欧盟数字经济的愿景离不开整个行业和服务的数字化以及物联网或云计算等技术的充分利用，因此需要符合隐私和个人数据保护标准的数字安全保障。2020 年 12 月，欧盟委员会颁布了《数字服务法》（the Digital Services Act）和《数字市场法》（the Digital Market Act）。

上述国际法规定隐私权的方式，赋予了隐私权作为人权和基本自由之一的地位[30]，随着《欧盟基本权利宪章》的生效，隐私权具备了基本权利的地位。《一般数据保护条例》将保护个人数据的权利定义为自然人的基本权利和自由之一（第 1 条第 2 款）。

第三节　欧盟判例法中隐私权的范围

20

隐私不是绝对的权利；它并不受绝对的保护。《保护人权和基本自由公约》第 8 条第 2 款允许公共当局干预隐私权的行使。在法律规定的情况下，在民主社会中，当基于国家安全、公共安全或国家福祉、预防疾病或犯罪、保护健康或道德或保护他人权利和自由的考虑，有必要干预隐私权行使时，这类干预是正当合法的。[31]《欧洲联盟基本权利宪章》第 52 条第 1 款也允许类似的限制，尽管做了保留，即这类限制必须由法律明确规定并尊重这些权利和自由的实质，必须遵守比例原则，具有必要性，并且必须真正达到欧洲联盟认可的公共利益的目标，或者有保护他人权利和自由的需要。[32]

30　P. Craig, G. de Búrca, *EU Law: Text, Cases, and Materials*, Oxford 2008, p.384; S. Rodotà, Data Protection as a Fundamental Right, in: *Reinventing Data Protection?*, ed. by S. Gutwirth, Y. Poulet, P. de Hert, S. Nouwt, C. de Terwangne, Dordrecht 2009, p.77.

31　Opinion of Article 29 Working Party No. 1/2014 of 27 February 2014 on the application of necessity and proportionality concepts and data protection within the law enforcement sector（第二十九条工作组 2014 年 2 月 27 日《关于执法部门中适用数据保护的必要性和比例性原则的第 1/2014 号意见》），WP 211, http://ec.europa.eu/justice/data-protection/article-29/documentation/opinion-recommendation/files/2014/wp211_en.pdf.

32　《欧洲联盟基本权利宪章》第 52 条第 1 款所载的实质性（essence）概念应被解释为独立的宪法概念，不属于比例原则的内容。M. Brkan（M. 布坎），The Essence of the Fundamental Rights to Privacy and Data Protection: Finding the Way Through the Maze of the CJEU's Constitutional Reasoning（《隐私和数据保护的基本权利的实质：从欧盟法院宪法推理的迷宫找到出路》），*German Law Journal* 2019（《德国法律杂志（2019）》），p.868, https://www.cambridge.org/core/services/aop-cambridge-core/content/view/00621C26FA14 CCD55AD0B4F4AD38ED09/S207183221900066Xa.pdf/essence_of_the_fundamental_rights_to _privacy_and_data_protection_finding_the_way_through_the_maze_of_the_cjeus_constitutio nal_reasoning.pdf, retrieved 20 December 2020.

隐私权的排他范围确定了其实际边界。

本章第一节以列举欧洲范围内法律行为的方式，划定了隐私权的边界，其中包括个人数据保护权。相关裁判机构即欧洲人权法院和欧洲联盟法院的判例法则对其给出了明确的定义。欧洲人权法院确保欧盟委员会成员国遵守《欧洲人权公约》（ECHR）规定的义务。欧洲联盟法院（CJEU）确保成员国遵守欧盟法律。

这两个法院的裁决都确认隐私权不是绝对的，并就《欧洲人权公约》第 8 条第 2 款和《欧洲联盟基本权利宪章》第 52 条第 1 款，解释了对其设置限制的条件。

位于斯特拉斯堡的欧洲人权法院以《欧洲人权公约》第 8 条作为基础，通过核查欧盟委员会成员国法规和裁决机构裁决与公约保持一致的情况，来确定隐私权的实质和范围。欧洲人权法院根据《欧洲人权公约》第 8 条第 2 款的规定，评估在符合法律规定的必要情况下，在民主社会中由公共部门干预隐私权的可行性。

在范·奥斯特韦克诉比利时一案[33]中，欧洲人权法院将隐私权定 21 义为一种根据个人意愿生活以及可以选择"躲在暗处"（stay in the shadows）不受滋扰的权利。这个定义与沃伦和布兰代斯于 1890 年将隐私视为"独处的权利"是一致的。

此外，欧洲人权法院在利安德诉瑞典案中认为，仅由公共当局收集和存储个人数据可能违反《欧洲人权公约》第 8 条的规定，即使这些数据不是敏感数据（除非公共当局对隐私权的干涉是依法进行且在民主社会中是必要的）。[34] 欧洲人权法院还确认，在《欧洲人权公约》

33　参见 1980 年 11 月 6 日范·奥斯特韦克诉比利时案的判决（*Van Oosterwijck v. Belgium*, Application No. 7654/76），http://hudoc.echr.coe.int/sites/eng/pages/search.aspx?i= 001-57549。

34　参见 1987 年 3 月 26 日利安德诉瑞典案的判决（*Leander v. Sweden*, Application No. 9248/81, 9 EHRR 433）；1988 年 7 月 6 日希尔顿诉英国案的判决（*Hilton v. the United Kingdom*, Application No. 12051/86, DR 57/108）；2000 年 2 月 16 日裁判的 H. 阿曼诉瑞士案（*H. Amann v. Switzerland*, Application No. 27798/95, 87 ECHR）。

第 8 条第 2 款规定的情况下，监视犯罪嫌疑人的邮件来往和电话而获取数据加以处理从而干扰隐私的，只要这类行为所依据的法律规定足够精确清晰，就是允许的。[35]

欧洲人权法院在萨博和维西诉匈牙利[36]案的判决中得出了相同的结论。该判决质疑匈牙利在 2011 年颁布的一部法律中赋予匈牙利反恐怖主义部门的秘密情报搜集特权，这些特权包括秘密搜查房屋、开封信件和包裹以及检查和记录电子通信的内容。法院指出，该法律侵犯了《欧洲人权公约》第 8 条所规定的个人隐私权，因为该法律没有具体说明可能受到秘密监视的人员类别，而只有确定秘密监视的人员类别，才能确定这种监视相对于可能出现的恐怖威胁是否是恰当的，并以足够的精度确定最长的监视期限，或确保对监视进行有效监督。

欧洲人权法院在罗曼·扎哈罗夫诉俄罗斯[37]一案的判决中重申了这些结论。在该判决中，欧洲人权法院质疑了俄罗斯电信运营商、通

---

35 欧洲人权法院这方面的案件有：1984 年 8 月 2 日裁判的马龙诉英国案（*Malone v. the United Kingdom*, Application No. 8691/79, http://hudoc.echr.coe.int/sites/eng/pages/search. aspx?i=001-57533), 1990 年 4 月 24 日裁判的胡维格诉法国案（*Huvig v. France*, Application No. 11105/84, http://hudoc. echr.coe.int/sites/eng/pages/search. aspx?i=001-57627), 1990 年 4 月 24 日裁判的克鲁斯林诉法国案（*Kruslin v. France*, Application No. 11801/85, http://hudoc.echr.coe.int/sites/eng/pages/search.aspx?i=001-576 26), 在该些案件中，法院认为允许干涉隐私的法律规定不够精确清晰；而在 1978 年 9 月 6 日裁判的克拉斯和其他人诉德国案（*Klass and others v. Germany*, Application No. 5029/71, http://hudoc.echr.coe.int/sites/eng/pages/search.aspx?i=001-57 510), 1987 年 3 月 26 日裁判的利安德诉瑞典案（*Leander v. Sweden*, Application No. 9248/81, http:// hudoc.echr.coe.int/sites/eng/pages/search.aspx?i=001-57519), 1992 年 6 月 15 日裁判的吕迪诉瑞士案（*Lüdi v. Switzerland*, Application No. 12433/86, http://hudoc.echr.coe.int/ sites/eng/pages/search.aspx?i=001-57784）等案件判决中，法院认为可以干涉隐私的法律规定属于足够精确清晰的情况。

36 参见 2016 年 1 月 12 日关于萨博和维西诉匈牙利案的判决（*Szabó and Vissy v. Hungary*, Application No. 37138/14), http://hudoc.echr.coe.int/eng?i=001-160020。

37 参见 2015 年 12 月 4 日关于罗曼·扎哈罗夫诉俄罗斯案的判决（*Roman Zakharov v. Russia*, Application No. 47143/06), http://hudoc.echr.coe.int/eng?i=001-159324。

信部和联邦安全局秘密监控、拦截移动电话通信的权利。法院裁定，如果根据某项法律开展监视活动，而该法律没规定启动监视的条件、监视的持续时间、在监视的正当理由消失之后终止监视的义务，以及录音和数据的最长存储期限，那么该监视活动就违反了《欧洲人权公约》第8条。

欧洲人权法院在普雷蒂诉英国[38]一案中，将隐私权的范围定义为个人生理和心理的完整性，以及敏感信息（尤其是有关健康的信息）和非敏感信息（例如年龄）的秘密性。

欧洲人权法院阐释隐私权限制的另一个例子是 M. S. 诉克罗地亚[39]案。法院在该案中认为，违反《欧洲人权公约》第8条的情况不仅包括剥夺某人的法律行为能力，而且包括为剥夺该人法律行为能力而提起相关程序。因此，若要启动此类程序，必须满足《欧洲人权公约》第8条第2款规定的所有条件。

为了确保欧盟成员国遵守《欧洲联盟条约》规定的义务并应成员国法院的要求提供欧盟法律解释，欧盟法院已经从个人数据保护的角度定义了隐私权，该定义与欧洲人权法院裁决书所提出的定义是一致的。

欧盟法院在2003年5月20日的判决[40]中强调，必须证明数据披露对于立法者所追求的目标是必要的——就涉案而言是对公共资金的妥善管理。因此，欧盟法院允许成员国限制个人数据保护的权利，但

38　参见 2002 年 4 月 29 日普雷蒂诉英国案的判决（*Pretty v. the United Kingdom*, Application No. 2346/02），http://hudoc.echr. coe.int/sites/eng/pages/search.aspx?i=001-60448。

39　参见 2013 年 11 月 25 日 M. S. 诉克罗地亚案的判决（*M. S. v. Croatia*, Application No. 36337/10），http://hudoc.echr .coe.int/fre?i=001-118736#{'itemid': ['001-118736']}。

40　参见欧盟法院下述两个合并审理的案件：*Rechnungshof* (C-465/00) *v. Österreichischer Rundfunk et al.*（欧洲审计院诉奥地利电台等），*Christa Neukomm* (C-138/01), *Joseph Lauermann* (C-139/01) *v. Österreichischer Rundfunk*（克里斯塔·纽科姆、约瑟夫·劳曼诉奥地利电台），http://eur-lex.europa.eu/legal-content/EN/TXT/HTML/?uri=CELEX: 62000CJ0465。

前提是成文法规或基于法令所发布的法规规定了此类限制，并且仅在达成《第 95/46/EC 号指令》第 13 条第 1 款（《一般数据保护条例》第 23 条）规定之日的（例如公共安全）的必要范围内。

欧盟法院在 2008 年 1 月 29 日的判决中[41]，通过明确欧盟电子商务和版权的法律[42]与个人数据保护法律之间的关系，界定了个人数据保护的界限。法院承认，在涉及知识产权侵权的诉讼程序中，应索赔人的正当要求，成员国法院可以披露个人数据。但是，根据比例原则，这并不意味着要求成员国在与知识产权侵权有关的民事诉讼中规定传播个人数据的义务。

欧盟法院还认为[43]，如果要求互联网服务提供商实施某个系统，识别在提供商的网络上传输他人拥有知识产权的音乐或电影作品文件的传播者的，将违反欧盟个人数据保护的法律。

41　参见西班牙音乐产品协会诉西班牙电信协会案的第 C-275/06 号判决（Judgment in case C-275/06 *Productores de Música de España (Promusicae) v. Telefónica de España SAU*），http://eur-lex.europa.eu/legal-content/EN/TXT/?qid=1472046094809& uri=CELEX: 62006CJ0275。

42　该案的焦点问题是解释如下欧盟法律文件：Directive 2000/31/EC of the European Parliament and of the Council of 8 June 2000 on certain legal aspects of information society services, in particular electronic commerce, in the Internal Market（欧洲议会和理事会于 2000 年 6 月 8 日发布的《关于内部市场中信息社会服务特别是电子商务若干法律问题的第 2000/31/EC 号指令》）(《电子商务指令》, OJ EU L 178, 17.07.2000, p.1); Directive 2001/29/EC of the European Parliament and of the Council of 22 May 2001 on the harmonisation of certain aspects of copyright and related rights in the information society（欧洲议会和理事会于 2001 年 5 月 22 日发布的《关于协调信息社会中版权和相关权利若干问题的第 2001/29/EC 号指令》) (OJ EU L 167, 22.06.2001, p.10); Directive 2004/48/EC of the European Parliament and of the Council of 29 April 2004 on the enforcement of intellectual property rights（欧洲议会和理事会于 2004 年 4 月 29 日发布的《关于知识产权执行的第 2004/48/EC 号指令》) (OJ EU L 157, 30.04.2004, p.45); 《欧洲联盟基本权利宪章》第 17 条第 2 款和第 47 条。

43　参见斯卡利特有限责任公司诉比利时作家、作曲家和出版者协会案的第 C-70/10 号判决（Judgment of 24 November 2011 in case C-70/10 *Scarlet Extended SA v. Société belge des auteurs, compositeurs et éditeurs SCRL [SABAM]*）。

欧盟法院在 2008 年 12 月 16 日的判决[44]中宣布，为确保新闻或艺术活动中的言论自由，必要时可以限制个人数据保护，但仅限于必要的程度。

欧洲人权法院还表示必须在隐私权和新闻自由之间谋求平衡。[45]

隐私权还因为与获取公共信息的权利存在冲突而受到限制。《欧洲联盟条约》第 1 条和第 10 条以及《欧洲联盟运作条约》第 15 条第 1 款确立了公共机构运作的透明度原则，允许获得授权的人员使用官方文件。因此，只要此类官方文件和公共信息包含了个人数据，就必定会与隐私权和个人数据保护权发生冲突。在这种情况下，必须权衡这些权利，并且根据个案具体情况进行评估，所涉权利之中哪个权利更应该受到保护。

获取公众信息的权利受到欧盟法律的保障，其法律依据是欧洲议会和理事会 2001 年 5 月 30 日《关于公开访问欧洲议会、理事会和委员会文件的第 1049/2001 号条例》（OJ EU L 145，p. 3），以及《欧洲联盟基本权利宪章》第 42 条和《欧洲联盟运作条约》第 15 条第 3 款，后两者也规定了访问和获取欧盟机构、团体、办公室、机关有关文件的权利。

欧盟法院已经解决了个人数据保护权和公共信息获取权之间的

---

44 参见数据保护专员诉萨塔昆塔·马克基纳珀西·欧伊和萨塔米蒂·欧伊的第 C-73/07 号判决（Judgment in case C-73/07 *Tietosuojavaltuutettu v. Satakunnan Markkinapörssi Oy, Satamedia Oy*），http://eur-lex.europa.eu/legal-content/EN/TXT/?qid=1472046145991& uri=CELEX:62007CJ0073。

45 参见下述案件：2012 年 2 月 7 日的阿克塞尔·施普林格公司诉德国案的判决（*Axel Springer AG v. Germany*, Application No. 39954/08），http://hudoc.echr.coe.int/ eng?i=001-109034; 2012 年 2 月 7 日的冯·汉诺威诉德国案的判决（*Von Hannover v. Germany*, Applications No. 40660/08 and 60641/08），http://hudoc.echr.coe.int/ eng?i=001-109029; 2008 年 11 月 25 日的比留克诉立陶宛案的判决（*Biriuk v. Lithuania*, Application No. 23373/03），http://hudoc.echr. coe.int/eng?i=001-89827。

冲突。[46]

　　该案的背景如下：一家德国啤酒厂要求获得欧盟委员会和英国政府当局代表的会议记录的副本。委员会提供了文件，但删除了五名与会者的名字。这是有理由的，因为其中两个人反对公开其姓名，而委员会也无法获得余下三个人的同意。但是，初审法院裁定，将代表公共机构参加正式会议的与会者姓名予以公开，并不侵犯与会者保护隐私的权利。

　　然而，欧盟法院在上诉程序中认为，委员会拒绝透露姓名是有道理的。欧盟法院认为，公开相关文件本身已经满足了透明度要求，而且申请人并未证明获得与会者姓名的必要性。因此，欧盟法院裁定，获取公共信息的权利并不总是等同于获取其中包含的个人数据的权利。

　　在 2010 年 11 月的判决中欧盟法院还指出，个人数据保护权不是绝对的，并根据《欧洲人权公约》第 8 条第 2 款和《欧洲联盟基本权利宪章》第 52 条第 1 款的规定，提出了限制该权利的条件。[47]法院在该判决中确认，在民主社会中，公众获取公共资金使用信息的权利是个人数据保护的必要例外。但法院仍然强调，这些限制必须由法律规定，尊重与数据保护相关的权利本质，并与立法者所追求的目标相称。[48]

46　参见 2007 年 11 月 8 日欧盟法院的巴伐利亚啤酒有限责任公司诉欧洲共同体委员会案的判决（*The Bavarian Lager Co. Ltd. v. Commission of the European Communities*），http://eur-lex.europa.eu/legal-content/EN/TXT/HTML/?uri=CELEX:62004TJ0194&qid=14650572 50620&from=EN；以及 2010 年 5 月 29 日欧盟法院的欧盟委员会诉巴伐利亚啤酒有限责任公司案（*European Commission v. The Bavarian Lager Co. Ltd.*），http://eur-lex.europa. eu/legal-content/EN/TXT/?qid=1472046201446& uri=CELEX:62008CJ0028。

47　参见 2010 年 11 月 9 日的福尔克尔和马库斯·斯切克诉黑森州以及哈特穆特·艾弗特诉黑森州两个合并审理案件的判决（*Volker und Markus Schecke GbR* [C-92/09] and *Hartmut Eifert* [C-93/09] *v. Land Hessen*），http://eur-lex.europa. eu/legal-content/EN/TXT/?qid=1472046255907&uri=CELEX:62009CJ0092。

48　该案的争议主题是能否允许在德国联邦农业和粮食局（Bundesanstalt）的网站上公布欧洲农业担保基金（EAGF）和欧洲农业发展基金（EAFRD）的资金接收者的个人数据（名称、住所地或登记地，以及在特定年份收到的金额）。

2014 年 4 月 8 日，欧盟法院在"爱尔兰数字版权案"（the Digital Rights Ireland case）中提出了一项突破性的保存交通数据和位置数据的方法，宣布了《数据保存指令》（Retention Directive）的无效。[49] 法院的判决理由是，该指令与《欧洲联盟基本权利宪章》所规定的基本人权之一即隐私权不一致。欧盟法院并没有质疑该指令的目的即确保公共安全以及预防和打击犯罪，但认为相对于该目的，该指令对隐私的干扰是过分的。电信和互联网服务提供商有义务保存其服务过的用户的各种数据，例如名称、地址、日期、时间、期间、通信类型以及互联网协议地址。欧盟法院还指出，目前缺乏数据保存明确期限的标准。[50]

欧盟法院 2016 年 12 月 21 日对瑞典 Tele2 案[51] 的判决效果是一样的。欧盟法院认为，欧盟法律不允许大规模保存所有网络流量和位置

49　合并审理的第 C-293/12 号和第 C-594/12 号案件，爱尔兰数字版权有限公司诉通信、海洋和自然资源及其他部长（C-293/12）和卡林西亚省政府（C-594/12）、迈克尔·塞特林格、克里斯托夫·肖尔等人（*Digital Rights Ireland Ltd* [C-293/12] *v. Minister for Communications, Marine and Natural Resources and Others* and *Kärntner Landesregierung* [C-594/12], *Michael Seitlinger, Christof Tschohl and Others*），http:// eur-lex.europa.eu/legal-content/EN/TXT/?qid=1472743340801&uri=CELEX%3A62012 CJ0293。有关欧盟法院根据《欧洲联盟基本权利宪章》界定打击犯罪与隐私权之间的界线，以及在保存电信资料方面保护个人数据的讨论，请参阅：A. Grzelak（A. 哥泽拉克），Granica między skuteczną walką z przestępczością a prawem do prywatności i do ochrony danych osobowych — glosa do wyroku TS z 8.04.2014 r. w sprawach połączonych: C-293/12 i C-594/12 Digital Rights Ireland（《有效打击犯罪与保护隐私权以及个人数据权之间的分界线：对法院 2014 年 4 月 8 日合并 C-293/12 和 C-594/12 两案判决的评论》），*Europejski Przegląd Sądowy*（《欧洲司法审查》），No. 7/2014, p.45。

50　The Article 29 Data Protection Working Party, Document No. WP 220 of 1 August 2014, Statement on the ruling of the Court of Justice of the European Union (CJEU)（《关于欧盟法院裁决声明的第 220 号工作文件》），which invalidated the Data Retention Directive, http://ec.europa.eu/justice/data-protection/article-29/documentation/opinion-recommendation/ files/2014/wp220_en.pdf.

51　*Tele2 Sverige AB* (C-203/15) *v. Post- och telestyrelsen*, and *Secretary of State for the Home Department* (C-698/15) *v. Tom Watson, Peter Brice, Geoffrey Lewis*, https://eur-lex. europa.eu/legal-content/EN/TXT/?uri=CELEX:62015CJ0203.

数据。成员国法律可以为打击严重犯罪而合法保存某些数据，但是数据范围、数据类别、数据主体和保存期限的范围不应超出该目的所必需的范围。成员国法律还必须规定主管机构访问保存数据的条件，并规定由独立机构控制访问的基础和范围。由于可以进行自动化分析，因此元数据可以揭示个人敏感数据，例如某人已被包含在反政府邮件列表中或参与了示威抗议活动；打给特定医生的电话记录，可能会识别出该病人患有特定疾病；拨打电话或发送给支持服务组织的电子邮件的历史记录，可能会识别出酗酒或吸毒的人。[52]

欧盟法院在"隐私国际"案[53]以及在诸如四方网络公司等的并案判决（*La Quadrature du Net and Others*, C-511/18 and C-512/18, EU: C: 2020: 6）中认为，"如果国家法律要求电子通信服务提供商以通用的、不加区分的传输方式，向国家安全和情报机构披露交通数据和位置数据，那么根据《欧洲联盟条约》第4条第2款，《宪章》第7条、第8条、第11条和第52条第1款的精神，以及《第2002/58/EC号指令》第15条第1款的规定，在民主社会中，这样的国家法律就超出了必要的、严格限定的程度，不应被视为是正当的"（判决第81点）。

52　M. Brkan, The Essence of the Fundamental Rights to Privacy and Data Protection: Finding the Way Through the Maze of the CJEU's Constitutional Reasoning, *German Law Journal* 2019, p.873, https://www.cambridge.org/core/services/aop-cambridge-core/content/view/00621C26FA14CCD55AD0B4F4AD38ED09/S207183221900066Xa.pdf/essence_of_the_fundamental_rights_to_privacy_and_data_protection_finding_the_way_through_the_maze_of_the_cjeus_constitutional_reasoning.pdf [retrieved on 20 December 2020]; T. Ojanen （T. 奥亚宁）, Privacy Is More Than Just a Seven-Letter Word: The Court of Justice of the European Union Sets Constitutional Limits on Mass Surveillance（《隐私不仅仅是一个由七个字母组成的单词：欧盟法院为大规模监视设定了宪法限制》）. Court of Justice of the European Union, Decision of 8 April 2014 in Joined Cases C-293/12 and C-594/12, Digital Rights Ireland and Seitlinger and Others, 10 Eur. Const. L. Rev. 528, 537 (2014).

53　参见欧盟法院2020年10月6日的第C-623/17号判决，隐私国际诉外交和联邦事务大臣、内政部大臣、政府通信部、安全局、秘密情报局案（*Privacy International v. Secretary of State for Foreign and Commonwealth Affairs, Secretary of State for the Home Department, Government Communications Headquarters, Security Service, Secret Intelligence Service*, ECLI:EU:C:2020:790）。

因此，泛泛地要求保存数据，例如，成员国规定数据的一年保存期义务以及传输所有网络流量和位置数据的义务，而不对诸如地理条件等任何情况作出区分，都是与欧盟法律相抵触的做法。这适用于"那些 26 没有证据表明其行为可能具有关联（甚至是间接联系或联系疏远）的人，目的是维护国家安全，尤其是没能在传输的数据与国家安全受到威胁之间建立任何联系的情况"（判决第80点）。针对这种情况，请参阅2014年4月8日的爱尔兰数字版权和其他案（第57、58段）以及2016年12月21日的Tele2案（第105段）的判决。

仅当满足下述情况，成员国才能规定保存所有电信数据的一般性义务：首先，出现了严重威胁国家安全的例外情况，且根据现实证据可以认为这种情况是真实存在的；第二，该义务被限制在规定的期限内；第三，该行为接受独立机构的监督。

欧盟成员国的宪法也规定了隐私权，尽管并非所有成员国都如此，而且并非总是直接作出规定。在"后脱欧"时期五个人口最多的欧盟成员国（EU27）中，《波兰宪法》已经规定了隐私权（第47条，"人人有权享有对其私人生活的法律保护"）。隐私权许多方面的内容，例如通信的保密性（邮政保密性），也出现在这些国家的宪法中，诸如《德国宪法》（第10条）、《意大利宪法》（第15条）、《西班牙宪法》（第18条）和《波兰宪法》（第49条）。

隐私权在《波兰宪法》中尤为突出。《波兰宪法》第31条第1款允许对隐私权进行限制，但仅限于成文法规定，并且只有在民主国家中有必要保护其安全或公共秩序，或为了保护自然环境、健康或公共道德或者其他人的自由和权利的场合。而且，《波兰宪法》禁止采取这类限制去侵犯自由和权利的实质内涵，这进一步强化了对隐私权的保护。《波兰宪法》第51条第1款还规定了干涉隐私的限制，该条要求在法规中规定公民披露个人数据的义务；第51条第2款禁止公共当局以超出法治民主国家必要范围的程度，实施获取、收集和提供公民信息的行为。值得注意的是，根据《波兰宪法》第

233 条第 1 款，即使在军事管制和紧急状态下，也不能限制隐私权的保护。

第四节　个人数据保护对隐私权的重要意义

把握个人数据保护的本质及其对隐私权的重要性乃是关键所在。当一个人使用或仅拥有移动电话或平板电脑时，各种机构都会创建其通话记录并收集其地理位置数据。消费者在购物时，会被制作数据画像。这意味着，无论数据控制者的原始目的和主要目的如何，它都会监视用户的居住地点和旅行地点，识别用户电话联系的人员，并定期收集该人的在线活动信息、喜欢的书籍、电影、论坛、对医疗网站的查询、休闲活动（机票预订、酒店预订）等等。[54]

鉴于互联网和智能手机或平板电脑的广泛使用，个人数据保护受到威胁的范围非常广泛，数据主体对其数据处理的控制已非常有限。此外，智能手机或平板电脑上使用的众多应用程序都需要访问用户的数据，这进一步带来了隐私风险。[55]

---

[54] M. Krzysztofek, "Prawo do bycia zapomnianym" i inne aspekty prywatności w epoce Internetu w prawie UE (《欧盟法律中互联网时代的"被遗忘权"和隐私的其他内涵》), *Europejski Przegląd Sądowy* 2012, Issue 8, p.29; M. Krzysztofek, Prawo do bycia zapomnianym (《被遗忘权》), Part 1 and 2, *Computerworld* 2012, Issue 10 and 11; P. Blume (P. 布卢姆), Transborder Data Flow: Is There a Solution in Sight? (《跨境数据流动：眼前是否有解决方案》), *International Journal of Law and Information Technology* 2000, No. 8, p.65. International Working Group on Data Protection in Telecommunications (aka the Berlin Group) (国际电信数据保护工作组（又名柏林小组）), Working Paper of 15–16 April 2013: Web Tracking and Privacy: Respect for Context, Transparency and Control Remains Essential (《网络跟踪和隐私：尊重背景、透明度和控制仍然至关重要》), https://www.coe.int/t/dghl/standardsetting/dataprotection/News/Web%20tacking.pdf. 工作组提到了这些隐私威胁，并强调了互联网用户基本权利的重要性和约束力；它指出有必要确保在线活动以及"隐私的设计保护"（Privacy by Design）的透明度和监视。

[55] Article 29 Working Party, Opinion 02/2013 on apps on smart devices (《有关智能设备上的应用的第 02/2013 号意见》), 27 February 2013, WP 202, http://ec.europa.eu/justice/data-protection/article-29/documentation/opinion-recommendation/files/2013/wp202_en.（转下页）

以银行转账或支付卡等形式进行的无现金支付，意味着有关银行客户账户动向和负债的信息，可能会导致披露银行账户转账资金的来源和接收者的信息，进而可能间接揭示账户所有者的财务状况、生活方式、日常行为、兴趣嗜好、信条信仰或健康状况。[56] 不论是从定义还是从公众对这些字样的普遍理解来看，这些数据都是敏感的。尽管法律没有将财富状况包括在敏感数据的范围内，但人们普遍认为它是敏感信息。

（接上页）pdf, and Opinion 13/2011 on Geolocation services on smart mobile devices（《有关智能移动设备上的地理定位服务的第 13/2011 号意见》），16 May 2011, WP 185, http://ec.europa.eu/justice/policies/privacy/docs/wpdocs/2011/wp185_en.pdf.

56 M. Krzysztofek, Tajemnica bankowa i ochrona danych osobowych w praktyce bankowej, Warszawa 2010, p.10; cf.also G. Gorczyński（戈尔琴斯基），Sąd cywilny a tajemnica bankowa – uwagi na tle uchwały Sądu Najwyz szego z 7 grudnia 2006 r.（《民事法院和银行保密：在最高法院 2006 年 12 月 7 日决议背景之下的评论》），*Prawo Bankowe* 2007, No. 12, p.52.

第三章 《一般数据保护条例》和
个人数据保护的范围；关键概念

第一节 覆盖的实体范围

29   为了界定个人数据的保护范围，《一般数据保护条例》明确了受保护的实体（entities）类型和数据类型（第1条和第2条）、地域范围（第3条）以及相关的关键定义（第4条），尤其是个人数据、数据处理和文档系统的概念。实体和数据的范围、地域范围和界定这些范围的关键概念，将在本章后面小节中讨论。

后文还将详细讨论个人数据的性质和定义，它们界定了数据保护所涵盖的实体范围。至关重要的是，根据《一般数据保护条例》第1条的隐含意思和第4条第1款的定义，受保护的个人数据的范围仅涵盖自然人的信息。它不包括与法人和非法人组织单位有关的信息，例如商法公司和合伙企业、合作社、协会或基金会的名称和联系方式。

《一般数据保护条例》规定的保护数据义务的约束力，及于所有将个人数据处理作为其业务、专业或法定活动的部分实体，例如数据控制者和数据处理者，无论其性质是公共部门单位（中央或地方政府部门，或其他国有或市政组织单位）还是私有部门（法人和非法人组织单位，例如商法公司和合伙企业、合作社，协会或基金会）。这也包括了执行公共任务的非公共实体（例如私立医院和学校）和自然人。

欧盟机构、团体和组织单位对个人数据的处理受到欧洲议会和理事会 2018 年 10 月 23 日颁布的《关于欧盟机构、团体、办公室和 30 机关处理个人数据以及自由流动此类数据时保护自然人的第（EU）2018/1725 号条例》的规范，该条例废止了《第（EC)45/2001 号条例》和《第 1247/2002/EC 号决定》[1]。

第二节　适用范围

为了定义其实质的适用范围，《一般数据保护条例》第 2 条第 1 款将数据处理的自动化手段作为区分标准。

具体来说，《一般数据保护条例》涵盖了全部或部分自动化方式的数据处理，而与其他情况无关。另一方面，如果个人数据"构成文档系统的一部分或旨在构成文档系统的一部分"，那么对这些数据的非自动化处理，同样受到《一般数据保护条例》的规制。该措辞以及《一般数据保护条例》序言第 15 条表明，对于完全或部分以自动化方式处理的数据，无论该数据是否作为（或有意作为）文档系统一部分进行处理，均受《一般数据保护条例》的保护。但是，如果数据不是文档系统的组成部分，也非旨在成为文档系统的一部分，则《一般数据保护条例》不会涵盖这些数据的非自动化处理。《第 95/46/EC 号指令》第 3 条第 1 款已经规定了这项区别，《一般数据保护条例》重申了这一点。

因此，非自动化的数据处理是否被《一般数据保护条例》所涵盖，取决于数据控制者是否有意（或缺乏这种意图）将此类数据包括在数据文档系统中（参见"构成或旨在构成文档系统一部分的个人数据"的表述）。以求职者发送给潜在雇主的数据为例，我们可以区

---

[1] OJ L 295, 21.11.2018, p.39, ELI: http://data.europa.eu/eli/reg/2018/1725/oj.

分两种情况。

（1）雇主维护或有意维护根据特定标准设置的、含有求职者数据的数据文档系统，并且将求职者的简历添加到该文档系统中，即使该文档系统仅采取了纸质形式。《一般数据保护条例》确实可以适用于这种情况。

（2）雇主尚未发布职位空缺，也无意维护包含申请人数据的文档系统，甚至无意将其收到的简历添加到现有的文档系统中，只是将其丢弃。在这种情况下《一般数据保护条例》并不适用。否则的话，就会出现这样的结果：仅仅因为该实体在不情愿的情况下收到了个人数据，就确立了该实体作为数据控制者的身份，而与该数据控制者本身明确的数据处理目的没有关系（根据第4条第7款）。依我之见，要求此类实体遵守诸如此类的信息义务是不正当的。[2]

但是，即使《一般数据保护条例》未涵盖的数据也不是完全不受保护的，例如，防止将数据披露给未经授权的人员。这种保护基本是由《欧洲联盟基本权利宪章》所规定的隐私权来实现的。

31 如果在任何情况下都必须严格按字面含义进行这种区分，则那些在信息技术系统外部处理（非自动化数据处理）不属于文档系统并且数据控制者不打算构成文档系统一部分的数据，应该不在《一般数据保护条例》的规制范围之内。在这种情况下，应该由数据控制者自行决定是否将此类个人数据纳入保护范围。而实际上，是否应建立文档系统，或者是否应在其中包含特定数据，本来就是属于数据控制者自行决定的事项。因此，自然人保护个人数据的权利，或者甚至根

---

2   A. Sobczyk（A. 索布奇克），*RODO — rozproszona władza publiczna*（《一般数据保护条例——分散的公共权力》），Wydawnictwo Uniwersytetu Jagiellońskiego, Kraków 2020.

据《欧洲联盟基本权利宪章》和欧盟成员国宪法的更广泛的基本权利，都只有在数据控制者采取技术行动后才可能适用，并且这些权利的适用性也取决于数据控制者有意将数据以无法抗拒的方式纳入文档系统之中。

因此，按照上面的示例，假定应聘者发送给公司的简历中包含了个人数据，而该公司无意接收该数据也无意将该数据包括在文档系统中，相反，公司打算删除该数据的，那么认定该数据不在《一般数据保护条例》的规制范围之内，我觉得是妥当的。

另一方面，如果公司出于任何原因保存数据（例如，由于其先前与数据主体打交道的结果），但在技术上未将数据包括在文档系统中（例如，公司雇员将简历放入抽屉，而不是按字母顺序排序的文件中），那么该个人数据依旧受《一般数据保护条例》的保护。

《欧洲联盟基本权利宪章》第8条第1款和《欧洲联盟运作条约》第16条第1款授予所有人保护其个人数据的权利。自2009年12月《里斯本条约》（包括《欧洲联盟基本权利宪章》）生效以来，保护个人数据的权利已成为一项基本权利。我们没有理由根据技术手段和文档系统的标准来限制该权利的保护和范围。

即使个人数据仅仅是可能（may）包含在个人数据文档系统中，无论其最终是否包含在此类文档系统中，都应当受到法律保护。[3]

根据《一般数据保护条例》序言第15条，"为了防止造成严重的规避风险，对自然人的保护应在技术上是中立的，不应取决于所使用的技术"。因此，《一般数据保护条例》的保护措施除了涵盖自动化（甚至部分自动化）的处理形式，包括信息技术系统中的处理方式（由于以这种方式处理数据的泄露风险增加而变得至关重要），还涵盖了手

---

3 Decision of the Polish Supreme Court, Penal Chamber, of 11 December 2000, II KKN 438/00, OSNKW 2001 No. 3–4, Item 33, p.101, *Biuletyn Sądu Najwyz. szego* 2001 No. 2, p.16, KZS 2001 No. 3, Item 11, p.8.

动和基于纸张的数据处理文档系统（文件、索引、目录和登记簿）。《一般数据保护条例》甚至涵盖在文档系统外部进行的数据处理：不能因为数据控制者无意以有组织的方式处理数据就排除基本的隐私权，而且，排除那些无意构成文档系统一部分的数据的保护，其结果恰恰就是排除了基本的隐私权。

无论如何，关于将数据处理的自动化手段作为数据保护标准的任何争议都将随着时间的流逝而变得微不足道，因为在大多数情况下，手动处理数据至少会涉及某种程度的自动化（例如，扫描以纸质方式递交的简历，将纸质文档中的数据输入到计算机系统，或者纸质文档和电子文档的同时存档）。

为了回应公众的广泛关注，我们必须指出，《一般数据保护条例》并不会减少任何人在正常关系或情况下使用个人数据的权利，例如在学年结束的典礼上喊出获得奖励的学童的名字。有人提出，在这种场合不得使用学生姓名，但这种观点（并非闻所未闻）是荒谬的，因为对一起生活了数月或几年的学校教职人员而言，孩子们并非是匿名的。

还应牢记的是，如果数据处理时没有遵守基本原则（包括没有遵守《一般数据保护条例》第6条的规定，或者处理诸如与健康或犯罪前科有关的敏感数据），从而违反了《一般数据保护条例》第9条和第10条的规定，那么根据该条例，对不合规者最高可处以2000万欧元的罚款，或处以违规企业上一财政年度全球总营业额4%的罚款（第83条第5款第a项）。

闭路电视系统如果没有结构化且无法根据特定标准找到与特定人有关的记录的，并不是个人数据的文档系统。为了防止发生事故，并且在发生违法犯罪行为时提供证据，安装在公共交通或地下通道等人们经常光顾的地方的闭路电视系统会连续记录不确定的人员。然而，当与其他信息或数据库相关联时，例如，基于罪犯的图像或车辆的车牌，这些记录就可以用于识别某些个人。因此，虽然非结构化的连续记录并不是文档系统，但是包含了受法律保护的个人数据。

第三节 《一般数据保护条例》适用范围的除外情形

另一方面，《一般数据保护条例》并不涵盖仅限于诸如检查身份证明文件的数据处理，这些数据的咨询活动在随后并不会将数据以任何形式输入档案系统，也不会在文档系统之外处理数据。然而，在实践中，这种情况正变得越来越少和无关紧要：不管是以手动或自动方式（例如，在现场检查中使用移动设备记录数据）记录此类数据（例如被检查者的身份以及检查的时间和位置），就等于在处理个人数据了，因此受到《一般数据保护条例》的管辖。

尽管如此，《一般数据保护条例》并不涵盖临时创建的文档系统，例如一次性营销行为（第 2 条第 2 款并未对这项例外作出规定）。值得一提的是，这种情况与数据提取（extractions）不同，数据提取并不是独立的文档系统，而是从现有文档系统之中提取临时文档，然后提供给诸如呼叫中心团队。

《一般数据保护条例》不适用于超出欧盟法律范围（例如国家安全）的活动中的个人数据处理，也不适用于欧盟成员国在欧盟共同外交和安全政策范围内开展活动而处理数据的行为（《欧洲联盟条约》第五编第二章）。此项豁免的范围应当参照欧盟权限的领域（《欧洲联盟运作条约》第 2—6 条）加以界定，也应该参照《欧洲联盟运作条约》明确授予欧盟的立法权力（即为保护个人权利而针对个人数据处理以及与此类数据自由移动有关事项制定统一规则的权力）加以确定（《欧洲联盟运作条约》第 16 条第 2 款）。

《欧洲联盟运作条约》第 2—6 条列出了欧盟具有排他权限的领域，以及欧盟与成员国共享权限的领域。《一般数据保护条例》适用于所有这些领域。《欧洲联盟运作条约》还列出了欧盟成员享有排他权限的领域。在这些领域之中，欧盟的权力仅限于支持、协调或补充成员

33

国的行为。在这些领域中处理个人数据，并不受《一般数据保护条例》的管辖（根据第 2 条第 2 款第 a 项的规定），这就意味着，除非欧盟成员国主动采取行动消除分歧，否则这些领域的个人数据保护规则在欧盟范围内将是不一致的。其中一些领域非常广泛，例如医疗保健、教育或行政合作。《欧洲联盟运作条约》第 16 条第 2 款似乎旨在将欧盟范围内统一的数据保护规则努力扩展到《欧洲联盟运作条约》第 6 条规定的仅属于欧盟协调能力所涵盖的领域。尽管经由《里斯本条约》修正的第 16 条第 2 款可能是制定整个欧盟统一的个人数据保护规则的基础，但它也有自身适用的范围局限，其仅针对欧盟法律所涵盖的活动。因此，权限的冲突在所难免。《一般数据保护条例》本应覆盖的一个领域，毫无疑问被排除在外（正如第 2 条第 2 款第 b 项所明确规定的），即成员国在欧盟共同外交和安全政策范围内开展活动所涉及的数据处理行为（《欧洲联盟条约》第五编第二章）。

主管当局出于预防、调查、侦查或起诉刑事犯罪或执行刑事处罚（包括防范和防止对公共安全的威胁）的目的而处理个人数据同样属于豁免的情形。

第四节　为个人或家庭目的处理数据不落入《一般数据保护条例》的适用范围[4]

更实际的差异源于《一般数据保护条例》的另一项豁免，即自然人在纯粹的个人或家庭活动过程中对数据的处理（第 2 条第 2 款第 c 项），也即，这些个人或家庭活动与职业或经济活动无关。这些个人或家庭活动例如电子邮件、社交活动以及在此类活动范围内进行的在线活动，可能包含有通信和保留个人手机目录的地址、在个人笔记本

4　本节的部分内容选自：M. Krzysztofek, The Interpretation of 'Household' in the Definition of Personal Information in the CCPA（《〈加州消费者隐私法〉的个人信息定义中的"家庭"概念解读》）, Global Privacy Law Review（《全球隐私法评论》）, February 2021。

或计算机中收集数据（序言第18条）。另一方面，尽管用户使用社交网络的行为可能是出于个人目的而不适用《一般数据保护条例》，但是，当数据控制者或处理者（例如社交网络的服务提供商）向用户提供为其个人或家庭活动而处理个人数据的手段时，则适用《一般数据保护条例》。

34

无论是在信息技术普及之前或之后，对于消费者和家庭而言，典型的个人信息类别包括：朋友和熟人的地址和电话号码；私人或家庭服务提供者（例如健身教练、儿童老师或家用电器服务技术人员）的联系信息；与财务有关的文件，例如银行、抵押或保险报表；医学检验结果；家庭成员的学校，大学或就业相关报告；与朋友或同事合拍的个人照片。

但是，随着互联网包括社交网络和即时通信程序的大规模使用，出现了数据处理的新目的，并因此带来了由消费者和家庭保存的新类别的个人信息，例如[5]：

- 个人在经营与其爱好（例如跑步）有关的个人网站或社交网络账户时，会收到共享该爱好的其他人的名字以及他们的位置（例如当他们共享参加比赛的信息时）甚至健康数据（例如伤害）。
- 即使是在由单个个人组织的网联在线社会或政治请愿活动中，参与并签名者也可能会向组织者披露其政治观点和身份细节。

---

5 Article 29 Working Party, Statement on current discussions regarding the data protection reform package, Annex 2 Proposals for Amendments regarding exemption for personal or household activities（《当前有关数据保护改革方案讨论的声明》，附件2"关于个人或家庭活动豁免的修正提案"），27.02.2013, p.2, https://ec.europa.eu/justice/article-29/documentation/other-document/files/2013/20130227_statement_dp_annex2_en.pdf, retrieved 1 September 2020.

个人或家庭数据处理活动必须是非商业性的，除非是那些虽为获取实质性利益但仅在有限范围内且仅满足个人需求的活动，例如于在线拍卖网站上以非商业方式出售二手物品，或进行收藏家之间的物品交易（甚至贵重物品）。尽管烹饪爱好者在他/她的博客上为其粉丝们共享食谱（并在这个过程中访问他们的某些数据）可能是在开展纯粹的个人和家庭式活动，但是这些貌似博客或论坛如果实际是由某个餐馆老板在其品牌之下经营的，那么这种行为就是品牌推广：它具有吸引新的潜在客户的作用，因此与业务有关。

即使是敏感数据的处理，例如与健康有关的或在未决的刑事或民事诉讼中使用的数据，如果该数据处理行为并非是盈利或职业活动的，同样属于"个人或家庭"使用的豁免情形。

个人或家庭目的的数据处理的例子之一是对个人财产的闭路录像监视。此类数据处理的目的和其他方面都不在《一般数据保护条例》的规制范围内。但是，一旦监视超出了该私有区域，无论是有意还是无意，就不再属于个人或家庭活动数据处理的范畴，因此受到《一般数据保护条例》的管辖，例如，当闭路录像监视的摄像机调整不当，录像视角覆盖到了相邻物业或公共场所（例如街道）的一部分。[6]

但是，欧盟法院认为，如果个人在互联网上发布第三方的个人数据，并通过名称或其他方式进行个人识别，则此类发布行为受到个人数据保护法的管辖。这是因为这样的出版物不是纯粹的个人或家庭性质的出版物。正如欧盟法院所主张的那样，家庭豁免（household exemption）"必须……解释为仅与个人在私人或家庭生活过程中的活动有关，处理个人数据并在互联网上发布以使不确定数量的人可以访

---

6 Judgment of the CJEU of 11 December 2014 in Case C–212/13 *František Ryneš v. Úřad pro ochranu osobních údajů*（弗兰提瑟克·莱恩斯诉个人数据保护办公室），http://eur-lex. europa.eu/legal-content/EN/TXT/?qid=1471275527910&uri=CELEX:62013CJ0212.

问这些数据的情况，显然不在此列"[7]。

除了用于个人或家庭活动的数据处理，无论数据是用于商业目的或职业目的，还是用于私人和非商业目的，都适用《一般数据保护条例》。因此，《一般数据保护条例》对基金会、非政府组织以及企业都具有约束力。

第五节　地域范围

《一般数据保护条例》的管辖范围涵盖了欧盟数据控制者或处理者在其机构活动（不限于商业活动）范围内对个人数据的处理，无论该数据处理行为是否在欧盟内部进行。《一般数据保护条例》的地域适用性是指数据控制者或处理者的注册办事处（即其主要营业和决策中心）位于欧盟成员国（或者根据国际公法可适用欧盟成员国法律的其他位置），也可以是以任何法律或组织形式设立的位于欧盟成员国的第三国机构。此类机构尤其包括：（i）由企业所有者在注册办事处或企业或其主要营业地点以外经营的地方分支机构，即在组织、业务方面独立且有自主权的分支机构，或（ii）在有限范围内运作的专注于外国企业广告和促销的代表处。本质上，机构（establishment）将在稳定的结构内有效运作。无论其法律形式是组建的子公司、分支机构还是代表机构，都足以使《一般数据保护条例》适用于数据控制者或处理者。

《一般数据保护条例》确立的一项突破性的新制度安排是无论数 36 据处理位置在哪里都对个人数据提供保护。无论数据处理行为本身是否在欧盟进行，只要是欧盟的数据控制者或处理者所设立的机构在处

7　CJEU judgment of 6 November 2003 in case C–101/01, *Bodil Lindqvist v. Aklagarkammaren i Jönköping*（博迪·林德文斯特诉埃延雪平检察院），point 47, http://eur-lex.europa.eu/legal-content/EN/TXT/HTML/?uri=CELEX: 62001CJ0101&qid=1472227929620&from=EN.

理数据的，就受到《一般数据保护条例》的管辖。但是，欧盟机构的实际位置并不是决定《一般数据保护条例》适用性的唯一因素。《一般数据保护条例》的创新在于，其适用于那些并非在欧盟领土范围内建立的（即没有机构），但其数据处理活动包括以下内容的数据控制者或处理者在欧盟内的个人数据处理行为：（a）向欧盟境内的人提供商品或服务，无论是否以付费方式提供，或者（b）监视此类人的行为，如果被监视的行为发生在欧盟范围内。因此，欧盟数据保护规则涵盖了针对欧盟公民的第三国公司的大规模数据处理行为。此外，在这种情况下，没有设立在欧盟内的数据控制者或处理者必须在欧盟委任其代表。数据控制者或处理者必须在接受上述商品或服务或者行为的被监视的数据主体所在的欧盟成员国之中，择一国家设立代表处（第 27 条）。

因此，根据《一般数据保护条例》的要求，非欧盟公司也必须遵守欧盟公民和居民隐私的保护标准，包括那些（即便是无偿的）服务提供商以及那些监视其客户的公司，例如网站浏览器提供商、社交网络服务提供商和在线零售商，包括那些全球领先的公司如谷歌、脸书和亚马逊。

因此，《一般数据保护条例》的规则与《第 95/46/EC 号指令》（第 4 条第 1 款第 a 项）所规定并适用至今的规则是不一样的。根据后者的规则，仅当数据控制者在成员国领土内设立机构时，其数据处理行为才交由该成员国当地进行管辖。《第 95/46/EC 号指令》序言第 19 条将"机构"定义为通过稳定的安排而真实有效地开展活动，但前提是该营业场所的法律形式（无论是分支机构还是具有法人资格的子公司）不应该是这方面的决定因素。《第 95/46/EC 号指令》的第 4 条将在欧盟内"使用设备"（use of equipment）作为一种联结手段，使那些没有在欧盟领土上建立机构的数据控制者同样受到欧盟数据保护法的管辖；与之相比，《一般数据保护条例》第 3 条并没有规定这种联结方式[8]。作为机构标准的替代方法，《第95/46/EC号指令》第4条第1款第c项还规定，可以根据数据控制者出于处理个人数据目的而使用位于成员国领土的设备的事实，确定该成员国的管辖权，除非该设备仅用于在欧盟中传输相关数据。问题在于，《一般数据保护条例》中所定义的领土范围，是否像《第95/46/EC号指令》第4条第1款第c项规定的那样，仍旧暗示着，没有在欧盟国家设立机构的数据控制者，只要他们使用位于欧盟成员国内的设备装置是为了通过欧盟领土传输个人数据，且该传输不涉及数据的使用或修改，就可以免除遵守欧盟法律的义务。欧洲数据保护委员会在其《关于〈一般数据保护条例〉适用领域范围的第3/2018号指南》中，并没有明确解决此问题。但是，我认为值得考虑的一种合理解释是，如同《第95/46/EC号指令》第4条第1款第c项规定的一样，《一般数据保护条例》所定义 37 的领土范围也隐含了这样的意思：没有在欧盟国家设立机构的数据控制者，只要其使用位于欧盟成员国内的设备装置是为了通过欧盟领土传输个人数据，且该传输不涉及数据的使用或修改，就可以免除其遵守欧盟法律的义务。

尽管《一般数据保护条例》适用于在欧盟之外向欧洲客户提供服务的公司处理个人数据的行为，但如果据此推断，在欧盟内使用第三国公司提供的商品或服务的可能性就意味着《一般数据保护条例》可以适用于该公司的业务，则是一种误解。可以在欧盟内部访问到该公司的网站，或者该公司使用的语言在欧盟范围内也在使用，而且是第三国的官方语言或者在国际贸易中广泛使用，这些事实并不足以作为可以适用《一般数据保护条例》的标准。"某些非欧盟实体在欧盟成

8　The European Data Protection Board（欧洲数据保护委员会），Guidelines 3/2018 on the territorial scope of the GDPR (Article 3)（《关于〈一般数据保护条例〉适用领域范围的第3/2018号指南》第3条），Version 2.1 of 12 November 2019, p.4, https://edpb.europa. eu/sites/edpb/files/files/file1/edpb_guidelines_3_2018_territorial_scope_after_public_consultation_en_1.pdf.

员国中开展某些商业活动时，其处理个人数据的活动，可能实际已经被远远地剥离到欧盟范围之外，以至于这些实体在欧盟的商业活动本身，并不足以让欧盟数据保护法来管辖其数据处理行为。"[9]另一方面，如果该公司将欧盟成员国的公民作为其客户目标，并且从客户可以选择下订单或选择报价货币的语言列表或者居住国家/地区列表中，可以清楚说明这一点，那么，该公司的相关数据处理行为属于《一般数据保护条例》管辖的范围。通过这种方式，《一般数据保护条例》对其地域适用性进行了调整，以适应当前在线提供服务的情况，即服务提供商总部或分支机构的位置（例如在美国）与公司定位的客户居住地（在欧盟）无关。这就为保护、执行数据主体权利扫除了诸多的障碍。

欧盟法院在 2014 年 5 月 13 日的"谷歌西班牙公司、谷歌公司诉西班牙个人数据保护局（APED）和马里奥·科斯特贾·冈萨勒案"（C-131/12）判决中，确立了数据处理地点可以在任何地点的数据保护原则。[10]在《一般数据保护条例》颁布之前，法院通过解释《第95/46/EC 号指令》作出了该判决。《一般数据保护条例》也已经明确吸收了该原则。

该判决确认，当设立在第三国的搜索引擎提供商在欧盟成员国内设有办事处或子公司，且目的是通过该搜索引擎直接向该成员国居民

9　Guidelines 3/2018 on the territorial scope of the GDPR (Article 3), Version 2.1 of 12 November 2019, p.8; G29 WP 179 update — Update of Opinion 8/2010 on applicable law in light of the CJEU judgment in Google Spain（第二十九条工作组第 179 号工作文件更新——根据欧盟法院在谷歌西班牙案的判决，对《关于可适用法律的第 8/2010 号意见》进行更新），16th December 2015.

10　参见 C-131/12 案的裁判，该案因西班牙国家法院（Audiencia Nacional）2012 年 2 月 27 日请求欧盟法院根据《欧洲联盟运作条约》第 267 条作出初裁，2012 年 3 月 9 日欧盟法院接受了谷歌西班牙公司、谷歌公司诉西班牙个人数据保护局和马里奥·科斯特贾·冈萨勒案，http://eur-lex.europa.eu/legal-content/EN/TXT/?qid=1471295634261&uri=CELEX:62012CJ0131。

投放广告的，则适用《第 95/46/EC 号指令》（因此也同样适用《一般数据保护条例》）。

基于该判决，第二十九条工作组在 2015 年 12 月 16 日修改了它之前于 2010 年 12 月 16 日发布的《关于可适用法律的第 8/2010 号意见》[11]。

欧盟法院在 2015 年 10 月 1 日对韦尔蒂莫诉国家数据保护和信息自由局（C-230/14）案[12] 的判决中也提出了同样的观点。法院裁定，即使数据控制者仅经营与该成员国境内财产有关的财产交易网站，只要网站以该成员国的语言编写，并且该活动涉及个人数据的处理，也可被视为活跃在该成员国领土内，因此受欧盟数据保护法的约束。欧洲法院还指出，在匈牙利开立用于追讨债务的银行账户，并且在该国使用信箱以管理数据控制者的日常业务，是认定在该国存在"机构"的充分理由（判决书第 33 点）。

在《一般数据保护条例》开始适用之后，欧盟法院在上述判决中的论点也与《一般数据保护条例》中的"机构"一词有关。欧盟法院的判决暗示了"机构"一词具有宽泛的内涵，可以对经济活动进行灵活解释。[13]

11　Update of Opinion 8/2010 on applicable law in light of the CJEU judgment in Google Spain, adopted on 16 December 2015, WP 179 update, http://ec.europa.eu/justice/article-29/documentation/opinion-recommendation/files/2015/wp179_en_update.pdf.

12　*Weltimmo s.r.o. v. Nemzeti Adatvédelmi és Információszabadság Hatóság*, C-230/14，https://eur-lex.europa.eu/legal-content/EN/TXT/?uri=CELEX%3A62014CJ0230, ECLI: EU: C: 2015: 639.

13　持类似观点的文献有：M. Czerniawski（M. 切尔尼亚夫斯基），Zakres terytorialny a pojęcie "jednostki organizacyjnej" w przepisach ogólnego rozporządzenia o ochronie danych – zarys problemu（《〈一般数据保护条例〉规定的地域范围和"组织单位"的概念——问题的概述》），in: Ogólne rozporządzenie o ochronie danych. Aktualne problemy prawnej ochrony danych osobowych 2016（《〈一般数据保护条例〉——当前个人数据法律保护问题（2016）》），*Monitor Prawniczy*, ed. by G. Sibiga, p.23.

第六节　关键概念

个人数据保护的范围和方式是由那些对《一般数据保护条例》的适用至关重要的定义所确定的。本节将介绍个人数据和其他术语的定义，例如假名化和匿名化、遗传数据、生物特征数据、有关健康的数据以及文档系统和处理。本书的其他章节将介绍其他关键术语的定义，包括数据控制者、处理者、接收者、同意处理数据、限制处理、数字画像、有约束力之企业规则（BCRs）和标准合同条款（SCCs），并介绍数据处理的原则。

39　**一、个人数据**

根据《一般数据保护条例》第 4 条第 1 款，个人数据被两个标准所界定：（a）它们仅涉及自然人，并且（b）它们确定了或者可用以确定它们所指向的人（数据主体），且不限于身份标识的数据。

（一）作为自然人信息的个人数据

个人数据的范围仅限于与自然人有关的信息（第 1 条，第 4 条第 1 款的定义，以及序言第 14 条）。个人数据不包括与法人有关的信息，特别是与作为法人建立的企业有关的信息，包括法人名称、法律形式和联系方式。个人数据也不涵盖与非法人组织的单位和民法合伙企业有关的信息，即便这些组织的名字包含有合伙人的名字（参见 1997 年 11 月 13 日波兰最高法院的判决，I CKN 710/97，OSNC 1998，No. 4，Item 69），不过，应根据成员国法律界定何为"法人"。

另一方面，无论有关实体的法律形式如何，在诸如银行、保险、法律执业和税收等行业，根据这些部门的专业保密制度对信息包括商业秘密的保护，都是适用的。

1. 法人代表人的个人数据

代表法人实体或在法人实体中担任职务的自然人的信息与该法人实体有关，但也构成了那些代表法人行事的自然人的个人数据。此类数据包括登记在商业登记册中的执行董事会成员的姓名，或为了顾客下订单或投诉便利而在公司网站上显示的联系人雇员的姓名（即这些数据是用来识别、确定代表法人实体的自然人的）。这并不意味着出现在公共登记簿中与法人活动相关的数据[14]，或者公司域名中的电子邮件地址（如 johnsmith@company.com）等数据不受《一般数据保护条例》的规制[15]。此外，公司执行董事会成员与其配偶之间财产协议的信息，仍是受到《一般数据保护条例》保护的个人数据。

如果要对这些个人的数据是否得到合法处理进行评估，则必须重点关注此类处理的目的。如果按照这些人的法人或组织职位相对应的目的和范围来处理此类数据（例如，发送与该人在公司内的职权范围相关的邮件），则完全是合法的。另一方面，如果将相同的数据用于其他目的（例如用于产品或服务的营销，且这些产品或服务不是针对这些个人代表的公司，相反是针对作为消费者的个人），则与该个人相关的数据处理，必须满足数据合法处理的其他要求。

2. 独资企业（Sole Proprietors）的数据

《一般数据保护条例》并没有明确独资企业（即从事商业活动的自然人）数据的保护范围，这些个体的数据可在商业登记册中公开获得。《一般数据保护条例》将法人特别是组建为法人的企业（undertaking）排除在其适用范围之外（正如其序言第14条所述）。因此，这种排除是基于该法人实体的法律地位，而不是根据其作为企业的地位。尽管没有全欧盟范围的法人定义，并且欧盟成员国之间在这方面适用的法律有所不同，但是毫无疑问，从事商业活动的自然人是企业而不是法人。因此，《一般数据保护条例》没有理由将独资企业的数据排除在

---

14 CJEU, judgment of 9 March 2017 in Case C–398/15 *Camera di Commercio, Industria, Artigianato e Agricoltura di Lecce v. Salvatore Manni*（莱切农工商局诉萨尔瓦多·曼尼案），https://eur-lex.europa.eu/legal-content/EN/TXT/?uri=CELEX:62015CJ0398, ECLI: EU: C: 2017: 197.

15 https://www.europarl.europa.eu/doceo/document/E-8-2017-007174-ASW_EN.html?redirect.

其保护范围之外，因为独资企业在性质上属于自然人。

3. 死者的数据

由于个人数据的范围仅限于自然人的数据，所以死者的数据不受《一般数据保护条例》的保护（序言第 27 条），因为一个人成为权利和义务对象的能力将在其去世后终止。因此，死者的个人数据仍然是个人数据，但不受《一般数据保护条例》保护。但是，欧盟成员国仍可以颁布法律来保护死者的个人数据。有些欧盟成员国已经宣布不打算制定任何此类法律，这些成员国认为，通过下面描述的模式，就可以确保充分的数据保护。

死者的数据仅在可以间接用于识别在世人员的情况下，才能受到保护。个人数据保护的权利不能被继承。因此，就继承人可以提出的任何要求而言，例如删除已故者的可能会损害该人名誉的数据或照片，实际上都与继承人反对处理已故者的个人数据的权利无关，而仅是对死者记忆的尊重而已，这是一种不属于死者的利益，而是属于死者亲属的个人利益。

另一方面，诸如银行保密制度的保护是不受时间限制的，并且在受保护人死亡后也不会终止。银行保密所涵盖的与已故客户有关的信息只能在某些条件下（例如，法院或公证人通过正式契据确认了继承关系）才能提供给死者的亲属。

41 **（二）可以识别到自然人是判断相关信息属于个人数据的合格标准**

1. 可以直接或间接地识别数据主体

个人数据是指与自然人（"数据主体"）相关的信息，借助这些信息，特别是通过参考其姓名、身份证号、位置数据、网联标识符或者该自然人的身体、生理、遗传、心理、经济、文化或社会身份相关的特定信息，可以直接或间接地识别或者能够识别出这些自然人。在实践中，必须根据特定的数据控制者的具体情况来评估这些识别手段，因为每个数据控制者掌握的信息不同，具体使用的手段不同，因此其识别某人的真实能力会大相径庭。

在欧盟法院审理的帕特里克·布雷耶诉联邦德国（C–582/14）[16]案中，尤其是根据欧盟法院法务官（Advocate General）M. 坎波斯·桑切斯－博尔多纳（M. Campos Sánchez-Bordona）针对该案提出的意见（第53点）[17]，判断可以识别到自然人的两个替代标准得到了区分。一方面，根据客观可识别标准，一个人是可识别的（例如根据互联网协议地址），这种状态与某个特定实体利用其掌握的信息来识别该人的实际可能性无关，也跟可以从其他来源获取信息从而实际可能识别的事实无关。另一方面，根据主观可识别标准，只有在特定实体凭借自身资源就可以访问第三方持有的数据，并将其用于识别相关自然人的情况下，身份识别才是可能的。由于个人数据与"可识别的自然人"有关，在这两种相互冲突的判断标准之中，如果我们支持一种标准优于另一种标准，我们的选择将会决定对个人数据定义的解释。这个争议点（除了判决提及的动态互联网协议地址）正是欧盟法院上述判决的核心。我个人认为，主观标准优于客观标准。

欧盟法院在其判决第46点中强调了这一点（与欧盟法院法务官的意见第68点相符），即"如果法律禁止识别某个数据主体，或者由于在时间、成本和人力方面需要付出不成比例的努力，导致识别某个数据主体在实际上是不可能的，因此其身份识别的风险在现实中看来微不足道的情况下"，那么另一个实体可以使用该数据来识别该数据主体身份的情况（也即该数据的可用性），就可以被排除。我认为这一结论至关重要。否则，任何仅仅在理论上可以用以识别自然人身份的信息，都将被视为个人数据，即便该信息在实际上从来没有被用于识别该自然人的身份。

我不同意下述观点，即仅仅存在一个加密数据库的解密密钥就足

16　参见欧盟法院 2016 年 10 月 19 日就帕特里克·布雷耶诉联邦德国案（*Patrick Breyer v Bundesrepublik Deutschland*）作出的第 C–582/14 号判决，https://eur-lex.europa.eu/legal-content/EN/TXT/?uri=CELEX:62014CJ0582。

17　https://eur-lex.europa.eu/legal-content/EN/TXT/?uri=CELEX:62014CC0582.

以将此类加密内容视为个人数据，而且不去考虑，就正被评估的信息的法律性质而言该实体获得该密钥的可能性很小。[18] 采用这种方法，将导致信息技术公司提供数据库托管服务是非法的，即使托管公司无法访问加密的数据，因为只有代表数据控制者的指定人员才拥有解密密钥。另一个例子是通过传统邮件寄送打印的病历。尽管任何邮递员在技术上都能够（尽管法律上不允许）打开信封，并且存在未经授权访问数据的风险，但这并不意味着应该与邮件服务签订处理医疗数据的合同，因为邮件服务仅寄送一封不确定的信件，而不是寄送特定的个人数据。

我完全同意《一般数据保护条例》使用主观可识别标准的观点[19]。这在《一般数据保护条例》序言部分第 26 条中有所反映：如果可以通过"合理可能的使用"手段（而不是抽象的）来识别某个自然人，那么该自然人就是可识别的，并且合理的可能性反映了诸如识别该自然人所需的时间成本、可用的技术和技术发展等因素。因此，与特定个人有关的任何信息，仅在能够访问该数据的实体具备使用该数据来识别该人的手段，并且在有可能使用这些手段的情况下，才构成个人数据。这种理解与《一般数据保护条例》采用的基于风险的路径是一致的。[20]

---

18 P. Carey（P. 凯里），*Data Protection*（《数据保护》），Oxford 2004, p.15.

19 P. Litwiński（P. 利特温斯基），Pojęcie danych osobowych w ogólnym rozporządzeniu o ochronie danych osobowych — glosa do wyroku Trybunału Sprawiedliwości z 19.10.2016 r. w sprawie C-582/14 Patrick Breyer（《关于个人数据保护一般规定中的个人数据概念——2016 年 10 月 19 日欧盟法院对帕特里克·布雷耶案的第 C-582/14 号裁判》），*Europejski Przegląd Sądowy*（《欧洲司法审查》），No. 5/2017 *Nowe prawo unijne o ochronie danych osobowych*（《欧盟关于个人数据保护的新法律》），pp.53-54.

20 Article 29 Working Party, Statement on the role of a risk-based approach in data protection legal frameworks（《关于基于风险的方法在数据保护法律框架中的作用的声明》），30 May 2014, WP 218, http://ec.europa.eu/justice/article-29/documentation/opinion-recommendation/files/2014/wp218_en.pdf.

2. 个人数据的范围

立法对个人数据范围的表述是开放式的。这首先意味着，没有任何与自然人直接或间接有关的信息类别仅凭其本质就是"个人数据"。孤立的数据若没有其他信息的协助，不一定能识别一个人。例如，不同的人可能具有相同的名字和姓氏，想要识别这些人，还需要例如年龄等其他数据。

其次，即使是独一无二的标志性信息，对获取该信息的人而言，也不一定构成个人数据。例如，电子人口登记簿中的数字，对于无法访问此类数字数据库的人来说，就不足以构成识别信息，即便法院或官方机构因其法定义务能够访问该登记簿，从而可以使用此类信息来识别有关人员。因此，从这些机构的角度来看，这样的数字就是个人数据。但是，即使是法院或机构官员的身份识别也必须限于诉讼过程中该官员履行职责的要求，而且为了该目的访问数据库的行为应当受到监督。

第三，一般情况下无法识别自然人的信息，在特定情况下却有可能成为个人数据。例如，有关某人账户余额的信息原本是中性的，但 43 是当金额很高并且在本地银行所服务的社区中是独一无二之时，该信息就可能会与该社区的特定成员明确建立起关联。

类似地，张贴在建筑物楼梯间的信息，如果公开显示公寓的门牌号以及相应居民欠了住房合作社的款项，则构成个人数据。在这种场景下，由于邻居彼此认识，并且每个公寓都标有门牌号，即使没有提供身份识别数据，债务金额的信息也可以轻易地与特定人相关联起来。

第四，构成个人数据的信息清单随技术变化而发展。例如，《一般数据保护条例》规定，由移动电话运营商收集的地理位置数据是个人数据。地理位置数据的重要性不容小觑。收集此类数据通常会导致特定人员的识别。收集此类数据的机构可以通过将位置信息链接到其他数据来识别一个人。通过某个身份不明者的地理位置定位或根据其登录在线论坛的情况，可以获得该人在特定时间访问的多个位置的信息，再加上该人的银行卡付款信息，就可以识别该人的身份了（麻省理工学院伊夫－亚历山大·德蒙乔耶团队进行的一项研究表明，最多只需要四个这样的信息，就可以识别匿名数据库之中90％的人）。[21]

技术进步大大减少了根据特定信息识别个人所需的时间、成本或精力。因此技术有能力影响个人数据清单的范围。一个例子是面部识别技术，由于它与广泛使用在公共场所的闭路录像系统摄像机的结合使用，人们可以越来越容易地在录像或照片中成功识别个人。

甚至与第三人有关但能够间接识别数据主体的信息也可能构成个人数据。例如，如果正在处理的一条信息表明，某甲任职于某机构某个职位，而实际上该职位由某乙所担任。在这种情况下，不能因为该数据只是与某乙间接相关，就将某乙视为该数据的第三方。

直接或间接的身份识别可以基于以下标识：姓氏和名字、住所地址、电子人口登记簿中的身份识别号、税号、身份证号、照片（面部图像也属于生物识别数据）、出生时的姓氏和名字、父母出生时的姓氏和名字、配偶出生时的姓氏和名字、电话号码、电子邮件地址、车辆登记号码、签名样本、银行账号以及信用卡号。

身份识别信息还包括在特定情况下可用以识别出所涉自然人的所有其他信息。这可能包括：个人的位置数据、网络标志（例如序言第30段所列的互联网协议地址、Cookies标识符或其他标识符例如射频识别标签，或者其他标识符例如互联网论坛用户昵称），以及自然人的经济、文化或社会特征，例如出生日期和地点、性别、公民身份、婚姻和家庭状况、受教育状况、财务状况、就业状况、收入和支出、家庭人数、婚姻财产制度、职业、专业、犯罪记录、消费行为或互联网使用行为状况。

21　Y. -A. de Montjoye（Y. -A. 德蒙乔耶），L. Radaelli（L. 拉达利），V. K. Singh（V. K. 辛格），A. S. Pentland（A. S. 彭特兰），Unique in the Shopping Mall: On the Reidentifiability of Credit Card Metadata（《大型购物中心之中的独特之处：关于信用卡元数据的可识别性》），*Science*, 30 January 2015, Vol. 347, No. 6221, pp.536–539.

还有其他一些个人数据涉及自然人的身体、生理、遗传或精神特征。《一般数据保护条例》规定了遗传数据的新定义，即与自然人的遗传或获得的遗传特征有关的个人数据，这些数据提供了该自然人的生理或健康状况的独特信息，这些信息主要通过分析该自然人的生物样本所获得（第4条第13款）。因此，可用于DNA分析或确定血缘关系的血液或组织样本构成了个人数据。但是，在这里有必要考虑主观可识别标准，即只有当特定实体可以访问手头的数据，并借助自身资源将该数据用于识别某人时，才有可能进行身份的标识。因此，虽然头发在专业遗传诊断实验室中用作生物样本时，通常可能携带个人数据，但是头发在美发店中并不构成个人数据，因为在这种特定场景之下，头发并不能提供独特的信息，也不被用于身份识别的分析。

《一般数据保护条例》还明确了生物识别数据的定义，将其定义为与自然人的身体、生理或行为特征有关的通过特定技术处理产生的个人数据，这些数据确认了或可用以确认该自然人独一无二的识别特征，例如面部图像或指纹数据（第4条第14款）。因此，已经在刑事调查中使用了数十年的指纹扫描或视网膜扫描，也在诸如生物护照或语音记录中得到越来越广泛的应用，并且最近也被大规模用于诸如识别银行客户，而这些都是个人数据。但是，对照片的处理不应当被一律视为对特殊类别的个人数据的处理，因为只有借助特定的技术手段，足以实现对自然人的唯一标识或认证时，生物特征数据的定义才能涵盖照片（序言第51条）。因此，如果某一照片使用在生物特征护照中（因为这些护照在机场可供机读），那么该照片属于生物特征数据，但如果该照片只是用在私人或家庭纪念相册中，则不属于生物特征数据。此外，与自然人的身体或精神健康相关的数据（包括提供医疗保健服务的数据）也披露了相关自然人的健康状况信息，这些信息在《一般数据保护条例》第4条第15款中被定义为健康数据。

个人数据的定义可能会引起如下的疑惑：关于一个人的不真实信息和观点是否是个人数据。依我之见，一项与客观事件或状态不一致的不真实信息同样可以构成个人数据，只要该信息可以指向特定且可识别的自然人。例如，借贷登记册中发布了一项有关个人债务的信息，但是在当事人偿还债务之后，该信息并没有得到更新，仍错误地显示该人仍然是债务人，那么这项应当予以纠正的错误也属于个人信息。

45　　3. 作为个人数据的电话号码、电子邮件地址和互联网协议地址

　　在许多情况下，评估一条信息是否构成个人数据，取决于所使用的数据处理技术。如果一条信息可以使一个人被识别而且无需花费过多的成本、精力或时间，那么该信息就是个人数据。可以理解的是，可用的技术必定影响到信息的个人数据属性的评估，并且技术的发展也会改变这种评估（参照《一般数据保护条例》序言第 26 条）。斯坦福大学的乔纳森·梅耶（Jonathan Mayer）和帕特里克·穆奇勒（Patrick Mutchler）进行的实验证明，电话号码无法识别其所有者的假设是错误的。他们的实验目的是查看是否有可能仅根据这些人自己在互联网上披露的信息来识别电话号码所有者的姓名。事实证明，使用"谷歌定位"（Google Places）、"脸书"（Facebook）、"叶谱"（Yelp）和"因特留斯"（Intelius）四款应用，就足以在 100 个随机抽取出来的电话号码中，找出 91 个电话所有者的姓名。[22]

　　关于电子邮件地址是否属于个人数据也存在类似的争议。当然，各类机构在功能上用于接收市场营销投诉或异议的电子邮件地址（例如 contact@company.com）并不是个人数据。但另一方面，由该自然人的姓名与其雇主公司名称的域名所组成的电子邮件地址（例如 johnsmith@company.com），则属于个人数据。

22　R. J. Rosen（R. J. 罗森），Stanford Researchers: It Is Trivially Easy to Match Metadata to Real People（《斯坦福大学的研究人员：将元数据与真实个人进行匹配非常容易》），*The Atlantic*（《大西洋组织》），24 December 2013, http://www.theatlantic.com/technology/archive/2013/12/stanford-researchers-it-is-trivially-easy-to-match-metadata-to-real-people/282642/.

根据欧盟委员会副主席约洛瓦（Jourová）代表欧盟委员会对欧洲议会议员所提问题的答复[23]，如果该电子邮件地址使用了个人的直接标识符号（例如 johnsmith@gmail.com）时，那么该电子邮件地址是个人数据，但是在没有直接标识符号的情况下，一个电子邮件地址（例如 flower234@gmail.com）得与个人相关的其他数据（例如居住地址或出生日期）结合在一起时，才可能构成个人数据。实际上，在服务提供商收集用户的电子邮件地址，或者法院将某人的电子邮件地址记录为该人联系地址的情况下，该电子邮件地址无疑是个人数据，因为该电子邮件地址与个人姓名一起被记录在数据库中，且该个人的身份已经被确认。但依我之见，即使在电子邮件地址中使用名字和姓氏，也不会直接导致能够识别电子邮件用户的身份（如果使用首字母缩写来代替名字，更是如此），因为该名称可能是错误的或者是与他人重复的。相反，即使是使用了昵称而不是真实姓名也不会阻止身份识别，因为该昵称在特定社区中可能很容易被识别。此外，即使电子邮件地址的内容不能直接识别其所有者，但该人正是用该地址来接收电子邮件；发送到该地址的邮件仍会到达该人。实际上，考虑到邮寄的成本和速度，电子邮件地址有逐渐取代传统住所地址作为关键联系数据的趋势。越来越多的传统邮件服务甚至提供将纸质信件扫描并发送到电子邮件地址的服务。基于这些原因，我不太赞同下述观点：[46]"flower234@gmail.com"之类的电子邮件地址仅在与其他数据结合时才构成个人数据。

个人数据还包括互联网协议地址，即分配给连接到互联网的设备并与用户登录在线论坛或网络购物期间的信息一起记录的号码。如果互联网服务提供商或在线服务提供商还存储了客户的身份识别数据，例如用于付款管理，并且可以将这些数据与互联网协议地址进行

23　21 February 2018, Question reference: E-007174/2017, https://www.europarl.europa.eu/ doceo /document/E-8-2017-007174-ASW_EN.html?redirect.

匹配，则互联网协议地址构成个人数据。分配给单个设备而不是局域网的一组用户的固定互联网协议地址也是个人数据。第二十九条工作组得出上述结论是根据以下事实：在刑事诉讼中，可以应主管司法机关的请求，收集互联网协议地址来识别一个人。[24] 在另一个场合，第二十九条工作组甚至提出了更为严格的标准，认为所有互联网协议地址都是个人数据，除非搜索引擎运营商可以证明其无法识别用户。[25]

在上述文件以及欧盟法院 2011 年 11 月 24 日的斯卡利特有限责任公司诉比利时作家、作曲家和出版者协会案（*Scarlet Extended SA v. Société belge des auteurs, compositeurs et éditeurs SCRL*, C-70/10）的判决中，永久的互联网协议地址被认定属于个人数据。从互联网接入服务提供商的角度来看，互联网协议地址是个人数据，因为提供商可以借助该地址识别出对方是已签署协议的一方。但是，这并不等于说，在任何特定时刻，都可以使用分配了互联网协议地址的设备来识别特定人员。对其他实体而言，互联网协议地址构成个人数据的原因在于该地址允许它们识别某个特定的人，而一旦没法通过该互联网协议地址访问到与该人有关的其他数据，这种识别是无法实现的。

欧盟法院在 2016 年 10 月 19 日的帕特里克·布雷耶诉联邦德国案[26]的判决中，裁定动态互联网协议地址也属于个人数据。根据该判

---

24 The Article 29 Working Party, Opinion 4/2007 of 20 June 2007 on the concept of personal data（《关于个人数据概念的第 4/2007 号意见》），WP 136, http://ec.europa. eu/justice/data-protection/article-29/documentation/opinion-recommendation/files/2007/wp136_en.pdf.

25 The Article 29 Working Party, Opinion 1/2008 of 4 April 2008 on data protection issues related to search engines（《关于与搜索引擎相关的数据保护问题的第 1/2008 号意见》），WP 148, http://ec.europa.eu/justice/data-protection/article-29/documentation/opinion-recommendation/files/2008/wp148_en.pdf.

26 Case C-582/14 *Patrick Breyer v. Bundesrepublik Deutschland*, https://eur-lex.europa.eu/legal-content/EN/TXT/?uri=CELEX:62014CJ0582.

决,《第95/46/EC号指令》第2条第a款（以及相应的《一般数据保护条例》第4条第1款）对个人数据的定义应做如下解释：动态互联网协议地址，也即用户访问网站时由互联网媒体服务提供商（即网站主机）记录的地址，对该互联网服务提供商而言属于个人数据，只要该互联网服务提供商具有合法手段，可以动用其能获取的关于该数据主体的其他数据来识别数据主体。进行这种身份识别可能是正当合理的，例如，有必要识别黑客攻击或散布非法内容的肇事者。 47

欧盟法院裁定，"当某人访问在线媒体服务提供商的网站时，对该服务提供商而言，该服务提供商注册的动态互联网协议地址有可能属于个人数据，只要该服务提供商具有合法手段，可以用其拥有的该人的其他数据来识别数据主体。"因此，即使互联网协议地址是动态的，在某些情况下也可以通过合理使用其他数据和手段来识别自然人。

这一判决可能会对数据画像以及大数据产生实际影响。

不过，依我之见，第二十九条工作组的意见和欧盟法院判例法将永久性和动态的互联网协议地址视为个人数据的做法低估了一个事实：一个家庭中可能有多个自然人在使用一台私人计算机。

在《关于在线行为广告的第2/2010号意见》中，第二十九条工作组强调[27]，行为广告需要处理个人数据（该行为受到《一般数据保护条例》的约束），从而受到《电子隐私指令》的规制，因为其涉及收集互联网协议地址和处理（通过Cookies）特有标识符。个人数据的定义（第4条第1款）适用于可以通过参考互联网标识符进行识别的自然人。[28]此外，在线行为广告与用户数据画像的概念（第4条

---

27 Article 29 Working Party, Opinion 2/2010 on online behavioural advertising of 22 June 2010 (《关于在线行为广告的第2/2010号意见》), WP171, https://ec.europa.eu/justice/article-29/documentation/opinion-recommendation/files/2010/wp171_en.pdf, sec. 3.2.2, p.9.

28 第二十九条工作组在其2008年4月4日《关于与搜索引擎相关的数据保护问题的第1/2008号意见》中得出了相同的结论，第9页："当Cookie包含唯一的用户身份认证码时，该身份认证码显然是个人数据。"

第 4 款）相对应，其被定义为"对个人数据的任何形式的自动处理，包括使用个人数据来评估与自然人有关的某些个人信息"[29]。此外，如今互联网用户通常使用移动设备例如智能手机、笔记本电脑和平板电脑，这些设备是属于个人的，并不会在用户之间共享。因此，尽管 Cookies 是与设备而非个人相关联，但它们仍构成个人数据。

二、匿名化和假名化

数据匿名化（anonymisation）是指去除了数据用以识别个人的要素，以致即使付出了合理的努力也无法识别这个人。匿名化是永久的而且是不可逆的。因此，匿名化的数据并不是受《一般数据保护条例》保护的个人数据（序言第 26 条）。但依旧存在违规的风险，因为在实践中匿名化可能无效，从而导致数据主体可以被识别。在这种情况下，如果数据控制者还继续认为自己不是在处理个人数据，则是错误的。实际上，有些数据可以间接用于识别一个人，例如，在特定且受限制的环境中（例如本地社区或社会团体），这些数据包含的信息可以用来表征和识别个人身份。举例来说，在地方法院公开了待审案件并引起当地社区关注的情况下，我们对法庭判决的数据进行匿名化。此时，即便当事人的身份数据被掩盖了，案件所涉的个人仍然是可以识别的。

与之相比，假名化（pseudonymisation）是一种安全措施，而且假名化的信息（参见序言第 26 条）仍然是个人数据。假名化采取下述方式处理个人数据：在不使用额外信息的情况下，无法再将数据指向特定数据主体，但前提是此类额外信息被单独保存，并采取技术措施和组织措施加以限制，以确保它不指向已识别或可识别的人员（第

---

29 Guidelines on Automated individual decision-making and Profiling for the purposes of Regulation 2016/679（《关于第 2016/679 号条例的自动化个人决策和用户画像分析指南》）, adopted on 3 October 2017, as last revised and adopted on 6 February 2018, WP 251 rev.01, http://ec.europa.eu/newsroom/article29/item-detail.cfm?item_id=612053.

4 条第 5 款)。[30] 因此，对于那些没有解读密钥的人而言，身份识别信息将被掩盖或替换为难以理解的信息。例如，身份识别数据可以用一个数字或代码来替代（这些数字和代码可以链接到存储在其他数据库中的人员，且这些数据库采取了防止未经授权访问的安全措施），一个人的名字可以用首字母或数字代替，地址中的街道和城镇名称可以用其首字母代替。

假名化允许在数据控制者的组织中使用所谓的"需要知道原则"（need-to-know principle），例如，仅由指定的特定团队根据需要访问个人数据，而汇总的数据足以满足其他团队的需要。数据控制者正在处理的假名数据仍为个人数据，因为数据控制者的授权人员拥有解密密钥或假名反向密钥。但是，该数据并不允许其他雇员进行身份识别行为，他们不能访问解密密钥，只能访问指定的文件和应用程序。

重要的是，由于假名化是可逆的，并且假名化的数据仍是个人数据，因此，不能使用假名化作为删除数据的替代方法。只有匿名化可以用作删除数据的替代解决方案。

三、文档系统

《一般数据保护条例》废除了《第 95/46/EC 号指令》以及实施该指令的成员国法律规定的向监管机构通知个人数据处理的义务，尤其是个人数据文档系统的注册（序言第 89 条）。事实证明，就提高数据保护标准而言，《指令》要求的这项通知义务与实施该义务所产生的管理和财务负担是不相称的。因此，该通知义务已经废止，取而代之

30　第 29 号工作组在其 2014 年 4 月 10 日《关于匿名化技术的第 5/2014 号意见》（Opinion No. 5/2014 of 10 April 2014 on Anonymisation Techniques, WP 216）之中，提出了各种各样的会导致类似效果的匿名方法和类似方法，以及匿名操作中的错误，尤其是那些导致匿名操作无效的错误，也即尽管进行了匿名操作，仍然可以进行身份识别。http://ec.europa.eu/justice/data-protection/article-29/documentation/opinion-recommendation/files/2014/wp216_en.pdf#h2-1。

的是建立一套程序和机制，用来应对可能涉及侵犯自然人权利或自由的具有较高风险的数据处理行为。这些行为尤其包括涉及新技术的数据处理行为，或者数据控制者尚未评估其数据保护风险的数据处理行为，或者由于时间经过而需要进行验证的数据处理行为。

49

《一般数据保护条例》第 4 条第 6 款将文档系统定义为具有两个明确特征的一组个人数据：（a）它是结构化的；（b）根据特定标准可以访问其中包含的个人数据，这意味着可以找到特定人员的数据，而无需对集合中的所有条目执行耗时的搜索。

能够真正有效查找和访问特定个人数据的可能性至关重要。因此，诸如闭路录像系统的摄像机对常用公共场所进行的视频记录等数据集，如果仅按时间顺序进行记录，则不属于文档系统。虽然对警察而言，有可能通过了解犯罪发生时间来查找涉及特定人的某部分录像，但这种搜索不是基于该特定人的特征标准，而是根据时间顺序。时间是构建录像本身的一个因素，但是街上不断被录像的人群仍然是匿名的，而正被搜索的人是与其他人一起，随机出现在录像中的。相比而言，如果对这样的数据集采用一种可以快速搜索和找到数据的技术，将使该数据集变成文档系统，因为它符合根据特定标准具备可访问性的标准。

没有按照特定标准进行结构化的文件，不应属于《一般数据保护条例》的管辖范围（序言第 15 条）。《一般数据保护条例》所定义的文档系统指向数据可访问性的"多个特定标准"（specific criteria），而不是"某个具体标准"（a specific criterion）。在字面上，该规定可以被解释为（实际上也已经被一些作者和法院解释为），如果仅使用一个标准而不需要借助其他标准就能够找到特定人员的话，尚不足以认定某个数据集就属于文档系统。但是，我不同意这种字面解释。像大多数作者一样，对这个问题我赞成目的论的解释。在我看来，使用多个标准并不意味着文档系统需要使用多个结构化数据的准则，而只是表明了有使用不同准则的可能性。如果不是这样，就会导致莫名其妙的解释，例如，按字母顺序排列的在校学生或医院患者名单不是文档系统。[31]一个数据集是否属于文档系统并不取决于数据出现在该系统的人员（数据主体）人数。文档系统甚至可以只包含一个自然人的数据，并且在添加其他数据主体的数据到该系统之后，仍旧保持文档系统的属性。

一个数据集合是否属于文档系统，并不取决于它在功能或地理上是集中的、非集中的还是分散的。因此，将文档系统（不论是信息技术系统还是纸质文档、索引或其他记录）保存在某个单独的建筑物或房间中，或者保存在单独的位置，例如出于安全考虑存放在数据控制者设立在不同城市办公室的服务器之上，或者位于纸质文件的存档之中，由专业文档提供商根据外包合同加以维护，都无关紧要。

即使某个数据集合是根据特定标准进行构造和访问，也不一定就是文档系统。出于功能原因的考虑，数据集合可能是现有文档系统的一部分。这取决于数据控制者的评估，并由数据保护主管机关验证。例如，如果求职者的信息列表是根据身份数据以及用以评估每个候选人的特征进行构建的，就是一个文档系统，但是，不同职位的求职者列表则不是独立的文档系统，而是既有的求职者文档系统的一部分。 50

当这样的数据子集是因临时之需（也即仅在特定的短期之内）创建时，尤其如此。如果某个会议的参会者列表包含了在会议结束后应该删除或匿名化的数据，就是一个临时专用的文档系统。但是，如果此列表随后用于发送长期合作的要约，调用会议上介绍的专家知识，则该列表就不再是临时专用的文档系统。此外，如果该名单列表在功能上是更广泛的客户或营销数据库列表的组成部分，则不应将其视为一个单独的文档系统。

---

31 P. Barta, P. Litwiński, *Ustawa o ochronie danych osobowych. Komentarz*（《个人身份信息保护法——评论》），C. H. Beck 2016, Legalis.pl; J. Barta, P. Fajgielski（P. 法吉耶斯基），R. Markiewicz（R. 马基维奇），*Ochrona danych osobowych. Komentarz*（《个人数据保护——评论》），Kraków 2007, pp.369–370.

四、数据处理

《一般数据保护条例》第 4 条第 2 款将数据处理定义为对个人数据或个人数据集所执行的一种操作或一组操作，并指明特定数据从收集、记录到删除或销毁的处理操作。数据处理的定义包括了自动化和非自动化操作，使用所有类型的信息技术工具以及纸质文档。

数据处理的界定是通过提供数据处理操作的示例列表来实现的，考虑到数据控制者经营领域的多样性，以及鉴于技术的发展，该示例列表必须具备开放性和灵活性。目前该示例列表的范围很广，涵盖了从收集数据并将其记录在物理（无论是电子的还是纸质的）载体上的所有操作。数据的进一步处理包括但不限于出于数据控制者的目的而主动使用它们，通过组织、修改或更改来管理它们，将其提供给另一数据控制者（也即提供或者使其可访问以便于咨询），以及删除或销毁，包括外包销毁纸质或电子数据载体。数据的被动存储，包括通过外包的文件存档或数据托管，也属于数据处理的范畴。

《一般数据保护条例》适用于个人数据，与个人数据的处理形式无关：它同时涵盖了非自动化处理数据的方式。根据《一般数据保护条例》序言部分第 15 条，"为了防止造成严重的规避风险，对自然人的保护在技术上应该是中立的，与具体使用的技术无关。"

对数据处理给出非常广泛的定义，涵盖了从数据收集到删除的各个方面，也可能会出现问题。一种可能的情况是，债务人向银行提供其健康信息（例如其病历副本）以请求暂停执行债务，而这些信息属于《一般数据保护条例》第 9 条第 1 款规定的敏感数据。依我之见，只要机构（例如银行）没有意向或没有试图获取数据且无意进一步处理数据，就不构成对个人数据的收集。银行不应把债务人的健康信息纳入其文档之中，因为中止执行债务只需要对预防的情况（即债务人的健康状况不佳）进行正式确认即可。另一方面，有关健康状况的完整信息超出了这一目的。将健康状况的完整信息包含在文档中，也即包含在文档系统中，将违反数据最小化原则，并导致数据处理非法。然而，对法律的字面解释并不能得出这样的结论，即仅关注数据、得出结论然后删除它们，就不构成数据处理。恰恰相反，即使删除和破坏数据也被视为数据处理。但依我之见，应该认定该数据控制者获取个人数据的意图（即数据处理的目的）对该数据处理至关重要。《一般数据保护条例》第5条第1款b项规定的目的限制原则正是与该目的相关，而且该目的应该告知数据主体（第13、14条）。记录数据、据之作出决定并随后删除数据，排除了进一步处理数据的可能，因此，这一系列行为不应受到《一般数据保护条例》相关义务的约束。[32]

---

32 持同一观点的还有：G. Sibiga（G. 西比加），*Postępowanie w sprawach ochrony danych osobowych*（《个人数据保护的程序》），Warszawa 2003, p.50。

第四章　个人数据处理的主要原则

第一节　个人数据处理原则的主导地位

⁵³ 《一般数据保护条例》第 5 条（《第 95/46/EC 号指令》第 6 条第 1
款）规定的个人数据处理原则对数据保护以及《一般数据保护条例》
和《指令》的适用至关重要。它们以欧洲理事会 1981 年 1 月 28 日《关
于保护自然人个人数据自动处理的第 108 号公约》第 5 条规定的原则
为蓝本。[1]

  这些原则构成了数据保护法的框架。所有详细规范个人数据保护
的欧盟法律都必须遵守这些原则。这些主要原则还可以作为解释具体
法律规定的指南。

  这些主要原则在效力上高于其他规定的性质尤其意味着，在许多
情况下即使数据主体同意，也不能修改这些原则。例如，在特定个案
中可以处理的最大数据范围（根据重要的数据处理原则之一——数据
最小化原则），在某些情况下是不允许扩展的，即使数据主体明确同

---

1 《第 108 号公约》已经经过了现代化升级：2018 年 5 月 18 日，在丹麦的埃尔西诺尔，
  欧洲委员会部长委员会第 128 届部长级会议通过了对《第 108 号公约》进行修正的《议
  定书》（CETS No.223）并批准了其解释性报告，https://search.coe.int/cm/Pages/result_
  details.aspx?ObjectId=09000016807c65bf。

意进行这种扩展。

《一般数据保护条例》第 5 条第 1 款（《第 95/46/EC 号指令》第 6 条第 1 款第 a—e 项）规定了个人数据处理的主要原则，具体包括：

— 合法、公平和透明度原则，该原则要求根据制定法和基于制定法发布的法规来处理个人数据，并且数据处理应尊重数据主体的合法利益，同时对数据主体保持透明度。

— 目的限制原则，该原则要求只能出于特定目的收集数据，并且不得采取与这些目的不相符的方式对数据做进一步处理。

— 数据最小化原则，该原则要求所处理的数据应限制在满足该处理目的所必需的数量和内容的范围之内。

— 准确性原则，该原则要求确保数据是准确、完整并且是最新的。

— 存储限制原则，该原则禁止以允许识别出数据主体的形式存储数据，禁止以超出处理数据目的所必需的时间存储数据。

— 完整性和机密性原则，该原则要求通过使用适当的技术或组织措施来确保个人数据安全的要求，包括防止未经授权的数据处理或数据的意外丢失。

这些主要原则辅以问责原则即《一般数据保护条例》第 5 条第 2 款（《指令》第 6 条第 2 款），要求数据控制者落实各种制度安排，确保数据处理的合法性，尤其是符合数据保护的主要原则，包括数据质量原则。[2]

54

---

2 Ch. Raab, The Meaning of "Accountability" in the Information Privacy Context(《信息隐私背景下的 "问责制" 的含义》), p.15; C. J. Bennett, The Accountability Approach (转下页)

这构成了一种积极作为的义务，要求数据控制者积极主动地采取行动，而不是等待客户的投诉和请求或者监管部门的批评和建议。采取此类措施的一个例子是数据控制者保存已实施的确保数据处理合法性的保障措施的记录[3]，包括符合法律要求的有效安全政策，以及设置了处理投诉和请求的程序。

第二节　合法、公平和透明度原则

数据处理的主要原则如目的限制原则和质量原则，是位于合法、公平和透明度原则（《一般数据保护条例》第 5 条第 1 款第 a 项，《第 95/46/EC 号指令》第 6 条第 1 款第 a 项）之后的。后一原则要求根据制定法和基于制定法发布的法规来处理个人数据，并且数据处理应尊重数据主体的合法利益，同时对数据主体保持透明度。

合法和公平原则涵盖了所有其他数据处理原则以及数据处理的法律基础和目的。这是一项一般性原则，具体体现在特定的法律条款、判例法和良好的法律实践之中。

合法处理数据的义务是指应当根据制定法和基于制定法发布的法规、实体法和程序法以及判例法来处理个人数据。非法处理数据是指无视法律规定的义务或禁止事项的数据处理行为，尤其包括缺乏法律依据或者出于非法目的的数据处理。

（接上页）to Privacy and Data Protection: Assumptions and Caveats（《隐私和数据保护的问责制方法：假设和警告》），p.33; J. Alhadeff（J. 阿尔哈德夫），B. Van Alsenoy（B. 万阿尔塞诺伊），J. Dumortier（J. 杜莫捷），The Accountability Principle in Data Protection Regulation: Origin, Development and Future Directions（《数据保护规制的问责制原则：起源、发展和未来方向》），p.49 - all in: *Managing Privacy Through Accountability*（《通过问责制管理隐私》），ed. by D. Guagnin, L. Hempel, C. Ilten, I. Kroener, D. Neyland, H. Postigo, Houndmills, Palgrave MacMillan 2012.

3　Article 29 Data Protection Working Party, Opinion 3/2010 on the principle of accountability（《有关问责制的第 3/2010 号意见》），13 July 2010, WP 173, http://ec.europa.eu/justice/policies/privacy/docs/wpdocs/2010/wp173_en.pdf.

数据控制者有确保数据处理合法的义务，这意味着《一般数据保护条例》第 4 条第 2 款（《指令》第 2 条第 b 款）所列举的有关数据处理的方方面面，从数据收集到删除，都必须至少符合《一般数据保护条例》第 6 条（《指令》第 7 条）规定的合法性标准之一。这些义务包括禁止以非法方式收集数据或处理已收集的数据。例如，在需要获得数据主体的同意以处理数据的情况下，该同意必须是明确的和自愿的，并且拒绝同意时不应有潜在的不利后果。

合法性原则并不局限于处理数据应该具有合法的前提条件（《一般数据保护条例》第 6 条和第 9 条），还包括这些规定所提出的其他主要原则，以及《一般数据保护条例》规定的义务，包括通过设计和默认方式保护数据，以及个人数据的安全性。

这些义务还包括明确数据处理的目的和数据接收者的要求（《一般数据保护条例》第 12—14 条，《第 95/46/EC 号指令》第 10 条和第 11 条），确保可以访问数据的要求（《一般数据保护条例》第 15 条及随后几条，《第 95/46/EC 号指令》第 12 条和第 14 条），采取适当程度的措施以确保数据处理安全的要求（《一般数据保护条例》第 32 条，《第 95/46/EC 号指令》第 17 条第 1 款），以及遵守《一般数据保护条例》《第 95/46/EC 号指令》和其他适用于具体数据处理个案的法律法规所规定的其他义务。

合法性原则还通过《一般数据保护条例》第 5 条第 1 款第 b 项（《指令》第 6 条第 1 款第 b 项）规定的目的限制原则而得到体现，因为后者把允许的数据处理目的定义为目的不仅具体明确而且合法。

合法数据处理的各项要求间接源自《欧洲联盟基本权利宪章》第 52 条第 1 款和《欧洲人权公约》第 8 条第 2 款有关允许限制个人数据保护权的条件。由于《欧洲联盟基本权利宪章》第 52 条第 3 款规定，《欧洲联盟基本权利宪章》规定的权利与《欧洲人权公约》所保障的权利具有相同的范围和内涵，因此这两个法律文件规定的条件是一致的。与此同时，欧盟法律可能为数据主体提供了更为深远的保护，也即《欧洲人权公约》第 8 条第 2 款所列的数据保护权的排除事项只是定义了欧盟法律的最低合法性标准。

只要数据处理行为是以制定法或基于制定法做出的法律行为为基础，并且是在民主社会中为达到合法目的所必需的，那么该数据处理就是合法的。

欧洲人权法院强调，如果干预隐私权的行为是根据相关人员可以获取、理解并以足够精确的方式制定的法律规定所实施的，那么该干涉隐私权的行为是合法的。[4] 类似地，欧洲人权法院还裁定，在《欧洲人权公约》第 8 条第 2 款规定的具体情况下，允许处理以监视犯罪嫌疑人信件和电话的方式所获得的数据，但前提是这种干预隐私的行为具有明确的法律法规基础。[5]

欧洲人权法院在利安德诉瑞典一案中强调，在民主社会中要对隐私进行干预，必须具备必要性条件才是合法的。[6] 法院将该必要性定义为这种干预符合紧迫的社会需求，并且与追求的目标相称。欧洲人权法院宣称，如果有必要，可以对国家安全至关重要的职位申请人进行秘密评定的程序，而且在个别情况下，对国家安全的保护必须置于个人利益之上。

---

4 *H. Amann v. Switzerland*（H. 阿曼诉瑞士），16 February 2000, Application No. 27798/95, 87 ECHR.

5 欧洲人权法院审理过的涉及这方面的案件包括：*Malone v. the United Kingdom*（马龙诉英国），Application No. 8691/79, 2 August 1984, http://hudoc.echr.coe.int/sites/eng/pages/search. aspx?i=001-57533; *Huvig v. France*（胡维格诉法国），Application No. 11105/84, 24 April 1990, http://hudoc.echr.coe.int/sites/eng/pages/search.aspx?i=001-57627; *Kruslin v. France*（克鲁斯林诉法国），Application No. 11801/85, 24 April 1990, http://hudoc.echr. coe.int/sites/eng/pages/search. aspx?i=001-57626. 法院在这些案中判定，允许干预隐私的相关法律规定的明确程度不足，其他案件还有：*Klass and others v. Germany*（克拉斯和其他人诉德国），Application No. 5029/71, 6 September 1978, http://hudoc.echr.coe.int/sites/eng/pages/search.aspx?i=001-57510.

6 Judgment in *Leander v. Sweden*（利安德诉瑞典），26 March 1987, Application No. 9248/81, 9 EHRR 433.

欧盟法院在 2010 年 11 月 9 日的判决[7]中也遵循了类似的原则，法院确认，在民主社会中，公众有权获得使用公共资金的相关信息属于个人数据保护的必要例外。这就意味着，将那些从公共资金获益的自然人的个人数据予以公开的做法，具有法律的正当性。不过法院同时强调，必须由法律规定具体的限制，尊重数据保护权的重要性，并与该立法者所追求的目标相称。法院裁定，公布公共资金受益人的个人数据而未对其所获得的金额或接收频率进行区分，违反了数据最小化原则。

《一般数据保护条例》第 5 条第 1 款第 a 项（《指令》第 6 条第 1 款第 a 项）还要求数据处理必须公平进行。对个人数据的公平处理被解释为尊重数据主体的利益和合理期望，并平衡地处理数据控制者的商业利益与数据主体的隐私权益。[8]数据处理的公平性应视个案情况而定，而且，特别是由于数据处理和保护的技术手段的变化，对公平的解释也可能会随时间而改变。对公平的解释也可能会受到数据控制者活动规模和正在处理的数据范围的影响。例如，如果同意以经营为目的使用数据的条款被其他条款所包含，以至于消费者不可能拒绝同意

57

7　参见合并审理的福尔克尔和马库斯·斯切克诉黑森州以及哈特穆特·艾弗特诉黑森州两个案件的判决［Judgment of 9 November 2010 in joined cases C–92/09 and C–93/09, *Volker und Markus Schecke GbR* (C–92/09) and *Hartmut Eifert* (C–93/09) *v. Land Hessen*］，http://eur-lex.europa. eu/legal-content/EN/TXT/?qid=1473778351616&uri=CELEX:62009 CJ0092。该案的争议点在于，可否在德国联邦农业和粮食局（the Bundesanstalt）的网站上公布从欧洲农业担保基金（EAGF）和欧洲农村发展农业基金（EAFRD）那里接受资金资助者的个人数据。

8　P. Barta, P. Litwiński, *Ustawa o ochronie danych osobowych. Komentarz*, Warszawa 2009, p.263; L. A. Bygrave, *Data Protection Law. Approaching Its Rationale, Logic and Limits* (《数据保护法：原理、逻辑和限制之探究》), Hague-New York 2002, p.58; R. Jay, A. Hamilton, *Data Protection Law and Practice*, London 2003, pp.150 et seq.; C. Kuner, *European Data Privacy Law and Online Business* (《欧洲数据隐私法和网络商务》), Oxford 2003, p.61.

的，那么就违反了公平原则，即使消费者有权拒绝同意。[9]

例如，英国数据保护法庭（the British Data Protection Tribunal）在其 1998 年 3 月 24 日的判决[10]中，就针对这种情况下的公平性要求做了解释。法庭裁定，作为消费者个人数据（天然气的最终用户）的控制者尤其是英国天然气行业的垄断者，英国天然气贸易有限公司在"未获得此类消费者自愿和知情同意"的情况下，以经营的目的将这些个人数据提供给其他实体，属于"不公平"的行为方式。

公平的数据处理还意味着数据主体的透明度。《一般数据保护条例》第 5 条第 1 款第 a 项中提及的原则包括透明度以及合法性和公平性，要求数据必须"采取对数据主体透明的方式进行处理"。[11]透明度原则包括数据主体控制其数据处理的权利，这种控制可以借助隐私策略（数据控制者有义务向数据主体提供其数据处理关键问题的信息，请参见《一般数据保护条例》第 13 条和第 14 条），也可以借助数据主体的访问和请求（第 15—22 条）。透明度原则还包括了确保数据主体充分了解同意条款和行使其权利的程序（序言第39 条）。

这意味着数据控制者有义务向数据主体提供包括数据处理目的和数据接收者在内的信息，并且确保数据主体可以访问这些数据，除非根据相关法律必须对这些信息进行保密。

为了遵守透明度原则，数据控制者应当"以简要、透明、可理解且易于访问的形式，使用清晰明了的语言"，向数据主体提供其数据处理的信息（第 12 条第 1 款）。

透明度原则还要求公共当局采取有效手段保证对数据的访问。举

9　持这种解释的例如：M. Jagielski, Prawo do ochrony danych osobowych. Standardy europejskie, Warszawa 2010, p.80。

10　*British Gas Trading Limited v. Data Protection Registrar*（英国天然气贸易有限公司诉数据保护注册商），DA98 3/49/2; 1998 Info. T. L. R. 393.

11　本书有关信息要求原则的评论部分也探讨了透明度原则。

例而言，相关安全部门延迟了五年才提供了他们收集的公民信息，就 58
违反了透明度原则。欧洲人权法院质疑这种做法，认为这些部门缺乏
相关程序以确保公民在合理时间内访问与其相关的信息。[12]

第三节　目的限制原则

《一般数据保护条例》第 5 条第 1 款第 b 项（《指令》第 6 条第 1
款第 b 项）规定了另一项对数据处理合法性至关重要的原则[13]，即目的
限制原则。[14] 这样就使得数据处理的目的具有了法律约束力。根据该
原则，只能出于特定、明确和合法的目的收集数据，并且不得采取与
这些目的不一致的方式进一步处理数据。

该原理既约束到最初收集数据的数据控制者，又约束到随后可以
获取这些数据的数据控制者。

数据处理目的由数据控制者来确定，数据控制者的角色也由该权
利所定义。但是，对公共部门性质的数据控制者而言，数据处理目的
必须直接源自法律的规定，这符合数据处理必须明确和合法的要求。
对私营部门性质的数据控制者而言，数据处理的目的必须与其合法活
动的范围相对应，其合法性基础也源于此。

数据控制者必须在处理数据之前就明确数据处理目的。处理数据
时缺乏特定目的，或者目的不够明确而趋于不受限制或过于模糊的，

12　参见欧洲人权法院裁判的案件：*Haralambie v. Romania*（哈拉兰博斯诉罗马尼亚），
　　Application No. 21737/03, 27 October 2009, http://hudoc.echr.coe.int/eng#{'dmdocnumber'：
　　['856690'], 'itemid': ['001-95302']}。

13　例如参见：L. A. Bygrave, *Data Protection Law. Approaching Its Rationale, Logic and Limits*,
　　Hague-New York 2002, p.61; R. Jay, A. Hamilton, *Data Protection Law and Practice*,
　　London 2003, pp.162 et seq.; C. Kuner, *European Data Privacy Law and Online Business*,
　　Oxford-New York 2003, p.59。

14　Opinion of Article 29 Working Party No. 3/2013 of 2 April 2013 on purpose limitation
　　（《关于目的限制的第 3/2013 号意见》），WP203, http://ec.europa.eu/justice/data-protection/
　　article-29/documentation/opinion- recommendation/files/2013/wp203_en.pdf, pp.15–19.

将导致数据处理行为非法。

数据控制者维护的内部文件必须明确数据处理的目的，尽管无需通告监管部门，但必须接受监管部门的检查（记录数据处理行为）。[15]

将数据处理目的通知数据主体的义务，不应等同于获得数据主体同意数据处理或遵守数据主体反对数据处理意见的义务。并非所有数据处理目的都需要获得数据主体的同意，也不是所有数据处理目的都受到数据主体反对意见的影响，但是即使对那些不需要这样做的人，也必须确保数据主体了解数据控制者处理数据的预期目的。

出于"特定"目的收集数据的要求，与《一般数据保护条例》第12—14条（《指令》第10条b款和第11条第1款）规定的信息义务相对应，据此，必须向数据主体提供各类相关信息，特别是有关数据处理的预期目的。《一般数据保护条例》的规定意味着，如果数据控制者将这些法律规定所明确的信息，以足够透明、可理解且易获取的形式提供给了数据主体，那么就履行了该信息告知义务；法律并不强制使用书面形式。

证明履行了该信息义务的方法包括：数据主体在数据控制者提供的表格上签名，确认他 / 她已阅读了信息条款；在网站要求的方框中打勾，效果也一样；数据控制者证明，网页的设置方式使客户必须先阅读该信息，然后才能接着查看产品详细信息。证明遵守信息义务的另一种方法是由数据控制者的呼叫中心进行电话交谈，然后通过电话交流的存档记录来证明已提供了所需信息，或者由数据控制者设计有约束力的沟通场景，包括采取适当的条款。另一方面，信息义务不能以媒体或互联网公告的方式来履行，因为这类公告并不针对特定的数据主体。

---

15 《一般数据保护条例》废除了《第 95/46/EC 号指令》和实施该指令的国家法律中规定的下述义务，即通知监管机构有关个人数据的处理，特别是个人数据归档系统的登记（请参阅《一般数据保护条例》序言第 89 条）。

根据目的限制原则，不得采取与数据收集目的不一致的方式进一步处理数据。评价数据控制者是否已遵守该禁止性规则，与数据控制者的数据处理目的的事先声明有关，也即，这关系到当事人有义务向数据主体提供哪些信息。如果没有该参照物，就不可能检验数据处理目的是否是一致的。当事人向主管当局发出的通知或数据控制者维护的内部文件也会说明数据处理的目的。

但是，采取与数据收集目的不一致的（incompatible）方式进一步处理数据，和采取与初始确定的不同的（different）目的进一步处理数据，应当区分开来。《一般数据保护条例》第 5 条第 1 款第 b 项（《指令》第 6 条第 1 款第 b 项）并未禁止出于不同目的进一步处理数据，而仅禁止与初始确定的目的不一致的情况。因此，不排除采取与初始确定的目的不同但一致的目的来处理数据。[16] 但是，如果要更改数据处理的目的，即便该目的与初始目的保持一致，也必须将数据处理的新目的告知数据主体。如果新目的与初始目的不一致，则必须重新征得数据当事人的同意，或者必须具有其他法律依据进行数据处理。

如果数据控制者声明的数据处理初始目的是经营性的，那么向公司消费者推销宣布初始目的之时不在产品范围内的新产品，与初始目的肯定是一致的。另一方面，推广和销售其他公司的产品，或将消费者的个人数据提供给另一公司以供后者营销之用，通常是一个新的目的，需要新的法律依据。

当出于数据控制者的合法目的进行市场营销的沟通交流时，并不

---

16 J. Barta, P. Fajgielski, R. Markiewicz, *Ochrona danych osobowych. Komentarz*, Kraków 2007, p.504; P. Barta, P. Litwiński, *Ustawa o ochronie danych osobowych. Komentarz*, Warszawa 2009, p.268; C. Kuner, *European Data Privacy Law and Online Business*, Oxford-New York 2003, p.60; M. Jagielski, *Prawo do ochrony danych osobowych. Standardy europejskie*, Warszawa 2010, p.90. 应当指出的是，根据某些观点，出于与收集数据目的不同的目的进行数据处理是不可接受的，请比较：E. von Ehmann（E. 凡埃曼），M. Helfrich（M. 赫尔夫里希），*EG-Datenschutzrichtlinie: Kurzkommentar*（《欧盟数据保护指令：简短评论》），Köln 1999, p.111。

需要征得营销交流对象的同意。例如，数据控制者直接营销自己的产品或服务就是这样的合法目的。但这并不意味着，在未经数据主体同意的情况下，银行就不可以基于目的正当的条款，以保险代理人或投资基金参与单位的分销商的身份，为了营销这类服务而处理个人数据。相反，尽管它们并不是银行自己的产品，银行在分销时仅充当了外部服务提供商，但其销售的仍然是银行提供的服务。因此，这些服务的营销是银行的正当目的，无需征得目标人员的同意。但是，如果目标人员表示反对的，则必须尊重其反对意见。

另一方面，数据控制者在自己员工之中销售产品的，属于与初始目的不一致的目的。在没有满足适当条件的情况下，出于招聘或雇用目的而收集的数据，不得仅仅因为此类数据存储在数据控制者的数据库之中且数据控制者可以使用其公司电子邮件，就将其用于商业之目的。收集员工的数据是为了进行人力资源管理、支付薪水、保存必需的文件、缴纳税款和社会保障金。任何产品销售行为都是与此不同的目的。

如果数据控制者将员工定位为潜在消费者的，对员工也需要满足与其他消费者相同的条件。

《一般数据保护条例》第5条第1款第b项（以及《指令》第6条第1款第b项）明确规定某些活动与初始数据处理目的不符，但因为其为数据主体提供了适当的保护措施以及自由，所以是允许的。这些数据处理活动是出于公共利益之存档目的，出于科学研究、历史研究或者统计的目的。

上述规定包括了统计的目的，这对商业活动很重要。公司可以使用消费者数据库进行统计分析，以便研究消费者对购买商品或服务的偏好或决策。这并不需要获得数据主体的同意。另一方面，公司可以未经数据主体同意，将此类数据提供给另一家公司做统计之用，但必须提供适当的保护措施。数据的假名化是一种保护措施，因为统计分析并不需要识别组内的人员。

但上述做法存在违规的风险：在特定且受限的环境中，例如在当地社区或社会团体之中，当假名化数据包含了可以表征和识别个人的信息时，假名化数据是可以间接识别个人身份的。

第二十九条工作组区分了两个密切相关的概念：数据处理目的和作为数据处理基础的（数据控制者或第三方的）利益。数据处理目的是处理数据的特定原因；而数据处理的利益则是一个更宽泛的概念，泛指数据控制者或第三方从数据处理之中获得的收益和好处。[17]

61

第四节　数据最小化原则

定义数据保护法框架的其他主要原则被统称为数据质量原则。它们包括：数据最小化原则、数据准确性原则和存储限制原则。

这些原则不可违背之特性尤其意味着，在许多情况下，即使有数据主体的同意，也无法修改这些原则。例如，在特定个案中，根据数据最小化原则可以处理的最大数据范围，在许多情况下，即使数据主体表示同意扩展范围，也不可以扩展。而且，即便数据主体的同意可以构成扩展数据处理范围的依据，该范围也必须与数据处理目的相称。

《一般数据保护条例》第 5 条第 1 款第 c 项（《指令》第 6 条第 1 款第 c 项）规定了数据最小化（数据比例）原则，其职责是确保个人数据"恰当、相关且仅限于与其处理目的相关"（或者按照该指令的规定，"相对于它们被收集和 / 或进一步处理的目的是恰当、相关且不过度的"）。

德国波恩地方法院明确了《一般数据保护条例》第 5 条第 1 款第

17　Opinion 6/2014 on the notion of legitimate interests of the data controller under Article 7 of Directive 95/46/EC（《关于〈第 95/46/EC 号指令〉第 7 条的数据控制者合法权益概念的第 6/2014 号意见》），9 April 2014, WP 217, http://ec.europa.eu/justice/data-protection/article-29/documentation/opinion-recommendation/files/2014/wp217_en.pdf, Chapter Ⅲ. 3.

c 项规定的数据最小化原则的解释。[18] 法院作出该判决的日期为 2018 年 5 月 29 日，仅在《一般数据保护条例》生效之后几天，这可能是全球范围内第一个有关《一般数据保护条例》的法院判决。

因此，数据最小化原则禁止以超出数据处理目的所需范围的方式处理数据。波兰宪法法庭在 2002 年 11 月 20 日的判决（K 41/02）[19] 中也同样指出，对隐私权的任何干预，对实现《波兰宪法》第 31 条第 3 款所指的目的都得是必要的（必不可少的），而不是仅有助于或促进其实现。此外，对自由或权利受到限制的人，必须将这种干扰造成的负担降至最低。

实践中，恰当的范围应当被理解为实现该目的所必需的范围。在数据最小化原则的背景下，我认为这两个概念是同义的：超出数据处理目的所需范围的数据是不恰当的（不符合比例的），因为用较窄的数据范围也即采取对隐私的较小损害，就可以满足数据处理目的了。波兰最高行政法院 2006 年 10 月 10 日的判决（I OSK 1353/05）[20] 和 2001 年 12 月 19 日的判决（II SA 2869/00）[21] 也对此原则作出了这样的解释。

因此，如果仅通过假名数据就可以满足处理目的而无需识别人员身份的，那么对身份识别数据的任何处理都应视为超出了必要范围，违反了数据最小化原则。例如，如果将已经付款或已使用服务的信息与授权持有者使用服务的银行卡（而不是与持卡人信息）相结合就足够了，那么就只应使用该最小的信息范围，也即只应记录已提供的服务，不应明确使用它的人。这一点具有更为重要的意义，因为多余的

---

18 *The Internet Corporation for Assigned Names and Numbers (ICANN) v. Registrar EPAG Domainservices GmbH*（互联网名称与数字地址分配机构诉域名服务注册商 EPAG 股份有限公司），10 O 171/18, https://www.icann.org/de/system/files/files/litigation-icann-v-epag-request-court-order-prelim-injunction-redacted-30may18-de.pdf (in German only).

19 OTK-A 2002, No. 6, Item 83.

20 LEX No. 281325, CBOSA.

21 ONSA 2003, No. 1, Item 29, CBOSA.

身份识别会导致收集更多数据，例如地理位置数据。

允许处理的数据范围可以由制定法或在法定授权基础上颁布的法律规定来公开界定。个人数据收集和进一步处理的范围是否与数据处理目的相称，应该逐案进行评估。在《一般数据保护条例》出台之前，由法律明确规定的数据范围，属于数据最小化原则的特别法。个人数据范围如果与制定法或根据该法颁布的法规所规定的此类清单一致，则对数据处理目的而言就是恰当的。这在许多国家／地区都是成立的，例如劳工法、执行银行账户或不动产索赔的法律，以及处理天然气或电力消费者数据的法律。如果没有这样的清单，在解释是否符合数据最小化原则时，必须评估要处理的数据范围是否仅包含为此目的所需的数据。

但是，《一般数据保护条例》并未对数据最小化原则规定任何例外，也没有提及可以规定更严格保护的单独法律。因此，我们必须考虑，将法律所规定的数据范围界定为数据最小化原则的特别法，与《一般数据保护条例》是否是一致的。一些作者认为，如果成员国的国家法律明确规定了一个可以合法处理的正面的数据范围（positive scope of data），并将其作为数据最小化原则的例外，那么这种立法是不符合《一般数据保护条例》的。我赞成这种观点，但仅限于成员国法律在划定"正面的数据范围"且超出了下述要求的程度，即处理数据必须是为了遵守对数据控制者具有约束力的法律义务，或者出于公共利益而执行任务，或者行使官方的权力（序言第45条）。

我认为，《一般数据保护条例》没有规定数据最小化原则的一般豁免，并不意味着成员国法律规定个人数据的正面范围在原则上就与《一般数据保护条例》不一致。只有在划定的"正面的数据范围"超出了满足数据处理目的所需的范围时，才与《一般数据保护条例》不一致。然而，为履行数据控制者应承担的法律义务，或者为了公共利益而执行任务，或者行使官方权限而进行的任何数据处理，应以欧盟法律或者成员国法律为基础（《一般数据保护条例》序言第45条）。 63

因此，成员国的国家法律可以规定必须处理的数据范围，例如与洗钱、增值税和医疗文档有关的数据，以履行与之相关的法律义务。这样定义的数据范围将满足数据最小化的要求，因为它来自法律规定的义务，有必要予以满足。

我还认为，成员国完全可以出台法律规定"负面的数据范围"（negative scope of data），即定义不得处理的数据范围，而且不管数据控制者是否认为该数据范围符合数据最小化原则。一个例子是劳动法条款，这类规定可以根据各方的不平等状况和歧视的风险，明确一个负面的数据范围。

我们可以通过银行收集不同范围数据（例如接受存款和发放贷款）的例子来说明数据最小化原则。银行要发放贷款，首先需要评估客户的信誉，因此有必要收集和分析大量的个人数据。相反，接受存款则无需进行这种评估。如果在这两种情况下银行处理的数据范围是相同的，则与数据最小化原则相冲突。

在实践中，可以通过使用个人的替代性识别号码来确保遵守数据最小化原则。例如，仅当被保险人的账户在人口登记系统中没有识别号码时，才可以用其税号来标识该人。这类个人数据不应被复制；这类数据只能用于身份识别的用途。

波兰的个人数据保护主管机关即波兰个人数据保护总检察长（Generalny Inspektor Ochrony Danych Osobowych，简称 GIODO）[22]曾裁断过一个类似的问题（DIS/DEC-170/16/14463，DIS/DEC-622/15/67982）。波兰个人数据保护总检察长对电信运营商复制自然人身份证件的做法提出了挑战，他认为这种情况下收集个人数据缺乏法律依据。当时波兰《电信法》第 161 条第 2 款规定了可以在未经客户同意的情况下合法收集个人数据的范围。在波兰修改《电信法》以保持与《一般数据保护条例》一致之前，波兰《电信法》定义了用于签订

22　该机构的新名称为"个人数据保护办公室"（the Personal Data Protection Office）。

电信服务协议的详尽的数据范围。经过上述修正之后,《电信法》不再具体规定允许收集的个人数据范围,而是将电信用户(自然人)的数据处理置于《一般数据保护条例》的规范之下。这意味着可以合法处理的数据范围取决于数据处理者能够证明的与数据处理目的相称的范围。在修法之前,允许收集的数据范围包括客户的姓名、出生日期 64 和地点、居住地和邮寄地址、波兰人口登记号码和身份证件号码。波兰个人数据保护总检察长(监管机构)裁定,数据控制者超出该范围的涉及自然人的任何个人数据处理,都应征得该自然人的同意(参见《电信法》第 161 条第 3 款的规定)。数据控制者通过复制(影印或扫描等)客户的身份证件,还可以获得客户的图像以及其身高、眼睛颜色或驾驶执照的号码和有效日期的信息。

波兰个人数据保护总检察长还指出,在某些情况下,合同的签订取决于客户同意对方处理文档复制件中所包含的个人数据。如果属于这种情况,那么只有在客户自愿作出同意表示的情况下,客户的同意才具有效力。

尽管有波兰个人数据保护总检察长的决定,但值得一提的是,波兰《电信法》规定了数据主体同意的情况下处理其他数据的可能性,该法虽未指明这类数据的详尽范围,但明确提到了自然人的银行账号或银行卡号、电子邮件地址和联系电话。收集这类数据对订立合同是合理的。另一方面,在电信服务合同中,如果收集诸如身高、眼睛颜色或驾驶执照有效期等数据的,也应根据目的限制原则和数据最小化原则进行评估。

华沙的省行政法院在 2016 年 2 月 18 日的判决(Ⅱ SA/Wa 1655/15)和 2017 年 3 月 28 日的判决(Ⅱ SA/Wa 779/16)中,确认了波兰个人数据保护总检察长的决定。

这些争论与禁止制作身份证件副本无关。但是,某些数据保护机构严格限制数据控制者制作自然人身份证件副本的权限。例如,荷兰数据保护委员会在 2012 年裁定,仅允许在某些部门内复制身份证件,例如银行为了核实潜在债务人的信誉可以制作自然人身份证件副本。在其他情况下，只需要在文档中简单写入数据，无需进行复制，就足以满足业务需求。在允许复印身份证件的特殊情况下，应掩盖照片和唯一的社会服务号码（BSN），并且一旦不再需要保存身份证件副本时（也即，实践中一旦确认了该自然人身份的时候——这应该会在相当短的时间内发生），就应立即销毁这些副本。这些义务不仅可以确保数据控制者遵守数据最小化原则，而且还可以最大程度地减少欺诈、身份盗用或者贷款被他人以数据控制者客户的名义取走的风险。

数据控制者为履行其应承担的法律义务，可以处理个人身份证的副本。举例来说，欧洲议会和理事会于 2015 年 5 月 20 日发布了《关于防止使用金融系统进行洗钱或恐怖分子活动融资的第（EU）2015/849 号指令》。该指令要求受其约束的实体（例如银行和保险公司）确保客户根据要求提供身份数据的副本以及其他证明其身份的文件。因此，银行和其他金融机构的客户可能有义务提供身份证或其他官方身份证明文件的副本。但是，在许多立法中，针对其他部门（例如移动运营商）并未采用类似的规定。

另一方面，为了满足数据控制者的合法利益，可能有必要识别客户以防止欺诈。因此，在缔结在线合同时要求发送客户身份证扫描副本的行为，如果能够确保防止他人未经授权访问相关的通信，就是合理的；然而，这种状况受到当地可适用的法律或者当地数据保护当局的限制。但是，根据存储限制原则，存储身份证复印件的时间不得超过身份识别所需的时间。

不过，目前使用他人身份证件的副本窃取身份并引发债务或进行欺诈的问题日益严重。因此，考虑到这种风险的存在，数据控制者（例如旅馆或运动器材租赁商）对身份证件文档进行复制、扫描或拍照的做法，也应当予以评估。

适用数据最小化原则的另一个场景是界定公共管理机构可以合法

干预隐私的限度。欧盟成员国的宪法（例如《波兰宪法》第 51 条第 2 款和第 5 款）限制了收集并提供公民信息的可能性。据此，仅当法律有明确规定，并且仅在民主国家为了保护国家安全或公共秩序而有必要对隐私进行某种限制的情况下，才可以对隐私权设置这类限制。《欧洲人权公约》第 8 条所定义并广为适用的比例评价标准（standards of proportionality assessment），对隐私权与（诸如警察机关等）主管机构之间不可避免的冲突具有约束力。[23] 干涉隐私不仅是出于公共利益之必要，而且对个人权利的侵犯和这种侵犯的负担也不应过分。对隐私权的侵犯必须是实现《宪法》明确的目标所必需的，而不仅仅是促进这些目标的实现。[24]

在我看来，数据的设计和默认保护原则（《一般数据保护条例》第 25 条）是数据最小化原则的技术化操作，因为随着计算机性能不断提高和数据存储成本的降低，出现了数据冗余的情况，因此有必要强调数据最小化原则。

第五节　准确性原则

《一般数据保护条例》第 5 条第 1 款第 d 项（《指令》第 6 条第 1 款第 d 项）规定的准确性原则是数据质量三原则之中的第二条。它要求处理的数据是准确的，并在必要时保持最新。因此，数据控制者必须确保数据正确，在事实上准确、完整和最新。《一般数据保护条例》第 5 条第 1 款第 d 项要求采取一切合理步骤，确保及时删除或纠正不正确的个人数据。这必须考虑到数据处理的目的。 66

23　Judgment of the Polish Constitutional Tribunal of 12 December 2005, K 32/04, OTK-A 2005, No. 11, Item 132.

24　Judgment of the Polish Constitutional Tribunal of 20 December 2002, K 41/02, OTK-A 2002, No. 6, Item 83, and judgment of the Polish Constitutional Tribunal of 28 September 2006, K 45/04, OTK ZU No. 8/A/2006, Item 111.

在挑选保障措施时，必须考虑到数据不准确的程度和数据来源的可信度。有关人员可能提供了不正确的信息，数据控制者获取数据的外部数据来源可能也有差错，或者数据控制者本身也可能造成错误。数据控制者还应当考虑数据主体的数据不正确所带来的不利影响，并且可能要考虑到法律义务的履行，例如有强制的义务向税务机关报告或防止洗钱。

《一般数据保护条例》第 5 条第 1 款第 d 项要求采取一切合理步骤，确保不拖延地删除或纠正不正确的个人数据。但是，这并不意味着要求数据控制者时时主动地核实文档系统中所有数据是否准确和更新。在数据收集环节确保数据准确性是至关重要的，也即从经核实且可靠的来源收集数据。其次，数据控制者并没有手段来持续监视客户居住地或婚姻或家庭状况的变化。但是，数据控制者应建立删除或更正数据的程序，这样根据数据主体的要求（且遵循第 12 条第 3 款所规定的时间限制要求），或者每当数据控制者根据可靠的外部来源所保存或获得的信息，发现其控制的数据需要更正时，可以删除或更正数据。如果数据需要更正的，数据控制者还有义务通知接收其数据传输的第三方。[25]

根据数据质量原则，数据应保持最新的要求，应当理解为数据与特定的时间点有关。因此，如果文档是专门用于维护过去特定时间相关情况的信息的，则不意味着必须更新数据。

例如，由于结婚而改名的借方不能要求更改婚前签署的原始贷款协议中的姓名。另一方面，如果维护过去发现的不正确数据可能会损害到有关人员的，则有必要更新数据。数据控制者日常必须不断监视数据的准确性并保持其最新状态，包括诸如保存在贷款登记册中的银行客户的债务信息。这些数据用于评估借方的信誉（偿还过去的债

---

25 S. Singleton（S. 辛格尔顿），*Data Protection: The New Law*（《数据保护：新的法律》），Bristol 1998, p.19.

务）；因此，任何不准确的信息对他们可能都是非常有害的。

从可靠性未经核实的来源收集数据同样违反了数据质量原则。例如根据未经确认、不准确或不完整的数据对消费者进行数据画像，并在此基础上对所涉人员进行分类，也违反了数据质量原则。根据未经确认的信息（例如从社交网络服务获得的信息）来预测一个人的特征和行为，可能会导致完全错误的结论。

第六节　存储限制原则

另一个主要的数据处理原则是存储限制原则，该原则禁止以长于数据处理目的所需的时间来存储形式上可识别个人身份的数据（即个人数据）（《一般数据保护条例》第 5 条第 1 款第 e 项，《第 95/46/EC 号指令》第 6 条第 1 款第 e 项）。[26] 该原则的目的是防止以不确定的时间来存储数据，且这种不确定性不是基于法律的规定，也不是服务于数据主体签订的合同。这种没有目的的数据存储，通常是由于数据控制者的某些缺陷所导致的：业务部门缺乏对数据存储系统及可用形式的系统知识；缺乏技术功能，无法从某些系统中删除数据；在一个已被其他系统取代的系统中维护数据；或其他违反了设计保护原则和存储限制原则，不符合数据保护规定的情况。

因此，存储限制原则要求数据控制者对其数据处理目的以及相关的数据保存期（retention periods）进行内部分析。经过分析后，数据控制者应当明确删除数据或定期检查数据的时间表。数据控制者必须直接明确不同类别数据的删除时限，或者至少提到用于确定删除时限的标准，并且必须明确在数据处理活动的记录之中（《一般数据保护条例》第 30 条），以及数据收集过程向数据主体提出的信息条款之中

26　ECtHR, judgment in the case of *S. and Marper v. the United Kingdom*（S. 及马珀诉英国）, 4 December 2008, Applications No. 30566/04 and 30566/04, http://hudoc.echr.coe.int/eng?i=001-90051# {'itemid': ['001-90051']}.

（第 13 条和第 14 条）。

存储在同一文档系统中的数据不一定具有相同的保存期限。例如，与就业和薪资有关的信息（雇员就业时期和薪酬的档案是确立其退休金权利的基础）必须强制存档数十年。但是，雇员的其他数据，例如雇主通过监视活动收集的数据（公司汽车中的全球定位系统跟踪记录，访问网站的历史记录），仅应以符合雇主定义的或者当地法律规定的合法目的做较短时间的保存。与工作场所纪律有关的数据存储时间通常不应超过对雇员采取纪律措施所需的必要时间。

有关数据控制者数据处理目的和数据保存期限的列表，可用于监视数据存储是否超过了最长保存期限，并用于删除过时的数据。但是，绘制这种列表是一项复杂的任务：由于法律并没有明确规定所有数据处理目的，因此数据控制者必须自由裁断某些数据的具体保存期限。闭路录像系统就是这样的例子：它是被广泛运用的数据处理方法，但并非在所有国家／地区都受到法律的直接监管。在法律没有直接规定的情况下，使用闭路录像系统的规则是根据宪法的隐私权、个人利益规定或劳动法来解释的，然而这两部法律都没有明确规定数据的保存期。因此，必须在个案中逐一分析以确定该期限。出于安全和保障考虑，数据控制者有理由在街道、法院大楼或学校内安装闭路电视摄像机；在很多情况（尽管并非所有情况）之下都是如此。但是，仅由于数据控制者的系统具有足够的存储容量而将闭路录像记录存储（诸如）一年的惯常做法是错误的。如果在此期间发生了一起事故，可将相关记录用作证据，那么确实有正当理由进行存储。但是，如果没有发生此类事故，则不得以安全性考虑因素为由存储未记录任何事故的录像。这样的存储是没有意义的，并且录像之中可能包含了某些会使被记录者感到尴尬或丢脸的内容。安全方面的考虑已经融入了存储限制要求，例如，根据某些当地法律或主管机构的规定，在录像不作为证据的情况下，可以接受 30 天或 90 天的录像存储期。

法律规定的数据存储期限与数据控制者的经营需求之间可能存在

潜在冲突。此外，根据当地法律的具体规定，企业集团内部常用的信息技术系统所处理的数据可能在不同国家／地区具有不同的保存期限。

根据个人数据的定义，存储限制原则也适用于可以间接识别其主体的数据。这也意味着并不需要删除所有数据。为了满足《一般数据保护条例》第5条第1款第e项（《指令》第6条第1款第e项）规定的义务，只要对数据进行匿名化处理，也即永久性去除其中可以识别个人身份的要素，使得利用与该自然人相关的其他数据在合理努力之下无法识别到该自然人的身份，就足够了。由于匿名化处理是不可逆的，所以匿名化后的数据就不再是《一般数据保护条例》第4条第1款（《指令》第2条第a款）所定义的个人数据了。

因此，要删除的数据必须不可逆地被删除，并确保不可能将这些数据从曾经使用它们的应用程序遗留的片段中检索出来（这些片段仍有可能可以与自然人的其他数据结合使用）。

重要的是，不能使用假名化措施来替代数据删除。假名化是指以下述方式处理个人数据：在不使用额外信息的情况下，不再能够将数据指向特定数据主体，但前提是此类额外信息应单独保存，并受技术和组织措施的约束，以确保其无法指向已识别或可识别的人员（《一般数据保护条例》第4条第5款）。因此，假名化的数据仍然是个人数据。

数据处理作为日常经营的一部分，其主要目的之一是应数据主体的要求执行合同或开展订立合同的行动（《一般数据保护条例》第6条第1款第b项，《指令》第7条第b款）。例如，华沙的省行政法院2005年2月22日的判决（II SA/Wa 2030/04）就提到了数据处理的这种目的。根据该裁判，一旦当事人全额偿还了银行贷款或关闭了银行账户，就达成了数据处理的目的，银行就不再具有处理账户持有人数据的任何法律依据了。该观点应该表达得更加精确。因为仅当作为合同当事人的数据主体的合同履行是数据处理的唯一基础时，这种观点才是正确的。另一方面，如果数据处理具有《一般数据保护条例》第 69

6 条第 1 款第 a—f 项（《指令》第 7 条第 a—f 款）所规定的其他依据的，那么合同责任的终止并不会导致后续的数据处理缺乏法律依据，因为履行合同不一定是数据处理的唯一目的。例如，在根据法律规定的目的(《一般数据保护条例》第 6 条第 1 款第 c 项，《指令》第 7 条第 c 款）进行数据处理的情况下，当数据处理的原始目的（例如与银行订立的合同规定的合同义务到期时）实现之时，并不会立即产生删除数据或匿名化数据的义务，相反，该义务出现在法律法规明确规定的期限届满之时。这些法规包括要求将会计凭证存档长达五年的会计法规，或者规定了应当保存特定机构的交易信息及交易文档长达五年的反洗钱法规。[27]

在实践中，许多数据控制者往往会存储个人数据，以确保自己能够在索赔规定期间内，对数据主体可能提出的投诉作出反应，而这个时期的长短一般根据当地法律以及公司与客户关系的性质来确定。另一方面，针对那些与将来可能成为刑事诉讼对象的嫌疑犯有关的数据，只要在某个时期之内，数据控制者仍然有合法理由控制嫌疑犯并且具有处理该数据的法律依据的，则可以继续保存这些数据。

《一般数据保护条例》第 5 条第 1 款第 e 项规定了存储限制原则的豁免，允许采取可以直接或间接识别数据主体的形式存储数据，且存储时间长于初始处理目的所需的时间，但仅是出于《一般数据保护条例》第 89 条第 1 款规定的公共利益存档之目的、科学研究或历史研究或者统计之目的，且必须实施适当的技术措施和组织措施以维护数据主体的权利和自由：必须将数据最小化，也即其范围必须限于满足目的所需的范围。除非数据假名化的做法无法达到数据处理的目的，

---

27 Regulation (EU) 2015/847 of the European Parliament and of the Council of 20 May 2015 on information accompanying transfers of funds and repealing Regulation (EC) No 1781/2006 and Directive (EU) 2015/849 of the European Parliament and of the Council of 20 May 2015 on the prevention of the use of the financial system for the purposes of money laundering or terrorist financing.

否则假名化就属于这样一类可以采用的保障措施，例如，在没有使用另行保存的其他信息的情况下，假名化修改之后的数据无法指向特定的自然人。但重要的是，如果使用匿名数据就可以满足存档、科学、历史或统计目的，则数据处理应仅限于此类匿名化的数据。

第七节　删除备份副本的数据

存储限制原则也适用于备份副本的数据处理。一旦数据控制者丧失了处理数据的法律依据（例如由于数据主体的反对），该数据控制者就必须删除包括备份副本在内的数据。这是因为存储其中的数据是个人数据文档系统的组成部分，而备份副本是信息技术系统的一部分。[28]

依我之见，在《一般数据保护条例》引入基于风险的方法之后，在解释存储限制原则是否适用于备份副本时，可以不过于严格。具体而言，我认为不必在主系统删除数据之后，就立即删除备份副本的数据。[29]基于风险的方法实质上是根据风险分析结果所产生的优先级和时间表来采取行动，保护正在处理的数据。我认为，基于风险的评估表明，虽然将存储限制原则严格适用于备份副本会提高数据的安全性，但与不分情况立即删除备份副本数据的义务所产生的成本相比，两者是不相称的。恢复主系统丢失的数据而引发数据主体的权利风险，这种概率是可以忽略不计的，即便有，也仅影响到小部分数据主体。相反，在大型系统删除数据之后就立即删除备份副本中的数据，由此所产生的财务、组织和技术成本，对于组织大规模数据处理的机构而言，必定是巨大的。

28　Supreme Administrative Court judgment of 3 July 2009, I OSK 633/08.
29　例如，根据法国数据保护机构国家信息和自由委员会（CNIL）的观点，数据控制者没有义务为了遵守"被遗忘权"，在主系统删除数据后就立即从备份副本中删除数据。但是，数据控制者应当在"隐私（保存）政策"中，将备份文档的保存期限告知数据主体。

此外，我们还应考虑到，监视和删除备份副本中存储的数据的过程，是否处于数据控制者的合理技术能力之内，例如删除备份副本的前提是必须销毁备份副本的载体，或者在信息技术系统中提取副本的内容、修改并制作新副本。

另外，备份副本只有在保持完整性的情况下才可以实现自身的目的；然而，删除个人记录可能会阻止这种目的的实现。行使删除数据权的人并不是唯一需要保护的数据主体。备份副本的完整性保证了数据处理系统中所有人员的数据的安全性；我们必须考虑这些存在潜在冲突的权利的相对权重。此外，为了满足数据控制者的合法利益或履行法律义务的需求，也有必要将数据存储在备份副本中，例如，数据控制者需要能够分析个人数据泄露的原因，并将这些泄露通知监管机构。据统计，这类事件从发生到被发现，间隔的平均时间为 86 天。[30]

因此，我的看法是，基于风险的方法允许数据控制者把从主系统中移除的数据以备份副本的方式进行临时维护。无论如何，标准的备份复制过程，意味着旧数据将在一定合理的时间内被新数据所覆盖从而被删除。

---

30 2015 Trustwave Global Security Report（《2015 年托拉斯威全球安全报告》），https://www2.trustwave.com/rs/815-RFM-693/images/2015_TrustwaveGlobalSecurityReport.pdf, pp.23-26.

第五章 个人数据处理的法律基础

第一节 概述

当数据控制者满足《一般数据保护条例》第 6 条所列的六个等效 的实质性条件（对执行公务的公共机构的要求为五个）中的至少一个时，处理普通个人数据的行为就是合法的。因此，数据控制者证明自己至少符合这些数据处理法律规定的条件之一（第 5 条第 1 款第 a 项的合法性原则），是其进行数据处理的合法性前提。这意味着，仅根据从公开可用的来源获取数据这一事实，并不满足合法数据处理的条件。

《一般数据保护条例》第 6 条所列的条件是等效的：只要满足其中任何一个条件，数据处理都是合法的。因此，当事人只要证明符合其中之一就足够了。但是，数据控制者进行的数据处理可能（实际上通常是）同时基于不止一个条件。其意义和关联在于，当其中一个条件不再满足时，另一个条件的实现仍然可以使数据处理合法。尽管如此，仍应根据《一般数据保护条例》第 5 条第 1 款第 c 项规定的数据最小化原则，考虑任何此类变化对数据处理目的和允许的数据处理范围的影响。

数据控制者收集及随后处理数据，或者将其提供给其他数据控

95

制者，或者接收他人提供的数据，都必须证明数据处理的法律依据。合法和公平原则（第 5 条第 1 款第 a 项）禁止对来源非法或收集非法的数据进行任何处理，这在数据来源不是数据主体的情况下尤其重要。

《一般数据保护条例》第 6 条所列的合法性条件适用于普通数据，而普通数据有别于特殊类型的个人数据，比如下文所讨论的敏感数据72（第 9 条）以及与犯罪定罪和违法行为有关的个人数据（第 10 条）。这是肯定式的规定：在《一般数据保护条例》第 6 条所述的情况下，处理普通数据是合法的。情形之一是数据控制者或第三方所追求的是合法利益。合法利益的范围是开放不设限的，由数据控制者自行定义。这意味着通常允许处理普通数据，因为任何明确该规则例外的法律规定，都必须被严格地制定和解释。

相比之下，针对与犯罪定罪和违法行为有关的敏感数据和个人数据，法律适用的规则要严格得多，因为它们与隐私权有着特殊的关系。合法处理敏感数据的条件与适用于一般数据的条件正好相反。法律通常禁止处理敏感数据，但是在满足《一般数据保护条例》第 9 条第 2 款所列条件之一的情况下，不适用该禁止。因此，这是一个否定式的规定：可以合法处理敏感数据的条件，被表述为一般禁止规则的例外。与处理普通个人数据不同，数据控制者的合法利益并不属于这些例外情形之一，也即，数据控制者的合法利益并不是处理敏感数据的充分理由。

根据《一般数据保护条例》（第 6 条第 4 款）制定的新规则，即使没有数据主体的同意，没有欧盟或成员国法律规定的其他目的，也允许数据处理目的不同于最初的目的；然而，数据控制者可能并不会采用与初始目的不一致的目的处理数据。应该区分下述两种情况：与初始目的不同的进一步数据处理，与初始指定目的不一致的数据处理。我们在第四章有关目的限制原则的内容中，对此有更详细的讨论。

第二节　基于数据主体同意的数据处理

一、数据主体的同意

合法数据处理的第一类情形是数据主体表示同意（第 6 条第 1 款第 a 项）。同意数据处理是指通过陈述或明确的肯定行为，明确表达数据主体的意愿，表明数据主体同意处理与他/她有关的个人数据（第 4 条第 11 款）。

作为一种意思表示，同意数据处理的内容应根据民法规则进行解释。不含糊、明确的同意可以通过口头或书面陈述加以表示，或者通过在线形式进行选择，或者根据具体情况进行推断。

根据《一般数据保护条例》规定的"同意"的定义，同意必须明确、不含糊。该定义包含了足以表明数据主体表达了同意意图的任何明确的行为。这就要求考虑数据主体表达该意图的具体情况，以及特定行业部门之中用来明确表示同意的惯常通信方式以及行为方式。

例如，雇主企业的公司架构包括几个分支机构，公司希望将员工照片放在公司内部网的数据库中，简化分支机构之间的员工合作，雇主企业可能会向内部电子邮件地址发送消息，鼓励员工将照片发给企业。这种情况下，如果有员工将自己的照片上传到数据库，并且毫无疑问是自愿采取该行动的，那么就属于有效的同意。

如果同意声明附加有另一项义务，那么对数据处理的同意就不是明确的。例如，同意的声明与使用某项服务有关，且该服务并不包括有关数据处理目的和范围的信息。同意的请求必须与合同其他条款明确区分开，并且必须以易于理解和容易看到的方式提出（第 7 条第 2 款），因此"与是否作出知情决定有关的信息，不得隐藏在一般条款和条件之中"。[1]

---

1 EDPB, Guidelines 05/2020 on consent under Regulation 2016/679（《有关第 2016/679 号条例的同意的第 05/2020 号指南》），Version 1.1 of 4 May 2020, point 67, p.16.

如果同意是数据处理的唯一依据，那么下述情形的数据处理可能是非法的：在数据控制者告知数据主体其处理数据的意图之后，数据主体仅仅没有表示反对。此外，即使数据主体已经接受了要约，但是如果该要约没有表明，数据主体已经被告知了要约的接受就意味着同意了特定目的之数据处理的，那么接受要约也不等于同意进行数据处理。同样，如果数据主体的同意与向第三国传输数据没有明确关系，仅涉及将数据传输视为数据处理表现方式之一的一般合同条款或规定，那么也不符合同意必须具体或者不含糊的要求。虽然数据处理被宽泛地定义并且还包括了数据可获取的情况，但这一事实并不意味着只要有了泛泛的同意数据处理，就可以将数据提供给另一数据控制者或转移到第三国。将数据传输到第三国，有可能超出了数据主体对提供给他 / 她的服务或执行其他合同所预期的数据处理范围。数据处理涉及这些方面的，需要获得数据主体的专门同意。

使用语言表达晦涩的条款或者使用行话同样不满足明确同意的要求。明确性的要求就暗示了这一点。不过，法律明文规定，应该使用易于理解和获取的形式以及清晰明了的语言（第 7 条第 2 款）。如果数据主体表达同意的书面声明之中涉及其他事项，则必须以明显不同于其他事项的方式提出同意请求。数据主体的声明中，任何不符合该规则的部分均不具有法律约束力（第 7 条第 2 款）。

人们经常会把数项不同且无关联的目的放在一个条款之中，这种做法违反了同意规则，因为这导致数据主体无法将必要的目的与仅仅出于数据控制者利益的目的区分开来。同样经常出现且不可接受的情形是在起草条款之时暗示数据主体的同意是自动的和不可避免的。如果数据处理有不同目的的，则需要各自分开的同意，不应将它们组合在一起，阻止数据主体在它们之间进行选择。但是这并不意味着数据处理的每一个目的都需要单独的同意：对许多目的而言，数据处理不是基于数据主体的同意，而是基于法律义务或合同的执行。处理与个人签订合同所必需的数据，例如处理信用卡数据和数据主体的地址以便继续履行付款并交付在线购买的商品，则不应受到同意的制约。

第二十九条工作组在 2004 年 2 月 27 日发布的《关于〈第 2002/58/EC 号指令〉第 13 条出于市场营销目的的未经请求的通信的第 5/2004号意见》（第 90 号工作文件）[2] 的第 3.2 节（第 5 页）指出，如果数据控制者在网站上使用预先选中的框，在线获取数据主体的同意，则不符合同意的定义。这样的同意不是特定、明确的意思表示，不能作为数据处理的基础。

如果数据主体的同意是数据处理的唯一法律依据，那么数据控制者应该仅请求数据主体同意为了特定目的而处理数据。然而，如果实际上是法律要求或法律授权数据控制者进行数据处理或该数据处理是执行合同所必要的，也即无论数据主体是否同意，都将依据不同的法律基础处理数据的，则不应向数据主体建议他 / 她有权拒绝同意从而阻止数据处理。因此，在需要寻求数据主体同意的情况下，数据主体应具有拒绝同意的真实意愿，而不是虚幻的拒绝同意的可能性。

即使个人数据的处理是基于数据主体的同意，也不会合法化那些相对特定处理目的而言不必要的数据收集行为，这类不必要的数据收集行为从根本上讲是不公平的。[3]

如前所述，直接营销传播主要以数字形式分发，例如通过电话、电子邮件、短消息服务和多媒体短信服务、信息传递应用程序——诸如脸书信使、苹果短信、微信、网络信使等，在移动设备上弹出诸如推送通知、即时信息、应用程序的信息（聊天）以及其他类型的信息。因此，它们不仅受到《一般数据保护条例》的规制（因为所有直接营销传播都是数字或非数字形式的，例如邮政），还受到《电子隐私指

2　https://ec.europa.eu/justice/article-29/documentation/opinion-recommendation/files/2004/wp90_en.pdf.

3　The European Data Protection Board, Guidelines 05/2020 on consent under Regulation 2016/679, Version 1.1 of 4 May 2020, point 5, p.5, https://edpb.europa.eu/sites/edpb/files/files/file1/edpb_guidelines_202005_consent_en.pdf.

令》(《第 2002/58 /EC 号指令》) 以及欧盟成员国国内法的规制。有些成员国在其数据保护法中实施了《电子隐私指令》, 而另一些成员国则通过电信法实施了该指令。

根据《电子隐私指令》的规定, 营销人员在使用大多数在线营销传播手段以及使用包括 Cookies 在内的在线跟踪方法时, 都需要获得数据主体的同意。因此, 虽然某些国家/地区在没有接收者事先选择加入的情况下依然提供了分发直接营销通信的选项, 但应该认为, 对于在欧盟范围内开展活动的国际组织来说, 采取事先选择加入的做法是最安全的策略。[4]

二、有效同意的构成要件

《一般数据保护条例》中的"同意"定义以及民法原则都要求同意应该是自愿作出的、特定的和知情的(且如前所述不含糊的)同意。[5] 有关同意的这些条件构成了数据处理的有效基础, 这意味着:

(一)自愿的同意

数据主体必须自由作出决定。数据主体在作出同意决定时不应被置于压力或者强制之下, 无论这类压力或强制是源自环境的、直接的、社会的、经济的、心理的或其他情况。数据主体拒绝同意的, 不应面临任何不利的后果(序言第 42 条)。[6] 如果同意是作为合同条

4　有关同意直接营销的内容, 请参见本书第六章"直接营销、电子营销、Cookies 和在线行为广告"。

5　对有效同意的条件作了界定的文件是: European Data Protection Board in its Guidelines 05/2020 on consent under Regulation 2016/679, Version 1.1 of 4 May 2020, point 3, pp.7 et seq.。先前界定有效同意的条件的文件是: Article 29 Working Party in its Guidelines on Consent under Regulation 2016/679 of 28 November 2017, last revised and adopted on 10 April 2018, WP 259 rev.01, point 3, pp.5 et seq.。欧洲数据保护委员会在其第一次全体会议上批准了《第二十九条工作组指南(第 259 号工作文件第 01 版修订)》,《欧洲数据保护委员会第 05/2020 号指南》在这些指南的基础上做了细微的更新。

6　Article 29 Working Party, Opinion 15/2011 of 13 July 2011 on the definition of consent (《2011 年 7 月 13 日有关同意的定义的第 15/2011 号意见》), WP 187, p.12.

款和条件的不可谈判的一部分，那么应该假定该同意并不是自愿作出的。[7]

对数据主体施加不适当的压力会妨碍他／她行使其自由意志，从而使同意无效。举例来说，某个手机照片编辑应用程序要求用户激活全球定位系统功能的定位来获取其服务，并声明该应用程序将收集数据，用于在线行为广告的目的，但是这两个目的（地理位置定位和行为广告）均不是提供照片编辑服务所必需的。[8]

如果数据主体和数据控制者双方的地位存在重大不平衡，导致人们对同意是否自愿作出的事实存在疑问的，则不能将同意作为数据处理的法律依据。然而这种判断必须建立在对个案情况的具体分析之上。例如，在雇佣关系中，"除非员工可以在没有不利后果的情况下拒绝同意，否则员工的同意极不可能成为在工作中处理数据的法律依据"。实际上，雇员在拒绝雇主处理其个人数据的情况下（例如在工作场所使用闭路录像或者填写评估表），不太可能不会感受到任何压力或产生不利后果的风险。但是，即使是存在雇佣关系，也不能当然地视为排除了同意的自由，因为根据《一般数据保护条例》序言第155条，雇员的同意也被列为是数据处理的一种可能的依据。这适用于特定的情况，例如雇主与雇员之间的不平衡并不排除同意的自由，因为拒绝同意的行为不大可能损害到雇主的利益或者对雇员造成负面的影响。例如，为了公司网站的展示而拍摄办公室局部的照片。这样

76

---

7   EDPB Guidelines 05/2020 on consent under Regulation 2016/679, Version 1.1 of 4 May 2020, p.7.

8   EDPB Guidelines 05/2020 on consent under Regulation 2016/679, Version 1.1 of 4 May 2020, p.7. 也参见：EDPB's Guidelines 2/2019 on the processing of personal data under Article 6(1)(b) GDPR in the context of the provision of online services to data subjects of 9 April 2019（欧洲数据保护委员会 2019 年 4 月 9 日《有关在为数据主体提供在线服务时根据〈一般数据保护条例〉第 6 条第 1 款第 b 项处理个人数据的第 2/2019 号指南》），https://edpb.europa.eu/sites/edpb/files/consultation/edpb_draft_guidelines-art_6-1-b-final_public_consultation_version_en.pdf, p.13。

的照片拍摄可以做如下安排：仅让那些同意将其照片作为小组内容发布的员工参与拍摄，在拍摄过程中，那些不同意参与的员工可以选择在建筑物的其他地方工作。[9]

第二十九条工作组在 2003 年 8 月 1 日的生物识别工作文件里也提到，雇主处理其雇员的生物特征数据时，需要获得雇员的自愿同意。[10] 第二十九条工作组指出，仅当数据主体具有表达同意的充分自由，并且在拒绝时没有受到任何不利后果的威胁，数据主体的同意才能作为处理其生物特征数据的基础。

只有在数据主体不需要承担拒绝同意所带来的任何不利后果的情况下，自愿作出的同意才具备法律效力。但是，我们不应将不利后果理解为包括了日常商业关系中的利益损失，例如，零售商在直接营销时给予消费者折扣以换取消费者同意处理其数据。

另一方面，如果为了方便开展市场营销，就将获得处理数据的同意作为履行合同（包括提供服务）的条件，同样是不可接受的，因为为了直接营销而处理个人数据，对于履行合同而言，并不是必需的（第 7 条第 4 款）。

当数据控制者要求数据主体（消费者）同意时，数据主体有权表示拒绝。数据控制者在制订这类表格和同意条款的时候，技术上必须做到在同意选项的旁边包括拒绝选项。

确保这一点的一种方法是在线表格或书面表格包括两个框，即"同意"和"拒绝"。如果签订合同所需的声明（例如接受销售政策）的框框标有星号，但同意直接营销的表示是独立且自愿的，也满足此

9　EDPB Guidelines 05/2020 on consent under Regulation 2016/679, Version 1.1 of 4 May 2020, points 22-23, p.9. 同意持该解释的还有：the Article 29 Working Party in its Opinion 8/2001 of 13 September 2001 on the processing of personal data in the employment context （《关于在雇佣环境中处理个人数据的第 8/2001 号意见》）。

10　Working document on biometrics（《生物识别工作文件》），1 August 2003, WP 80, http:// ec.europa.eu/justice/policies/privacy/docs/wpdocs/2003/wp80_en.pdf.

条件。如果需要消费者签名的默认打印表格已经预先勾选了同意框，则违反了同意规则。同意也可以通过选择信息社会服务之中的技术设置来表达。

（二）特定的同意

数据主体的同意成为数据处理有效基础的另一个条件是其特定性。与同意有关的数据处理目的必须明确、清楚地表达出来，使特定行业的普通消费者在给定的情况下可以正确理解该目的。

任何空白的同意（blank consent）都是无效的，因为同意不得指向不明确的数据范围和处理目的。

限制同意可以采取下述方式：仅将同意与选定的特定个人数据、处理目的、处理操作、期限或地区相关联，或者使同意取决于某一条件的达成。但是，对大多数出于不同目的处理许多数据类型的组织而言，在实际情况下进行这种区分在技术上是不可行的；它们必须使用同意数据处理的标准条款（但仅针对不是基于其他法律依据所进行的数据处理，例如履行法律的规定）。

此外，还应验证在数据主体给出同意后，数据主体同意的处理情况是否发生了变化。如果数据处理是在数据主体的同意之下进行的，只要数据处理目的发生了变化，数据控制者必须就变化的情况征得数据主体的同意。

（三）知情的同意

为了确保数据主体的同意是有效的，数据主体必须了解计划进行的数据处理的所有方面，也即必须充分履行《一般数据保护条例》第13条或第14条规定的信息义务。

数据主体应该评估的可能影响其同意或拒绝决定的数据处理主要信息包括：数据控制者的身份、处理个人数据的目的、数据接收者、将数据传输到第三国的任何意图、数据传输后的数据保护级别、预期的数据存储期限、对数据主体的数据处理后果以及拒绝同意的潜在后果。

如果数据主体在出现重大错误的情况下同意处理数据，而这可归因于数据主体从履行信息义务的数据控制者那里收到了误导性或不完整的信息，特别是该信息与预期的数据处理目的和范围有关的情况下，那么因该重大错误所作的同意的法律效力，并不约束该数据主体。

数据控制者不能使用法律行话，必须采用普通人可以理解的清晰明了的语言来传达易于理解并容易获取的消息。[11]

三、在《一般数据保护条例》适用日之前所获同意的效力

与实际适用《一般数据保护条例》尤其相关的一个问题是 2018 年 5 月 25 日之前获得的同意的效力。《一般数据保护条例》并不包含任何临时性规定。就《一般数据保护条例》适用日之前所出具同意的效力的任何条件，都可以在《一般数据保护条例》序言部分第 171 条中找到。如该条所述，如果数据处理是在数据主体的同意下进行的，那么只要"符合《一般数据保护条例》规定的条件"，就无需重新进行处理。欧洲数据保护委员会在 2020 年 5 月 4 日《有关第 2016/679 号条例的同意的第 05/2020 号指南》中，已经对此予以确认。[12]

根据《一般数据保护条例》，只要是自愿的、特定的、知情的且明确表明数据主体的意愿的同意，即为有效的同意，不论该同意是采取了声明还是清楚明确的肯定式行动的方式。

这些条件并非新近才由《一般数据保护条例》确立：之前无论是《第 95/46/EC 号指令》，还是实施该指令的成员国国家法律，以及普遍适用的民法原则，都规定了这些条件。因此，我们可以假设（尽管每个条款的实际情况必须逐案加以评估），如果数据控制者在 2018 年 5 月 25 日之前获得数据主体的同意，符合出具该同意时法律要求的条

11　EDPB Guidelines 05/2020 on consent under Regulation 2016/679, Version 1.1 of 4 May 2020, p.16.

12　EDPB Guidelines 05/2020 on consent under Regulation 2016/679, Version 1.1 of 4 May 2020, pp.32-33 (previously Article 29 Working Party Document No. WP 259 rev.01, point 8, pp.30 et seq.).

件，那么该同意也将符合《一般数据保护条例》规定的条件，因此仍然可以继续作为数据处理的依据。

诚然，同意是否是知情的，取决于提供给数据主体的与数据处理有关的信息范围，《一般数据保护条例》第 13 条和第 14 条已经大大扩展了要求提供的数据范围（例如添加了有关同意可撤销和数据保存期的信息）。但是，必须根据当事人提供信息的具体日期的法律适用要求，评估当事人是否已经履行了信息义务。《一般数据保护条例》所要求的扩展信息（例如关于同意可撤销的信息），可以作为针对数据主体交流的一部分，逐步提供给数据主体；此外还必须提供允许数据主体撤销同意的机制，例如通过网站的方式。

四、表达同意的形式

《一般数据保护条例》有关同意的规定并不要求在表达同意时采取书面形式或任何其他特定的形式。该条例第 7 条第 1 款只规定了一个条件，即在基于数据主体同意的情况下进行数据处理时，数据控制者必须能够证明数据主体已经表示同意。这意味着，只要是能够使数据控制者证明其确实已获得数据主体同意的任何清晰的形式、工具或者载体，都可以用来表达同意的意思表示。因此，数据控制者可以通过以下方式来获取消费者的同意：消费者在纸质表格上的签名，借助带有打勾的框框的在线表格，通过电子邮件，上传带有数据主体签名或电子签名的扫描文件，记录下来的电话交谈，或者在电话交谈中就明确的提问做出按键行为或者"是"的答复（尽管将来出现纠纷时难以证明）。

欧洲数据保护委员会在其《有关第 2016/679 号条例的同意的第 05/2020 号指南》[13] 中，甚至允许通过在移动设备的触摸屏上做手势，

---

13 EDPB Guidelines 05/2020 on consent under Regulation 2016/679, Version 1.1 of 4 May 2020, p.19 (previously the Article 29 Working Party Guidelines on Consent under Regulation 2016/679 of 28 November 2017, last revised and adopted on 10 April 2018 p.17).

或以一种明显不是巧合的方式来移动设备以表达同意（例如在屏幕上滑动，顺时针旋转设备或以数字 8 形状旋转，然后必须重复该动作以表示确认），并且提供给用户的信息必须清楚地表明指定的手势和动作表示用户同意将个人数据用于指定的目的。

五、同意的撤回 [14]

数据主体有权随时撤回其对数据处理的同意（第 7 条第 3 款）。撤回同意不会影响撤回之前基于同意所进行的数据处理的效力。同意仅在撤回之后，才停止作为数据处理的基础，也即从撤回时才生效。

例如，消费者为了换取折扣，同意零售商通过电子邮件向其发送促销的信息。如果消费者随后撤回其同意，并不会影响撤回之前根据同意进行的数据处理的合法性。消费者已经获得的折扣也不会被要求退回。但是，零售商必须停止向该消费者进一步发送任何促销的信息。撤回同意不应该导致客户被收取任何额外的款项；否则的话，同意就不属于自愿作出的。另一方面，我认为零售商为换取直接营销权利而给予客户的折扣损失是正当合理的，也不会损害到同意的自愿性质。

80　　撤回同意并不自动意味着没有进一步处理数据的法律依据。只有当数据主体的同意是处理数据的唯一基础时，才会发生这种情况。如果存在数据处理的不同法律依据，例如存在根据会计法、税法或反洗钱法对数据进行存档的法律要求，则撤回同意并不会影响这些法律依据。同样，如果数据处理的目的是履行数据控制者与数据主体之间具有约束力的合同，那么后者撤回同意的意思表示及其删除数据的要求，实际上就等同于终止合同。数据主体能否撤回同意，必须根据管辖合同义务的法律来判定，而不是根据数据保护法律。因此，尽管撤

14　就选择退出直接营销的权利，请参见第六章"直接营销、电子营销、Cookies 和在线行为广告"第二节"不接受直接营销的权利"。

回同意使数据控制者继续先前同意之下的数据处理（例如电子营销）成为非法行为，但数据控制者仍可获得授权或有义务根据法律规定或为了履行合同而处理数据。

《第 95/46/EC 号指令》并没有明确规定数据主体撤回同意数据处理的权利，后来的《一般数据保护条例》才对此作出了明确的规定。然而，即便存在上述缺陷，其并没有导致相互矛盾的解释。数据主体撤回同意的权利从未受到质疑。[15]

撤回同意必须与给予同意一样容易。数据主体撤回同意或反对数据处理的，不应对其设置人为的不合理的障碍，例如仅可以在数据控制者的表格或其分支机构中接受此类声明，就是不可接受的做法（当然，还必须明确数据主体）。"如果通过使用特定服务的用户界面（例如通过网站、应用程序、登录账户、物联网设备的界面或通过电子邮件）获得同意，那么毫无疑问，数据主体必须能够通过相同的电子用户界面来撤回其同意，因为仅出于撤回同意的原因而切换到另一个界面进行操作，需要数据主体花费不合理的、过多的努力。"[16]

《一般数据保护条例》要求数据主体在给予同意之前，必须被告知其享有随时撤回同意的权利，而且不影响撤回之前基于同意所进行的数据处理的效力（第 7 条第 3 款，第 13 条第 2 款第 c 项和第 14 条第 2 款第 d 项）。

由于数据主体享有同意撤回权，数据处理者将同意作为数据处理系统的基础，并在企业集团内部使用共同的全球数据库进行系统性的数据传输，就是一件有风险的事情。如果数据控制者没有其他法律依据（例如《一般数据保护条例》第 46 条规定的适当保障措施或至少是第 49 条规定的特定情况下的减损）进行个人数据处理，那么

15　M. Krzysztofek, Zmiana przepisów o zgodzie na przetwarzanie danych osobowych (《修改有关同意处理个人数据的规定》), *PPH* 2011, No. 4, p.57.

16　EDPB Guidelines 05/2020 on consent under Regulation 2016/679, Version 1.1 of 4 May 2020, pp.23-24.

即便只有一个数据主体撤回了个人数据处理的同意，数据控制者的处理系统也可能无法运行。此外还有另一种风险，即本章指出的影响到同意效力的其他原因：数据处理的同意并非是自愿给出的，或者数据主体并没有获悉预期的数据处理的方方面面。

六、信息社会服务条款的儿童同意

81

儿童会受到程度较高的个人数据保护，因为他们可能不太了解相关的风险、后果和保护措施以及他们在处理个人数据方面的权利。此类特殊保护尤其针对出于营销的目的而创建用户画像或用户偏好，或直接向儿童提供服务的目的而使用儿童个人数据（序言第38条）。

据此，如果想要在数据主体的同意之下，直接向儿童提供信息社会服务，依法必须至少是16岁大的儿童，才可以直接根据他们的同意来处理其数据。对于16岁以下的儿童，只有在获得对儿童负有父母责任的人的授权同意的情况下，并且仅在其同意的范围内，这种数据处理才是合法的（为了某些目的，欧盟成员国法律可以规定较低的年龄，但不能低于13岁）。成员国国家法律中规定的儿童年龄应当符合成员国民法规定的限制民事行为能力的年龄。这种对应关系很重要，因为《一般数据保护条例》第8条与宣布签订信息社会服务合同的意图无关，而是单方面表示同意处理个人数据，例如将其用于市场营销目的。

信息社会服务（第4条第25款）通常是指"远距离通过电子方式并应服务接受者的个人要求而有偿提供的"各类服务。[17] 这包括众多快速增长的服务类别，例如在线金融服务（在线银行、在线保险），

---

17 欧洲议会和理事会2015年9月9日《第（EU）2015/1535号指令》规定了在技术法规和信息社会服务规则方面提供信息的程序，其第1条第1款第b项定义了服务的概念（OJ EU L 241, 17.9.2015, p.1）。

其他服务的销售如旅游服务，在线零售如在线商店中书籍、音乐、电子设备、服装或化妆品的销售，在线新闻订阅，以及移动应用程序的销售。《第（EU）2015/1535 号指令》的附件 I 列出了该定义未涵盖的服务的指示性列表，因为这些服务不是"远距离"提供的（例如在现场与客户沟通咨询的商店电子目录），或者并非"通过电子方式"提供（例如自动取款机或自动售票机），或者并非"应服务接受者的个人要求"提供，而是传输给数量不限的单独接受者来接收的（例如电视广播服务）。[18]

《一般数据保护条例》并未明确规定认定直接向儿童提供了信息社会服务的标准。一种参考标准可以是服务的内容，例如，当事人提供的电影或游戏的类型（尽管不排除成人也可能会访问）清楚地表明了儿童是其期待的目标人群。但是，这种标准可能会产生误导的 82 结果，因为儿童们可能会根据不断变化的趋势，将自己视为某种内容（即便是成年人认为不适合儿童们的内容）的服务对象。另一方面，某些服务显然不适合儿童使用，并且明确禁止儿童使用，例如某个共享酒精饮料食谱的门户网站，该网站对访问并不设置任何技术限制，仅仅根据用户的年龄声明就准许访问。"如果信息社会服务提供商向潜在用户明确表示，它仅向 18 岁或 18 岁以上的人提供服务，并且该声明的状况没有被其他证据（例如网站的内容或营销计划）所否认，那么该服务就不会被认为是'直接提供给了儿童'，这种情况不适用《一般数据保护条例》第 8 条。"[19]

对儿童负有父母责任的人是否已表明或授权同意处理低于法定年

---

18 在评估该定义的范围时，欧洲数据保护委员会也参照了欧盟法院 2010 年 12 月的第 C-108/09 号判决（*Ker-Optika bt v. ÀNTSZ Dél-dunántúli Regionális Intézete*, EU_ C_2010_725, paragraphs 22 and 28），该判决认为，信息社会服务涵盖了在线订立或传输的合同和其他服务。

19 EDPB Guidelines 05/2020 on consent under Regulation 2016/679, Version 1.1 of 4 May 2020, p.27.

龄限制的儿童的数据，应由数据控制者核实。鉴于信息社会服务的性质，提供在线服务的同意是以在线方式表达的；授权人是否确实同意了，通常只是可能而已，并非已经被证实。因此，《一般数据保护条例》第 8 条第 2 款规定，应在考虑可用技术的情况下，由数据控制者做出合理的努力加以验证。《美国儿童在线隐私保护法》（US Children's Online Privacy Protection Act，COPPA）也规定了相同的要求。[20]

实践中，数据控制者设计的具体制度安排必定是由可用的（且会不断进化的）信息技术工具和每个数据控制者的特定性质决定的。"在基于同意的基础上为儿童提供信息社会服务时，人们期待数据控制者会做出合理的努力，验证用户是否超过了所谓的'数字同意年龄'[*]，这些保障措施应当与数据处理活动的性质和风险相称。……在某些低风险的情况下，服务商要求接受其服务的新订阅用户披露其出生年份或填表说明自己是（不是）未成年人，可能是合理的做法。如果数据控制者在特定情况下产生了疑问，则应当审查其年龄验证机制，并考虑是否需要进行其他核查。"[21] 在这种情况下，通常使用的解决方案包括：阻止当事人的社交网络服务账户，直到其年龄可以通过发送扫描的身份证或信用卡详细信息加以确认；或者要求用户披露父母或监护人的电子邮件地址，通过电子邮件获得他们的同意，并采取合理措施确认该成年人确实具有监护人的职责。[22] 我认为，第一种解决方案违

20　第 6501 条"定义"：（9）"可验证的父母同意"（verifiable parental consent）一词是指（考虑到可用技术的）任何合理的努力……，https://www.ftc.gov/enforcement/rules / rulemaking-regulatory-reform-proceedings/childrens-online-privacy-protection-rule。

*　所谓的"数码同意年龄"或"数字同意年龄"（age of digital consent）概念所关注的问题，是未成年人在哪个年龄适合对向其提供信息社会服务的服务商作出同意的意思表示。——译者

21　EDPB Guidelines 05/2020 on consent under Regulation 2016/679, Version 1.1 of 4 May 2020, p.27.

22　建议第二种方式的是欧洲数据保护委员会《有关第 2016/679 号条例的同意的第 05/2020 号指南》，第 28 页。

反了数据最小化原则，例如当事人唯一的身份号码并没有被遮盖住。它还带来了另外的风险：如果这些扫描件丢失了，那么未经授权的人员可能会发现用户的密码，或者窃取其身份。另一方面，《美国儿童在线隐私保护法》则建议，通过儿童的父母或法定监护人的电子邮件地址来确认该儿童的父母或法定监护人的身份，也即确认该同意并非是由儿童本人作出的。[23] 年龄验证技术在未来很可能会有进展。现在正在测试的一种解决方案是根据发送给数据控制者的自画像照片来推断当事人的年龄。

但是，任何这种实际解决方案，都只能用以提高同意是由父母或法定监护人给出的而不是儿童本人给出的可能性（而不是绝对证据）。从数据控制者的角度来看，要求向数据控制者发送电子邮件地址，从而可以发送注册确认链接，这样的制度设计可以说明数据控制者履行了合理的职责，但是并不能绝对确保该电子邮件地址不是儿童们为了该目的而自己创建的。

一个儿童可以直接签订与信息社会服务无关的合同，但是必须获得儿童父母的同意才能为儿童提供信息社会服务，这样的事实会导致自相矛盾的后果。例如，儿童可能决定购买电影票，但不订阅该电影院的营销信息。更加令人困惑的情况是，例如国家法律允许 13 岁的儿童购买车票，但《一般数据保护条例》要求 16 岁的儿童在网上证明其父母的同意。尽管一次购票行为不会产生深远的影响，但是，将其个人数据用于（可能是虚幻的）利益交易的儿童，可能会面临更加严重的后果。我们无法否认这一点且必须认识到，鉴于儿童在线活动规模之大，如果儿童每次想参加在线游戏或加入社交网络服务，都必须由父母作出同意的表示，这样的要求是很难执行的。[24]

23　第 6501 条 "定义"：（12）在线联系信息（online contact information）："在线联系信息"一词是指电子邮件地址或另一个可以与在线上的人直接联系的实质类似的标识符。

24　我要感谢我的儿子米恰尔（Michał）和马里厄斯（Mariusz）同我就信息社会服务目的相关的年龄和同意的核查方法所进行的有益探讨。

"被遗忘权"（第 17 条）是对儿童的额外保护，因为儿童没有社会经验，无法认识到自己在网络上提供个人数据（例如照片）可能会对其生活诸如长远的职业生涯产生不利的影响。"被遗忘权"的关键要素是数据主体有权要求删除由数据主体或第三方上传到互联网的个人数据。鉴于当今人人都可以轻松访问和共享互联网数据，在这种背景及影响之下，数据主体删除互联网上的个人数据的权利，对数据保护来说至关重要。欧盟法院 2014 年 5 月 13 日第 C-131/12 号案件的判决就重点探讨了这一问题，这是有关被遗忘权的一个重要判决，后文将详细讨论。该判决在《一般数据保护条例》出台之前两年，就通过援引《欧洲联盟基本权利宪章》第 7、8 条以及《第 95/46/EC 号指令》中数据删除权的规定，提出了"被遗忘权"的概念。但是，所有其他形式和环境之下的数据处理，依然与数据删除权有关联。

直接向孩子提供信息社会服务的当事人，必须从对孩子负有父母责任的人那里获取同意或授权，这一要求并不影响欧盟成员国合同法中规制涉及儿童的合同的效力、订立或者效果的一般规定（根据成员国法律规定的年龄限制，这些儿童可能不具备法律行为能力或法律行为能力受到限制）。[25]

第三节 为订立或履行合同的数据处理

允许处理数据的另一种情况是履行与数据主体签订的合同，或者在签订合同之前应数据主体的请求而实施必需的数据处理。

为了履行合同而请求数据主体（例如消费者或雇员）同意处理其

---

25 Article 29 Working Party, Opinion 2/2009 on the protection of children's personal data (General Guidelines and the special case of schools)（《关于保护儿童个人数据的第 2/2009 号意见（一般准则和学校的特殊情况）》）, 11 February 2009, WP 160, http://ec.europa. eu/justice/data-protection/article-29/documentation/opinion-recommendation/files/2009/ wp160_en.pdf.

数据是不正确的，因为这么做意味着数据主体是有权拒绝同意，然而实际上数据处理是数据控制者履行合同义务的必要条件，因此无论数据主体是否同意都必须进行数据处理。如果要求订立合同或履行合同必须取决于客户同意处理其数据，而不是仅仅取决于客户对合同本身的意图表达，那么就会出现违反逻辑的结果：通常而言，人们无法为匿名的客户、雇员或匿名当事人的利益执行任何合同；人们也无法向匿名收款人付款，以及诸如此类的情况。由于数据主体有权随时、无条件地撤回同意，因此诉诸数据主体的同意也是不正确的。撤回同意并要求删除数据，实际上等同于终止合同。因此，我们必须根据管辖合同义务的法律，而不是数据保护的法律来验证其可采性。

数据控制者为履行合同而处理数据是商业世界的典型情况。例如，当一家旅行社向组织可选旅行的当地分包商提供旅行参与者的名单，或者当一家在线报纸向一家在线书店提供其订阅用户列表且后者向订阅用户提供折扣电子书时，履行合同就是处理数据的法律依据。这也是处理公司雇员个人数据的基础，例如，雇主向其业务伙伴提供那些有权代表其履行合同的人员的数据（他们可能是有权访问交易系统的人，或者是有权决定接受部分工作的人）。在这两个领域，也即服务合同和雇佣合同领域，数据也都是根据法定义务进行处理，诸如向客户开具发票或保存雇员档案，以及出于税收和社会保障目的而存档数据。

另一方面，跨国企业集团常用的做法，即在母公司提供的联合 85
信息技术系统中处理雇员数据并声称这是履行雇佣合同所必要的，受到了欧洲数据保护委员会[26]的批评。这种系统通常用于集中处理雇

---

26 Guidelines 2/2018 on derogations of Article 49 under Regulation 2016/679 of 25 May 2018（2018 年 5 月 25 日《关于〈第 2016/679 号条例〉第 49 条的克减的第 2/2018 号指南》），https://edpb.europa.eu/sites/edpb/files/files/file1/edpb_guidelines_2_2018_derogations_en.pdf, p.8; previously Article 29 Working Party, Working Document No. WP 114 of 25 November 2005, p.13.

员缺勤的信息或对雇员进行定期评估。在工作组看来，这种数据传输对履行数据主体与数据控制者之间的雇佣合同是必需的观点是一种误解。工作组指出，将数据传输到母公司、（甚至许多情况下）集团内部其他公司都可以访问的联合信息技术系统里，与履行雇佣合同并不具有直接、客观的联系。另一方面，旅游经营者向组织游客住宿的酒店和其他商业伙伴传输相关的个人数据则是合理的；将付款信息转移到第三国进行银行转账也是如此。但是，这种数据传输不应该超出必要的范围；例如，它不应该包含将来可用以直接营销的数据。

重要的是，缔结合同的主动权必须在数据主体这边；作为数据处理理由的合同之前的措施，可以不是由数据控制者主动采取的。作为数据主体在签订合同之前明确要求采取的一部分措施，同样可以对数据进行处理；我的看法是，如果潜在客户针对一个根据合法营销活动所提出的要约作出了不含糊的、有利的回应（这显然相当于一个意愿的声明），则是符合该标准的。

诉诸数据主体主动权的规则禁止采取下述操作：例如，银行根据自己的标准从消费者中挑选出潜在的银行卡或账户持有者，然后向其发送银行卡并开设与该卡有关的账户（需要客户自己激活）。在这种情况下，银行发行银行卡以及开设与该银行卡相关账户的行为，并不是基于客户的要求，而是银行主动进行的一部分营销活动。这种做法已经超出了营销的边界：不仅锁定消费者且给出了为其发送银行卡的要约——而且已经直接向其发送了银行卡，开通了银行账户。而这类行为不应该在消费者要求或者合同缔结之前就实施。在数据主体没有主动提起的情况下（也即不符合第 6 条第 1 款第 b 项的规定），援引所谓的有意订立合同作为托辞，并不是规避电子营销许可条件的合法方式。

仅当数据是为了订立合同或履行合同的目的所必需之时，才可以出于这些目的处理数据。对"必需的／必要的"（necessary）一词不应作宽泛的解释，例如不应将其解释为"有用的""合理的""便利的"或"经济的"的同义词。"《一般数据保护条例》第 6 条第 1 款第 b 项并不涵盖那些对执行合同服务或应数据主体请求采取相关的合同前步骤有用但客观上并非必需的数据处理，即使这些数据处理对数据控制者的其他商业目的是必需的。"[27]应当将处理数据的必要性理解为，如果不处理该个人数据，就不可能实现该目的（也即履行合同或者实施导致合同缔结的行为）。欧洲数据保护委员会[28]强调："此处的'必要性测试'要求在数据传输与合同目的之间建立紧密而实质的联系。"

数据最小化（数据比例性）原则也适用于此：不仅数据处理本身是必需的，而且处理数据的范围必须足以满足数据处理目的。数据控制者必须明确数据范围，否则数据处理的目标将无法实现。

跨国公司将其企业薪资管理外包，并因此将雇员的数据提供给此类外部服务提供商的做法，就属于错误地主张为履行合同而有必要处理数据的一个例子。按照法律，薪资管理确实是数据控制者的责任；但是，如果数据控制者将薪资管理外包是为了优化其管理成本，那么这么做就是为了数据控制者自己的利益，而不是为了数据主体的利益。

这里讨论的规定仅直接涉及合同当事人或请求订立合同之人的个人数据。它并不涉及非合同当事人的第三方，或者请求订立合同之人所提供的第三方的数据。这类第三方可以包括当事人的配偶或担保人。然而，我相信，尽管《一般数据保护条例》第 6 条第 1 款第 b 项的字面含义暗示了这一限制，人们还是可以将其解释为，当处理此类第三方的数据是订立合同或履行合同所必需的情况下，可以对该第三

27　EDPB, Guidelines 2/2019 on the processing of personal data under Article 6(1)(b) GDPR in the context of the provision of online services to data subjects, Version 2.0, 8 October 2019, p.8.

28　Guidelines 2/2018 on derogations of Article 49 under Regulation 2016/679 of 25 May 2018.

方的数据进行处理。华沙的省行政法院在其 2006 年 10 月 3 日的判决中也给出了同样的意见（II SA/Wa 871/06）。

第四节　为履行法律义务的数据处理

数据控制者为了履行其应承担的法律义务，在必要的情况下，也可以合法处理数据（第 6 条第 1 款第 c 项）。数据控制者处理数据的义务的正当基础必须直接来自可适用的法律，而且重要的是，在法律确定的范围内数据处理的行为，必须是遵守该数据处理义务所必需的。

这种法律义务不一定必须由议会立法加以规定（序言第 41 条）。法律位阶较低的法规所明确的"法律义务"也应当予以考虑，但前提是这些法规是根据法定授权发布的，且不超出法定授权的范围，才可以作为处理个人数据的基础。为执行成文法而颁布的法规可以规定（尤其是）个人数据的详细范围，落入该范围的数据是遵守法定义务所必需的，例如保存医疗记录或员工档案，从银行账户或其他财产中追回债务，或者发布招标书。通过填表获取必须收集的数据，可以对这类法律义务作出界定。只要所在的欧盟成员国宪法允许，该成员国议会批准的国际条约中的相关规定也可以构成数据处理的法律依据。

要求明确法律依据意味着，如果只是泛泛而谈规制数据控制者业务的法律，而没有援引对数据控制者设置特定法律义务的明确规定，是不够充分的。但是，这并不意味着个人数据处理的每个操作都必须参考单独的法律依据。一个法律法规可以作为"依据数据控制者的法律义务所实施的多个数据处理行为的基础"（序言第 45 条）。

要求数据处理是"遵守法律义务之必需"的法律规定，应当作严格的而不是宽泛的解释：不能仅因为有利于该目的就进行数据处理。数据处理的法律基础必须遵守数据最小化原则，也即应当评估在不处理特定范围数据的情况下是否能够履行该法律义务，以及规定法律义务的法律条款是否明确了范围有限的个人数据。例如，假设有一项规范财产拍卖的法律要求执法官员公开宣布拍卖地点、时间以及拍卖物品的类型和估价，但不公开债务人的个人数据，而如果这类公告最终包括了债务人的个人数据，则可以认为该行为缺乏法律基础。

《一般数据保护条例》第 6 条第 1 款第 c 项提到的处理数据的基础，是遵守数据控制者所承担的法律义务所必需的数据处理。它并没有提及数据控制者有权行使其享有的合法权利。在采用《一般数据保护条例》之前，在《第 95/46/EC 号指令》第 7 条第 c 款中也存在类似的限制，并且在一些欧盟成员国国内法中也有类似的限制，例如《2018年英国数据保护法》[29]［一览表 9.3："数据处理对于遵守数据控制者所承担的法律义务（合同义务除外）而言是必要的"］。另一方面，在通过《一般数据保护条例》之前，欧盟成员国某些国内法律较为宽松，不仅允许为了遵守法律义务而处理数据，而且允许为了行使数据控制者的合法权利而处理数据。一个例子是《波兰个人数据保护法》第 23条第 1 款第 2 项*。

实际上，法律规定及其设置的义务（例如收集指定范围的法律数据和其他信息，并在发现这些数据可疑时通告相关机构以预防洗钱，或者将某些类别的个人数据进行归档，用于征税或退休金的目的）也规定了某些权利，行使这些权利需要处理个人数据。例如，雇主有权出于安全目的使用闭路录像，银行有权使用自动化数据处理手段（包括用户数据画像）评估客户信誉。

重要的是，雇主出于安全目的使用闭路录像，或者银行为了信用评估而使用用户数据画像，都是其作为数据控制者所享有的各自不同的权利；在这些情况下，没有办法将数据处理行为视为一种义务。但是，这也不意味着禁止使用闭路录像。我建议的解决思路是：如果为

88

29　http://www.legislation.gov.uk/ukpga/2018/12/pdfs/ukpga_20180012_en.pdf.

＊　该款规定已经因为《一般数据保护条例》的出台而无效。——译者

了安全而使用闭路录像是基于数据控制者的合法利益的话，那么该数据处理（例如在闭路录像中）就是建立在允许追求这种合法利益的法律规定的基础之上。例如，在工作场所使用闭路录像的法律基础在于存在这样的法律规定，其保障数据控制者能够追求其合法权益并规定相应的条件。

《一般数据保护条例》第 6 条第 1 款规定的数据处理的合法情况是互相等效和可替代的；但是，如果数据处理的合法性直接来源于数据控制者的法律义务，则应该先援引其作为数据处理的合法基础。

第五节　为保护重要利益的数据处理

为了保护数据主体或另一自然人的重要利益，也可以根据需要处理数据（第 6 条第 1 款第 d 项）。

"重要利益"应当是至关重要的利益，也即对一个人的身体健全、生活或健康至关重要。仅在特殊情况下，重要利益才可以包括经济利益。重要利益作为数据传输正当化依据的例子之一是监视流行病的传播或自然灾害的蔓延（序言第 46 条）。

与允许处理敏感数据（第 9 条第 2 款第 c 项）和把数据传输到第三国（第 49 条第 1 款第 f 项）的类似情况不同，在《一般数据保护条例》第 6 条第 1 款第 d 项的表述中，将保护重要利益的必要性作为数据处理的基础，无须以数据主体在身体或法律上无法表示同意为前提。但我认为，第 6 条第 1 款第 d 项也应该适用这一前提条件，否则就意味着数据控制者可以在数据主体不知情甚至违背数据主体自愿的情况下自由确定数据主体的重要利益。

保护重要利益的必要性，应仅限于数据主体无法表示同意而且有必要对数据进行处理的情况（并且数据处理明显无法基于其他法律基础，请参阅《一般数据保护条例》序言第 46 条），此外，数据的处理是必要的，例如在不等待数据主体同意的情况下，立即传输

所需的医疗数据，对挽救人命或健康或作出快速诊断，显然是至关 89
重要的（请参阅欧洲数据保护委员会《第 2/2018 号指南》[30]）。无法
征得数据主体同意的情况，包括由于疾病或事故导致的意识丧失，
或者数据主体位于未知的地方并且无法联系。但是，只有在可以合
理假设数据主体将作出相同决定的情况下，才应该替数据主体作出
数据处理的决定。

它也可能包括某些暂时的情况，在这些情况下，虽然危及重要利
益的危险在当时可以避免，但数据主体却无法作出同意。然而，如果
在这些情况过去之后，数据主体能够表示同意的，那么就不可以继续
将重要利益保护作为数据处理的基础。在这种情况下，处理数据应征
得同意，否则就应该停止数据处理。因为事态紧急而有理由为保护数
据主体切身利益而处理数据的情况诸如：药剂师向患者出售了错误的
药物，为了及时警告患者，正与患者的医生联系，索要患者的电话号
码。这类对话发生的背景和提及特定的处方，可以使该医生确认，向
其索要患者编号的人是药剂师。

只有在必要的情况下，才可以处理数据。这意味着数据处理的
正当性，不能仅仅立足于数据控制者的组织考量因素，而必须源自
这样的结论：尽管无法获得数据主体的同意，但是如果不处理数据
（例如将其提供给另外一个数据控制者），将无法切实保护数据主体
的重要利益。此外，还必须适用数据最小化（数据比例）原则：不
仅数据处理行为本身是必需的，而且处理的数据范围必须符合数据
处理目的。

对重要利益的这种保护不仅可以使数据主体受益，还可以惠益于
那些因为缺乏数据主体相关信息而生命或健康受到威胁的其他自然

---

30 Guidelines 2/2018 on derogations of Article 49 under Regulation 2016/679 of 25 May 2018,
p.13; previously Article 29 Working Party, Working Document No. WP 114 of 25 November
2005.

人。在这种情况下，数据的处理（包括传输）并非以无法获得数据主体的同意为条件。然而，保护第三者的重要利益所必需的信息可以与下述事实有关：数据主体感染了危险的传染性疾病，并且可能感染给其他人。这是有关健康的个人信息，因此属于特殊的数据类别即敏感数据。当出于保护重要利益的需要而处理此类数据，其法律基础是涵盖敏感数据的《一般数据保护条例》第9条第2款第c项，普通数据则相应由《一般数据保护条例》第6条第1款第d项所规范。但是，根据《一般数据保护条例》第9条第2款第c项，提供敏感信息取决于数据主体在身体或法律上无法表示同意。如果按字面解释，此规定将意味着虽然医生能够与数据主体联系，但该数据主体由于缺乏良好意愿或害怕可能受到污名化，可以拒绝将其可能已经被感染的事实向90 其他人警示，这样就导致其他人（其健康或生命可能取决于早期诊断）将不得不受制于数据主体的隐私权。

如果以这种方式来解决数据主体的隐私权与第三方的健康或生命保护权之间的冲突，将会是错误的做法。尽管合法处理数据的各类情况都是等效且可以替代的，但只有在不能明确基于某种法律基础进行数据处理的情况下，才可以援引另一自然人的重要利益作为个人数据处理的法律基础（序言第46条）。在某些情况下，正如此处提到的例子，数据的处理可能有益于重要的公共利益以及自然人的重要利益，诸如有必要监视流行病的地域分布。在这种情况下，可以根据《一般数据保护条例》第9条第2款第i项处理数据（包括传输），例如，为了防范严重的跨境健康威胁等保护公共卫生领域公共利益的需要，可以进行数据的处理。

第六节　涉及公共利益的数据处理

合法处理个人数据的另一个基础是为了公共利益或者行使数据控制者被赋予的官方权力执行任务所必需的数据处理。

欧盟或成员国适用于数据控制者的法律应该承认公共利益，也即对社会有价值的利益，例如公共安全和秩序（请参照欧洲数据保护委员会《第 2/2018 号指南》[31]）。例如，这类利益可能是竞争主管部门、税务或海关总署、金融监管部门或主管社会保障事务或公共卫生服务机构之间的国际数据交换，目的是诸如追踪调查接触性传染病或减少和 / 或消除兴奋剂在体育运动中的使用（序言第 112 条）。

另一方面，正如第二十九条工作组 2002 年 10 月 24 日《第 6/2002 号意见》（第 66 号工作文件）[32] 和欧洲数据保护委员会《第 2/2018 号指南》所认为的，如果第三国出于自身公共利益的考虑而单方面作出决定，并以这种理由对个人数据进行常规和批量的传输，则是不可接受的做法（"仅根据第三国主管部门的要求进行数据传输，理由是为了追求该国的且在抽象意义上也存在于欧盟或成员国法律中的公共利益，而开展调查，这样的理由并不充分。"）。

《一般数据保护条例》第 6 条第 1 款第 e 项的适用范围（为公共利益执行任务所必需的数据处理），与《一般数据保护条例》第 6 条第 1 款第 c 项（为遵守数据控制者的法律义务所必需的数据处理）之间，并没有清晰的界限。在许多情况下，对数据控制者具有约束力的法律义务也是出于公共利益或行使官方权力而应该执行的任务。

两者的区别在于，根据《一般数据保护条例》第 6 条第 1 款第 c 项，法律法规是处理数据的直接基础，而第 6 条第 1 款第 e 项涉及法律法规没有明确允许进行数据处理但属于为公共利益执行任务所必需的情况。

31　Guidelines 2/2018 on derogations of Article 49 under Regulation 2016/679 of 25 May 2018, p.10; previously Article 29 Working Party, Working Document No. WP 114 of 25 November 2005.

32　Opinion 6/2002 on transmission of Passenger Manifest Information and other data from Airlines to the United States（《关于将乘客舱单信息和其他数据从航空公司传输到美国的第 6/2002 号意见》），http://ec.europa.eu/justice/policies/privacy/docs/wpdocs/2002/wp66_en.pdf.

　　有的文献将"为公共利益执行任务"定义为法律赋予数据控制者的"为'公共利益'而使用非权威手段实施的行动"。[33]《一般数据保护条例》第6条第1款第e项扩大了为了公共利益而执行的任务的范围，以包括行使授予数据控制者的官方权力，也即，对非权威手段的限制似乎不再适用了。但是，《一般数据保护条例》序言第45条确认，当根据数据控制者所承担的法律义务进行数据处理，或者数据处理是为了公共利益或出于公共利益而执行任务所必需的，或者数据处理在行使官方权力的情况下，数据处理过程必须以欧盟或欧盟成员国的法律为基础，其数据处理的目的也应该在法律中予以说明。但我认为，要求任何形式或任何目的的数据处理都应在具体法律条款中有直接依据，是错误的观点。这里讨论的法律规定与公共任务有关，这意味着，诸如法院或公共机构的闭路录像监视可能是出于合法利益，而不是直接参考了具体的法律规定（参见序言第47条）。

　　依我之见，受到该要求约束的例如银行和其他机构所采取的反洗钱措施，尽管对公共利益而言其重要性不容置疑，但并非《一般数据保护条例》第6条第1款第e项所指的符合公共利益的任务。银行和其他此类机构受到反洗钱法律法规相关要求的明确约束。这意味着，在这种措施之下，数据处理是根据数据控制者履行对它有约束力的法律义务所必需的。华沙的省行政法院在其2006年11月7日的判决（II SA/Wa 1289/06）中也同样指出，存款的安全性和银行系统的有效运作并不是公共利益，此类目的必须由法律明确加以规定。

　　只有在公共部门之中运行的数据控制者或者获得授权行使该职权的数据控制者才能够主张，其数据处理的基础是有必要为公共利益执行任务而处理数据。私营部门的数据控制者，甚至公共单位就其商业活动范围（例如持有商业公司的股份），都没有这种权限（参见波兰

33　J. Barta, P. Fajgielski, R. Markiewicz, *Ochrona danych osobowych. Komentarz*, Kraków 2007, p.509.

最高行政法院 2000 年 12 月 6 日的第 I SA/GD 1977/99 号案判决）。

如果出于公共利益或者行使官方授权而执行某项任务是必需的，则可以根据该基础来处理数据。就此而言，"必需的"一词不应作宽泛的解释，不应被视为是"有用的""合理的""便利的"或"经济的"的同义词。"第 6 条第 1 款第 b 项并不涵盖那些对执行合同服务或应数据主体请求采取相关的合同前步骤有用但客观上并非必需的数据处理，即使这些数据处理对数据控制者的其他商业目的是必需的。"[34] 应当将数据处理的必要性理解为，如果不处理该个人数据的话就不可能实现该目的。数据最小化（数据比例性）原则同样适用：不仅数据处理本身是必需的，而且处理数据的范围必须足以满足数据处理目的。数据控制者必须明确数据范围，否则数据处理的目标将无法实现。

第七节　为数据控制者合法权益的数据处理

在《一般数据保护条例》第 6 条第 1 款所列的其他情况无法作为数据处理的法律依据的情况下，该款第 f 项所规定的合法权益条款（the legitimate interest clause）允许数据控制者（包括可能向其披露数据的数据控制者或第三方）进行数据处理，包括向其提供数据。因此，合法权益条款是个一般条款，在无法基于其他依据进行数据处理的情况下，可以灵活地作为数据处理的基础。

在这种情况下，同样无需征得数据主体的同意，但是数据主体可以提出异议。在此基础上的数据处理，应该是为了数据控制者或第三方追求合法权益的目的之必要，除非这些权益与个人数据需要被保护的数据主体的利益或基本权利和自由相冲突，特别是数据主体是儿童的情况。

34　EDPB, Guidelines 2/2019 on the processing of personal data under Article 6(1)(b) GDPR in the context of the provision of online services to data subjects, Version 2.0, 8 October 2019, p.8.

因此，只要满足以下条件，数据控制者就可以将"合法权益"作为数据处理的基础：第一，数据处理的目的被正确认定为是合法的；第二，数据处理是实现该合法目的所必需的（数据控制者以不同的、侵入性较弱的方式，无法合理取得相同的效果）；第三，可以明确证明，该数据处理所追求的合法权益，其重要性并不低于数据主体的利益或基本权利和自由。

"合法权益"的基础并不适用于政府当局在执行公务时的数据处理（参照第6条第1款第2句）。政府当局处理个人数据的任何法律依据，都应当由法律明确规定，也应该有具体法律条文规定数据控制者的义务，或者规定有必要出于公共利益而执行的任务（第6条第1款第c项和第e项）。但是，举例来说，这并不意味着（正如我在上文所指出的），不能基于合法权益的理由，使用闭路录像对法院或公共机构的公共区域进行监视。这是因为此处讨论的规定与公共任务有关，而不是包括了闭路电视监视在内的辅助或后勤活动。

判断所涉的权益是否合法，则需要在收集个人数据的时间和背景之下，个案地评估数据主体是否可以合理预期到将根据特定目的处理其数据。有关数据主体预期到出于特定目的处理其数据的假设，可以（尤其）源自数据主体与数据控制者之间的合同关系，例如，数据主体是数据控制者的消费者，或者向数据控制者提供服务（序言第47条）。当数据控制者或者第三方在其业务、职业或法定活动范围之内开展活动时，数据控制者或第三方的数据处理目的才是合法的。例如，数据控制者（营销人员）与数据主体（营销传播的接收方）之间可能已经建立了某种关系，根据该关系的性质以及营销人员提供的产品和服务，数据主体更有可能预期从数据控制者收到这些产品和服务的市场营销信息。

这种评估的标准还包括数据控制者或数据接收者从事的活动类型。此外，只有在符合法律、社会惯例和公共道德的情况下，所涉的权益才可以被认为是合法的。[35]

合法权益通常包括直接营销的数据处理，以及防止对数据控制者或者其消费者有害的欺诈行为[36]（序言第 47 条）。另一些例子可能是出于安全目的的闭路录像监视，进入公司场所的身份验证，信息通信技术网络的安全，或向政府主管部门披露有关可能的犯罪行为或安全威胁的信息。

合法目的的列表是开放式的，但是出于合法权益目的所进行的数据处理，应该在实现该目的所必需的范围之内，也即，数据处理的范围不得超过足以实现该目的的范围，必须符合数据最小化原则。

数据控制者需要在数据控制者追求的利益与数据主体的基本权利和自由之间进行平衡测试[37]，即所谓的"合法权益评估"（Legitimate Interests Assessment, LIA）。该测试应当评估前者是否未被后者所否定。该测试由三部分组成，具体包括：

- 目的测试：数据控制者追求的是合法权益吗？
- 必要性测试：该数据处理是实现该目的所必需的吗？
- 平衡测试：数据主体的基本权利和自由是否比数据控制 94
  者所追求的合法权益更重要？

---

35 J. Barta, P. Fajgielski, R. Markiewicz, *Ochrona danych osobowych. Komentarz*, Kraków 2007, p.513.

36 为了防止欺诈而采取的严格必要的个人数据处理，可以构成数据控制者的合法权益，因此，如果数据控制者能够满足第 6 条第 1 款第 f 项（合法权益）的特定要求，就可以视为是合法的数据处理行为。此外，第 6 条第 1 款第 c 项（法律义务）也可以为此类数据处理提供合法的依据。参见：EDPB Guidelines 2/2019 on the processing of personal data under Article 6(1)(b) GDPR in the context of the provision of online services to data subjects, Version 2.0 of 8 October 2019, point 50, p.14。

37 CJEU judgment of 4.5.2017 in Case C–13/16 *Valsts policijas Rīgas reģiona pārvaldes Kārtības policijas pārvalde v. Rīgas pašvaldības SIA 'Rīgas satiksme'*（里加州警察厅治安警察局诉里加市政有限公司），ECLI: EU: C: 2017: 336.

仅当需要保护的数据主体的利益或基本权利和自由不比数据控制者的合法权益重要时，才可以基于合法权益的目的处理数据。《欧洲联盟基本权利宪章》特别规定了数据主体的基本权利和自由："自由"的规定（尤其包括"尊重私人和家庭生活的权利"以及"保护个人数据的权利"）出现在第二编中，"公民权利"则规定在第五编以及欧盟成员国宪法之中。

根据《一般数据保护条例》第 6 条第 1 款第 f 项的规定，在处理儿童个人数据时，不得援引合法权益条款，因为本条款明确将儿童的利益及其基本权利和自由定义为优先于数据控制者或第三方的合法利益。

儿童的个人数据已经受到特别保护，特别是为了营销或创建用户画像或用户偏好而处理此类数据。这么做主要是因为儿童不太可能了解相关的风险、后果和保障措施，也可能不了解自己在处理个人数据方面的权利（序言第 38 条）。

在一项允许根据合法权益条款进行债权转让的法庭判决中，[38] 法院强调，《第 95/46/EC 号指令》第 7 条第 f 款（对应于《一般数据保护条例》第 6 条第 1 款第 f 项）要求利益双方的权衡应该根据个案具体情况而定，原则上允许数据控制者为了履行合法目的所必需的数据处理，除非双方的利益比较表明，个人的权利和自由优先于数据控制者的特定利益。

债权人为了向债务人发送付款提醒而处理债务人的个人数据，是合同履行的要素（参见第 6 条第 1 款第 b 项）。然而，正如第二十九条工作组所指出的那样[39]，是否可以根据合法权益条款进一步采取某种行动（例如将债务执行外包），应当取决于成员国的法律。但是，我认为至关重要的是，债务人不得通过援引合法权益条款之下的反对处理数据的权利，来代替反执行的诉讼。

---

38 Polish Supreme Administrative Court judgment of 6 June 2005 (I OPS 2/05), ONSAiWSA 2006, No. 2, p.38, *Prokuratura i Prawo* 2005, No. 11, p.45, *Palestra* 2005, Vols 11–12, p.259.

39 Opinion 6/2014 on the notion of legitimate interests of the data controller under Article 7 of Directive 95/46/EC, 9 April 2014, WP 217, p.61.

第六章　直接营销、电子营销、Cookies 和在线行为广告

第一节　直接营销和电子营销的范围和定义 [1]

在直接营销的背景下，数据保护原则的应用和执行是整个欧洲数据保护法中最困难和最具挑战性的领域之一。这是因为，尽管直接市场营销的通信可以作为邮政邮件进行分发，但它们（如果不是主要的话）也可以通过电子邮件、短消息服务和多媒体短信服务、电话、推送通知和应用内的消息传递等方式进行传播。因此，它们不仅受到《一般数据保护条例》以及《电子隐私指令》（《第 2002/58/EC 号指令》）的规制，还受到欧盟成员国国内法的规制。有些成员国通过数据保护法实施《电子隐私指令》，另一些成员国则在其电信法中实施该指令。

直接营销的定义非常广泛。但是它并不涵盖数据控制者发送的所有通信。根据第二十九条工作组的意见，该术语"包括了任何形式的促销行为，包括慈善机构和政治组织的直接营销（例如筹款等行

1　有关同意的信息（information on consent），请参见第五章第二节"基于数据主体同意的数据处理"中的"同意的撤回"。

为）"[2]，因此还包括提升品牌忠诚度和免费的优惠活动。

欧洲直接与互动营销联盟（FEDMA）发布的《有关在直接营销中使用个人数据的行为准则》也给出了很宽泛的定义，该定义已经被第二十九条工作组所批准。[3] 该准则将直接营销定义为"通过任何方式（包括但不限于邮件、传真、电话、在线服务等等）进行的任何广告或营销材料的通信交流，这些行为均由直接营销商本身或由他人代表自己进行，并且针对特定的个人"。

以上定义和诸如《2018 年英国数据保护法》（第 122 条第 5 款）以及《隐私和电子通信（欧共体指令）条例》（2003 年第 2426 号）中的直接营销的定义，在很大程度上是趋同的：根据《2018 年英国数据保护法》，"直接营销"是指（通过任何方式）针对特定个人的广告或营销材料的通信交流。[4]

因此，虽然具有营销性质但不针对任何特定个人的通信（例如互联网上的没有具体目标对象的广告标语）不符合"直接营销"的定义。

此外，与特定交易（购买、服务提供等，例如有关付款状态的信息，或者客户已下达的订单的信息）明显相关的通信交流也不是直接营销。

由于直接营销从本质上讲是一项合法权益（一般意义的营销，请参阅《一般数据保护条例》序言第 47 条），因此，为了该目的而处理

2　Opinion 5/2004 on unsolicited communications for marketing purposes under Article 13 of Directive 2002/58/EC（《关于〈第 2002/58/EC 号指令〉第 13 条出于市场营销目的的未经请求的通信的第 5/2004 号意见》），27 February 2004, WP 90, https://ec.europa.eu/justice/article-29/documentation/opinion-recommendation/files/2004/wp90_en.pdf, p.7.

3　Working Party Opinion 3/2003 on the European Code of conduct of FEDMA for the use of personal data in direct marketing, http://europa.eu.int/comm/internal_market/privacy/docs/wpdocs/2003/wp77_en.pdf.

4　Information Commissioner's Office（英国信息专员办公室），Direct marketing code of practice (Draft code for consultation)（《直接营销业务的行为守则（咨询草案）》），https://ico.org.uk/media/2616882/direct-marketing-code-draft-guidance.pdf, p.13.

数据，并不需要征得数据主体的同意。这种情况适用于非数字形式的邮政营销，但某些成员国（例如比利时、希腊、西班牙）属于例外，这些国家的法律仍要求征得数据主体的同意。但是，不需要征得数据主体同意的情况并不适用于电子营销的交流通信，例如通过电子邮件、短消息服务和多媒体短信服务、电话、推送通知和应用程序内的消息传递，这类通信需要遵守特定的规则。因此，只要数据控制者在针对现有客户或向自己提出要约的个人推销自身的产品或服务时，不打算超出处理数据的目的，并且该数据控制者没有使用电子手段进行销售的，那么在沟通交流的过程中，数据控制者无需为了在这些限制之内进行市场营销而再寻求数据主体的同意。

然而，在实践中，营销一般需要征得数据主体的同意，因为剔除已有客户或在沟通时不使用电子邮件或电话，会导致营销工作效率低下且成本高昂。尽管营销属于数据控制者的合法利益，为了该目的进行处理数据无需征得数据主体的同意，但数据控制者最终还是得发送营销的通信，而这实际上是通过电子方式发送的，因此确实需要征得数据主体的同意。

即使某些国家和地区提供了不经接收者事先选择同意而直接发布电子营销信息的选项，但经由前述分析，我们应该得出结论：对那些在欧盟范围内开展活动的国际组织来说，采取接收者事先选择同意的模式无疑是最安全的策略。

第二节　不接受直接营销的权利[5]

数据主体有权在任何时候反对为了直接营销而处理其个人数据，即选择不接受或退出直接营销（第 21 条第 2 款）。

---

[5] 有关同意的撤回，请参见第五章第二节"基于数据主体同意的数据处理"中的"同意的撤回"。

数据主体撤回已同意的为直接营销而处理数据的意思表示，与反对为直接营销而处理数据的意思表示，具有相同的效果。《一般数据保护条例》第 7 条第 3 款明确规定，数据主体有权随时撤回其对数据处理的同意。故意制造人为的、不合理的障碍，妨碍数据主体反对或撤销数据处理的同意的做法（例如只能依照数据控制者的方式来接受此类声明），是不被法律所认可的（但在具体操作时仍然必须确定数据主体）。"如果通过使用特定服务的用户界面（例如通过网站、应用程序、登录账户、物联网设备的界面或通过电子邮件）获得同意，那么毫无疑问，数据主体必须能够通过相同的电子用户界面来撤回其同意，因为仅出于撤回同意的原因而切换到另一个界面进行操作，需要数据主体花费不合理的、过多的努力。"[6]

因此，数据控制者出于营销目的处理数据，在未经同意的情况下将纸质传单形式的营销材料派送给特定人的做法是合法的，因为这不属于电子通信[7]，但是这并不意味着，可以违反特定数据主体的意愿，向其发送任何直接的营销通信。

反对为直接营销而进行数据处理的权利是无条件的，反对并不需要理由。这种反对，既包括数据主体在含有"同意"和"不同意"选项的表格上通过选择"不同意"选项来反对收集个人数据，也包括数据主体对收到的市场营销邮件作出反对的意思表示，或者数据主体以任何方式、在任何时间所作出的反对。此外，如果数据主体在收到请求时拒绝同意的，就应当视为作出了反对的意思表示。表达过反对意思表示的消费者就不应该再是营销的目标；反对的意思表示在作出之时就立即生效。数据主体的反对必须登记在信息技术系统之中，从而

---

6 EDPB Guidelines 05/2020 on consent under Regulation 2016/679, Version 1.1 of 4 May 2020, pp.23-24.

7 请注意某些欧盟成员国国内法规定同意的例外情况（正如上一节所述），以及注意在进行直接邮寄营销时要考虑的合法利益的条件，例如收件人是否是数据控制者的现有客户，他们是否可以合理预期会收到来自数据控制者市场营销的通信。

确保不再对这些数据主体开展直接的市场营销通信，也不再对其制作用户画像。

反对营销的范围可以涵盖营销的所有渠道和各个方面，也即纸质广告（例如通过传单分发或打印在消费者银行对账单上的广告）[8]，以及通过电话、短信和电子邮件进行的电子营销。反对营销还可以要求中止那些严格意义上并非广告但广义上构成直接营销的任何活动，例如与系争数据主体有关的客户满意度调查。

但是，如果在推出的时事通讯中包含了如何使用数据控制者产品或服务的实用建议的情况下，如果数据控制者能够证明这种通信是一种服务信息，与当前提供的产品或服务有关，并且不意味着在推广新的产品或服务，那么法律并不禁止将其发布给客户。可见，数据控制者的时事通讯的内容和语调都很重要。

但是，作为一项重要的要求，必须将此类通信严格限制为一种合理的例外。当事人不得以营销行动的规模庞大，来证明数据控制者无视客户反对营销是合理的。因此，该消息仅仅是无论如何都会发给数据主体的通信内容之一而已，例如作为强制性的定期交易报表的一部分。

在直接营销或制作数据画像的情况下，数据控制者有义务告知数据主体其享有反对数据处理的权利（第21条第4款）。根据《一般数据保护条例》第13条和第14条规定的范围，这种义务是数据处理者向数据主体提供数据处理的广泛信息要求的一部分。有关数据主体有权不接受数据处理的信息，在告知时必须清晰且与任何其他信息分开，而且与数据主体首次通信时就应当告知。

在国际公司内部，涉及直接电子营销的主要规范不仅包括《一般数据保护条例》和《电子隐私指令》（第13条第2款），而且包括

98

---

8 Opinion of GIODO (Polish data protection authority) of 18 October 2010, http://www.giodo.gov.pl/332/id_art/3779/j/pl/(in Polish).

美国《2003 年推销色情内容和营销骚扰控制法》(The Controlling the Assault of Non-Solicited Pornography And Marketing Act of 2003，CAN-SPAM) 或《加拿大反垃圾邮件立法》(Canada Anti-Spam Legislation, CASL)，为了遵守这些规范，市场营销者通常在其随后发送的每个促销电子邮件和短信息中，允许个人通过电子邮件和短信息中的"取消订阅"链接来取消订阅的服务，从而选择退出直接营销。根据《电子隐私指令》第 13 条第 2 款，如果数据控制者"在收集电子联系方式和每条信息出现时，向消费者提供清晰、明确的机会，让消费者可以免费且方便反对使用这种电子联系方式，如果消费者最初没有表示拒绝这种使用"，那么"选择退出"机制就取代了"选择接受"的同意。

通过这种方法，个人可以简单地通过选择退出或退订来改变原先的主意，例如，可以反对为了直接营销而处理其数据，或者撤回《一般数据保护条例》所定义的同意。根据《一般数据保护条例》第 21 条第 4 款的要求，有关撤回权利的信息必须明确显示，而且与其他任何信息分开显示（在电子邮件或短消息的底部），个人可以点击"取消订阅"链接，直接回复电子邮件或短信，或者向一个简短的免费电话号码发送停止订阅的消息。在数据主体提出该反对意见之后，其个人数据就不可以再用于直接营销。在这种情况下，数据控制者必须在自动营销系统中标记该人的电子邮件地址和电话号码。在进行任何直接营销活动之前，就数据主体提交的退出选择，营销人员必须始终更新到营销数据库之中并做交叉比照。

99　　根据《一般数据保护条例》第 21 条第 5 款的规定，个人或实体在使用信息社会服务诸如银行或零售等在线服务时，可以采用带有技术说明的自动手段，例如网站、用于登记此类反对意思的电子邮件地址、数据控制者系统的用户账户等，来行使自己的反对权。这些技术手段有助于行使数据主体根据《一般数据保护条例》第 12 条第 2 款规定的反对权。这对数据控制者而言也是便利的：如果消费者已经登录该系统，就可以编辑自己的数据，这就减少了数据控制者必须处理的请求的数量。

就反垃圾邮件解决方案而言，许多国家 / 地区经过测试且值得推荐的做法是"邮件偏好服务"（the Mail Preference Service）列表，也称为"罗宾逊列表"（Robinson list）。该解决方案可以由直接营销经营者协会出台，作为自我监管制度的一部分来实施，也可以由法律进行规范。这是一个公共数据库，包含了那些明确表示反对接收不同形式的（例如电子邮件或电话垃圾邮件等电子形式以及纸质传单）直接营销信息的人员名单，对于消费者而言，电子形式的直接营销信息尤其普遍而且烦人。该数据库可以供那些进行直接营销的公司使用，这些公司应该依据该数据库，从邮件列表中删除直接营销信息反对者的联系方式。

第三节 《第 2002/58/EC 号指令》中的电子营销

如前所述，直接营销通信主要以数字形式分发，例如通过电话、电子邮件、短消息服务、多媒体短信服务、信息传递应用程序——诸如脸书信使、苹果短信、微信、网络信使等，在移动设备上弹出诸如推送通知、即时信息、应用程序内的信息（聊天）以及其他类型的信息。因此，它们（所有直接营销传播方式均是如此）不仅受到《一般数据保护条例》的规制，还受到《电子隐私指令》（《第 2002/58/EC 号指令》）以及欧盟成员国国内法的规制。有些成员国通过数据保护法实施《电子隐私指令》，而另一些成员国则在其电信法中实施该指令。

《电子隐私指令》（全称是《有关电子通信行业中个人数据处理和隐私保护的第 2002/58/EC 号指令》）[9] 规定了在欧盟公共网络中提供

---

9 Directive 2002/58/EC of the European Parliament and of the Council of 12 July 2002 concerning the processing of personal data and the protection of privacy in the electronic communications sector (Directive on privacy and electronic communications), OJ EC L 201, 31.7.2002, p.37.

普遍可用的电子通信服务的数据处理规则，该指令将被《电子隐私条例》（《隐私和电子通信条例》）所取代。

为了确保一致性，《电子隐私指令》必须进行修订（参见《一般数据保护条例》序言第 173 条和正文第 95 条）。欧盟委员会于 2017年 1 月 10 日提交了《电子隐私条例》的初稿。欧盟委员会的最初计划是《电子隐私条例》与《一般数据保护条例》在同一天（2018 年 5月 25 日）生效。但在该条例的立法过程中，在几个理事会主席提交了草案之后，大家认为《电子隐私条例》的原定适用日期是不现实的。现在看来，该法规不太可能在 2023 年之前生效，而且，考虑到条例草案中规定的 24 个月过渡期，这意味着该法规最早只能在 2025 年生效。但几年后在 2021 年 2 月 10 日，欧盟理事会一致同意就《电子隐私条例》草案进行协商，允许在"三方会谈"过程中与欧盟议会进行磋商。

根据一般原则，绝大多数电子营销形式都需要取得营销对象事先表示接受的同意。该原则的例外情况包括：个人对个人的电话营销（因为针对这种情况《电子隐私指令》没有明确要求同意），以及在销售产品或提供服务过程中获得客户电子联系方式并用来进行电子邮件营销，但提供了选择退出的机制。但是，关于直销的法律许可规则在欧盟内部并不统一：《第 2002/58 /EC 号指令》第 13 条第 3款允许成员国选择各自的立法，规范同意直接营销的要求（选择加入）或者反对直接营销（选择退出）的可能性。因此，即使某些国家和地区规定了不经接收者事先选择同意而直接发布电子营销信息的选择空间，但经由前述分析，应该得出结论：对在欧盟范围内开展活动的国际组织来说，采取接收者事先选择同意的模式是最安全的策略。

该指令禁止发送垃圾邮件。根据欧洲法律，垃圾邮件的定义仅限于通过电子通信方式（特别是电子邮件）发送给特定接收方的未经请求的商业通信或营销通信（包括公司产品、服务或图片的直接或间接的广告）。在该定义之外，垃圾邮件是含义更为宽泛的术语，涵盖所有未经请求的电子通信，尤其是未经接收方同意而发送的电子邮件和文本消息。

如果接收方表示同意接受商业通信，那么该商业通信会认为是经过请求的（《第 2002/58/EC 号指令》第 13 条）。根据《第 2002/58/EC 号指令》第 2 条第 f 款，用户或订阅用户的同意就相当于《第 95/46/EC 号指令》中的数据主体的同意。由于《一般数据保护条例》要求《第 2002/58/EC 号指令》与其保持一致，所以电子营销的同意必须遵守《一般数据保护条例》第 7 条规定的同意规则。该法规要求同意应该是自愿（非强制）的、特定的、知情的且不含糊的，并且允许采用任何清楚的形式。

数据控制者必须证明自己已经获得了接收方的同意。

在实践中，当事人有时会采取将通信内容伪装成问题的不当方式，与接收者进行通信，从而规避法律有关电子营销必须获得同意的要求，但实际上却包含了产品价格或网站链接的信息；因此，这类通信实际上是商业信息，这类行为构成故意的广告行为。

一、具体的直销营销渠道

如前所述，在直接营销方面，数据保护原则的应用和实施是整个欧洲数据保护法中最困难和最具挑战性的领域之一，因为直接营销通信不仅以邮寄方式分发，而且还以（即使不是首要的）数字形式分发。这些数字形式例如通过电话、电子邮件、短消息服务、多媒体短信服务、信息传递应用程序——诸如脸书信使、苹果短信、微信、网络信使等，在移动设备上弹出诸如推送通知、即时信息、应用程序内的信息（聊天）以及其他类型的信息。

以下内容讨论了某些特定的直接营销沟通渠道，并专门分析它们是否需要事先选择接受同意，还是基于选择退出的机制。

（一）邮政营销

直接营销是一种合法权益（序言第 47 条）。由于邮政营销是非数字形态的，不受到《电子隐私指令》的约束（但数据控制者在处理个人数据时必须遵守《一般数据保护条例》），数据控制者不需要事先选择接受的同意（某些成员国例外，例如比利时、希腊和西班牙，这些国家的法律确实要求邮政营销得征得数据主体的事先同意）。

由于直接邮政营销是一项合法权益，因此，为了以合法权益而不是获得同意为基础，数据控制者必须在数据控制者所追求的利益与数据主体的权利和自由之间进行平衡测试。该测试应该评估：

- 数据控制者与接收者之间是否原本就存在关系，鉴于这种关系的性质以及营销人员打算营销的产品和服务的性质，接收者可以合理地期望将会从数据控制者那里收到营销信息；
- 接收者是否事先无法确定自己不会收到任何直接的营销通信。

营销人员在开展任何直接营销活动之前，针对接收者提交的退出选择，必须始终更新和交叉核实其营销数据库。

但是，在某些成员国（例如奥地利、丹麦和荷兰），除非获得个人的选择同意，否则数据控制者在发布直接邮政营销之前，还必须根据国家的"选择退出登记簿"（opt-out registers）更新其营销数据库。相比而言，英国法律不要求这样做。然而，由英国信息专员办公室（ICO）所建议[10]并且符合行业自我监管性质的《直接营销协会行为指

10　Information Commissioner's Office, Direct marketing code of practice (Draft code for consultation), p.66.

南》的做法是，数据控制者在发送邮政直接营销信息之前，应该根据"邮件偏好服务"的列表，筛选个人的联系方式。

（二）直接电话营销："实时"通话和自动呼叫系统

《电子隐私指令》并未明确要求人工电话营销（"实时"呼叫）需要获得接收方同意。然而，虽然在未经接收方同意的情况下禁止使用自动呼叫系统，但有关实时营销呼叫的法律许可规则在欧盟内部并不统一：《第 2002/58/EC 号指令》第 13 条第 3 款允许成员国自由选择其国内相关立法是否规定同意（选择加入）或反对（选择退出）实时营销的要求。

英国的《隐私和电子通信条例》（the British PECR，第 21 条 "未经请求的直接营销"）则是较为宽松的退出选择的立法例。该法禁止使用营销电话，向那些在所述国家 "中央退出登记簿"（the central opt-out registers）即电话优先服务列表（针对自然人）或企业电话优先服务列表（针对企业）之中登记了电话号码的订阅用户进行未经请求的直接营销通信，除非此类订阅用户（尽管通常会选择退出）已直接同意特定呼叫者的营销通信。另一方面，对号码不在电话优先服务列表或企业电话优先服务列表中的收件人，也即针对那些没有公开反对由所有潜在呼叫者或由特定呼叫者为营销而处理数据的公众，则不需要他 / 她们的同意就可以发送这些形式的电子营销通信。因此，开展电子营销活动时，需要查询公共退出列表、电话优先服务列表或企业电话优先服务列表以及每个数据控制者保存的内部退出列表。

有的成员国法律对实时营销电话的许可采用了更为严格的选择加入模式，例如波兰的法律。（成员国法律规定实时通话的电话营销必须有事先选择加入的同意的国家还包括奥地利、匈牙利和斯洛文尼亚。）波兰的《以电子手段提供服务法》第 10 条禁止通过电子通信手段将未经请求的商业信息发送给特定的自然人。2004 年 7 月 16 日通过的波兰《电信法》第 172 条第 1 款针对电子营销出台了其他更严格的限制。[11] 根据该法的规定，未经订阅用户或终端用户事先同意的，禁止将自动呼叫系统用于直接营销。根据《电信法》第 2 条第 43 款的定义，电信终端设备指那些旨在直接或间接连接到网络终端的电信设备。这包括电话，但也包括连接到互联网的计算机、平板电脑或其他设备。波兰《电信法》第 172 条与《以电子手段提供服务法》第 10 条之间的重要区别在于，前者适用于更广泛的实体：该保护还涵盖法人和组织单位，包括工商企业。

因此，即使某些国家和地区规定了不经接收者事先选择同意而直接发布电子营销信息的选择项，但经由前述分析，应该得出这样的结论：对在欧盟范围内开展活动的国际组织来说，采取接收者事先选择同意的模式，是最安全的策略。

值得推荐的一种做法是确保营销人员具备敏感度，使他们可以"意识到某人是老年人或弱势群体，或者直接电话营销的性质是否会令人感觉到冒犯或压力"，并且"应避免频繁重拨未答复的电话号码，或者在非社交时段拨打营销的电话"[12]。

自动呼叫系统

未经接收者的同意，禁止使用自动呼叫系统，也即那些无需人工干预即可自动拨打个人电话号码然后播放预先录制消息的系统。根据欧盟某些成员国（例如波兰和英国）的法律要求，除非有接收者的事先选择同意，这类自动通话必须做到将营销人员的身份和号码显示给

---

11 该法执行欧洲议会和理事会于 2002 年 9 月 23 日颁布的《关于消费者金融服务远程销售的第 2002/65/EC 号指令》，并修订《第 90/619/EEC 号理事会指令》以及《第 97/7/EC 号指令》和《第 98/27/EC 号指令》(OJ EU L 271, 9.10.2002, p.16)，并补充实施欧洲议会和理事会 2002 年 7 月 12 日《有关电子通信行业中个人数据处理和隐私保护的第 2002/58/EC 号指令》(《隐私和电子通信指令》) 第 13 条（OJ EU L 201, 31.7.2002, p.37）。

12 Information Commissioner's Office, Direct marketing code of practice (Draft code for consultation), p.69.

接听电话的人。

（三）通过电子邮件直接营销（包括诸如电子邮件、短消息服务和多媒体短信服务消息）

根据《电子隐私指令》第 2 条第 h 款的定义，"电子邮件"（electronic mail）是指通过公共通信网络发送的任何文本、语音、声音或图像消息，在它们由收件人接收之前，可以存储在网络或收件人的终端设备中。可见，电子邮件的上述概念和定义旨在保持技术中立，并且范围应当足够广泛，以覆盖电子邮件（e-mail）、短消息服务（SMS）和多媒体短信服务（MMS）以及语音消息。很显然，该列表将随着技术的发展而不断扩展。[13]

按照法律规定的一般规则，通过电子邮件进行直接营销需要获得营销信息接收者事先选择的同意（《电子隐私指令》第 13 条第 1 款）。

数据控制者通过"隐私声明"即"公平处理的声明"（fair processing notice）来获取个人的同意，据此，在获取接收者的个人数据时，要求他们在电子邮件上（通常通过电子邮件和短消息服务）打勾，同意向他们发送电子邮件进行直接营销。

但是，事先选择的要求并不是绝对的：它取决于《电子隐私指令》（第 13 条第 2 款）所列的条件。该指令规定了电子邮件直接营销的同意要求的一种例外："数据控制者在销售产品或服务的过程中，从客户那里获得了他们用以寄送电子邮件的电子联系方式。"在这种情况下，选择退出的机制代替了选择加入的同意。因此，免除数据控制者获取个人同意的前提条件是： 104

— "数据控制者在销售产品或服务的过程中，从客户那里获得了电子联系方式。"某些欧盟成员国是按照该规定的字

13　The Article 29 Working Party, Opinion 5/2004 on unsolicited communications for marketing purposes under Article 13 of Directive 2002/58/EC, 27 February 2004, WP 90, p.4.

面含义来解释该条件的可适用性的，这意味着收集客户的联系方式必须在销售交易过程中完成。其他一些欧盟成员国则采取比较宽松的解释，允许将该条件也适用于销售尚未发生但在其他相关流程（例如注册网站账户）获得的联系方式。

— 数据控制者仅使用"这些电子联系方式来直接营销自己的类似产品或服务"。就此应该做如下理解：数据控制者打算销售的产品和服务的性质，应当与客户先前购买的产品和服务的性质没有区别，因为客户可以合理预期到，将来会出现其熟悉性质的产品和服务的营销交流。而且，营销的通信只能由数据控制者自己分发：不得与第三方（例如在公司集团内部）共享用户电子联系方式以开展直接营销。

在我看来，数据控制者直接营销自己产品或服务属于合法利益的范畴并构成其数据处理的基础，这条原则所覆盖的范围，也包括了（例如）银行保险代理机构的服务或投资基金参与单位的分销等与营销有关的内容。尽管这些服务并不是银行法定文件所规定的产品，并且银行在分销这些产品时仅充当了外部服务提供商，但这些产品的销售仍然是银行提供的服务。另一方面，尽管《一般数据保护条例》序言第47条将直接营销明确为合法利益，并且《一般数据保护条例》第6条第1款第f项也允许出于第三方追求的合法利益的目的处理数据，但我认为，援引这项权利作为为第三方开展营销活动的正当理由（尽管这些做法盛行于金融行业，但在某些情况下客户可能不熟悉），可能违反了《一般数据保护条例》第5条第1款第b项。这是因为此类为了数据控制者和与其合作的第三方的商业利益服务所开展的营销活动的范围，在特定的环境下，可能会偏离数据主体预期的数据处理范围和目的。实际上，正如《一般数据保护条例》序言第47条所指出的那样，应该评估"数据主体在收集个人数据的时间和背景之下，是否可以合理预期到，将会发生基于该目的的数据处理"。

- "在收集电子联系方式时，以及每条消息出现时，都清楚明确地向消费者提供机会，让消费者可以免费、方便地反对使用此类信息，以防消费者最初没有明确表示拒绝这种使用。"市场营销者通常在促销活动之后发送的电子邮件和短消息服务中，让消费者通过电子邮件和短消息服务中的"取消订阅"链接来选择取消服务订阅，从而选择退出直接营销。该选项应与其他任何信息分开且清晰显示（在电子邮件或短消息服务的底部），以便消费者可以通过直接点击"取消订阅"链接来回复电子邮件或短信，或者向一个简短的免费电话号码发送停止订阅的消息。此外，法律禁止伪装或隐瞒通信发送者的身份（《电子隐私指令》第 13 条第 2 款）。

    105

企业对企业（B2B）的直接电子邮件营销规则的适用性在各个成员国之间有所不同。例如，根据信息专员办公室的答复（2018 年 9 月 1 日），《隐私和电子通信（欧共体指令）条例》（2003 年第 2426 号）（修订历史：2004 年第 1039 号，2011 年第 1208 号，2015 年第 355 号，2016 年第 524 号）指出，"如果您要向个人用户发送营销电子邮件，那么几乎在所有情况下都必须征得个人用户的同意。如果您要向公司用户（例如：姓 + 名 @ company.com）发送营销电子邮件，那么在发送营销电子邮件之前，无需事先同意。……您可以根据合法利益的理由，证明您开展的企业对企业的市场营销行为是合理的。"

但依我之见，为了避免对英国信息专员办公室的声明产生误解，我们在评估公司员工的电子邮件地址是否得经过合法处理以开展电子营销时，都必须着眼于此类通信交流的性质。向这些人寄送要约，且要约目的和内容属于这些人在公司法人或组织担任的职位所对应的范围之内（例如提供审计或信息技术服务的消息），那么这样的营销行为完全是合法的。另一方面，如果使用相同的电子邮件地址来营销产品或服务，但是营销这些产品或服务的目的并不是供这些人所代表的公司使用，而是供这些人本身消费使用的，那么这样的营销应当还需要满足合法数据处理的其他条件。英国信息专员办公室正确地区分了公司订阅用户和个人订阅用户。面向雇员个人而非公司的产品或服务的营销，在性质上属于针对个人订阅用户的营销。它不是企业对企业的电子商务，而是企业对消费者的电子商务，因此需要获得同意。

（四）基于位置的营销（位置营销）

基于位置的营销（LMS）是一种直接营销，它使用移动设备的位置来通知其用户（通常使用短消息服务或弹出式通知）有关附近商家的优惠活动，例如商店的折扣或餐厅的免费饮料。

基于位置的营销同时受到《一般数据保护条例》（因为其涵盖为了各类直接营销通信的个人数据处理行为）和《电子隐私指令》的规制。

《电子隐私指令》第 2 条第 c 款将位置数据定义为"在电子通信网络中处理的任何数据，该数据指示了可公开访问的电子通信服务的用户终端设备的地理位置"。位置数据包括有关"用户终端设备的纬度、经度、海拔高度、行进方向，位置信息的准确性级别，终端设备在特定时间点所在的网络单元的标识，以及记录位置信息的时间"（《电子隐私指令》序言第 14 条）。重要的是，在此定义的上下文中，位置数据不对应于人的位置，而仅对应于"用户终端设备的地理位置"，也即用户的移动设备，在实践中通常指智能手机，但也可能是笔记本电脑或平板电脑。

根据法律的一般规则，位置数据的使用需要移动设备用户的事先选择接受的同意，除非数据被匿名化处理（《电子隐私指令》第 9 条第 1 款)。但是，从位置营销的性质来看，这种豁免似乎不太可能。有趣的是，如果有一个身份不明的人在指定时间访问几个位置的信息（可以通过该人的地理位置或者他 / 她在网络论坛上发布的条目获得），加上该人的卡支付信息，就可以识别他 / 她的个人身份。根据美国麻省理工学院伊夫·亚历山大·德蒙乔耶团队的一项研究，少至四条这样的信息，就足以在匿名数据库中识别出 90% 的人。[14]

第二十九条工作组在其《第 13/2011 号意见》(第 13 页)[15] 中建议，"默认的情况应当将位置服务设置为'关闭'，并且用户可以精准地同意，将特定应用程序设置为'打开'。"

用户有权随时轻松、免费、无任何负面后果地撤回其先前作出的同意处理其位置数据以进行直接营销的意思表示（《电子隐私指令》第 9 条第 1 款和第 2 款）。将同意作为位置营销的有效基础的前提条件是，在获得用户同意之前，要告知用户所获取的位置数据的类型，数据处理的目的和持续时间，以及是否将数据传输给第三方以提供增值服务（《电子隐私指令》第 9 条第 1 款）。第二十九条工作组在其《第 13/2011 号意见》(第 16 页)[16] 中，推荐了地理定位应用程序提供商的最佳实践示例：想要获取地理位置数据的应用程序清楚地告知了用户，它使用该数据的目的，而且针对每个可能不同的目的，都征得了用户的明确同意。用户积极地选择了地理位置的尺度级别，例如国家级别、城市级别、邮政编码级别或尽可能准确的级别。激活位置服务后，在每个屏幕上会永久显示一个图标，表明位置服务处于"开启"状态。用户在无需退出应用程序的情况下，就可以连续地撤回其同意。用户还能够轻松地、永久地删除设备上存储的所有位置

14　Y. -A. de Montjoye, L. Radaelli, V. K. Singh, A. S. Pentland, Unique in the Shopping Mall: On the Reidentifiability of Credit Card Metadata, *Science*, 30 January 2015, Vol. 347, No. 6221, pp.536–539.

15　Opinion 13/2011 on Geolocation services on smart mobile devices, 16 May 2011, WP 185.

16　Ibid.

数据。在实践中，使用地理位置服务的应用程序都是通过隐私声明来获得用户的同意的，如果用户同意应用程序获取其位置数据，则要求其在应用程序获取其个人数据时，在相应的方框中打勾或将"开启"键打开。

（五）将社交媒体用户作为目标

根据个案的特定情况，数据控制者针对社交媒体用户的直接营销可以基于以下两个法律基础之一：数据主体的同意（第 6 条第 1 款第 a 项）或者合法权益（第 6 条第 1 款第 f 项）。

例如，如果潜在客户仅出于预约目的与银行联系，但后来潜在客户宣布无意使用银行的服务，则可以认为，这些潜在客户不会合理预期到银行会使用他 / 她的个人数据来确定市场目标（"重新确定目标"）。因此，根据《一般数据保护条例》第 6 条第 4 款的兼容性测试标准，后续这种数据处理与数据收集的原始目的不兼容。因此，在这种情况下，合法权益条款（第 6 条第 1 款第 f 项）并没有为数据控制者提供适当的法律依据来证明这种数据处理的合理性。[17]

但在下面一种情况下，数据控制者可以依据合法权益条款：银行所针对的数据主体在过去一年已经成为该银行的客户，并且该数据主体在成为客户时提供了自己的电子邮件地址，而且当时银行通知他 / 她（并提供了反对的机会），银行随后可能会通过社交媒体并使用他 / 她的电子邮件地址来锁定目标，从而提供与他 / 她已使用的服务或类似服务相关的广告。[18]

但是，未经相关个人的有效同意，出于营销或广告目的的侵入式

17　EDPB Guidelines 8/2020 on the targeting of social media users（《欧洲数据保护委员会关于针对社交媒体用户的第 8/2020 号指南》），Version 1.0 for public consultation, 2 September 2020, https://edpb.europa.eu/sites/edpb/files/consultation/edpb_guidelines_ 202008_onthetargetingofsocialmediausers_en.pdf, Example 2, p.17, p.18.

18　EDPB Guidelines 8/2020 on the targeting of social media users, Version 1.0 for public consultation, 2 September 2020, https://edpb.europa.eu/sites/edpb/files/consultation/edpb_ guidelines_202008_onthetargetingofsocialmediausers_en .pdf, p.16.

画像分析和跟踪之类的数据处理行为，例如跨越多个网站、位置、设备、服务或数据中介跟踪个人，则是非法的数据处理行为，在这种情况下援引合法利益作为理由是有问题的。[19]

第四节　Cookies 和在线行为广告

第二十九条工作组在其有关在线行为广告（OBA）的意见[20]中，将在线行为广告定义为："基于对个人行为的持续观察而进行的广告。行为广告试图通过个人行为的具体表现（重复的站点访问、交互、关键字、在线内容制作等）来研究个人行为的特征，以便开发出特定的用户画像，从而为数据主体提供量身定制的、符合其被推断的兴趣的广告。" 108

广告网络通过将 Cookies 放置在用户的网络浏览器和设备上来定位其广告。Cookies 会持续跟踪个人在设备上的在线活动，并将收集到的数据与下述数据信息进行交叉引用：网络已经存储的数据（"第一方广告"——网站发布者提供的在线行为广告，例如根据网站访问者最近的访问而向他 / 她们提出的建议，如在线体育商店会根据访问者的购买历史，向跑步者推荐跑步用的配件），以及与其广泛相关的合作伙伴（"第三方 Cookies"——第三方广告网络，其代表网站发布者进行在线行为广告，他们可以通过与广告网络合作的非附属网站跟踪个人的行为，因为非附属网站允许其放置 Cookies）。

所谓 Cookies，是指"由用户的网络浏览器存储并作为超文本传

19　EDPB Guidelines 8/2020 on the targeting of social media users, Version 1.0 for public consultation, 2 September 2020, https://edpb.europa.eu/sites/edpb/files/consultation/edpb_guidelines_202008_onthetargetingofsocialmediausers_en .pdf, p.16.

20　Article 29 Working Party, Opinion 2/2010 on online behavioural advertising of 22 June 2010, WP171, p.4.

输协议（HTTP）请求部分进行传输的一段文本"。[21] 网络通过分配给 Cookies 的唯一标识符来记录该标识符，并且可以记录个人的互联网协议地址、查看的内容、点击的广告以及购买的产品。这类记录用于创建用户的个人数据画像，例如将其标记为"年轻父母""自行车爱好者"等等。当个人重新访问该网站或广告网络合作伙伴的网站时，该广告网络将根据之前确定的用户兴趣，提供个性化的网站广告。Cookies 并非是唯一的一种跟踪器，其他相关的跟踪器还包括"像素"（pixels）和"标签"（tags）。

在《关于在线行为广告的第 2/2010 号意见》中，第二十九条工作组强调[22]，行为广告需要处理个人数据（该行为受到《一般数据保护条例》的约束），从而受到《电子隐私指令》的规制，因为其涉及收集互联网协议地址和处理（通过 Cookies）特有标识符。个人数据的定义（《一般数据保护条例》第 4 条第 1 款）适用于可以通过参考互联网标识符号进行识别的自然人。[23] 此外，在线行为广告与用户数据画像的概念（第 4 条第 4 款）相对应，其被定义为"对个人数据的任何形式的自动处理，包括使用个人数据来评估与自然人有关的某些个人信息"[24] 此外，如今互联网用户通常使用移动设备例如智能手机、笔记本电脑和平板电脑，这些设备是属于个人的，并不会在用户之间

21　ENISA（欧洲网络和信息安全局），Privacy considerations of online behavioural tracking（《在线行为跟踪的隐私注意事项》），October 2012, available at http://www.enisa.europa. eu/activities/identity-and-trust/library/deliverables/privacy- considerations-ofonline-behavioural-tracking, p.6.

22　Article 29 Working Party, Opinion 2/2010 on online behavioural advertising of 22 June 2010, WP171, sec. 3.2.2, p.9.

23　第二十九条工作组在其 2008 年 4 月 4 日《关于与搜索引擎相关的数据保护问题的第 1/2008 号意见》中得出了相同的结论，第 9 页："当 Cookie 包含唯一的用户身份认证码时，该身份认证码显然是个人数据。"

24　Guidelines on Automated individual decision-making and Profiling for the purposes of Regulation 2016/679, adopted on 3 October 2017, as last revised and adopted on 6 February 2018, WP 251 rev.01.

共享。因此，尽管 Cookies 是与设备而非个人相关联，但它们仍构成个人数据。

得益于《第 2002/58/EC 号指令》第 5 条第 3 款的要求，发送 Cookies、将其保存在用户设备中以及跟踪用户的在线行为以定位广告，都必须取得数据主体同意（链接到"隐私和 Cookies 政策"的 Cookies 选择横幅），这提升了互联网用户的保护水平。在获得数据主体的同意之前，必须向数据主体提供清晰、全面的信息，包括有关数据处理目的的信息（关键是明确 Cookies 的类型、在用户设备上安装 Cookies 的后果以及删除 Cookies 的可能性）。[25]

第二十九条工作组在其《关于在线行为广告的第 2/2010 号意见》中提到[26]，基于 Cookies 的选择退出机制，通常并不构成获得用户知情同意的适当机制。在实践中，很少有人行使选择退出的权利，不是因为他们已经作出了接受行为广告的知情决定，而是因为他们并没有意识到正在进行个人数据处理，更不用说如何行使选择退出的权利了。浏览器设置只能在非常有限的条件下确保同意。首要的条件是浏览器在默认设置情况下拒绝所有 Cookies，并且用户已将这些设置更改为仅肯定接受来自下述网站的 Cookies：这些网站必须向用户提供有关数据控制者的名称、数据处理及目标和被收集数据的清晰信息。[27] 获得同意的技术手段可以包括启动画面（splash screens）、横幅、模式对话框、浏览器设置等（活动行为），[28] 带有网站 Cookies 政策的弹出窗口，其中包含了如何删除或停用 Cookies 以及撤回同意的信息。换句

25　第二十九条工作组在其 2013 年 10 月 2 日的第 02/2013 号工作文件中发布了有关获得 Cookie 同意的指南（WP 208），http://ec.europa.eu/justice/data-protection/article-29/documentation/opinion-recommendation/files/2013/wp208_en.pdf。

26　Article 29 Working Party, Opinion 2/2010 on online behavioural advertising of 22 June 2010, WP171, p.23.

27　Ibid.

28　第二十九条工作组在其 2013 年 10 月 2 日的第 02/2013 号工作文件中发布了有关获得 Cookie 同意的指南（WP 208），第 4 页。

话说，只有通过明确的肯定性行为（例如单击 Cookies 横幅中的"我接受"），才可以表示同意，而不仅仅是在网站上继续导航浏览，后者不能视为是有效的同意声明。此外，第二十九条工作组建议网站添加"全部拒绝"的按钮选项。[29]

如果网站以设置 Cookies 选择横幅（choice banner）的方式阻塞了页面内容，并且迫使用户单击"接受 Cookies"来解锁视图，就会剥夺用户的真正选择权。因此，用户的这种行为并不代表其自愿作出了同意。[30]

欧盟法院在 2019 年 10 月 1 日对"星球 49"案[31]的判决中，确认了上述关于在同意情况下使用 Cookies 的指导意见。法院强调，将预先勾选的复选框作为同意的表达是无效的，因为这并不意味着积极行为（用户可能没有看到预先勾选的复选框）。无论所涉 Cookies 是否构成个人数据，其适用都需要得到用户的同意。正如《一般数据保护条例》第 13 条所要求的，网站必须向网站访问者告知 Cookies 的持续时间，或至少是用以确定 Cookies 的标准，以及将会访问这些 Cookies 的第三方的信息。

但是，根据同一规定，如果仅将 Cookies 用于电子通信网络的通信传输，或者在用户设备上安装 Cookies（存储并访问数据）是提供订阅用户或用户明确请求的服务所必需的，也即，如果不使用这些

---

29 法国数据保护机构国家信息和自由委员会（CNIL）在其 2020 年 10 月 1 日《关于使用 Cookies 和其他追踪技术的指南和建议》（Guidelines and Recommendations on the use of Cookies and other trackers of 1 October 2020）中也肯认了本段所提到的做法，https://www.cnil.fr/sites/default/files/atoms/files/ligne-directrice-Cookies-et-autres-traceurs.pdf。

30 EDPB Guidelines 05/2020 on consent under Regulation 2016/679, Version 1.1 of 4 May 2020, points 40–41, p.12.

31 CJEU judgment of 1.10.2019 in Case C–673/17 *Bundesverband der Verbraucherzentralen und Verbraucherverbände — Verbraucherzentrale Bundesverband eV v. Planet49 GmbH*（消费者中心和消费者协会的联邦协会诉星球 49 有限责任公司），ECLI:EU:C:2019:801.

Cookies 就无法完成用户请求的服务（所谓"严格必需的"或"必要的"Cookies），那么并不需要数据主体的同意。

第二十九条工作组在 2012 年 6 月 7 日的第 194 号工作文件（《关于 Cookies 同意例外的意见》）[32] 中，认为那些不会干涉到用户隐私而仅仅帮助用户使用或方便使用某个网站的 Cookies，可以不需要用户同意就安装在用户设备上。第二十九条工作组提出了无需用户同意就可以在其设备上安装的 Cookies 类型，而且提出了判断特定 Cookies 是否属于这些类别的标准。

Cookies 的类型包括可用于跟踪用户在填写在线表单或往在线购物车添加商品时输入数据的用户输入 Cookies，或者用于保存用户语言偏好的用户输入 Cookies（会话身份 Cookies、多媒体播放器会话 Cookies、用户自定义界面 Cookies，包括语言偏好 Cookies）。

Cookies 还可以区分为临时型 Cookies、持久型 Cookies 以及第三方 Cookies。在用户关闭浏览器后，临时型 Cookies 会自动删除，而持久型 Cookies 则会在预定时间内保存在设备里。如果 Cookies 的安装与其目的直接相关，并且存储时间不超过实现该目的所需的时间，那么安装 Cookies 时就可以免除获得同意的要求。

因此，临时型 Cookies 满足了《隐私和电子通信指令》第 5 条第 3 款规定的免除获得用户同意的要求，因为一旦它们不再是服务其目的的直接必需时，就会被删除。

法国国家信息和自由委员会在关于语音助手及相关的道德、技术和法律问题的白皮书中，采用了与《电子隐私指令》类似的方法来处理"严格必需的 Cookies"，例如通过自动处理语言来自动激活设备。国家信息和自由委员会认为，对于用户明确要求对方提供的服务所必需的处理操作，并不需要征得用户的同意。但是，用户的同意是处理

---

[32] http://ec.europa.eu/justice/data-protection/article-29/documentation/opinion- recommendation/files/2012/wp194_en.pdf#h2-4.

个人数据以创建用于广告的用户画像的法律依据。法国国家信息和自由委员会强调，语音数据构成了生物识别数据，并且（未经同意使用的话）还可能给人带来一种侵入到用户私人且私密领域的感觉。[33]

33　Livre Blanc（利弗·布兰克），Exploration des enjeux éthiques, techniques et juridiques des assistants vocaux（《声乐、技术和司法探索》），https://www.cnil.fr/sites/default/files/atoms/files/cnil_livre-blanc-assistants-vocaux.pdf.

第七章　雇员个人数据的处理

第一节　在雇佣关系中处理雇员个人数据的依据：
雇员的同意

在雇佣关系中处理雇员个人数据是《一般数据保护条例》（第88 113
条）允许欧盟成员国制定特定规则的领域之一。这类规则可以规范
特别是下述目的的数据处理：为了招聘和履行雇佣合同，包括履行法
律或集体协议的义务、管理、计划和组织工作，确保工作的平等和多
样性，工作的健康和安全，保护雇主或客户的财产，出于个人或集体
目的行使和享受与就业有关的权利和利益，以及为了终止雇佣关系的
目的。

这意味着，尽管欧盟内部从协调数据保护规则过渡到统一数据保
护规则，但在欧盟成员国之间，有关雇员个人数据处理的具体细化规
则仍可能有所不同。例如，明确离职雇员或求职者个人数据的保存期
限、收集生物特征数据或者使用闭路录像的法律依据，可能需要考虑
到当地法律的差异。因此，在跨国资本集团（每个成员公司均为独立
的雇主）试图在全集团范围采取统一政策的情况下，就生物特征数据
的收集或闭路录像的使用行为而言，跨国资本集团必须遵守欧盟成员
国之中最为严格的地方法规。跨国资本集团还必须考虑不同的保存期

限，因为一个成员国国家法律所允许的最长数据保存期限，可能不符合另一个成员国的国家法律。

另外，《一般数据保护条例》序言第 155 条指出，在符合本章讨论的条件之下，雇员的同意可以是处理雇员个人数据的法律基础。

114   波兰《劳动法》有关同意的规定（第 22^{1a} 条和第 22^{1b} 条）就是欧盟个别成员国国内法规不同于欧盟范围内大多成员国（根据《一般数据保护条例》第 88 条及序言第 155 条制定的）法规的一个例子，波兰《劳动法》明确允许将同意作为处理求职者和雇员个人数据的基础。但是，它并不覆盖所有类型的个人数据。例如，《一般数据保护条例》第 9 条第 1 款所涵盖的敏感数据可以在求职者或雇员的同意之下进行处理，但前提是他 / 她们主动提供了这些数据。敏感数据包括生物特征数据。某些国家也允许（雇主）处理雇员的生物特征数据，因为在这些国家中，雇员的生物特征数据必须披露给雇主，这样雇主才能够控制雇员对其特别重要的机密信息的访问（这些机密信息的披露可能会损害到雇主），或者使雇主能够控制对工作场所的访问。例如，考虑到银行部门可能存在较高的数据侵权风险，《一般数据保护条例》第 88 条允许欧盟成员国通过法律，专门授权银行向雇员索取生物特征数据，包括指纹、语音记录、虹膜图案和指静脉纹（该生物特征数据的清单将随着新技术的出现而不断扩展），前提是银行需要雇员提供此类数据来控制对银行处理的信息以及特殊房间的访问。

在某些成员国（波兰、捷克、希腊、爱沙尼亚、拉脱维亚、立陶宛、意大利、斯洛伐克、西班牙、瑞典）的立法中，《一般数据保护条例》第 10 条所涵盖的与求职者和雇员的刑事定罪和违法行为有关的个人数据也可以进行处理，但仅当为了履行雇主依法所承担的义务所必要之时，或者仅在根据工作性质有必要的情况之下。

根据欧盟成员国各自的立法，大多数欧盟成员国都允许雇主在招聘过程中收集求职者犯罪记录的信息，不过收集数据的法律基础并不总是一致的。在某些成员国，这种行为可以在征得求职者同意的情况下进行。但在波兰，如果仅有求职者的同意，尚不能作为收集求职者犯罪记录信息的法律基础。仅在法律明确要求，特定职位的候选人（例如银行管理委员会成员）或特定部门（例如司法部门）的候选人不得因任何违法行为而被定过罪，或者不得有某些特殊类别的违法行为时，才允许雇主收集此类数据。

对某些部门而言，求职者和雇员犯罪记录的信息很重要，例如在金融领域，这些部门如果在没有充分核实相关信息的情况下进行人员雇佣，风险会很高。某些成员国与《一般数据保护条例》相关的法律对这些需求作出了回应，明确规定了收集此类数据的法律依据，例如，当某个职位的工作允许访问到有关银行或其他金融机构或其客户的数据时。

尽管上面提到的法律规定明确允许援引雇员的同意作为处理雇员个人数据的法律基础，但我还是要作出警告，不要将该基础视为是充分的和无条件的。

例如，波兰最高行政法院 2011 年 9 月 6 日的判决（I OSK 1476/10）对援引数据主体的同意作为超出法律规定范围的数据处理依据提出了质疑。然而，该判决所涉及的是《一般数据保护条例》生效之前的法律状况。法院裁定，相对于数据处理的目的，使用雇员的指纹来监督他们工作时间的做法是不相称的。意大利数据保护当局对数据最小化115原则和在《劳动法》之下使用雇员指纹也表达了类似的观点。[1]

当处理《一般数据保护条例》第 9 条第 1 款规定的敏感数据以及第 10 条规定的刑事定罪和违法行为有关的数据并非是雇主履行依法承担的义务所必需时，《一般数据保护条例》序言第 155 条提出了以

1　Garante per la protezione dei dati personali（意大利数据保护当局），Uso delle impronte digitali per i sistemi di rilevamento delle presenze nei luoghi di lavoro（《使用指纹进行工作场所的辅助控制》），21 July 2005 Doc. Web No. 1150679, http://www.garanteprivacy.it/web/guest/home/docweb/-/docweb-display/docweb/1166892.

雇员同意作为处理雇员数据的替代依据，除非当地欧盟成员国劳动法的规定明确禁止处理这些类型的数据。

但是，数据主体的同意依然不能被视为可以独立于关键数据保护原则（crucial data protection principles）而处理雇员数据的法律基础。关键数据保护原则体现为数据最小化要求和同意的自愿性质。

数据处理的范围不得超出雇员与其雇佣关系相关的个人数据。即使在特定情况下，雇员自愿表示了同意（必须由雇主证明），也不会导致数据最小化要求的无效。这种情况也适用于目的限制的原则。例如，雇主完全可以使用指纹来控制对受保护的房间或关键系统的访问，但是在特定的背景下，使用相同的个人数据来监督雇员的工作时间并评估其工作效率，则可能是不恰当的。[2]

荷兰阿姆斯特丹法院在 2019 年 8 月 15 日裁判的案件（7728204 CV VERZ 19-9686）中裁定，如果雇员拒绝向雇主新近启用的收款机指纹扫描授权系统提供指纹的，则不应该要求其提供相关的生物特征数据。尽管《荷兰〈一般数据保护条例〉实施法》（the Dutch Act Implementing the GDPR，UAVG）第 29 条允许雇主处理生物特征数据（例如指纹），以便在必要时出于身份验证或安全目的进行唯一标识，但是雇主应考虑采用侵入性较小的解决方案，并且选择用以确保雇主经营场所和系统安全的措施应该与需求和风险相称。[3]

根据雇员同意处理数据的合法性的另一个影响因素是同意的自愿性。例如，有关处理雇员个人数据的国家法律通常允许在雇员同意的情况下在网络上发布雇员的照片，但雇员的同意必须是自愿给出的。雇员从属于雇主是所有雇佣关系的基本特征之一。当雇主提出要求时，雇员可能会感受到非正式的压力，从而作出同意的意思表示，这

2　Opinion 2/2017 of the Working Party of 8 June 2017, p.22.

3　https://www.dataguidance.com/opinion/netherlands-court-amsterdam-fingerscan-system-decision-demonstrates-threshold-use.

意味着雇员同意的自愿性质可能会受到质疑。数据主体的同意只有在完全自愿而且拒绝没有潜在不利后果的情况下才有效。求职者或雇员没表示同意，不应该是对其施以不利对待的依据，也不应该给求职者或雇员造成任何其他不利后果。特别是，这不应该成为雇主拒绝雇佣某人或终止雇佣关系（无论是否发出通知）的正当理由。例如，雇主要拍摄办公室的局部照片并计划将其发布在公司网站上。这样的照片拍摄可以做如下安排：仅让那些同意将其照片作为小组内容发布的员工参与拍摄，在拍摄过程中，那些不同意参与的员工可以选择在建筑物的其他地方工作。[4]

由于可能会出现同意缺乏自愿性的风险，第二十九条数据保护工作组建议，在将同意作为处理雇员个人数据的法律基础时，应当采取有所保留的态度（参见 2017 年 6 月 8 日工作组《关于工作中的数据处理的第 2/2017 号意见》，这是对先前的 2001 年 9 月 13 日工作组《关于在雇佣环境中处理个人数据的第 8/2001 号意见》的补充，第 3 页、第 4 页和第 27 页）。[5]

但是，这种有所保留的态度并不意味着（在雇佣环境之下）自愿给予同意是不可能的。每个个案的具体事实对评估至关重要。首先，在通过《一般数据保护条例》时，欧盟立法者放弃了最初立法提案所提出的声明（序言部分第 34 条），即雇主和雇员之间的依赖状况以及由此导致的明显失衡，会影响雇员表示同意的自由，从而影响其效力。与此同时，《一般数据保护条例》序言引入了第 155 条，允许在雇员同意的基础上处理雇员个人数据，但要遵守《一般数据保护条

4　EDPB Guidelines 05/2020 on consent under Regulation 2016/679, Version 1.1 of 4 May 2020, points 22–23, p.9. 第二十九条工作组在其 2001 年 9 月 13 日《关于在雇佣环境中处理个人数据的第 8/2001 号意见》中对此也持相同的解释。

5　2017 年 6 月 8 日通过的《关于工作中的数据处理的第 2/2017 号意见》（第 249 号工作文件），第 3—4 页："除非雇员可以在没有不利后果的情况下拒绝同意，否则同意极不可能成为工作环境下的数据处理的法律依据"，"重要的是，鉴于对雇员与雇主关系所产生的依赖性，雇员很少能够自由地给出、拒绝或撤销同意"。

例》规定的条件。其次，某些国家劳动法也规定了雇员的同意，这意味着雇员同意可以具有自愿性；例如，怀孕的雇员或者照顾自己孩子直到孩子满四岁的雇员，必须同意自己按照特殊的工作时间规则进行工作。

因此，要求同意的内容就显得非常重要。除了其他事项，雇主应该明确告知雇员，作出同意的目的及其自愿性质。同意条款的内容应当同等重要，但关键在于，雇主应证明，如果雇员拒绝同意提供个人数据的，不会在确定年度奖金或雇员职责范围方面造成任何歧视。然而，如果雇主希望引入有利于雇员工作的特殊安排而寻求雇员同意，结果遭到拒绝的，在这种情况下，可能无法完全避免因雇员拒绝表示同意而产生的某些负面后果。例如，如果雇主计划采用指纹审查进出以缩短雇员等待进入或离开公司所花费的时间（前提是当地法律不禁止处理生物特征数据），那么选择不使用该系统的雇员就更有可能会迟到，例如由于在他们前面排队等候的人正在寻找门禁的磁卡。在许多雇佣数百人同时开工和完工的机构中，这是一个实际问题。

第二节　监视雇员的活动

在 21 世纪初，新技术的功能尚不为人所知，也没被广泛使用，但现在雇主可以借助它们来监视雇员，或者可以为了该目的而专门开发和应用这些新技术，这是对隐私权的巨大挑战。因此，有必要更新、完善第二十九条工作组先前的一些建议（参见 2017 年 6 月 8 日工作组《关于工作中的数据处理的第 2/2017 号意见》，以下简称《第 2/2017 号意见》，第 249 号工作文件）[6]，补充工作组先前在 2001 年 9 月 13 日《关于在雇佣环境中处理个人数据的第 8/2001 号意见》（第 48 号工作文件）以及 2002 年 5 月 29 日《关于监视工作场所电子通信的

6　http://ec.europa.eu/newsroom/document.cfm?doc_id=45631.

工作文件》（第 55 号工作文件）中的建议。[7]

第二十九条工作组《第 2/2017 号意见》提到的建议是针对"雇员"，"雇员"这个术语的范围不局限于具有劳动法所承认的劳动合同的人员，还包括其他类型的雇佣形式，特别是基于自由职业的雇佣（参见第 4 页）。

在现代社会，监视不仅包括闭路录像系统还包括信息通信技术系统的操作。前者显然是广泛运用和非常流行的，并且它们的效率和访问已收集数据的便捷性正在提高。然而，从防止数据泄露角度来看，至关重要的是与信息通信技术系统和电子邮件相关的监视。广泛使用的监视形式包括记录电子邮件接收者，发送消息的时间，电话的次数、时点和持续时间，浏览互联网的历史记录，识别符合特定条件的电子邮件附件，记录电话通话，公司汽车和"神秘客户"的全球卫星定位跟踪。这里并没有穷尽将来可能会使用的监视方法。应指出的是，实时在线监控系统仅显示来自摄像机的图像，而不进行记录，因此不落入《第 2/2017 号意见》所覆盖的范围。

影响工作场所监控合法性的关键因素是警觉度（透明度）、所采取措施的相称性以及数据最小化。雇员应当事先就获得有关监视及其性质的明确信息，以及是否计划访问通信内容的明确信息。

从雇主办公场所发送的电子通信仍可能被《欧洲人权公约》第 8 条第 1 款的"私人生活"和"通信"（correspondence）概念所涵盖，而且，雇主对电子工具的所有权并不能排除雇员保密其通信、位置数据和通信往来的权利。[8] 118

措施的相称性（符合比例）应当被理解为相关措施足以应付雇主所面临的风险。例如，如果互联网的滥用可以通过使用网络过滤器加

7　http://ec.europa.eu/justice/article-29/documentation/opinion-recommendation/files/2002/
　　wp55_en.pdf.

8　Opinion 2/2017 adopted on 8 June 2017 on data processing at work, WP 249, p.22.

以防止，那么雇主就没有权利监视网站的内容。[9]此外，闭路录像系统的监视不得覆盖某些位置（请参阅下一节数据最小化的相关内容）。

雇员对信息通信技术系统的监控形式和范围的警觉度，要低于对闭路录像系统监控的警觉度。除非安保摄像机是微型和隐藏的，否则通常是可见的。受监视的建筑物和场所应该标有视频监视的标志，而且通过视频监视记录所获得的信息范围相对狭窄。相比而言，由于信息通信技术系统的监控形式多种多样，所收集信息的范围较宽，而且被监控者的警觉度和认知不足，所以实施监控者应该要向被监控者告知更多的信息，包括相关的隐私问题和后果。因此，在实行这种监视之前，用人单位必须相应地通知雇员：对闭路录像系统，必须清楚地标明该系统所监视的区域；记录电话对话时，必须使用语音进行警告提醒；无论是这些还是其他任何类型的监视，都必须在诸如员工手册中包括隐私声明。当然，要求雇主让雇员充分了解监视，并不意味着雇主在每项检查之前都必须告知雇员，而只是必须将企业规章制度允许监视的事实告知雇员。波兰最高行政法院的判决认为，只要企业自动收集内部网络和公共网络之间相互沟通的信息，就构成了对工作场所雇员的监控，因为这么做将允许雇主检查雇员访问的网站名单、访问时间和持续时间，以及具体访问的网站网址或者下载的文件。[10]因此，这种监视活动必须满足合法性的要求，必须出于合法的目的，符合比例原则和透明度的要求，其中，透明度意味着员工应该知道被监视的事实。因此，波兰最高行政法院要求雇主必须确定详细的监控规则，并将这些监控规则告知雇员。

欧洲人权法院 2018 年 1 月 9 日裁判的洛佩兹·里巴尔达等人诉西班牙（*López Ribalda and Others v. Spain*，第 1874/13 和第 8567/13

9　Opinion 2/2017 adopted on 8 June 2017 on data processing at work, WP 249, p.23.

10　The Polish Supreme Administrative Court, Judgment of 13.2.2014, I OSK 2436/12, http://orzeczenia.nsa.gov.pl/doc/A2B1C2D069 (in Polish).

号申请）案[11]的判决认定，在超市中安装隐藏式摄像机监控收银员行为的做法，侵犯了收银员们保护隐私的权利，即使这些摄像机是在发生盗窃之后安装的，其目的也是为了防止进一步的盗窃行为并找到违法者。在该案中，仅有部分摄像机是可见的，其他摄像机处于隐藏的状态。雇主也仅告知雇员可见摄像头的存在。隐藏摄像机所记录的录像表明，受监控的出纳员确实存在盗窃行为，这正是他们被纪律处分并辞退的原因。但法院认为，雇主有义务在使用视频监控之前，就将视频监控告知雇员。法院强调，该视频监视并不是针对有嫌疑的特定雇员的结果。

119

这个案件与欧洲人权法院在 2010 年 10 月 5 日针对卡琳·科普克诉德国（*Karin Köpke v. Germany*，第 420/07 号申请）案[12]的裁判结果有所不同，后一案件也与秘密视频监视有关。在欧洲人权法院作出该判决时，当时的德国法律允许在某些条件下可以不告知被监控者就进行监视，并且法院并未认定其不符合《欧洲人权公约》第 8 条的规定。与之相反，西班牙的法律则要求事先告知受监控者。[13]但法院认为，德国案件中，系争的监视措施仅限于两名涉嫌的处理同一台现金出纳机的收银员，视频监控措施持续了两个星期，目的是确定两名涉嫌的收银员之中是哪一个实施了多次的盗窃行为。因此，在德国案件中，对雇员隐私的干预被限制在必要的最低限度之内，这就是欧洲人权法院没有判决雇主违反《欧洲人权公约》第 8 条的原因。

但是，2019 年 10 月 17 日欧洲人权法院大审判庭（the Grand

11　https://hudoc.echr.coe.int/eng?i=001-179881#{'itemid':['001-179881']}, retrieved on 10 March 2018.

12　http://hudoc.echr.coe.int/app/conversion/pdf/?library=ECHR&id=001-101536&filename= 001-101536.pdf [retrieved on 10 March 2018].

13　A. Sobczyk, Lopez Ribalda i inni przeciwko Hiszpanii a dopuszczalność niejawnej kontroli pracowników w Polsce（《洛佩兹·里巴尔达等人诉西班牙案以及对波兰工人谨慎控制的可接纳性》）, https://sobczyk.com.pl/lopez-ribalda-a-dopuszczalnosc-niejawnej-kontroli-pracownikow-w-polsce/.

Chamber）推翻了欧洲人权法院审判庭 2018 年 1 月 9 日对洛佩兹·里巴尔达等人诉西班牙一案的判决。[14]欧洲人权法院的判决并未否认《公约》第 8 条规定了信息告知义务。但是，"鉴于在这类案件之中信息权的重要性，法院认为，只有存在与保护重大公共或私人利益有关的更为重要的要求时，才能证明缺乏在先的信息告知是合理的"（判决书第 133 点）。欧洲人权法院大审判庭提到了一种更加重要之必要情况，在这种情况下，可能不需要雇主通知雇员存在秘密的视频监控，而视频监控的安装也并不是因为"对雇员存在盗用或其他任何不当行为只有半点一点的怀疑"，而是由于"存在合理的怀疑，即雇员已犯下严重的不当行为，并且在该案确定的损失程度看来已经构成了充分的理由"，特别是"公司的正常运作受到了威胁，而且这种威胁并非来自单单一名涉嫌员工的不当行为，而是来自多名可疑员工的协同行动，因为这种情况已经在工作场所之中制造了普遍的不信任气氛"（判决书第 134 点）。

欧洲人权法院在 2016 年 1 月 12 日巴尔布雷斯库诉罗马尼亚一案[15]的判决中认为，该案在数据主体的权利与其雇主的合法权益之间取得了公正的平衡。此案是由罗马尼亚国民博格丹·巴尔布雷斯库于 2008 年 12 月 15 日向欧洲人权法院提交的申请书启动的。申请人的部分工作是通过"雅虎通"（Yahoo Messenger）与客户联系。他的雇主告诉他，他在"雅虎通"上的账户已经受到了监控，监控时段是从 2007 年 7 月 5 日到 13 日，而监控表明，巴尔布雷斯库先生使用他的办公室计算机进行私人通信，这种做法与雇主公司的内部规定以及申请人的书面声明是背道而驰的。雇主将此作为终止巴尔布雷斯库先生雇佣合同的理由。申请人提起诉讼，认为雇主不应该未经授权监控其私人通信并侵犯其隐私权，且以此为依据来终止雇佣关系，因此应该

---

14 http://hudoc.echr.coe.int/fre?i=002-12630 [retrieved on 10 December 2020].

15 *Bărbulescu v. Romania*, 61496/08, http://hudoc.echr.coe.int/eng?i=001-159906.

撤销终止雇佣关系的决定。

但是，欧洲人权法院裁定，申请人根据《欧洲人权公约》第 8 条规定所享有的隐私权在该案中并没有被侵犯。法院认为，雇主有正当理由去核实其雇员在工作时间内是否履行了职责。雇主的规章制度禁止雇员在工作时间内使用办公设备从事任何私人活动或进行私人通信。因此，雇主有权检查员工通信的历史记录，并期待在其中仅找到与工作相关的通信（尽管在该案中，事实证明这些历史记录也包含了私人通信的信息）。欧洲人权法院还判定，雇主的这些检查措施是相称的，因为它仅限于"雅虎通"。

但是，在重新审查该案之后，欧洲人权法院大法庭于 2017 年 9 月 5 日推翻了原审判决[16]，并裁定"上诉法院关于该案在利益攸关各方之间取得公正的平衡的结论……值得怀疑"（判决书第 139 点），并且"国内主管机构并没有充分保护申请人尊重其私生活和通信往来的权利，因此他们未能在利益攸关各方之间取得公正的平衡"（判决书第 141 点），因此违反了《欧洲人权公约》第 8 条的规定。

雇主的雇员条例虽然禁止在工作场所私下使用互联网，但并没有明确说明雇主（或者如何）监视或访问员工的通信。在随后发布的通知中，雇员也仅了解到这样的信息："每个人在公司里度过的时间都应该是宝贵的时间！上班期间应该处理公司和专业事务，而不是您自己的私人事情！请不要将时间浪费在处理与工作无关的事情或者无法履行职责的上网、电话或传真机上。这是［基础教育］、常识和法律所明确的！雇主有责任监视和监督员工的工作，并对任何有过错的人采取惩罚措施！您的不当行为将受到严密监视和惩罚！"（判决书第 13 点和第 15 点）

法院认为，针对专断和任意采取监控措施而言，相称性和程序性保证是必不可少的，在这种情况下，以下因素是相关的（判决书第

---

16 *Bărbulescu v. Romania*, 61496/08, http://hudoc.echr.coe.int/spa?i=001-177082.

121 点）：

（ i ）雇主是否已经通知雇员，其有可能采取措施监控雇员的通信和其他通信，并通知了这类措施的执行情况（应当清楚告知雇员监视的性质，并应当事先通知）。

（ ii ）雇主进行监控的程度，以及对雇员隐私的侵入程度。就此而言，应当区分对通信流的监控和对内容的监控。还应当考虑，是对所有通信或仅对部分通信进行了监控，考虑监控行为是否有时间和空间方面的限制，以及可以获取监控结果的人数。

（ iii ）雇主是否提供正当理由，证明其监控雇员通信和访问雇员通信实际内容的行为是合理的。由于对通信内容的监视在本质上是明显更具侵入性的方法，因此需要更加合理的理由。

（ iv ）比起直接访问雇员的通信内容，雇主在建立其监控系统时是否有可能采取较小侵入性的方法和措施。就该点而言，应当根据案件的具体情况，评估是否可以在不直接访问雇员通信全部内容的情况下，实现雇主追求的目标。

（ v ）雇主的监视行为对受其监视的雇员的影响，以及雇主对监控活动结果的使用，特别是该结果是否用于实现雇主所宣称的采取该措施的目标。

（ vi ）雇主是否已经为雇员提供了足够的保障，特别是在雇主的监控活动具有侵入性的情况下。此类保障措施应特别确保雇主无法访问雇员相关通信的实际内容，除非雇主事前就通知雇员这种可能性。

但是，法院承认，雇主在确保公司的平稳运转方面具有合法利益，雇主因而可以建立相关机制，检查雇员是否充分履行其专业职责并进行必要的勤勉工作，确保该合法利益的实现（判决书第 127 点）。

雇主的监控不仅要与合法目标相称，而且必须事先明确告知雇员：

雇主可以出于特定目的而监控他/她的通信，这些具体目的包括确保工作场所的纪律和工作效率，防止任何损害雇主或者客户利益的滥用或不当行为。

欧洲人权法院在 2007 年 4 月 3 日的判决中还强调了预定监控的信息的重要性及其范围。[17] 该案是发生在一名助理琳内特·科普兰女士与她的雇主卡马森郡学院之间的纠纷，涉及监控科普兰女士的电话、电子邮件以及她在工作期间的互联网连接。这些监控活动旨在验证申请人是否出于私人目的使用学院的设备。雇主声称，它只分析了雇员拨打的号码，打电话的日期、时间、持续长短和费用，所访问网站的网址、访问日期和持续时间，电子邮件收件人的地址、日期和时间，发送消息的次数。在这段持续了几个月的监控期间，学院并没有出台任何内部规定，向员工提供有关监控或其范围的信息。在该案中，欧洲人权法院仅认定，雇主没有向雇员提供所需的信息。法院并没有审查该案事实的其他要素，也没有衡量所涉各方的利益。欧洲人权法院裁定，根据《欧洲人权公约》第 8 条的规定，在不通知受影响人的情况下进行监控是对隐私的侵犯，因为雇员在工作场所的电话和电子邮件通信都被"私人生活"和"通信往来"的概念所涵盖。

《一般数据保护条例》序言第 155 条明确允许引用雇员的同意作为处理雇员个人数据的基础，但要遵守本章所述的条件，尤其是在真正自愿的同意性质之下。但是，我们应该假定，除了特殊情况之外，雇员的同意不应作为监控雇员活动的数据处理基础，其主要原因是在这种情况下获得的雇员同意是否完全自愿，是否没有受到任何压力，存在合理的怀疑。

雇主为了追求其合法权益，以监控为目的进行数据处理的，在大

122

17　*Copland v. the United Kingdom*（科普兰诉英国），62617/00, http://hudoc.echr.coe.int/eng?i=001-79996.

多数情况下，应有适当的法律依据（第 6 条第 1 款第 f 项）。

雇主的合法权益（该合法权益的实现有赖于对雇员活动的监控，也即是以监控为目的进行数据处理的合法基础）可以是诸如确保数据或其他资产的安全，防止有损于雇主或其客户的滥用行为或者不法行为，对工作质量和纪律的监视，以及对特定交易情况的记录。

雇主的合法权益只有在优先于雇员的利益或基本权利和自由时，才能被援引作为以监控为目的的数据处理的基础。如果说，与雇主的合法权益或利益（例如防止雇员滥用职权的恶行并保护客户资产）相比，雇员拥有相同的合法权益或优先的利益，似乎是令人难以置信的。但是，雇员根据《欧盟基本权利宪章》所享有的权利和自由，例如保护个人数据的权利（第 8 条），尊重其私人和家庭生活的权利（第 7 条），自由表达和信息权（第 11 条）以及集会和结社自由（第 12 条），可能会凌驾于雇主的合法利益之上。

监控活动与数据处理目的的相称性评估，必须结合具体特定情况进行。此外，这种评估的解释还必须考虑到技术的发展演进，以及社会大众对劳动关系中新做法的接受程度。例如，对体温或眨眼频率的电子监控可以防止驾驶员疲劳引起的事故，因此在公共交通工具上使用这种监控时，可能会获得公众的认可。但是，如果将相同的技术用于对上班族活动的自动分析，就可能是社会无法接受的监视手段。根据第二十九条工作组的规定，这种监控形式（例如面部表情的自动分析和面部识别技术）与通常的监控目的是不相称的，因此可能会侵犯雇员的权利和自由，因此除了某些特殊例外情况，这些监控手段是非法的（《第 2/2017 号意见》第 22 页）。

在数据保护影响评估之中，应该包含对与雇主追求合法利益有关的监控形式和范围的比例性（相称性）的分析，以及雇主为降低侵犯隐私权和通信保密性的风险而采取的减险方法的分析（第 35 条）。

法律规定可以是为监控目的进行数据处理的另一个基础，这些规定允许雇主为了确保其活动的安全性采取以监控为目的的数据处理，或者是为了让那些在经常面临信息安全风险的部门中运营的机构进行以监控为目的的数据处理，例如，根据 2014 年 5 月 15 日《针对金融工具市场的第 2014/65/EU 号指令》（MiFID II）的要求，记录电话通信以记载各类活动，收集雇员履行职务的证据。[18]

在招聘的过程中，允许雇主使用求职者在社交媒体上发布的信息（除非当地劳动法限制了这种做法），但这并不是仅仅因为求职者已经公布了此类信息，而是基于雇主的合法利益，并且视这类数据对于特定职位及其个人资料而言是否充分而定。因此，雇主应评估可公开获得的求职者信息的性质是专业的还是私人的信息（关于他 / 她的信仰、兴趣、家庭和社会生活，在某些情况下是敏感数据），并限制仅将此类信息用于与所申请工作类型直接相关的事项。雇主进行监控的一个例子：雇主为了追求其合法权益，可以在领英（LinkedIn）上对前员工是否遵守了竞业禁止条款进行了查证（《第 2/2017 号意见》第 12—13 页）。

雇主的合法权益还可以表现为在雇员工作时间内对雇员与工作相关而使用的公司车辆进行全球卫星定位的跟踪。但是，如果雇主在工作时间以外还向雇员提供汽车的，那么雇主不应该使用汽车跟踪系统获取和收集有关诸如雇员夜间位置的信息。对此，雇员可以在下班时禁用跟踪功能来防止这种情况。

第二十九条工作组在其《第 2/2017 号意见》（第 17 页）中建议，对涉及数据泄露风险的向外发送电子邮件行为的系统监控，应当以统计分析和明确的警报类别为依据。只有根据最初的自动分析检测到可能的侵权行为之后，才应当把焦点聚集在涉嫌侵权的人员之上。对电子邮件的监控，不得侵犯员工的通信往来和其他个人物品的机密性。但是，以发送私人电子邮件为托辞（假如这些电子邮件包含有关客户和公司的信息，但为了便于发送到公司外部，被有意标记为私人

18　OJ L 173, 12.6.2014, p.349.

信息），将雇主信息系统中标记为私人的信件或文件无差别地排除在监控范围之外，将会错误地引发数据泄露风险。一个好的做法是用人单位的规章制度禁止将官方电子邮件用于私人目的，并且让雇员意识到，即便是在所谓的"消极监控"状态之下（即便访问这些数据需要获得诸如用人单位的人力资源部或法务部的批准，并且出于调查的需要），电子邮件也已归档在系统之中。

第三节　雇佣环境下的数据最小化原则

根据《一般数据保护条例》第 88 条所制定的关于处理雇员个人数据的成员国国内法必须包括适当和具体的措施，维护数据主体的人格尊严、合法权益和基本权利，尤其是涉及数据处理的透明性，或者涉及在有联合经济活动并在工作场所使用监控系统的一组企业内部进行个人数据的传输。

因此，立法者和雇主必须考虑招聘过程是否符合数据最小化原则，例如，假如雇主在这种场景下向雇员提出有关生育计划或求职者子女的年龄等问题，就可能违反了该原则。

为了确保对雇员的权利和自由的保护（这些权利与自由可以由根据《一般数据保护条例》第 88 条制定的成员国国内法所规定，但抛开这些法律不论，它们也存在于雇主的实践中），可以通过确定雇员数据的负面清单，也即基于明确发生歧视的风险，禁止雇主（即便在雇员表示同意的情况下）可以收集的数据类别。这些数据类型可能包括某些类别的敏感数据，例如关于雇员的健康或成瘾状况的数据。但是，应该指出的是，这仅适用于并非基于法律规定处理健康数据的情况，例如规范工作事故的程序。此外，如果闭路录像系统出于安全目的而监视工作场所以外的区域，结果可能记录到了雇员定期吸烟的行为，尽管这些信息只是监控活动的副产品，但我们应该考虑到，在这种情况下禁止处理雇员（诸如吸烟成瘾）数据的实际后果。

闭路录像系统的监视不得包括某些场所，例如卫生设施、更衣室、食堂、吸烟室和可供工会使用的房间，除非闭路录像系统对确保雇员、客户或财产的安全或维护公司的商业秘密至关重要，同时不损害雇员的权利（在任何情况下都不能监控工会的处所）。无论当地法律是否禁止，都不允许使用闭路录像系统监视这类位置，因为这与数据最小化原则背道而驰。

目前的法律并没有规定，如果数据主体求职不成功，雇主可以将不成功的求职者的数据保存多长的期限，也没有规定在招聘过程结束后，如果该求职者没有同意可以为将来招聘之用而处理其数据的，雇主是否应当立即删除这些数据。依我之见，雇主可以（例如）通过主张其合法权益，在确定时段之内继续处理求职失败者的数据，因为另一位求职成功者可能会选择在三个月试用期结束后不在雇主这里继续工作，因此雇主可能希望与最初被拒绝的次优求职者保持联系（这很可能也是符合该求职者的利益的）。此外，为了驳斥求职者随后可能针对雇主提出的招聘歧视（例如基于性别）主张，雇主还有可能需要处理求职者的资格和招聘过程的数据。[19]

---

19 CJEU, judgment of 19 April 2012 in Case C-415/10, *Galina Meister v. Speech Design Carrier Systems GmbH*（加琳娜·梅斯特诉语音设计载体系统有限公司），ECLI: EU: C: 2012: 217; CJEU, judgment of 21 July 2011 in Case C-104/10, *Patrick Kelly v. National University of Ireland (University College, Dublin)*［帕特里克·凯利诉爱尔兰国立大学（都柏林大学学院）］，ECLI: EU: C: 2011: 506; Council Directive 2000/78/EC of 27 November 2000 establishing a general framework for equal treatment in employment and occupation（欧洲理事会 2000 年 11 月 27 日《为雇佣和就业中的平等待遇建立总体框架的第 2000/78/EC 号指令》），O. J. L 303, 2.12.2000; Directive 2006/54/EC of the European Parliament and of the Council of 5 July 2006 on the implementation of the principle of equal opportunities and equal treatment of men and women in matters of employment and occupation（欧洲议会和理事会 2006 年 7 月 5 日《关于在雇佣和就业方面执行男女机会均等和待遇平等原则的第 2006/54/EC 号指令》），O. J. L 204, 26.7.2006; Council Directive 2000/43/EC of 29 June 2000 implementing the principle of equal treatment between persons irrespective of racial or ethnic origin（欧洲理事会 2000 年 6 月 29 日《关于实施种族或族裔平等待遇原则的第 2000/43/EC 号指令》），O. J. L 180, 19.07.2000.

　　如果欧盟成员国的立法者不利用《一般数据保护条例》第88条规定的选择空间制定规范雇员数据保护的国内法律，那么这些数据的法律状态将与其他类型的数据相同，因此，雇员的个人数据将会受到《一般数据保护条例》规定的一般原则的保护，包括数据最小化原则和目的限制原则。《一般数据保护条例》仅直接规定了雇员敏感数据的处理（第9条第2款第b项：该数据处理是雇佣领域之内数据控制者或者数据主体为了履行义务并行使特定权利所必需的）。如果欧盟成员国劳动法对雇员数据处理的限制与《一般数据保护条例》不一致，国内法的规定将不再有效，除非该成员国通知欧盟委员会，其已经依照欧盟《一般数据保护条例》第88条的规定出台了具体的规定。

第八章　敏感数据和犯罪记录

第一节　敏感数据

"个人数据"一词的范围是开放的；它取决于每个数据控制者和
每个数据主体的具体性质，并且随着技术的进步而发展（本书与《一般数据保护条例》第 4 条相关的章节探讨了个人数据的定义、类别和其他内容）。不过，"个人数据"的术语还涵盖了一个封闭的子集：敏感数据。与其他（普通）数据相比，此类数据已被独立出来并获得更强的保护，因为它们尤其关涉到隐私权的保护以及基本权利和自由的风险。敏感数据不仅属于私人领域，而且属于私密领域。它们的披露可能会侵犯数据主体的尊严，污名化数据主体，或使数据主体被其周遭环境所抛弃，从而给数据主体带来重大和不可挽回的伤害。它还可能导致在某些重要领域对数据主体的歧视，例如影响到就业、贷款或人寿保险方面的决策。

敏感数据的封闭范围（在《一般数据保护条例》中被称之为个人数据的特殊类别）包括那些揭示了数据主体的种族或族裔血统、政治见解、宗教或哲学信仰或者工会会员身份的个人数据，可识别自然人的独特的遗传数据、生物识别数据，以及有关个人健康或个人性生活或性取向的数据（第 9 条第 1 款）。

该定义与通常认为的敏感数据或数据处理的实际结果并不完全一致。例如，个人的薪水或财务状况并不在敏感数据的法律范围内，但通常却被认为是高度敏感的数据。在许多国家或地区，向某人询问薪水高低是不明智的行为；但在另一些国家，此类数据是公开可获得的。有关个人健康的信息虽然包含在敏感数据的法律定义中，但根据其性质，它要么可能是个人的私密信息之一（例如有关不育或感染危险病毒的信息），要么是相当中性的信息（例如某人因受伤而短暂缺勤的事实）。

不过，欧盟法院 2003 年 11 月 6 日的 C-101/01 案判决[1]第 51 点指出，"涉及个人脚部受伤并因医疗原因仅出勤一半的事实，构成了《第95/46/EC 号指令》第 8 条第 1 款规定的有关健康的个人数据。"

关于成瘾的个人信息并不是敏感数据的一部分。但是，由于此类信息容易引发问题的特性（从直接受影响者的角度来看），应该可以将其视为与健康相关的信息。关于成瘾的信息并没有被《第 95/46/EC 号指令》第 8 条第 1 款列为敏感数据，但欧盟成员国法律诸如《波兰数据保护法》第 27 条第 1 款规定的敏感数据却明确包括了该信息（本款规定在《一般数据保护条例》生效之后就被废弃了）。

合法处理敏感数据的条件，与合法处理普通数据的条件相反。在符合《一般数据保护条例》第 6 条规定的情况下，处理普通数据一般是合法的（积极性规定）。情形之一是存在数据控制者或第三方追求的合法利益。合法利益的范围是开放式的，由数据控制者定义。这意味着普通数据通常是可以处理的，因为明确规则例外的法律规定必须严格拟定和解释。

与之相反，由于对隐私权具有特别重要的意义，《一般数据保护条例》第 9 条所列举的特殊类型数据受到更加严格的保护。处理敏感

---

1 CJEU judgment of 6 November 2003 in case C-101/01, *Bodil Lindqvist v. Aklagarkammaren i Jönköping*.

数据通常是被禁止的——但是，如果满足了《一般数据保护条例》第9条第2款所列的条件之一，则不适用该禁止。这些条件不包括数据控制者或第三方的合法利益。因此，《一般数据保护条例》以消极的方式，规定了合法处理个人敏感数据的条件，将其作为普遍禁止处理此类数据的例外，而这些例外情形必须严格解释。

如果满足以下的替代条件之一，则不适用禁止处理敏感数据的规则（第9条第2款）：

（a）数据主体已经明确同意（数据主体通过行为对其意图作了毫无争议的意思表示）以一个或数个特定目的处理这些个人数据，除非欧盟或成员国法律规定，即便在数据主体同意的情况下仍应禁止处理敏感数据的。

（b）在为数据主体的基本权利和利益提供了适当保障的欧盟法律、成员国法律或者是依据成员国法律订立的集体协议授权的范围内，为了履行数据控制者或数据主体在雇佣和社会保障法领域的义务，并且行使其特定权利，有必要进行数据处理的。

（c）当数据主体在物理或法律上没有能力作出同意的意思表示时，为了保护数据主体或另一自然人的重要利益，有必要进行 129
数据处理的。

（d）以政治、哲学、宗教或工会为宗旨的基金会、协会或任何其他非营利组织在采取了适当保障措施并开展合法活动的过程中，有必要处理数据的，前提是这类数据处理仅涉及该组织机构的成员、前成员，或者为了机构的宗旨而与之定期接触的人，而且个人数据并没有未经数据主体的同意在机构之外披露。

（e）处理数据主体明确公开或者数据主体明确同意的个人数据；在敏感数据是未经数据主体明确同意而公开的情况下，即使数据主体知情，仍然禁止处理这些敏感数据。

（f）为确立、行使或抗辩法律请求，或者法院为了行使其司法职能，有必要进行数据处理的。

（g）根据欧盟或成员国的法律，出于真正的公共利益的考虑，有必要进行数据处理，前提是该法律必须与所追求的目标相称，尊重数据保护权利的实质，并规定了适当和具体的措施来保护数据主体的基本权利和利益。

（h）为了预防或职业医学，为了评估雇员的工作能力、医疗诊断，为了根据欧盟或成员国法律或与医疗保健专业人员签订的合同，提供卫生保健或社会优抚或治疗，或管理与之相关系统和服务，必须进行数据处理的，前提是必须遵守《一般数据保护条例》第9条第3款规定的条件和保障，并遵守职业保密的义务。

（i）根据规定了保护数据主体的权利和自由尤其是职业保密性的适当和具体措施的欧盟或成员国法律，出于公共卫生领域公众利益的考虑，例如防止严重的跨境健康威胁，或者确保卫生保健以及药品或医疗器械的质量和安全达到高的标准，有必要进行数据处理的。

（j）根据与追求的目标相称、尊重个人数据保护权的本质并提供了保护数据主体的基本权利和利益的适当和具体措施的欧盟或成员国法律，依照《一般数据保护条例》第89条第1款规定的为公共利益的存档目的、科学研究或历史研究或统计的目的，有必要进行数据处理的。

130　　值得注意的是，允许处理敏感数据的情况（也即禁止处理敏感数据的例外情况），并不包括在数据主体请求之下为了与之订立合同所必要的数据处理，也不包括为了履行与数据主体之间的合同所必需的数据处理，这些情况是处理普通数据的关键依据。这意味着，（例如）当银行使用生物识别数据来识别银行某个客户时，即使这是履行银行与该客户之间账户合同的部分行为，银行仍然需要获得该客户的同意。

有关禁止处理敏感数据的上述主要例外情形的讨论，请参阅《一般数据保护条例》第 6 条第 1 款有关个人数据处理法律依据（包括第 7 条有关同意的规定）的相关评论，以及《一般数据保护条例》第 49 条第 1 款有关禁止将个人数据转移到数据保护水平不足的第三国的例外规定的相关评论。这些评论也适用于上述例外，因此，本文不再赘述这些评论与《一般数据保护条例》第 9 条第 2 款之间的关联。

规范数据处理法律依据的其他法律规定虽然没有明确允许处理敏感数据但还是允许的一类情形是：数据主体明确公开了系争的数据（第 9 条第 1 款第 e 项）。例子之一是政治活动，因其本质是公开的。尽管如此，这种情况下的数据处理仍必须遵守数据最小化原则：如果政客承认他/她的观点已经公开，也不意味着该政客已经同意公开他/她的其他敏感数据，诸如健康、性生活或性取向等等。尽管如此，在这种情况下，仍可能会发生一些特殊的情况：例如，当该政客的声明（该声明是其公共形象的基础，并且是社会对其进行公共支持的来源）与他/她在这些生活领域的实际行为是相反的，并且由媒体将政客这种口是心非的情况暴露给公众，可能是符合公众利益的。

第二节 与犯罪定罪或违法行为有关的个人数据

与犯罪定罪和违法行为相关的个人数据尽管不是《一般数据保护条例》第 9 条第 1 款所涵盖的敏感数据（虽然《第 95/46/EC 号指令》第 8 条第 5 款将它们列为特殊类型的数据），但仍受到了特殊保护。如果对此类数据的处理不加控制，可能会使这类定罪者或违法者在周遭环境之中受到侮辱和排斥，并遭受歧视，例如在就业或借贷方面。因此，《一般数据保护条例》序言第 75 条将这类个人数据与敏感数据相提并论，提到由于处理敏感数据、犯罪前科或违法行为的数据，可能会导致歧视、身份盗用或欺诈、经济损失、名誉受损或违反职业保密义务等风险。

将涉及犯罪定罪或违法行为的数据归类为普通数据的相关规定，位于规范特殊数据类别的条款之外（与《第 95/46/EC 号指令》不同），但《一般数据保护条例》第 10 条也明确规定，这些数据依据《一般数据保护条例》第 6 条第 1 款进行处理。

因此，处理涉及犯罪定罪或违法行为的个人数据是基于法规积极明确的实质情况。这与处理敏感数据合理的正当情境相反，后者属于一般性禁止规定的例外情况。

除了《一般数据保护条例》第 6 条第 1 款规定的情况之外，与犯罪定罪或违法行为有关的个人数据处理还基于欧盟法或成员国法之中为数据主体的权利和自由提供了适当保障的法律。《一般数据保护条例》第 10 条规定，如果法律"授权"，则可以处理此类数据。因此，在一项法律基础满足了提供适当保障的情况下，可以进行数据处理，这不仅是按照《一般数据保护条例》第 6 条第 1 款第 c 项所规定的"遵守数据控制者承担的法律义务"，而且也是为了行使法律权利。

因此，在欧盟法律或者成员国法律没有明确允许处理的情况下，与犯罪定罪和违法行为或相关安全措施有关的个人数据只能在政府当局的控制之下进行处理。能否进行数据处理的问题，不仅涉及政府公共当局，也涉及私人实体，后者在受到政府当局控制的情况下也可以处理此类数据。这也涉及刑事定罪的综合登记册，特别是国家犯罪记录。另一方面，如果数据处理得到欧盟或成员国法律的授权，这些法律可以为数据主体的权利和自由提供适当保障的，则无需政府当局的控制。

定罪的数据与法院的判决有关；此外，"定罪"并不包括附条件或无条件中止诉讼的无罪宣判或判决。然而，最后未定罪的犯罪行为以及轻微犯罪（例如可处以罚款的行为）可以被归类为"违法行为"（offences）。

就"相关安全措施"的解释而言，在区别刑事处罚和其他安全措施的背景下，还应当考虑到安全措施必须与判决相关，根据成员国国内法，这些安全措施可能包括：剥夺公民权；丧失担任特定公职或从事特定职业或从事特定业务的权利；禁止接触特定地点、环境或参与某些事件；软禁在家；限制令；驾驶禁令；公开宣布判决；电子监控，成瘾疗法，或拘禁在精神健康机构。

　　成员国法律允许处理与犯罪定罪有关的个人数据的例子之一是根据刑事诉讼程序的规定，公开犯罪记录被作为刑事惩罚的一部分。这种刑罚措施增强了主刑的惩罚效果，影响了罪犯在周遭环境中的社会地位，并震慑和抑制了这类犯罪行为的潜在效仿者。

第九章　提供数据处理相关信息的义务及隐私声明

第一节　信息提供义务的基础及隐私声明的范围 [1]

133　　数据控制者的主要职责之一是向数据主体提供与其有关的数据处理主要方面的信息。每个数据主体都必须知道（尤其是）谁将承担规范处理其个人数据的责任，出于什么目的收集数据，将数据传输给谁，随后又传输给谁，以及数据被存储多长时间。借助这些信息，数据主体可以验证数据处理是否按照声明的目的进行，并可行使其权利，例如反对数据处理。

　　《一般数据保护条例》（第12—14条）和《第95/46/EC号指令》（第10条和第11条）均规定了向数据主体提供有关其个人数据处理信息的要求。但是，根据《一般数据保护条例》（第13条和第14条）的要求，必须提供给数据主体的与数据处理和数据主体权利有关的信息范围，比《第95/46/EC号指令》规定的要广泛得多。

　　在《一般数据保护条例》的改革之后，某些信息的范围扩大了；

1　也请参见本书第六章"直接营销、电子营销、Cookies 和在线行为广告"中有关"公平处理的声明"的评论。

而其他一些类别的信息则是首次被提出。例如，当前所需的信息不仅包括数据控制者的详细说明，也包括（如果已指定）数据保护官（DPO）的联系信息；不仅包括数据处理的目的，也包括数据处理的法律依据；不仅包含数据主体访问数据、更正数据或反对数据处理的权利的信息，也包括（在数据主体的同意构成数据处理法律基础的情况下）对同意数据处理的撤回权的信息，以及向监管部门投诉的权利的信息。如果数据控制者对数据主体进行数据画像，则有告知数据主体的强制性义务，因为在数据主体不知情的情况下对其个人信息进行数据画像（这可能导致得出在统计上是可能的，但相对于特定数据主体是错误的结论），属于对个人数据权的主要威胁之一。《一般数据保护条例》还规定了一项实质性强化数据主体地位的要求：明确数据存储的预期期限的义务，或者至少是用于确定该期限的标准。这样一来，数据主体就可以检验数据控制者的操作，并对其提出质疑。

134

这极大地增强了数据主体的权利，使其能够控制个人数据处理的规则性。甚至有关数据控制者的特定合法目的和数据存储期限的信息也带来了新的挑战。过去，数据主体可能有时并不知道这些数据处理的信息，而今，数据主体可以验证并质疑它们。另一方面，从数据控制者的角度来看，履行明确这些信息并将其提交给数据主体审查的法律义务，需要对数据处理过程进行分析。这不是一件容易的事，例如，存储在同一文档系统中的数据不一定具有相同的存储期限。

就数据控制者应向被收集数据者提供的信息，《一般数据保护条例》第 13 条（《指令》第 10 条）和《一般数据保护条例》第 14 条（《指令》第 11 条）规定了不同的范围。这些信息的范围根据数据控制者获取数据主体数据的不同来源而有所不同。因此，《一般数据保护条例》第 13 条（《指令》第 10 条）适用于从数据主体收集的个人数据（例如通过电话、网站，通过为或代表数据控制者处理数据的实体，与数据控制者分支机构直接联系的），而《一般数据保护条例》第 14

条（《指令》第 11 条）适用于从其他来源（例如，从其他数据控制者，从汇编销售数据库、公共电话和地址目录的公司）收集的个人数据。因此，这些规定共同涵盖了收集个人数据的所有情况，并按照数据来源加以划分。

数据收集（《一般数据保护条例》中并没有给出定义）是指获取数据，意在对其进行进一步处理，而且相关的数据获取与数据的来源无关，数据的进一步处理也与数据处理的类型、数据的技术形式或是否存在归档系统无关。这包括客户可以输入个人联系数据的在线信息条款；消费者签署的个人数据表；以及购买使用市场营销数据库的许可证，或者从某人配偶（其配偶在保险合同中表明该人为受益人）那里获得该人的数据。

此外，《一般数据保护条例》第 15 条（以及《指令》第 12 条第 a 款）规定了数据主体要求获得信息的权利，其适用范围与《一般数据保护条例》第 13、14 条（《指令》第 10、11 条）相一致。然而，《一般数据保护条例》第 15 条（《指令》第 12 条第 a 款）所指的信息必须由数据控制者根据数据主体的要求提供，而根据《一般数据保护条例》第 13、14 条提供信息的要求（《指令》第 10、11 条）则是根据法律规定自动约束着收集数据的数据控制者。因此，《一般数据保护条例》第 13、14 条以及第 15 条规定的信息义务是各自独立的，并不相互排斥。

第二节　数据处理的信息和数据处理合法性之间的关系

135　　《一般数据保护条例》第 5 条（《指令》第 6 条第 1 款）所列的数据处理基本原则包括了数据处理的合法性。《一般数据保护条例》第 13 条和第 14 条（《指令》第 10 条和第 11 条）规定的信息义务是数据控制者主要义务的组成部分。因此，数据收集的合法性取决于包括正确履行信息义务在内的诸多事项。然而，即便数据控制者未能适当履行对数据主体的信息义务，也并不一定意味着数据控制者的数据处理就是不合法的。信息义务是数据处理合法性的关键条件之一，对数据主体控制其数据处理的权利至关重要。但除此之外还有其他条件。这些条件特别包括了数据处理的法律基础（由《一般数据保护条例》第 6 条和《第 95/46/EC 号指令》第 7 条所规定），例如，数据处理对履行与数据主体订立的合同是必需的，或者基于数据控制者的合法利益是必需的。它们还包括目的限制原则、数据最小化原则和其他原则。

在数据处理取决于数据当事人的同意或不反对的场合，如果数据控制者未能正确履行信息义务，可能会导致数据处理非法。这是因为要使数据主体的同意有效，数据主体必须了解预期的数据处理的各个方面。此外，就数据处理目的而言，未能提供与数据处理目的相关的信息，或者提供了与数据处理目的相关的误导性信息，都被视为违反了公平原则。公平原则与合法性原则一起，被规定在《一般数据保护条例》第 5 条第 1 款第 a 项（《指令》第 6 条第 1 款第 a 项）之中。[2]

但是，有关数据处理的适当信息可以使数据主体仔细检查相关的数据处理并行使其权利，这对数据控制者履行其法律职责至关重要。如果数据控制者在处理数据的时候侵犯了数据主体的知情权，将受到行政罚款（《一般数据保护条例》第 83 条第 5 款第 b 项）。

对那些没有通过自己的行为收集数据，但已经从另一个实体那里获取了文档系统（数据库）的数据控制者，如果该实体在收集数据时没有履行信息义务的，那么信息义务对该数据控制者仍具有约束力。因此，根据民事法律合同获得数据库的行为，也被视为数据收集过程。[3]

2　P. Carey, *Data Protection*, Oxford 2004, p.66.

3　Judgment by the Polish Supreme Administrative Court of 13 July 2004, I OSK 507/04.

第三节　要求提供的信息的范围

136　　当数据控制者直接从数据主体收集数据时，例如通过数据控制者的分支机构或网站提供服务，或者从其他来源诸如汇编数据的营销公司获取数据，那么需要提供给数据主体的信息范围有部分是相同的（《一般数据保护条例》第 13 条第 1、2 款以及第 14 条第 1、2 款）。在上述两种情况下，要求提供的信息范围都包括：

- 数据控制者及其代表的姓名和联系方式（如果有的话）。

  联系人数据的范围必须确保数据主体能够行使其权利，例如请求获取有关其数据处理的信息，或者撤回对数据处理的同意。

- 数据保护官的具体联系方式（如果已指定）。

  数据的范围必须有效确保数据主体或监管机构能够与数据保护官取得联系。因此，取决于组织的不同，相关数据可以是电子邮件地址，只要当事人会定期检查电子邮件。另一方面，相关条款并不要求将数据保护官的身份信息传达给数据主体（这可能是该机构隐私权政策的内容之一）。而且，如果将数据保护官的身份信息传达给数据主体，但后来出现人员更换时，还会导致情况的复杂化。因此，一种合理的做法是数据保护官使用永久分配给该职位的电子邮件地址（例如 DPO @，privacy @ ……），而不与特定任职人员的个人数据捆绑。使用这样的邮件地址并不意味着监管机构无法获取数据保护官身份的信息。

- 数据处理的预期目的及其法律依据。

  例如，仅在给出足够详细的信息的情况下，才可以认定满足了明确数据处理目的的要求。根据新的要求，当以

数据控制者的合法利益作为数据处理的法律依据时，应
当将数据控制者的合法利益告知数据主体，这一新的要
求提高了说明数据处理目的所要求的精确程度。但是，
数据处理目的的范围包括许多不同的业务操作，具体包
括市场营销、回答客户的联系请求、风险评估、订立合
同、分销产品或服务、处理投诉、追索欠款、主张权利、
支付款项和工资、提交税金和社会保障缴款的报告、存
储数据、保存雇员的招聘信息和档案等。这些仅是数据
控制者所要达到的数据处理目的的部分例子。当监管机
构强制让数据控制者履行提供数据处理目的信息的法律
义务时，就会出现这样的问题：提供的信息应该或可以
详细或笼统到哪种程度，以及如何援引相关的法律依据。
就此而言，提供以下信息似乎已经足够：数据控制者收
集以开放清单方式列举的特定类型数据，目的是为了能
够履行其法律义务或履行合同，或者有数据主体的同意。

— 数据控制者或第三方追求的合法利益（如果已将其作为
数据处理的法律依据）。

合法利益通常包括为了直接营销的数据处理（必须牢记 137
的是，通过电子邮件进行直接营销需要事先获得营销受
众的同意，这是基本的原则），以及防止出现对数据控制
者或其顾客的有害欺诈行为（序言部分第 47 条）。另一
个例子是出于安全目的使用闭路电视监视，或者向公共
当局披露潜在犯罪行为或安全威胁的信息。

— 个人数据的接收者或接收者的类别。

个人数据的接收者或接收者的类别应当根据接收者的定
义（第 4 条第 9 款）予以确定。根据该定义，个人数据
的接收者是指个人数据所披露给的自然人或法人、公共
机构、机关或其他组织。但是，根据欧盟法律或成员国

法律可以在特定查询框架内接收个人数据的公共机构（例如法院、检察官官署、警察或法院法警），并不在接收者的定义之列。如果数据控制者在履行信息义务时有能力明确具体的数据接收者，但仅仅表明了数据接收者的类别，则不应视为是充分适当的做法。但是，如果详细说明在实际上不可行（例如数据处理者的数量特别多），或者甚至是不被允许的（例如要包括可能访问该系统的所有雇员的姓名），那么就不需要这么做。实际上，信息条款仅明确规定了数据接收者的类别。当数据处理已经委托给此类接收者之后，可以通过明确相关的领域或目的，以提供更为详细的信息。如果数据接收者是个人，那么仅在个人接收者定期与（诸如贷款登记处等）机构进行合作的情况下，才需要明确个人接收者。

— 数据控制者意图将个人数据传输给位于第三国或国际组织的接收者的信息（如果数据控制者计划这样做），以及数据随后在欧盟之外被传输的保护水平的信息（也即，欧盟委员会是否已经认定目标国家/地区的个人数据保护水平达到欧盟标准的信息，或者——在欧盟委员会尚未作出此类决定并且该数据传输是根据第46条、第47条、第49条第1款进行的情况下——数据出口商在数据传输之后所提供的数据保障措施的信息，例如有约束力的企业规则或标准合同条款，以及获取这类保障措施的方法的信息）。

— 个人数据的存储期限，或者，如果无法明确该期限的，应明确如何确定该期限的标准。

合同到期后的数据存储期限（当存储数据是为了履行法律义务，例如根据税收法规的义务）可以以年为单位加以确定。另一方面，在数据处理是经过数据主体同意的情况下，数据存储期限应当取决于数据主体对其同意的撤回。

— 有关数据主体下述权利的信息：访问、更正或删除数据，限制或反对数据处理以及数据可转移。

— 在根据数据主体同意处理数据（无论是普通数据还是敏感数据）的情况下，有关数据主体有权随时撤回同意的信息。 138

— 有关向主管监管部门提出投诉的权利的信息（然而无需明确相关的主管监管机构、其联系方式或适用的程序）。

— 有关自动化决策（包括第 22 条第 1 款和第 4 款所提到的数据画像）的信息，与所涉逻辑相关的其他有意义的信息，以及此类数据处理对数据主体的意义和预期的后果。

仅当制作用户数据画像的行为符合《一般数据保护条例》第 22 条第 1 款和第 4 款规定的条件的情况下（也即该行为向一项完全自动化处理的决策提供了数据输入，并且产生了与数据主体有关的法律效力，或者对数据主体有类似的重大影响，或者该行为包括了对个人敏感数据的处理），才必须提供制作用户数据画像的信息。就此类自动化决策所依赖的信息，《一般数据保护条例》并没有规定必须提供的详细程度，例如，是否必须明确该系统所定义的肯定或否定决策的标准。此外，我们还应考虑到信息对数据主体用户画像的其他后果的影响，这些后果不仅限于数据保护，还扩展到业务影响，例如针对特定客户收取更高的价格。

除了这些常见的信息范围之外，《一般数据保护条例》第 13 条第 1、2 款以及第 14 条第 1、2 款还规定了仅当信息要么直接从数据主体获得，要么从其他来源收集的情况之下所需的信息。这与以下事实有关：如果数据尚未从数据主体那里获得的话，数据主体是不知晓其数据处理的；相反，如果数据主体已将其数据提供给了数据控制者，则他 / 她可能仅在某种程度上不知道该数据处理。

仅当数据是从数据主体那里收集的情况下，才需要告知数据主体，提供个人数据是法定要求、合同要求或者是签订合同所必需的要求，以及数据主体是否有义务提供个人数据，包括没有提供这些数据的可能后果。如果是从其他来源收集数据，也即数据主体并没有提供这些数据的，那么数据控制者并不需要提供这种情况之下是否强制提供个人数据的特定信息。

当我们告知数据主体，提供数据是强制性的还是可选的时候，应当牢记隐私权（一种人身权利和自由）只能受到制定法或者制定法授权法规的限制。[4] 因此，针对提供数据的要求和拒绝提供数据的可能后果，当事人应当明确相关的法律依据。针对可以在自愿基础上提供的数据，当事人可以说明提供数据的好处。

139　　当数据从数据主体以外的其他来源获取时，数据控制者需要提供的信息包括：所涉个人数据的类别和数据来源，包括是否为可公开访问的来源（例如可以公开获取的电话号码和地址目录）。

为了遵守信息义务，数据控制者必须完整提供所要求的信息。在上述情况下，相关信息必须详细到哪种程度，可以在实践之中，由监管机构通过信息义务的执法活动予以解答。

如果根据之前《第95/46/EC号指令》（第10条和第11条）和成员国法律的规定，数据控制者必须向数据主体提供的信息范围要远远小于《一般数据保护条例》（第13条和第14条）所要求的范围。

无论数据是从数据主体还是从其他来源收集的，以前所需要提供的信息范围一般是：

- 数据控制者及其代表（如果有的话）的身份；
- 数据处理的目的；

4　规定这项原则的一个立法例是《波兰宪法》第51条第5款，其规定，有关收集和获取信息的法律原则和程序，应该由法规（statute）作出规定。

- 数据的接收者或者数据接收者的类别；
- 数据主体享有访问和纠正相关数据的权利。

如果从数据主体那里收集数据，《第95/46/EC号指令》也要求向数据主体告知，提供数据是强制性的还是自愿的，以及未提供数据的可能后果。如果数据是从数据主体以外的其他来源获得的，则必须说明数据的类别。

根据《一般数据保护条例》的要求，提供给数据主体的有关数据处理和数据主体权利的信息范围要广泛得多。有些信息的范围得到了扩展；某些其他类别的信息则是首次被规定出来。例如，当前所需的信息不仅包括数据控制者的详细说明，还包括数据保护官的联系数据（如果已指定）；不仅包括数据处理的目的，还包括其法律依据；不仅包含数据主体访问数据、更正数据或反对数据处理的权利的信息，还涉及数据主体同意是数据处理法律基础的情况下撤回同意的权利的信息，以及向数据监管部门提出投诉的权利的信息。此外，《一般数据保护条例》还通过增设数据可携带权扩展了数据主体的权利，这是迄今为止数据保护法律法规所未包括的权利。另外，有关用户数据画像的信息也必须告知数据主体。这项强制性的义务可以从目前存在的法律中推断出来，但是法律并未明确，目前也尚无广泛的实践。其重要意义在于，如果数据主体不知晓其个人信息正被制作数据画像（这可能导致得出在统计上是可能的，但相对于特定数据主体是错误的结论），其个人权利将受到威胁。

《一般数据保护条例》还规定了显著提升数据主体地位的其他法律要求：向数据主体明确告知数据控制者或第三方所追求的合法利益（若其已经成为数据处理的法律基础）的义务；明确告知数据存储的预期时间，或者至少告知用于确定数据存储时间的标准。最后，重要 140 的是，在涉及数据传输到欧盟之外的风险时（通常是向数据法律保护水平达不到欧盟标准的国家/地区传输数据的情况），如果数据控制者现在计划这么做，则有义务告知数据主体，其有意将个人数据传输到第三国，并且告知在数据传输之后将采取的充分保护数据的保障措施。

如此广泛的信息范围，为数据主体提供了审查数据处理和行使其权利的工具。例如，数据控制者明确其合法目的和数据存储期限的义务，使数据主体有可能验证并因此质疑数据控制者行为的合法性——正是因为缺乏这些信息，这种可能性至今都没能实现过。

第四节　产生信息提供义务的情形

正如《一般数据保护条例》第 13 条和第 14 条所述，信息提供义务是在收集或获取数据时产生的。[5] 不同于《一般数据保护条例》第 13 条和第 14 条，《第 95/46/EC 号指令》第 10 条并没有明确规定从数据主体收集数据时产生信息提供义务的时刻。但是，《一般数据保护条例》有关该时刻的明确规定仅应视为是一种澄清。提供给数据主体的信息，特别是有关数据处理目的和数据接收者的信息，可能会影响到数据主体同意或拒绝提供数据的决定。因此，应该在收集数据之前或数据收集之时，将信息提供给数据主体；这种解释符合《一般数据保护条例》第 13 条明确规定的原则。这也可以从《指令》第 10 条的标题（表明了信息提供义务是数据收集的直接后果）以及使用了"个人数据被收集的数据主体"这样的表述（而不是采用了"从其那里……收集了数据"或"其数据……被记录"的表述）之中推断出来。

如果是从数据主体以外的其他来源收集数据，则获取数据时不会产生信息提供义务。相反，根据《一般数据保护条例》第 14 条第 3 款，

5　《一般数据保护条例》并没有界定数据收集的定义。该《条例》第 4 条第 2 款提到，数据收集是数据处理的表现方式之一。正如巴特和利特温斯基在《个人身份信息保护法——评论》（第 240 页）中所提到的，数据收集应该被界定为获得占有个人数据的每一种情况，包括有意进一步处理数据的个人咨询，不管这种处理是否要在个人数据存档系统之中进行。

该义务是在获取数据之后的一段合理时间内才出现的，具体时间取决于个案具体情况，但最迟不超过一个月。

该条款还进一步规定，如果要将该数据用于与数据主体进行通信，那么数据控制者必须最迟在首次与该数据主体进行通信时，向该数据主体提供要求的信息；或者如果计划将其发送给其他数据接收者的，最晚应在首次披露该个人数据时，向该数据主体提供要求的信息。在前述首次通信或首次披露（假设其发生在时间不合理长的未来）之前，数据控制者的信息提供义务并不会被解除。这就意味着，数据控制者可以自由决定何时产生信息提供义务，并且实质上推迟其履行；因此，在一段不确定的时间内，数据主体将会被剥夺行使其权利的可能性。[6] 因此，看起来似乎是，即使在数据控制者设想将数据传输给第三方的情况下，信息提供义务也将在数据收集后的合理时间内产生，且产生时间不会迟于该数据被首次披露之时。

通过允许"在获取个人数据后的合理时间内"提供信息，《一般数据保护条例》第14条第3款回应了数据控制者的合理成本和组织成本的考量，同时不损害数据主体获得控制其数据处理所必需的信息的合法权利。

在《一般数据保护条例》通过之前，波兰《数据保护法》第25条第1款就规定了这种必要性，即从非数据主体收集数据时的信息提供义务。该义务直接源自"被收集的［个人］数据的注册登记"。例如，在银行从数据库生产商那里获得使用其数据库进行单一营销活动的权利的场合，如果银行必须完全符合该规定的要求，那么仅出于提供数据处理信息的目的，就必须花费大量成本进行单独的通信。因此，在过去的实践中，通常由获得数据库使用权以开展市场营销通信的银行来履行本条款所规定的义务。波兰最高行政法院在2004年7

141

6　波兰最高行政法院在2004年7月13日的判决（OSK 507/04）中强调，正是立即履行信息提供义务，才使得受益人能够行使其法定权利。

月13日的判决（OSK 507/04）中批评了这种做法，法院明确指出："如果在发送首次营销要约之前，没有直接提供相关数据获取的信息的"，违反了波兰《数据保护法》第25条第1款的规定。

与《第95/46/EC号指令》以及成员国法律相比，《一般数据保护条例》大大扩展了需要提供给数据主体的信息范围。因此，如果在2018年5月25日之前收集了数据主体的数据，并且向数据主体提供过信息的，在《一般数据保护条例》生效启用时，必须再次向数据主体提供相关的信息。

在数据控制者对其隐私政策进行更改或添加的地方，"数据控制者应向数据主体明确说明这些更改是为了遵守《一般数据保护条例》而进行的"。第二十九条工作组建议[7]，"在2018年5月25日之前，数据控制者至少应在诸如其网站上公开提供此信息"。而且，针对"实质或重大"的改动，"应当积极提醒数据主体的关注"。

依我之见，数据控制者履行积极提醒数据主体关注相关信息的义务，并不需要数据控制者发送直接的通信。至少，数据控制者可以通过醒目的横幅，宣布隐私政策已更新，并提供新政策的链接来完成这项操作。

第五节　信息提供义务的豁免

《一般数据保护条例》根据数据是来自数据主体还是来自其他来源，对信息提供义务规定了不同的豁免情形。根据《一般数据保护条例》第13条第4款和第14条第5款第a项的规定，可以豁免的唯一情况是数据主体已经掌握了需要提供的信息。因此，取决于数据主体

7　Article 29 Working Party, Guidelines on transparency under Regulation 2016/679（《有关透明度的第2016/679号指南》），WP 260 rev1, adopted on 29 November 2017, last revised and adopted on 11 April 2018, http://ec.europa.eu/newsroom/article29/item-detail.cfm?item_id=622227, point 3 of the Introduction, p.5.

先前已经获得的信息范围，信息提供义务的豁免可能是全部的，也可能仅限于这些规定所明确的某些特定的信息类别。数据主体已经拥有该信息的原因可能是这样的情况：数据控制者根据之前就有的相同合同，继续以相同的范围和相同的目的处理数据。就此，数据控制者应该证明数据主体先前就已经获得了法律要求范围内的信息，并且数据处理的情况变化并没有导致有必要提供范围修改的信息。如果当事人有意以不同于当初获得数据的目的对数据进行处理的，则有义务提前向数据主体提供更改后的目的的信息，以及其他要求的信息（第 13 条第 3 款和第 14 条第 4 款）。

但是，在实践中，如果对数据控制者所用的表格中的信息义务条款予以区分，将导致工作过度复杂而且没必要。在这种情况下，最可取的解决方案是根据标准条款为数据主体提供信息，也即在某些情况下，最好提供比实际所需更多的信息。

数据控制者从数据主体收集数据的，数据控制者不能根据数据提供是由数据主体发起之事实（例如数据主体要求与数据控制者签订服务合同），证明其有理由不遵守对该数据主体所承担的信息提供义务。[8] 根据法律规定，信息提供义务或者该义务的范围大小，并不取决于数据收集是由数据控制者抑或数据主体主动发起。

另一方面，数据是从公开可得的地方例如公共电话和地址簿获取的事实，也不构成豁免信息提供义务的理由。

当数据并非是直接收集自数据主体，当提供要求的信息被证明是 143 不可能的，或者将导致不相称的努力和投入时，免除信息提供义务也是合理的（《一般数据保护条例》第 14 条第 5 款第 b 项，《指令》第 11 条第 2 款）。根据《一般数据保护条例》的规定，这特别针对（但

8　J. 巴特、P. 法吉耶斯基和 R. 马基维奇在《个人数据保护——评论》（第 478 页）中曾经主张，在数据收集是数据主体请求之下进行的情况，并不产生信息提供义务。然而，P. 巴特和 P. 利特温斯基在《个人身份信息保护法——评论》（第 240 页）中，以及 A. 德罗兹德（A. Drozd）在《个人身份信息保护法——评论》（第 133 页）中持相反的观点。

不仅限于）出于公共利益的存档目的的数据处理，为科学研究或历史研究目的或统计目的而进行的数据处理（但前提是确保对数据主体的权利和自由的妥当保护，正如第89条第1款所规定的），或者在信息提供义务很有可能导致数据处理目标无法实现或者严重受损的情况。

在个人数据并非直接收集自数据主体的情况下，如果数据控制者没能直接向数据主体提供信息的，可以部分通过下述措施进行弥补：根据《一般数据保护条例》第14条所规定的对应范围，将易于获取的信息（隐私政策）放在数据控制者的网站上（"保护数据主体的权利、自由和合法权益的适当措施，包括使相关信息公开可用"）。

第二十九条工作组强调[9]，《一般数据保护条例》第14条第5款第b项下的"证明不可能"提供信息的情况，并不涉及不可能的程度问题（这是一种"要么全有要么全无的情况，因为某些事要么是不可能的，要么不是不可能的"）。因此，数据控制者必须证明实际满足该豁免的因素，例如数据主体在注册服务时并未提供其电子邮件地址或提供了无效的电子邮件地址，以及数据主体的地址和电话号码并没有注册在公共注册簿中。

提供要求的信息需要高昂成本这一事实本身，并不能证明免除信息义务是合理的，因为这不符合"与付出不相称的标准"（the criterion of a disproportionate effort）。[10] 需要进行平衡的测试，也即比较数据控制者为了向数据主体提供要求的信息所需要付出的努力，以及不提供该信息的后果。

9　Article 29 Working Party, Guidelines on transparency under Regulation 2016/679, WP 260 rev1, adopted on 29 November 2017, last revised and adopted on 11 April 2018, p.29.

10　The Personal Data Protection Office (Poland), Decision No. ZSPR.421.3.2018 of 15 March 2019, https://uodo.gov.pl/decyzje/ZSPR.421.3.2018, confirmed by the Provincial Administrative Court in Warsaw in its judgement of 11 December 2020 (Ref. No. II SA/WA 1030/19).

在没有从数据主体获得数据的情况下，也可以豁免信息提供义务，前提是数据控制者必须遵守的欧盟法律或成员国法律明确规定了数据的获取或披露，并提供了适当措施以保护数据主体的合法权益（《一般数据保护条例》第14条第5款第c项，《指令》第11条第2款）。但是，这种豁免不得扩展到法律没有要求的数据获取或披露，而只能根据公共管理机构之间商定的个人数据交换政策进行扩展。[11]

此豁免适用于公共部门的数据控制者（执行公共任务的中央和地方的政府机构、其他国家和地方组织单位，以及非公共实体）以及非 144 公共部门的数据控制者[12]（例如，根据反洗钱法，金融机构需要收集和报告数据）。

但重要的是，《一般数据保护条例》第14条第5款第c项规定的豁免仅限于不是从数据主体获取数据的情况。当数据是由采取程序的公共行政部门直接从数据主体中收集的时候，根据《一般数据保护条例》，此类豁免并不适用（第13条第4款仅规定，数据主体已经拥有了该信息）。尽管如此，未能提供所需的信息，仍然是公共机构普遍的违规行为（除非监管某些机构活动的成员国法律针对向数据主体提供信息的义务规定了限制）。在发给数据主体的数据收集表中通常缺乏这样的信息，这些表格应该允许数据主体获取有关处理其数据的信息。根据有关获取公共信息的法律的规定，即便数据控制者通过在网站上放置适当的信息条款，也不能认为其已经履行了信息提供义务。在这种情况下，尽管该信息是可以公开了解到的，也不能证明，该信息已经直接提供给了个人数据正被收集的人员。

---

11 CJEU judgment of 1.10.2015 in Case C-201/14 *Smaranda Bara and Others v. Casa Naţională de Asigurări de Sănătate and Others*（斯马兰达·巴拉等人诉国民健康保险院及其他），http://eur-lex.europa.eu/legal-content/EN/TXT/?uri=CELEX:62014CJ0201.

12 P. Barta, P. Litwiński, *Ustawa o ochronie danych osobowych. Komentarz*, Warszawa 2009, p.260; X. Konarski（X. 科纳尔斯基），G. Sibiga（G. 西比加），Zmiany w ustawie o ochronie danych osobowych w świetle Dyrektywy 95/46/WE（《根据〈第95/46/EC号指令〉对〈个人数据保护法〉进行修订》），M. Praw. 2004, No. 12, p.551.

欧盟或成员国法律的职业保密规定（《一般数据保护条例》第 14 条第 5 款第 d 项），明确了未从数据主体获得数据时的另一种豁免信息提供义务的情况。在律师（出庭律师、事务律师、普通律师等）、公证人、新闻工作者、医生（医师）、税务机关以及邮件和电信服务提供商等行业中，都存在这种职业保密的制度安排。因此，从自己的调查来源获得第三方数据的新闻记者，或者为了法庭辩护而从客户那里获得数据的大律师，都免于承担信息提供的义务。

由法律规定并影响着对数据主体的信息提供义务的其他保密制度安排是银行保密和保险保密。取决于欧盟特定成员国现行法规的规定，在诸如银行接收到了包含申请人配偶个人数据的贷款申请的情况下，银行保密可能会导致冲突。银行作为数据控制者的信息提供义务（要求银行向申请人的配偶提供信息）与银行维护银行保密义务（保护申请人）两者之间会发生冲突。

当作为数据处理依据的法律明确允许，在不公开数据处理或处理目的的情况下处理数据，或禁止进行这类披露时，职业保密也豁免了信息提供义务。例子之一是，如果金融机构向主管当局通告数据主体
145 涉嫌洗钱，则该金融机构不得将该信息通知数据主体。

第六节　履行信息提供义务的方式及透明度原则

《一般数据保护条例》的第 13 条和第 14 条（《指令》的第 10 条和第 11 条）没有规定遵守信息提供义务的方式和形式。因此，如果数据控制者以任何清晰的形式向数据主体提供了这些法规所要求的信息，则应认为其已经履行了信息提供的义务。这些规定的措辞意味着，必须将相关信息有效地提供给数据主体，而且遵守了该要求的证明责任应该由数据控制者承担。

《一般数据保护条例》第 12 条第 1 款允许以书面形式提供有关数据处理的信息，但也可以采用其他不同形式，包括电子形式或者口

头形式（如果数据主体要求以口头形式提供的话），包括语音和视频信息。《一般数据保护条例》要求采取简明、清晰、可理解且易于访问的形式，并且使用简单明了的语言，尤其是在向儿童提供信息的场合。"易于访问"的含义包括：每个维护网站的组织都应该在其网站上发布"隐私声明"（privacy notice）[13]，并在该网站每个页面上以日常使用的术语（例如"隐私权""隐私政策"）清晰可见地链接该声明。[14]数据控制者通过"隐私声明"（"公平处理的声明"）来征得个人的同意，这些个人在其个人数据被获取时，应当点击方框中的勾号，同意数据控制者通过电子的信件（通常是电子邮件和 SMS 消息）进行直接营销。在移动应用程序中，所需的信息应该在下载之前，就可以从在线商店中获取，并在安装之后仍可以从应用程序本身访问。值得参考的做法是在收集个人数据的网络在线表格中，提供"隐私权政策"链接（例如在创建账户时的"及时通知"）。

数据控制者也可以通过"推送式通知"（push notices）或"拉动式通知"（pull notices）来提供数据处理的信息。"推送式"的通知涉及提供"及时"信息通知（'just-in-time' information notices），而"拉动式"的通知则通过诸如权限管理或"了解更多"的教程之类的方法，促进对信息的访问。[15]

目前推荐的通用做法是分层的方法（layered approach），尤其是涉及网站账户或呼叫中心的注册表格的情况，在这种情况下在可见时间框架内发布完整隐私政策往往是不明确的或不可行的。分层方法的具体操作如下：在第一阶段中仅提供基本的信息，但附有明确功能的、指向信息更加详细的参考资料（例如通过链接或者免费电话号码），这些详细信息只要数据主体希望阅读，在任何时间都可以访问 146

---

13 也称"公平处理的声明"。

14 Article 29 Working Party, Guidelines on transparency under Regulation 2016/679, WP 260 rev1, adopted on 29 November 2017, last revised and adopted on 11 April 2018, p.8.

15 Ibid., p.20.

到。欧洲数据保护委员会认为，为了获得数据主体的有效同意，履行信息义务所必需达到的最低要求如下：数据控制者的身份，寻求同意的每个数据处理操作的目的，何种类型的数据被收集和使用，并且享有撤回同意的权利。[16] 关于视频监视，分层方法的具体操作应注意：在进入监视区域（大约在视线高度）之前，可以将最重要的信息显示在警告标志之上（第一层），然后通过其他方法来显示其他强制性的详细信息（第二层）。[17]

要满足这些要求，可以在数据收集表格所附的条款中，使用标准化的图标（图形符号），清晰易懂且有意义地概述预期的数据处理（以电子方式显示的图标应该是机器可读的）。欧盟委员会被授权认定哪些信息应该以图标方式加以显示以及进行标准化（《一般数据保护条例》第 12 条第 7 款和第 8 款）。[18] 但这项工作目前尚未完成。数据控制者如果选择（因为他们有权但不是必须）在其隐私声明中使用图标的，则应当记住，图标必须经过标准化处理，即应当为它们设置一致

16　The European Data Protection Board Guidelines 05/2020 on consent under Regulation 2016/679, Version 1.1 of 4 May 2020, p.15.

17　EDPB, Guidelines 3/2019 on processing of personal data through video devices（《关于通过视频设备处理个人数据的第 3/2019 号指南》），Version 2.0, 29 January 2020, https:// edpb.europa.eu/sites/edpb/files/files/file1/edpb_guidelines_201903_video_devices_en_0. pdf, p.26.

18　在 2014 年 3 月 12 日欧洲议会一读通过的《一般数据保护条例》草案的措辞中，甚至在其第 13a 条和附件中，就包含了此类图标的模板。它们涉及以下信息：数据的收集和存储是否超出了范围，以及存储时间是否长于满足数据处理目的所需的最短时间；是否将数据以收集目的之外的目的进行了处理；是否将数据提供给商业性质的第三方，例如出售或出租，以及它们是否以加密形式存储。关于数据以加密形式存储的信息（"个人数据不得以未加密形式保存"）对数据主体具有误导性，并且可能让他们产生过高的期望，因为这意味着加密存储是强制性的保障措施，或至少是推荐的保障措施。但实际上，这既不是法律要求的，也不是必需的。该误解是由于使用了 2014 年 3 月 12 日《一般数据保护条例》草案第 4 条第 2 款第 b 项措辞所定义的"加密数据"的表述，即通过技术保护措施使未经授权访问这些数据的人无法理解的数据。当然，该描述也适用于数据加密。但是，该定义所描述的目的，通常在实践中无需诉诸数据加密，而是通过限制访问和保护访问来实现，例如通过定义处理数据和访问相关信息技术系统的授权，并且使用与密码措施一致的唯一用户名和密码来实现。

的含义，以便数据主体可以理解。例如，状态栏中的哪个图标表示数据控制者正在处理其位置数据（目前这种做法已经很普遍了）。

信息提供义务的有效履行可以通过以下方式加以证明：数据主体在数据控制者提供的表格上签名，在网站上的信息条款旁边的要求框内打勾，或对网站上的信息进行排序从而迫使客户在继续了解产品详细信息之前必须阅读有关数据处理的信息。还可在与数据控制者的呼叫中心的电话交谈中提供法律要求的信息。之后，数据控制者可以通过出示该对话记录，或证明它已实施了包含有适当条款的有约束力的电话对话场景来证明自己已经提供了相关信息。仅在相关信息直接指向数据主体并且直接提供给数据主体的情况下，才可以认为数据控制者适当履行了该信息义务。这并不包括在数据控制者营业场所的告示板上张贴相关信息或者在新闻或互联网中发布相关信息的形式。

信息提供义务与透明度原则息息相关。《一般数据保护条例》序言第 58 条将透明度原则定义为要求提供给数据主体或公众（尤其是儿童）的信息要简洁、易于访问和易于理解，包括使用清晰明了的语言和可能的可视化的方式。[19] 这就要求在特定情况下使用普通接收者可以理解的语言，即避免使用过于复杂的技术语言或行话，这些术语虽然对数据控制者来说是清楚的，但对客户而言则相反。违反该原则的做法还包括将关键信息隐藏在其他内容中，或者使用精美的印刷品（某些国家 / 地区的消费者保护法律明确禁止这些做法）。《一般数据保护条例》特别强调，在技术复杂性导致数据主体难以了解和理解其个人信息是由谁收集以及出于什么目的收集的情况下，例如在网络在线广告的场合，信息的清晰和透明是具有重要意义的。

早先提议的这些标准已在《一般数据保护条例》第 12 条中成为

147

19　除了其他以外，这与 2009 年 11 月 5 日在马德里举行的第 31 届国际数据保护和隐私专员会议上通过的《关于保护个人数据和隐私的国际标准的决议》（the Resolution on International Standards for the Protection of Personal Data and Privacy）是相关的，http://www. privacyconference2009.org。

法律，该规定定义了信息和交流的透明度原则，据此，与该原则相关的不仅包括收集数据时的信息条款（第13条和第14条），而且包括数据主体要求提供信息的情况（第15条），数据控制者作出严重影响数据主体的自动化决策（包括用户画像分析）的场合（第22条），以及将侵犯个人数据的事实通知数据主体的情况（第34条）。

第十章　数据主体的权利

第一节　不需要身份验证的数据处理——
对数据主体权利的影响

《一般数据保护条例》第 11 条涉及不需要身份验证的数据处理。本书并不按照《一般数据保护条例》的条款顺序进行讨论，而是将 该条与本章的主题——第 15—20 条规定[1]的有关数据主体权利的评论——放在一起讨论，因为第 11 条将影响到数据主体这些权利的适用。

如果根据数据控制者处理个人数据的目的，从一开始就不需要数据控制者识别数据主体，或者不再需要这种身份识别，那么《一般数据保护条例》（第 11 条第 1 款）将排除数据控制者维护、获取或处理其他信息以识别数据主体身份的义务，这些义务是出于遵守《一般数据保护条例》的目的（而不是为了实现数据控制者开展活动的目的）而实施的。

可以认为，第 11 条的规定体现了《一般数据保护条例》第 5 条

---

[1] 这里提到《一般数据保护条例》第 15—20 条，因为在无法确定提出请求的人的身份的情况下，《一般数据保护条例》第 11 条第 2 款排除适用《一般数据保护条例》第 15—20 条，但不排除适用第 21 条。

第 1 款第 c 项所规定的数据最小化原则，该原则将受处理的数据范围限制在与数据处理目的有关的必要范围之内。此外，《有关电子通信行业中个人数据处理和隐私保护的第 2002/58/EC 号指令》序言部分的第 9 条要求欧盟成员国和服务提供商采用并开发技术保障措施，尽量减少被处理的数据，并在可能的情况下使用匿名或假名数据。这也符合《一般数据保护条例》第 25 条规定的通过设计进行数据保护的原则。

由于在《一般数据保护条例》第 11 条第 1 款提到的上述情况之下无法识别数据主体的身份，因此在数据删除或匿名化之后，根据第 11 条第 2 款的规定，可豁免数据控制者履行《一般数据保护条例》第 15—20 条所规定的数据主体权利主张的义务。但是，如果有可能的话，数据控制者都有义务（例如通过发送者使用的电子邮件地址）告知数据主体：由于数据控制者无法识别数据主体的身份，因此无法满足数据主体根据第 15—20 条规定所提出的请求（尽管基本上，这种情况只出现在该请求不会导致数据泄露给未经授权的人，或者导致数据主体的邮件被发送到未经授权的地址，或者出现其他类似风险时）。但是，如果数据主体向数据控制者提供了能够用以识别其身份的附加信息，那么该数据控制者就有义务接受数据主体的权利主张。

第二节　数据主体权利的法律基础和范围

《一般数据保护条例》第 15—22 条规定了数据主体对数据控制者享有的权利。这些权利使数据主体能够行使数据最小化或存储限制的个人数据处理的原则，要求数据控制者援引法律依据处理数据，并向自己提供相关信息。援引数据处理的法律依据的要求，数据处理的基本原则，以及适用于数据收集的信息提供义务，对数据控制者均具有法律约束力。另一方面，第 15—22 条规定了与这些义务相对应的数据主体的权利，这些权利可应数据主体的要求加以行使。例如，《一般数据保护条例》第 15 条在与第 13 条和第 14 条兼容的范围内，引入了应数据主体的要求获得信息的权利。但是，《一般数据保护条例》第 15 条所指的信息必须由数据控制者应数据主体的要求提供，而第 13 条和第 14 条规定的提供信息的要求，对数据控制者收集数据所具有的约束力则是根据法律自动产生的。因此，《一般数据保护条例》第 13 条和第 14 条以及第 15 条所规定的信息义务是相互独立的，并不相互排斥。

数据主体的权利包括：

– 信息权：访问、获取数据的权利，包括数据可携带的权利；
– 更正权：更正数据的权利；
– 限制权：删除权（"被遗忘权"），限制处理权和反对处理权。

这三类权利使数据主体可以控制其数据的处理。数据访问权和更正权都是独立的权利，但在反对数据处理或者要求删除或限制数据处理之前，也可以作为初始阶段的权利行使。

数据访问权包括关于数据处理的知情权（第 15 条）和数据可携带权（第 20 条），后者是由《一般数据保护条例》新引入的。数据更正权还包括更新和补齐数据的权利（第 16 条）。反对数据处理的权利（第 21 条）可能会剥夺数据控制者进行直接营销和 / 或制作用户数据画像的法律依据。数据主体对数据处理的反对也可能导致删除数据（第 17 条）或数据处理限制（第 18 条），这都体现了数据主体权利独立的特点。

《第 95/46/EC 号指令》规定了其中某些权利。特别是鉴于数据处理技术的发展，《一般数据保护条例》通过了旨在恢复其实际效力的

151

法律制度安排，在支持《第 95/46/EC 号指令》所规定权利的同时，还做了显著的扩张和强化。本章后面将详细介绍相关的信息权、更正权和限制权。

信息权、更正权和限制权仅保留给数据主体。无论是在数据主体的整个生命周期内，还是在考虑其死亡的情况下，数据控制者与数据主体之间的协议都不能排除这些权利，这些权利也不能由数据主体转让给第三方。[2] 因此，举例来说，诸如数据主体的继承者并无权主张这些权利。因此，继承人可以提出的任何要求（例如删除可能对死者声誉造成不利影响的死者数据或死者照片），都不能以继承人享有反对处理死者个人数据的权利为由，而只能基于生者尊重死者的记忆，但这是一种属于死者亲属而不是死者的个人利益。

但我认为，个人可以通过指示函的方式，将其去世之后的更正或限制性权利的执行委托给其继承人。因此，这些权利并不是转移给了继承者，而是由继承者采取行动来实现死者的意愿。我预测这种情况会越来越常见，特别是考虑到社交网络服务的日益普及。举例来说，据估计，到了 2098 年，已故者的脸书个人资料数量将超过在世人员的个人资料数量。

人们希望，在自己去世之后，自己私人生活的详细内容能够得到应有的尊重，不会因为其社交网络资料的持续存在并且自己不再能够对其进行控制，就遭遇披露和曝光的风险。死者的熟人可能会发现或猜出死者的密码，从而可能揭开死者的秘密。

脸书公司已经提供了"纪念请求"（Memorialisation request）表格，该请求表格可以由死者的近亲或其遗嘱执行人提交。当这类请求提出并获得批准之后，死者的个人资料将被作为纪念册冻结，没有人能够登录。但是，我个人认为这个解决方案并不完整：因为它并不会清除

2　同意持该观点的有：J. Barta, P. Fajgielski, R. Markiewicz, *Ochrona danych osobowych. Komentarz*, Kraków 2007, p.573。

死者的数据，并且不能完全排除他人重新访问该账户的可能性。这方面有一个相关的例子：有一位少女在一宗惨案中丧生，该少女的母亲在德国针对脸书公司提起了诉讼，引发了公众的广泛关注。[3] 该母亲要求访问女儿的社交网络账户，以核实或消除她对女孩可能由于欺凌而自杀的怀疑。卡尔斯鲁厄的联邦宪法法院于 2018 年 7 月 12 日裁定，作为用户遗产的一部分，使用社交网络账户的合同应当转让给母亲，使其可以完全访问其女儿发布的帖子和私人信息。

基于访问、更正、补全、删除或类似权利所提起的任何请求，都必须向数据控制者提出，而不是向监管机构提出。但是，如果数据控制者未能履行其义务的，那么数据主体可以请求监管机构发起行政诉讼程序。

如果数据主体根据《一般数据保护条例》第 15—22 条的规定采取了任何行动，数据控制者在收到请求后的一个月内，在任何情况下，都有义务向数据主体提供有关的信息，不得无故拖延（第 12 条第 3 款）。（我觉得这个措辞很尴尬，可能会引起误解，因为根据其字面含义，可能意味着数据控制者必须提供为了回应数据主体请求而启动的内部程序的信息。但我个人认为，这应该理解为数据控制者具有下述义务：提供仅与请求数据主体相关的信息，也即数据主体的请求是否获得了批准，以及如果没有的话，拒绝数据主体请求的理由是什么。）鉴于这些请求的复杂性和数量众多的情况，《一般数据保护条例》允许，在必要情况下这个答复期可以再延长两个月。但是，数据控制者必须在收到数据主体请求后的一个月内，将任何此类延迟以及延迟的原因通知数据主体。依我之见，如果数据控制者提出了数据主体请求的复杂性或者数量众多的理由，那么只能是针对同一数据主体发出请求的情况（当然特殊情况除外，例如新冠病毒导致工作分散，可能

---

3 https://www.theguardian.com/technology/2017/may/31/parents-lose-appeal-access-dead-girl-facebook-account-berlin.

会出现大量请求的问题）。我个人认为，对数据控制者而言，以自己运营规模大、有大量类似请求从而引起组织问题作为借口，是没有道理的。

如果数据控制者没有根据数据主体的请求采取行动，则必须立即、毫不延迟地告知数据当事人，并且最迟应在收到请求之后的一个月内，告知数据主体其不采取行动的原因，同时告知数据主体向监管部门提起投诉并寻求司法救济的可能性（第12条第4款）。

《一般数据保护条例》在提出和回应请求的形式要求方面非常灵活：它们可以采取书面或其他形式（包括口头形式，前提是该请求的性质证明了这种形式是合理的，在这种情况下必须通过其他方式确认数据主体的身份）。在采用电子形式的情况下，除非有操作的可能性以及除非数据主体另有要求（第12条第1款和第3款），否则数据控制者也必须以电子形式答复。但是，数据控制者有义务采取程序，防止向无权获得信息但正在使用数据主体身份者，例如正从数据主体使用其名称设置的电子邮件地址向外发送请求的人，提供信息或应其请求采取行动。根据表面上是由数据主体提出的请求，就提供相关信息或轻率地采取其他行动，不仅可能导致个人数据泄露，而且可能使犯罪分子窃取到数据主体的身份，方便其网络欺诈（也即使用数据主体的数据，冒充其身份并获得他/她的电子邮件或电子银行登录凭据），或造成其他的伤害。

由于这个原因，数据控制者只有在确定所涉邮件地址是属于数据主体之后，才可以回复该电子邮件地址，例如，该地址是由身份已经核实的数据主体在数据控制者办公室签署数据协议时所给出的。同样的原则也适用于口头答复，如果数据主体提出过口头答复的要求，并且已确认了数据主体的身份，则允许口头答复。

《一般数据保护条例》第12条第2款提到了这种情况。根据该规定，在数据控制者无权识别数据主体的情况下，针对数据主体提出的行使根据该条例第15—22条享有的权利的请求（尽管实质上，仅当该请求不会导致数据泄露给未经授权的人或将数据主体的邮件重定向到未经授权的地址的风险，或其他类似风险时），数据控制者不得拒绝采取行动。然而，如果存在侵犯数据主体权利的风险，并且数据控制者证明无法识别数据主体（尽管如果数据控制者对请求者的身份有合理的怀疑，可以要求提供其他必要信息以确认该人的身份），那么面对数据主体访问数据、更正数据或采取其他行动的请求，数据控制者可以拒绝采取行动。

但是，就反对为营销而处理数据而言，我认为一律否认从未经验证的地址所发出的反对意见的效力，是没有道理的。依我之见，如果在特定情况下不存在泄露顾客信息的风险，并且没有理由怀疑该请求是欺诈行为的组成部分，那么就应该遵守该反对意见。如果无法确认提出请求的人，那么《一般数据保护条例》第 11 条第 2 款可以免除该条例第 15—20 条的适用，但并不排除该条例第 21 条的适用。这意味着身份未确定的请求人可能无法访问数据主体的个人数据或纠正此类数据。这是有道理的，否则的话，未经授权的接收者将可以访问受保护的信息，或者更改数据主体的联系地址，然后接收发给该数据主体的信息。但是，《一般数据保护条例》第 21 条没有规定这种豁免。因此，如果（身份未确定的请求人）只是表示反对出于营销目的进行数据处理，而且这样做不会带来个人数据泄露的风险，并且情况表明并无故意的违法犯罪行为，那么应当是允许的。

《一般数据保护条例》序言第 63 条建议，通过安全的信息技术系统为数据主体提供其个人数据的直接远程访问。该解决方案已经被银行、电信或学校广泛使用。实践中，它还包括由数据控制者的消费者自行编辑个人数据或管理自己的付款的可能性。这不仅确保了透明度，而且还减轻了数据控制者进行某些操作的负担，因为这种情况下直接向数据控制者发出数据访问请求就变得多余了。但是，必须考虑到，154 允许消费者编辑自己的数据会带来一定的风险。修改联系人的详细信息（尚未以任何方式验证过，但被接受为交流信息之用）并不会带来重大风险；另一方面，更改身份证号码可能会导致错误或安全漏洞。

根据《一般数据保护条例》第 12 条第 5 款，数据控制者在收集数据时履行其信息提供义务（第 13 条和第 14 条）以及第 15—22 条和第 34 条规定的其他行动（例如确保对正在处理的数据的访问，删除数据，或与数据主体沟通侵犯个人数据的事宜），必须是不收取费用的。但是，免费履行是有附带条件的，如果数据主体的请求明显没有根据或明显过多（这种情况的证明责任由数据控制者承担），尤其是考虑到其请求行为的重复性，那么数据控制者可以收取合理的费用（考虑相关的成本）或者拒绝根据数据主体的请求采取行动。不过，我认为拒绝采取行动的做法不应该被视为是收取费用的简单替代方法。依我之见，这种拒绝行为仅应针对数据主体明显过分和持续不断的请求，例如，这些请求显然是为了吸引数据控制者的雇员和资源来阻挠其经营活动，而不属于获取信息或行使数据主体应享有的权利。《一般数据保护条例》第 15—22 条和第 34 条规定的数据主体权利，对保护个人数据和遵守《一般数据保护条例》的规定至关重要。因此，我并不认可收取费用的做法；市场里也没有这种实践。然而，如果数据控制者考虑收取费用的话，我认为其应当首先将收取的适当费用及其理由告知请求人；只有在数据主体拒绝付款的情况下，数据控制者才可以拒绝该请求。一种例外情况可能是数据控制者根据管理成本主张一定的合理费用，但仅针对数据控制者已经向数据主体提供了相同数据的副本而数据主体仍然要求提供更多副本的情况（第 15 条第 3 款）。在我看来，可能还有另一种解决方案，即数据控制者可以建议采用不同于请求者所要求的昂贵方式或形式提供信息；例如，假设数据主体要求提供纸面的信息，但是这需要复印许多页面，那么数据控制者可以建议通过电子邮件或光盘的方式来发送信息。另一方面，由于提供信息是数据控制者的主要义务之一，因此数据控制者不能根据其雇佣的从事数据处理和信息提供工作的职员的每小时工资来设定固定的价格。

访问、更正和反对的权利仅保留给数据主体。然而，这并不意味着相关法律条文中规定的要求，只能由与个人数据直接相关的人员提出。在某些特殊情况下，尤其是基于数据事实的准确性，这些权利还涵盖到受相关个人数据间接影响的人。例如，根据正被处理的某条信息，某甲在特定机构中担任特定职位，但实际上某乙占据了特定职位。在这种情况下，某乙不能被视为第三方，因为存档系统所包含的数据与某乙间接相关。因此，应该认定某乙有权根据其信息权、更正权和限制性权利提出相应的权利主张。

第三节　数据访问权

　　数据主体的数据访问权（《一般数据保护条例》第 15 条，《第 95/46/EC 号指令》第 12 条第 a 款），与《一般数据保护条例》第 13、14 条（《指令》第 10、11 条）中规定的数据控制者的信息义务相对应，也即在收集数据时所用的信息条款（诸如用于收集数据的纸质表格或在线表格之上）。但是，《一般数据保护条例》第 15 条（《指令》第 12 条第 a 款）所提到的信息，必须由数据控制者根据数据主体的要求提供（数据主体可以在《一般数据保护条例》第 15 条规定的范围内明确所请求信息的类别）。相比之下，根据《一般数据保护条例》第 13 条和第 14 条（《指令》第 10 条和第 11 条）提供信息的要求，则是直接来自这些规定自身，并且是因为数据控制者收集数据的行为而产生的（具有约束力的要求）。因此，《一般数据保护条例》第 13、14 条以及第 15 条规定的信息义务是相互独立的，并不相互排斥。

　　有关数据处理关键事项的信息，例如收集的数据类别、数据处理目的、数据接收者以及预计的数据存储期限，可以让数据主体验证，数据处理是否符合当初所宣示的数据处理目的，可以让数据主体控制其他方面的数据处理，以及行使（诸如）反对数据处理的权利。

　　与《第 95/46/EC 号指令》第 12 条第 a 款规定的范围相比，《一般数据保护条例》第 15 条第 1 款和第 2 款规定的数据主体的访问权要大得多，而且，根据请求需要提供给数据主体的信息列表（《一般数据保护条例》第 13、14 条的"隐私通知"）也已经做了相应的扩展。

数据主体的数据访问权包括从数据控制者获得下述信息的权利：

- 确认个人数据是否正被处理的信息，以及，当数据主体确实正被处理时，可以访问到自己的个人数据和以下信息；
- 说明数据处理的目的；
- 相关数据的类别；
- 数据接收者，即个人数据已经披露或者将会披露给的数据接收者，或者数据接收者的类别，尤其当数据接收者位于欧盟成员国／欧共体经济圈国家之外（其他国家或者国际组织）；
- 个人数据的预期存储期限，或者，如果无法明确此期限的，应说明确定该期限的标准；
- 数据主体要求数据控制者更正、删除或限制其个人数据处理的权利，以及反对处理此类数据的权利；
- 数据主体向监管部门提出投诉的权利；
- 数据来源，当数据并非收集自数据主体时；
- 有关任何自动化决策的信息，包括《一般数据保护条例》第 22 条第 1、4 款提到的数据画像，有关自动化决策逻辑的其他有意义的信息，以及这种数据处理对数据主体的意义和预期的后果；
- 个人数据被转移到欧洲经济区之外（转移到第三国或国际组织）时，由数据出口商确保的有关在数据传输之后数据保护的适当保障的信息（包括具有约束力之企业规则和标准合同条款）。

156

只要数据控制者提供了足够详细的信息，就可以视为满足了明确数据处理目的的要求。数据控制者的答复必须是个性化的，而且应当与提出请求者的个人数据具有特定的关联；答复绝不能仅仅是提供隐私政策的复制件。

数据主体还有权获知其正被处理的个人数据的类别。然而，由于数据主体有权访问其数据，因此仅说明正被处理的个人数据的类别是不够的。当事人还必须提供个人数据的内容，这使数据主体可以验证数据是否是准确的、最新的和充分的。因此，数据控制者不能只限于告知数据主体它正在处理其信息，而必须将该信息提供给数据主体。信息提供义务还包括必须以可理解的形式提供信息，也即，所提供的信息必须采用完整描述的形式而非缩写、代码或符号。如果数据系统为了优化服务而使用缩写或符号（例如用以表示婚姻状况或年龄分组），则必须在提供给数据主体的信息中完整地表达这些缩写或符号。

数据主体还有权从数据控制者那里获取正在处理的个人数据的副本（第 15 条第 3 款）。但是，重要的是，与我们经常在某些数据主体的要求中可以看到的广泛解释相反，并非所有涉及特定人员的信息都是属于他 / 她的个人数据范围从而受到他 / 她的数据访问权的保护。在某些情况下，数据主体的访问请求并不限于数据保护权利的范围，而是一种"非法调查"（fishing expedition）。欧盟法院在 2014 年 7 月 17 日对两个合并审理的案件[4]的判决中指出："尽管《第 95/46/EC 号指令》要求欧盟成员国确保每个数据主体都可以从个人数据通信的控制者那里获得由数据控制者处理的与数据主体有关的所有此类数据中的个人数据，但该指令留给成员国自行确定这些通信所必须采取的实际的实质形式，只要其是'可以理解的'就可以，换而言之，这种

4　CJEU judgment of 17 July 2014 in the Joined Cases C–141/12 and C–372/12, *YS* (C–141/12) *v. Minister voor Immigratie, Integratie en Asiel*, and *Minister voor Immigratie, Integratie en Asiel* (C–372/12) *v. M, S*, ECLI:EU: C: 2014: 2081, points 57-58 of the judgment.

通信方式应当使数据主体可以了解这些数据，并且能够核实数据是否正确并已按照该指令进行处理，以便使该数据主体在适当时可以行使《第95/46/EC号指令》第12条第b款和第c款、第14条、第22条和第23条所赋予的权利［参见里克伯尔案（Rijkeboer）的判决，EU:C: 2009: 293，第51、52段］。因此，就数据访问权所追求的目标完全可以通过另一种形式的通信来实现而言，数据主体无权根据《第95/46/EC号指令》的第12条第a款以及《宪章》的第8条第2款，以获得显示有这些数据的文档或原始文件的副本。"

157　　在某些情况下，数据访问权可能需要披露电子邮件中包含的某些与个人有关的信息。但是，如果雇员是多封电子邮件的收件人，其中雇员姓名和业务联系方式是唯一的个人数据，而电子邮件的内容与雇员无关也不包含员工的个人数据的，则数据控制者不必向雇员提供每封电子邮件的副本（包含有编辑过的第三方个人信息）。由于与雇员相关的唯一个人数据是其姓名和电子邮件地址，因此只需告知雇员，雇主在2000封电子邮件中识别到了他们的姓名和电子邮件地址，并向他们披露这些电子邮件中包含的姓名，例如John Smith，以及这些电子邮件包含的电子邮件地址，例如JohnSmith@org.co.uk。或者，雇主也可以提供一封包含其他详细信息的编辑过的电子邮件，作为雇主持有的2000封电子邮件的样本。[5] 在我看来，应该强调的是，除非这些通信针对人力资源关系，否则发送或接收商务电子邮件的雇员在其职责范围内并非以私人身份行事，而是代表了组织。

　　《一般数据保护条例》第15条第4款规定，提供数据不得对他人的权利和自由产生不利影响；这特别意味着，所提供的数据不得包含第三方的数据或公司保密所涵盖的信息，例如在公司管理预测、业务

5　https://ico.org.uk/for-organisations/guide-to-data-protection/guide-to-the-general-data-protection-regulation-gdpr/right-of-access/how-do-we-find-and-retrieve-the-relevant-information/.

谈判和合同的背景下所处理的个人信息以及具有法律特权的信息。

数据处理的目的范围包括了许多不同的业务操作，具体包括：市场营销，回答客户的联系请求，风险评估，订立合同，进入付款，产品或服务的分销，处理投诉，追索欠款和主张权利，付款和工资，税金和社会保障缴款的报告，数据存档，雇员的招聘和雇员档案的保存等。这些仅是数据控制者要达到的目的的部分示例。如果是应数据主体的要求提供信息，那么《一般数据保护条例》第15条仅要求提供数据处理目的的信息。在这种情况下，与在数据收集或获取中适用的信息义务相反，数据控制者无需就数据处理的法律基础提供任何信息。然而，在有的情况下，为了答复数据主体的信息请求（例如在合同到期时，税收法律所规定的义务确定了数据处理目的），实际上也给出了关于数据处理法律依据的信息。

应当根据数据接收者的定义（第4条第9款），明确个人数据的接收者或接收者的类别。根据该定义，数据接收者是数据主体向其披露个人数据的自然人或法人、公共机构、代理机构或其他机构。然而，那些可以根据欧盟或成员国法律在特定调查框架内接收个人数据的公共机构（例如法院、公共检察官官署、警察或法院法警），不属于数据接收者定义的涵盖范围。如果数据控制者在履行信息提供义务时能够明确数据接收者，那么仅仅示明数据接收者类别的做法，不应被认为是充分的。但是，如果详细进行说明在实际上是不可行的（例如数据处理者的数量特别多），或者甚至是不被允许的（例如需要包括可能访问该系统的所有雇员的姓名），那么就不需要这么做。实际上，信息条款仅明确规定了数据接收者的类别。当数据处理已经委托给此类数据接收者之后，可以通过明确相关的领域或目的以提供更为详细的信息。如果数据接收者是个人，那么仅在个人接收者是定期与（诸如贷款登记处等）机构进行合作的情况下，才需要明确个人接收者。

《一般数据保护条例》要求向数据主体告知他/她有权享有的更正

权和限制权，也即要求更正数据或擦除数据，或者限制处理以及反对数据处理的权利。有关数据主体权利的信息不应仅局限于提及构成这些权利的基础的法律行为，因为这么做将要求数据主体自行去查阅、参考这些法律行为以查明其享有哪些权利；相反，当事人必须明确说明数据主体享有的具体权利。[6] 它们在《一般数据保护条例》第13条第2款和第14条第2款中作了规定。此外，由于《一般数据保护条例》要求数据控制者告知数据主体，其享有向监管部门提出投诉的权利，这进一步增加了数据控制者向数据主体说明其权利的义务。但是，数据控制者并不需要具体说明主管的监管机构及其详细联系信息，或者适用的程序的信息。

在数据控制者已经从数据主体以外的其他来源获取数据的情况下，提供有关数据来源的信息可以使数据主体控制数据处理并行使其权利。根据《一般数据保护条例》第15条的要求，提供给数据主体的信息范围，不会因为数据控制者获取所涉个人数据的来源而不同，也即，无论是直接从数据主体那里获取（例如在数据控制者的办公室，或通过其网站），抑或是从其他来源（例如创建数据库的营销公司，或者公用电话和地址目录）获取。即使该数据来源是公开可获取的，也不能因此免除数据控制者明确其数据来源的义务。

《一般数据保护条例》在很大程度上扩大了数据主体访问信息权利的范围。例如，根据该条例的规定，告知数据主体正对其进行数据画像属于强制性义务，因为如果数据主体不了解正在被制作数据画像（这可能导致得出在统计上是可能的，但相对于特定数据主体是错误的结论），将是对数据主体的重大威胁之一。同样地，通过算法创建个人的统计资料（由于不一定是准确的个人资料），并以此进行自动决策（包括数据画像），可能会导致污名化和歧视，并可能影响针对个人诸如贷款、保险或就业等方面的正面或负面决定。《一般数据保

6　E. von Ehmann, M. Helfrich, *EG-Datenschutzrichtlinie: Kurzkommentar*, Köln 1999, p.162.

护条例》第 15 条赋予了数据主体获取用于进行用户画像的任何个人数据的详细信息的权利，所涉信息包括构成个人画像的数据类别，用于创建用户画像所输入的数据，以及数据主体被归类的文档和片段的具体信息[7]。但我认为，只有出现了用户画像分析符合《一般数据保护条例》第 22 条第 1 款和第 4 款规定的条件时，数据控制者才必须提供有关用户画像分析的信息，这些情况包括用户画像分析为全自动化决策（没有人为干预）提供了数据输入并产生与数据主体有关的法律效力，或者会对数据主体产生类似的重大影响，或者用户画像分析包括了个人敏感数据的处理。《一般数据保护条例》并没有明确规定，在作出此类决策时必须提供的信息的详细程度。例如，是否必须在系统定义中明确肯定或否定决策的标准，或者信息对数据主体进行用户画像分析的其他后果的影响，是否超出了数据保护的范围并扩展到商业影响（例如对特定客户收取较高价格），也应予以考虑。但是，数据的访问权"不应当对商业秘密或知识产权（特别是保护软件的版权）产生不利的影响"（序言第 63 条）。

《一般数据保护条例》还规定了一项新的义务，即明确个人数据的预期存储期限，或者，在无法做到时必须明确如何确定该期限的标准。为了履行该义务，必须首先确定数据的类别，接着确定其数据处理的法律依据和处理目的，然后还必须为每个类别的数据设置一个具有法律依据的适当存储期限。在这种情况下，应该指出的是，即便是存储在同一存档系统中的数据，也不一定具有相同的存储期限。合同到期后的数据存储期限（当存储数据是为了满足诸如税收法规的法律义务）可以以年为单位。另一方面，在经数据主体同意处理数据的情况下，数据存储期限将由数据主体的撤回同意来确定。数据控制者也

7　Guidelines on Automated individual decision-making and Profiling for the purposes of Regulation 2016/679, adopted on 3 October 2017, as last revised and adopted on 6 February 2018, WP 251 rev.01, p.17.

可以通过参考某个标准来明确数据处理期限，举例来说，数据控制者可以参考其与数据主体之间的协议所确定的提请限制期限以及处理投诉所必需的期限。

当数据并非从数据主体那里获取时，欧盟《一般数据保护条例》第14条第5款第d项对信息条款作出了豁免，尽管如此，《一般数据保护条例》第15条并没有因为欧盟法律或成员国法律规定的专业保密责任而直接免除信息义务。这令人费解，因为缺少了这种豁免，那么诸如新闻工作者从其信息渠道获得用于调查的第三方数据，或者律师从客户获得的用以在法庭捍卫客户权利的数据，就不得不披露数据的来源（第15条第1款第g项）。但是，根据《一般数据保护条例》第23条的规定，欧盟成员国的法律可以规定某些豁免或限制，以限制《一般数据保护条例》第12—22条和第34条规定的义务和权利的范围，前提是有必要采取这些限制，以确保预防、调查、侦查或起诉刑事犯罪，或执行刑事处罚，或者预防、调查、侦查和起诉违反了受管制职业的道德规范的行为。目前欧盟成员国的国内法特别是在法律服务、银行、保险保密以及打击洗钱和资助恐怖主义的领域中，引入了豁免或限制。

无论是《一般数据保护条例》还是《第95/46/EC号指令》都没有将数据访问权限制在过去的特定时期之内。数据控制者随意将这一时期限制为（诸如）一年，是毫无任何正当理由的。欧盟法院在2009年5月7日的判决[8]中就作出了这样的裁定，该案涉及当事人限制对过去（与接收者和数据内容有关）的信息进行访问，具体体现为无法访问超过请求之前一年的相关信息。法院强调，"……这项权利必然与过去有关。如果不是这样的话，数据主体将无法有效行使权利，无法更正、删除或阻止其认为非法或不正确的个人数据，或者无法提起法

---

8 C–553/07, *College van burgemeester en wethouders van Rotterdam v. M. E. E. Rijkeboer*（鹿特丹市市长和市参议员委员会诉 M. E. E. 里克伯尔），http://eur-lex.europa.eu/legal-content/EN/TXT/?qid=1473780231917&uri=CELEX:62007CJ0553.

律诉讼并就遭受的损害获得赔偿。"

由于《一般数据保护条例》和《第 95/46/EC 号指令》均未明确规定数据访问权可以涵盖的过去时间，因此在这种情况下必须适用存储限制原则。存储限制原则禁止超出数据处理目的所必需的时间且以可识别人员身份的形式存储数据（《一般数据保护条例》第 5 条第 1 款第 e 项,《指令》第 6 条第 1 款第 e 项）。

第四节　数据更正权

数据主体可以要求数据控制者更正其数据的权利，是指立即更正不正确的数据并且完善不完整的数据（《一般数据保护条例》第 16 条）。对数据进行更正或完善，取决于数据的不一致或者不完整的状态（第 16 条）。

《一般数据保护条例》第 16 条规定的数据更正或完善，应当有别于受到不同法律规定约束的类似活动（诸如行政或民事诉讼程序）。

如果数据主体要求更正或完善数据，那么他 / 她必须证明所涉数据需要更正或完善。例如，为了更正身份证号码，数据主体必须出示证据，证明数据控制者文件中的数字是错误的，或者已经发行了具有不同编号的新的身份证。

不同于《第 95/46/EC 号指令》第 12 条第 b 款,《一般数据保护条例》第 16 条仅规定了更正权或完善数据的权利，并没有将其与要求删除的权利相结合。因此,《一般数据保护条例》第 16 条在规定更正权的时候，并未重复《第 95/46/EC 号指令》第 12 条第 b 款所使用的不完美的措辞。《一般数据保护条例》在授予数据主体要求更正数据的权利的同时，特别明确了如果数据不正确的可以要求更正，而完善数据的权利则涉及不完整的数据。《第 95/46/EC 号指令》第 12 条第 b 款规定的限制性权利不仅包括要求更正数据的权利，还包括其他的权利，即要求删除或阻止其处理不符合指令规定的数据，特别是因为数据不完整或不准确的性质。该规定将数据主体要求更正、删除或阻止处理数据的权利与不符合该指令的数据处理联系起来，但并没有明确规定，数据主体提出请求时是否可以在更正权或限制性权利之间作出选择，也即数据不完整或不准确的事实是否足以证明删除数据是正当的，或者仅仅说明更正数据是正当的。这可能会导致数据控制者与数据主体之间的冲突，以及认为数据主体请求过量的诉争。[9]

更正权同样源于数据处理的一项主要原则，即《一般数据保护条例》第5条第1款第d项（《指令》第6条第1款第d项）规定的准确性原则，据此，需要采取一切合理步骤，确保立即删除或更正那些从数据处理目的角度来看不正确的数据。因此，应当认为，数据控制者更正数据的义务不但因应数据主体的请求而产生，而且也不限于此类请求，只要数据控制者基于其拥有的信息或者从外部来源获得的信息，发现存在需要更正数据的某种情况，数据控制者都负有更正数据的义务。然而，这并不意味着，数据控制者有义务积极主动且经常验证其归档系统中的数据是否是精准的以及是否是最新的。

数据主体因结婚而更改联系方式（地址、电话号码）或更改姓氏的情况，就属于数据更正的典型例子。数据更正权属于数据主体所有。尽管如此，即使是第三方提出的数据更改的请求，有时仍具有约束力。例如，如果删除客户邮寄地址的请求不是由客户自己提出，而是由证明已购买了该客户房屋的人所提出的，就可能会出现这种情况。当然，这样的第三方可能不会提供客户的地址并随后接收他／她的邮件。但在该例子中，该人并未提供客户的新地址，而只是通知服务提供商，告知该客户的过时地址正保存在服务提供商的数据库中，结果是该人正在接收客户的邮件，而该人并无权利接收客户的邮件，也无义务保存这些邮件。

9　持同样解释观点的例如：J. Barta, P. Fajgielski, R. Markiewicz, *Ochrona danych osobowych. Komentarz*, Kraków 2007, p.584。

由于警方调查而在某人档案中留下了其涉嫌犯罪的信息，然而最终该人并未被定罪，这种情况也有必要进行数据更正。[10] 当信息不符合公共利益，尤其是当其与遥远的过去有关时，同样有必要更正数据。[11]

数据质量原则所表达的对数据保持最新的要求，应当理解为是指数据与指定的时间点有关。因此，如果文档是用于维护与过去特定时间有关情况的信息，则不意味着更新数据是必需的。

例如，由于结婚而改名的借方，不可以要求更改其婚前签署的原始贷款协议中的姓名。另一方面，如果维持那些建立在过去认识基础上的不正确数据可能会损害到相关人员的利益的，则有必要进行数据的更新。有的数据必须不断监控其准确性并保持最新状态，例如与银行客户债务相关的信息，这些信息保存在贷款登记册中。这些数据可以用于评估借方的信誉（过去债务的偿还状况）；因此，其任何不准确之处，都可能会对借方造成极大的损害。

由数据控制者处理的个人数据可能既包含客观数据（例如身份数据、联系方式、受教育程度的数据）又包含主观数据（例如雇主对雇员的意见）。如果数据主体提出的请求是更正针对其个人的观点，则该请求是不正确且不公正的，这类请求应该采用不同的法律途径，例如根据劳动法或诽谤法提起诉讼。

数据更正权还可以适用于下述情形：例如，某人已经被归入某一类型，该类型对人们执行任务的能力做了评价，但是该人的档案资料是基于不正确的信息。在这种情况下，受到影响的个人可能想质疑相关数据的准确性，以及挑战将其归入某一分组或类别的做法。[12]

10　ECtHR judgment of 18.11.2008, *Cemalettin Canli v. Turkey*（西马列汀·坎里诉土耳其），Application No. 22427/04, http://hudoc.echr.coe.int/eng?i=001-89623.

11　ECtHR judgment of 6.6.2006, *Segerstedt-Wiberg and others v. Sweden*（塞格斯泰特－维伯格和其他人诉瑞典），Application No. 62332/00, http://hudoc.echr.coe.int/eng?i=001-75591.

12　Guidelines on Automated individual decision-making and Profiling for the purposes of Regulation 2016/679, adopted on 3 October 2017, as last revised and adopted on 6 February 2018, WP 251 rev.01.

第五节 数据删除权（被遗忘权）

一、性质、范围和条件

数据删除权在《第 95/46/EC 号指令》生效之时就已经存在，现在已经演变成为"被遗忘权"（《一般数据保护条例》第 17 条）。[13] 鉴于多年以来被称为"擦除权"（right to erasure）或者"删除权"（right to deletion）的权利已经被贴上了新标签且采用了更加生动的措辞即所谓的"被遗忘的权利"（被遗忘权），我们有必要探讨该最新表述的性质：（a）它仅仅是一个与"擦除"具有相同含义的描述性术语，还是（b）特定类型的擦除权，或者（c）是在原来的擦除权之外赋予数据主体其他权利。将"被遗忘权"放在括号中加以表示，说明它是《第 95/46/EC 号指令》中就已经规定的相同权利的另一种表述[14]，但却通过一种新的方式加以强调。

数据删除权（被遗忘权）并不是绝对的权利。数据主体根据该权利所提出的要求，数据控制者应评估其是否满足《一般数据保护条例》第 17 条第 1 款规定的条件。数据主体要求数据控制者删除个人数据的权利（以及数据控制者删除个人数据的义务），适用于以下情况（第 17 条第 1 款第 a—f 项）：[15]

163

13　G. Zanfir（G. 赞菲尔），Tracing the Right to Be Forgotten in the Short History of Data Protection Law: The "New Clothes" of an Old Right（《在数据保护法的短暂历史中追寻被遗忘权：旧权利的"新衣"》），in: *Reforming European Data Protection Law*（《欧洲数据保护法的改革》），ed. by S. Gutwirth, R. Leenes, P. de Hert, Springer 2015, pp.227 et seq.

14　持同样看法的文献参见：P. Fajgielski, *Ogólne rozporządzenie o ochronie danych. Ustawa o ochronie danych. Komentarz*（《〈一般数据保护条例〉——数据保护法评论》），Warszawa 2018, p.268。

15　P. Korenhof（P. 科伦霍夫）et al., Timing the Right to Be Forgotten: A Study into "Time" as a Factor in Deciding About Retention or Erasure of Data（《设定被遗忘权的时间：研究"时间"作为决定保存或删除数据的因素》），in: *Reforming European Data Protection Law*, ed. by S. Gutwirth, R. Leenes, P. de Hert, Springer 2015, pp.171 et seq.

（a）就数据收集或随后处理的目的而言，数据已经变得不必要。这对应于个人数据处理主要原则之一的存储限制原则（《一般数据保护条例》第5条第1款第e项，《第95/46/EC号指令》第6条第1款第e项），也即禁止以可识别数据主体的形式、超过数据处理目的所需的时间存储数据。这就要求数据控制者明确每一类数据的最长存储期限以及相关的法律依据。这种方法也是欧洲法院在2014年5月13日对C-131/12号案所作判决的核心，在该案中，最初的数据发布是合法的，但后来随着时间的经过，对数据的进一步处理丧失了法律依据，对此欧洲法院认定数据主体享有互联网上的"被遗忘权"。

（b）数据主体撤回了构成数据处理基础的同意，而且没有其他法律依据进行处理数据。《一般数据保护条例》第7条第3款明确授予了数据主体随时可以撤回其数据处理同意的权利。尽管《第95/46/EC号指令》并未明确规定该权利，但我认为可以从该指令中推断出来。[16] 当数据控制者与数据主体之间的履行合同并非数据处理的唯一目的，尤其在数据处理是数据控制者履行其法律义务所必需的情况下（例如根据会计、税收或反洗钱法进行的数据存档），数据控制者可以拒绝数据主体提出的删除数据的请求。类似地，如果数据处理的目的在于履行数据控制者与数据主体之间具有约束力的合同，那么数据主体撤回同意和删除数据的要求，实际就等同于终止合同。数据主体行为的可采性，必须根据管辖合同义务的法律而不是数据保护法律加以验证。因此，仅当数据主体的同意是处理数据的唯一法律基础时，数据主体的撤回同意才会导致数据控制者删除数据的义务。依我之见，在数据主体同意数据处理的期限届满的情况下，也应当适用同一规则，

16　M. Krzysztofek, Zmiana przepisów o zgodzie na przetwarzanie danych osobowych, *PPH* 2011, No. 4, p.57.

因为没有理由认为，数据主体在有限期限之内不能作出同意的表示（征聘程序中的做法）。

164　　　（c）数据主体根据与其特定情况有关的理由，反对处理其数据，而且数据处理行为并不存在可以优先保护的合法理由，或者数据主体反对出于市场直接营销（包括制作用户数据画像）的目的处理其个人数据。数据主体反对处理数据或撤回数据处理的同意，将导致数据删除（第17条第1款第b项和第c项）或数据处理的限制（第18条第1款第d项）。数据主体反对处理其数据的理由，可能与数据主体的特殊情况有关（第21条第1款），特别是数据处理目的是追求数据控制者或第三方的合法利益（包括制作用户数据画像）的场合。在这种情况下，是否遵从数据主体的反对意见并且删除数据的义务，取决于是否确实发现数据主体处于与他人不同的境况，以及是否有合法理由处理其数据，且该合法理由优先于数据主体的利益和反对的权利。数据主体的"特殊情况"可能与网络搜索结果相关，例如，网络搜索结果降低了数据主体在求职时的机会，或者破坏了数据主体在个人生活中的声誉，然而该人却并非是公众人物，所涉信息与其职业生涯无关，但却影响其个人隐私，或者可以归类为仇恨言论、诽谤、诋毁或类似罪行。当所涉数据与很久以前发生的相对较小的违法行为有关而且会对数据主体造成有偏见的结果时，也属于这样的情况。[17] 数据主体的反对也可能涉及直接营销目的的数据处理，包括直接营销的数据画像（第21条第2款）。在这种情况下，反对权是绝对的、不受限制的。如果没有其他处理数据的合法依据，

17　EDPB, Guidelines 5/2019 on the criteria of the Right to be Forgotten in the search engines cases under the GDPR (Part 1)［《关于在搜索引擎案件中根据〈一般数据保护条例〉的被遗忘权标准的第5/2019号指南》（第一部分）］, 2 December 2019, https://edpb. europa.eu/sites/edpb/files/consultation/edpb_guidelines_201905_rtbfsearchengines_ forpublicconsultation.pdf, p.9.

就有删除数据的义务。

（d）个人数据已经被非法处理。合法处理数据的义务是指遵守成文法和基于此类法律所发布的法规、实体法、程序法以及判例法的要求。非法的数据处理是指无视法律规定的义务或禁止性规定的数据处理；这尤其包括缺乏法律依据或出于非法目的的数据处理。数据控制者有义务确保数据处理合法，这意味着《一般数据保护条例》第4条第2款（《指令》第2条第b款）所列举的从数据收集到删除的所有方面都必须至少符合《一般数据保护条例》第6条（《指令》第7条）规定的合法性标准之一。这包括禁止以非法方式收集数据，或非法处理已经收集的数据。例如，如果要在征得数据主体同意的基础上处理数据，那么数据主体的同意必须是明确和自愿的，并且拒绝同意不得有潜在的不利后果。合法处理数据的义务还包括明确数据处理目的和数据接收者的要求（《一般数据保护条例》第12—14条，《指令》第10条和第11条），以确保对数据的访问（《一般数据保护条例》第15条及随后各条，《指令》第12条和第14条），且采取措施确保适当程度的数据处理安全（《一般数据保护条例》第32条，《指令》第17条第1款），并遵守《一般数据保护条例》和《第95/46/EC号指令》规定的其他义务以及普遍适用于数据处理个案的其他法律法规。数据控制者的数据处理行为要合法，必须是建立在成文法或基于此类法律所做出的法律行为的基础上，并且属于在民主社会中为实现合法目的所必需的。《一般数据保护条例》第17条第1款第d项并未规定可以构成删除数据理由的非法数据处理类型。例如，该规定并没有明确说明：收集数据时的信息提供义务（第13条和第14条）属于数据控制者关键义务之一的事实，是否意味着，不履行这些义务就必须应数据主体的请求删除数据。我个人并不认为这种"不规则性"（irregularity）——尽管很严重——总会导致删除数据的义务。依我之见，当数据处理取决于数据主体的同意或不反对时，如果数据控制者没能正确遵守信息提供义务的，数据主体可以要求删除数据，因为这种情况下，要确保数据主体的同意有效，数据主体必须了解预期的数据处理的方方面面。我认为，数据控制者删除数据的义务，跟数据控制者缺乏数据处理的法律依据有关，与数据主体可能主张数据处理的不合法无关，因为后一种假设将会导致难以想象的后果。

（e）为了遵守欧盟法律或欧盟成员国法律规定的对数据控制者有约束力的法律义务，必须删除个人数据。数据主体以此为由，要求删除个人数据的，必须指明所适用的规定数据控制者有删除义务的具体欧盟法律或欧盟成员国法律，或者是具体法院判决或行政机关的决定。

（f）在直接向儿童提供信息社会服务的场合，已经基于数据处理的同意，收集了个人数据。信息社会服务（第4条第25款）是指"通常为了报酬而以远距离、通过电子手段并应服务接受者的个人要求而提供的"服务。[18] 这包括众多快速增长的服务类别，诸如在线金融服务（在线银行、在线保险），其他服务的销售，例如旅游服务或以电子方式发送照片，在线零售，例如在线商店中的书籍、音乐、电子设备、服装或化妆品的销售，在线新闻订阅，移动应用程序的销售。欧盟《第2015/1535号指令》的附件一列出了该术语并未涵盖的服务的指示性列表，因为这些服务要么不是"远距离"（例如，在现场与客户咨询商店里的电子目录）提供的，要么没有通过"电子方式"（例如自动取款机或自动售票机）提供这些信息，要么不是"根据服务接受者的个人要求"提供这些信息，而是传输给数量不限的数据接收者（例如电视广

166

---

18 欧盟议会和理事会2015年9月9日《第（EU）2015/1535号指令》第1条第1款第b项所定义的服务，规定了在信息社会服务的技术法规和规则方面提供信息的程序（OJ EU L 241, 17.9.2015, p.1）。

播服务）。就此而言，删除数据的原因，并非与信息社会服务所收集的所有数据有关，而是仅与其中直接向儿童提供信息社会服务所收集的数据有关（第 8 条第 1 款所指的服务）。对年满 16 岁的儿童，为了直接向他 / 她们提供信息社会服务，法律允许基于他 / 她们的同意进行数据处理。对 16 岁以下的儿童，只有在对孩子负有父母责任的人给予同意或授权的情况下，这种数据处理才是合法的（欧盟成员国可以规定更低的法定年龄，但最低不得低于 13 岁）。将信息社会服务中的"被遗忘权"与年龄限制联系起来，与这项权利的本质有关，这项权利的目的是保护同意数据处理的儿童，他们在给出同意之时还不能充分意识到可能的后果。另一方面，尽管提供信息社会服务属于仍具有约束力的义务的一部分，但将"被遗忘权"适用于成年人消费者则显得过度了。当事人签订的合同应遵守民法和消费者保护法，消费者应获得有关服务的适当信息以及适当表达其同意的机会。但是，一旦消费者使用了服务并付了款，且没有进一步的权利主张，而消费者创建的账户（包括其个人数据）仍然存在于服务提供商的系统之中并可能用于将来的服务，则客户有权删除该账户。在实践中，公司通常会让客户自己编辑或删除账户。对《一般数据保护条例》第 8 条第 1 款的引用表明，对直接向儿童提供的信息社会服务而言，数据控制者应数据主体的要求删除数据的义务，具有绝对的、无条件的约束力。

"被遗忘权"在互联网上的起源

就法律制度改革的目的而言，"被遗忘权"的一项基本要素是请求删除由数据主体或第三方放置在互联网上的个人数据的权利。当今社会每个人都可以轻松访问互联网并在上面共享数据，鉴于这种现象所带来的影响，互联网上的数据删除权对于数据保护至关重要。欧盟法院在 2014 年 5 月 13 日第 C-131/12 号案件的判决中，就重点探讨了这个问题，这是涉及删除权的关键判决，本章稍后将详细讨论该案。该判决是在《一般数据保护条例》出台之前两年裁判的，其通过直接援引《欧洲联盟基本权利宪章》第 7 条和第 8 条以及《第 95/46/EC 号指令》中有关数据删除权的规定，提出了"被遗忘的权利"的概念。但是，其他形式和环境下的各类数据处理，也应该可以适用数据删除权。

167

将"被遗忘权"引入法律的努力受到了如下观点的启发：现代法律制度向（即便实施了最严重的犯罪行为的）犯罪分子提供了特殊的权利，即在犯罪发生后的特定时期之后将不再追诉该犯罪行为，但互联网并不提供与之等同的权利。任何进入互联网的陈述、照片或行为记录都将变得不可磨灭，并且有可能持续多年地影响所涉人员的生活，包括其职业和政治生涯，而且没有任何时间限制。[19]"被遗忘权"特别适用于以下情况：数据主体在孩提时期就提供了他 / 她的个人数据，或同意处理其个人数据，也即数据主体因为缺乏生活经验而认识不到这么做从长远看会对其个人生活诸如职业生涯产生不利的影响。

在《一般数据保护条例》立法程序的每个阶段，数据删除权始终规定在第 17 条中，因为自从《第 95/46/EC 号指令》生效以来，数据删除权就一直被视为一项关键的权利。另一方面，"被遗忘权"的模

---

19 下述文献也指出这种观点：Ch. Markou（查·马科夫），The "Right to Be Forgotten": Ten Reasons Why It Should Be Forgotten（《"被遗忘的权利"：应当被遗忘的十个理由》），in: *Reforming European Data Protection Law*, ed. by S. Gutwirth, R. Leenes, P. de Hert, Springer 2015, pp.203 et seq.; I. Lipowicz（I. 利波维奇），*Uwagi do strategii poprawy skuteczności unijnych przepisów dotyczących ochrony danych osobowych, przedstawionej przez Komisję Europejską*（《欧盟委员会对提高欧盟条款对个人数据保护有效性的策略的评论》），prepared by Stowarzyszenie 'Naukowe Centrum Prawno-Informatyczne'（由"科学法律与信息技术中心"协会准备），Warsaw, January 2011, p.7, http://ec.europa.eu/justice/news/consulting_public/0006/contributions/not_registered/ncpi_pl.pdf (in Polish); V. Mayer-Schoenberger（V. 梅耶–申伯格），*Delete: The Virtue of Forgetting in the Digital Age*（《删除：数字时代遗忘的美德》），Princeton 2009; G. Bell & J. Gemmell（G. 贝尔和 J. 杰梅尔），*Total Recall: How the E-Memory Revolution Will Change Everything*（《全面召回：电子存储革命将如何改变一切》），New York 2009.

式也在不断演化。在欧盟委员会 2012 年 1 月 25 日的提案（草案）中，"被遗忘权"是提议的标志性权利之一，在第 17 条中被放在与删除权并列（和前面）的位置。但是，欧洲议会在 2014 年 3 月 12 日对《一般数据保护条例》进行一读时，却删除了"被遗忘权"，仅保留了数据删除权。欧盟理事会于 2015 年 6 月 15 日批准的《一般数据保护条例》版本，再次规定了这两项权利。《一般数据保护条例》最终于 2016 年 4 月 27 日作为欧盟《第 2016/679 号条例》获得通过，其第 17 条包括了两个术语，但指的是同一项权利而不是两项相互独立的权利。

正如欧盟委员会宣布的那样，"被遗忘权"要比《第 95/46/EC 号指令》中规定的删除或销毁数据的权利更进一步。鉴于互联网数据处理的规模，欧盟委员会认为要求删除数据的现有权利有所不足；欧盟委员会因此认为，应以"被遗忘权"作为补充，该权利尤其指将个人数据从网络流通中删除的权利。毕竟《第 95/46/EC 号指令》于 1995 年通过时，只有不到 1% 的欧洲人使用互联网。[20]

然而，事情发展的结果是欧盟法院在 2014 年 5 月 13 日对 C-131/12 号案的判决中确认，可以从《欧洲联盟基本权利宪章》第 7 条和第 8 条以及《第 95/46/EC 号指令》规定的数据删除权之中，推断出网络搜索引擎中的"被遗忘权"，因此并不需要进行根本性的改革。尽管如此，《一般数据保护条例》第 17 条在界定"被遗忘权"的总体框架时，部分内容正是植根于该出色的开创性判决。而且，该判决并没有要求 168 完全删除数据来源之中的数据，而是着眼于从网络搜索引擎中删除数据，这基本实现了上述权利的目的。

《一般数据保护条例》初始草案的第 17 条同时包含了"被遗忘权"和删除权的事实，意味着它们在立法工作的初始阶段并不被人们视为同义词。但是，在 2014 年 3 月 12 日对《一般数据保护条例》的一读

---

20 Opinion of 26 February 2013 by the Industry, Research and Energy Committee for LIBE on the General Data Protection Regulation, p.3.

中，"被遗忘权"一词被删掉了，而在该条例的最终版本中，它又被放在"删除权"一词旁边的圆括号里面。这意味着现在"被遗忘权"与删除权是同义词。《一般数据保护条例》第 4 条第 2 款不包括为了确保行使作为数据处理形式的"被遗忘权"而采取的行动，但是包括了"删除或销毁"的行动。数据删除意味着破坏数据载体以及以防止识别出数据主体的方式对数据进行修改；因此，这些行动的结果等同于"被遗忘权"。删除数据和行使"被遗忘权"都是不可逆转的；否则的话，它们只会被称之为停止出于特定目的而处理数据，例如停止出于营销目的使用数据，而在这种情况下，仍然可以对数据进行其他操作，例如数据存档。

二、将数据删除请求通知在后的数据控制者

数据控制者公开数据之后，根据《一般数据保护条例》第 17 条第 1 款规定的原因有义务删除此类数据的，数据控制者还必须采取措施，将数据主体要求删除个人数据的所有链接或副本或复制件的请求，通知其他数据控制者。例如，在互联网上发布的任何数据，都可以被数量不限且不确定的数据接收者和其他数据控制者所访问；其他用户也可以将数据下载到他 / 她们的设备并进一步发送。根本不可能找到所有这些数据及其各自的后续数据控制者。因此，《一般数据保护条例》要求，应采取措施以实现切实可行有效的"被遗忘的权利"，也即在考虑到可用技术和实施成本的基础上，采取包括"合理"技术措施在内的措施（第 17 条第 2 款和序言部分第 66 条）。这意味着数据控制者需要采取合理的努力，而不是不计可能性如何，都要求取得结果。但是，初始的数据控制者将数据主体请求的信息提供给已知的数据控制者（例如银行向借贷登记处提供有关数据主体请求的信息），则是强制性的。

"被遗忘权"概念在《一般数据保护条例》立法阶段中的不断演变，使得该权利以更现实的方式制定了出来。例如，在 2014 年 3 月 12 日欧洲议会对《一般数据保护条例》一读的版本中，第 17 条第 2

款要求数据控制者"采取一切合理步骤删除数据",也即不限于传递数据主体已提出的请求的信息。这可能导致数据主体与数据控制者之间的分歧,例如关于本条款是否要求数据控制者采取针对后续数据控制者的法律措施,如果后续数据控制者无视删除数据的通知,则数据主体可以向监管部门投诉。

此外,《一般数据保护条例》的一读版本还规定了数据控制者的义务豁免,即数据控制者没有义务让后续数据控制者删除那些已经根据《一般数据保护条例》第 6 条第 1 款的法律依据(也即诸如数据主体的同意、履行与数据主体签订的合同,或为遵守数据控制者的法定义务而必须进行的数据处理等情况)而做了公开的个人数据。实际上,这些情况是合法数据处理的前提,这导致其他数据处理情形都是非法的。根据该豁免规则,数据控制者删除其先前公开的数据的义务(实践中是从互联网上删除)将仅限于首次公开数据是非法的情况。这种豁免制度实际等同于在草案一读中完全废除了《一般数据保护条例》中的"被遗忘权",因为该法不仅适用于在没有法律依据情况下的数据公开,而且也适用于数据公开合法但随着时间经过数据变得不再必要的情况。如果该制度仅仅成为补救数据控制者错误地首次公开数据的法律手段,但是不适用于数据主体在特殊年龄(即对自己的决定可能产生的后果不具有足够经验认识的年龄)同意公开的数据的,那么将与"被遗忘权"产生实际的冲突。《一般数据保护条例》的最终版本没有再犯这样的错误。

三、数据删除义务的例外

在数据处理是必要的情况下(《一般数据保护条例》第 17 条第 3 款),例如行使言论和信息自由权或者进行科学研究或历史研究,并不产生删除个人数据的义务以及通知处理该数据的其他控制者有关数据主体要求删除数据的义务。《一般数据保护条例》提议(该条例第 85 条以及序言第 153 条),当出现了需要维持数据保护权与表达自由权和信息权之间的平衡的情况时，《一般数据保护条例》的一般规则所规定的义务并不约束个人数据的处理。此外，诸如"新闻业"（journalism）一词可以采取宽泛解释，因为它至今尚未制度化，包括了由激进主义者所经营的业已成为本地新闻的一种博客。因此，也正如欧盟法院在 C-131/12 号案判决所暗示的那样，对众所周知的恐怖袭击或政治丑闻的肇事者，并不适用"被遗忘权"。

欧洲人权法院在 M. L. 和 W. W. 诉德国案[21] 的判决中得出了相同的结论。在该案中，互联网用户可以在媒体上访问到申请人因谋杀著名演员而被定罪的信息以及各方当事人的完整的姓名信息，而法院拒绝颁发禁令。欧洲人权法院裁定认为，法院的做法并未侵犯《欧洲人权公约》第 8 条所规定的隐私权。欧洲人权法院认为，这样做是合理的，因为符合新闻自由的利益，但必须符合该行业的道德规范。

170　　如果出于公共利益或统计目的需要存档而处理数据，同样无需承担删除数据的义务。但是，在这种情况下，需要采取技术和组织上的保障措施以确保数据最小化或假名化，除非这样做会阻止上述目的之实现。

免除删除数据义务的情况还包括：所涉的数据处理是数据控制者为了遵守欧盟法律或者欧盟成员国法律对数据控制者有约束力的法律义务（例如，如果数据控制者根据会计、税收或反洗钱法律有义务存档数据的，则不能准予删除数据的要求），或者是为了公共利益或行使其官方职责而执行某项任务所必需的。这包括公共健康卫生领域的公共利益（例如全民医疗保健服务、社会保障和社会照顾服务）。

如果数据处理是证明、行使或抗辩法律诉请所必需的，同样不适用删除数据的义务。因此，依我之见，为了应对将来可能采取的民事诉请，在这类诉请的规定期限内进行数据存储是合理的，因为这样做的目的是为了保存必不可少的信息和证据，以用于可能发生的法院诉

21　Judgment of 28 June 2018 in the case of *M. L. and W. W. v. Germany*, Applications Nos. 60798/10 and 65599/10, https://hudoc.echr.coe.int/eng/#{%22itemid%22: [%22001-184438%22]}.

讼或投诉程序。同样地，在税收义务规定期间存储数据是合理的，然而这也是在另一个独立的法律基础上所要求的数据存储，即为了行使法律义务而处理数据。

四、公司董事会成员在将个人数据输入公共登记簿之后的"被遗忘权"

欧盟法院在 2017 年 3 月 9 日的莱切农工商局诉萨尔瓦多·曼尼案中，对"被遗忘权"与确保业务确定性的两者关系进行了认定。[22]

欧盟法院裁定，《第 95/46/EC 号指令》（第 12 条第 b 款和第 14 条第 1 款第 a 项）规定的要求删除或阻止数据的权利，在与 1968 年 3 月 9 日第一届理事会关于欧共体成员国……要求的公司保障措施的协调的《第 68/151/EEC 号指令》一同解读时，必须做如下的解释：应当由成员国自行确定，理事会《第 68/151/EEC 号指令》第 2 条第 1 款第 d 项和第 j 项所指的自然人，特别是经授权代表公司和清算人的自然人，是否"可以向负责保存中央登记簿、商业登记簿或公司登记簿的各个机构提起申请，在个案评估的基础上，确定是否有例外的正当理由，在所涉公司解散之后足够长的时间之后，基于与之相关的特殊情况的令人信服的合理基础，限制信息的访问，从而确保只有那些能够证明对查询该数据具有特殊利益的第三方，才可以访问记载在这些登记簿上的与该公司有关的个人数据"。

重要的是，欧盟法院确认，公司登记簿中与公司法人成员和清算人有关的数据，构成个人数据（判决书第 34 点），而且，维持该登记簿的机构，通过输入和存储个人数据，以及在登记簿中披露这些数据，构成了数据控制者（判决书第 35 点）。 171

---

22 CJEU, judgment of 9 March 2017 in Case C-398/15 *Camera di Commercio, Industria, Artigianato e Agricoltura di Lecce v. Salvatore Manni*, https://eur-lex.europa.eu/legal-content/ EN/TXT/?uri=CELEX:62015CJ0398.

欧盟法院强调，欧盟成员国不能保证，在公司解散后的一定时间之后，自然人（例如公司董事会的成员）有权自动删除个人数据或者向公众屏蔽该数据（判决书第56点）。公司登记簿中的个人数据不得删除或匿名化，但是在一定时间段之后，只有那些证明了对获得此类数据具有特定利益的人，才可以访问公共登记簿中的个人数据。

欧盟法院在比较了公共利益（即体现出公开公示原则的商业安全）与私人利益（即隐私权）之后，正确地指出，在这种特定情况之下，前者更为重要。欧盟法院在判决书中指出，"应当披露所涉公司的基本文件，使第三方能够确定……特别是那些获得授权约束该公司的人员的详细信息"（判决书第49点）。《第68/151/EEC号指令》的目的是"特别保护第三方相对于股份公司和有限责任公司的利益，因为这些公司提供给第三方的唯一保障就是它们的资产"。欧盟成员国应确保采取有效措施，防止利用公司进行违规行为，损害行业成员，特别是债权人。

五、互联网上的"被遗忘权"：欧盟法院2014年5月13日C-131/12号案判决的解释

如上所述，即使在《一般数据保护条例》生效之前，《第95/46/EC号指令》的条款也暗示了存在删除互联网数据的权利。欧盟法院在2014年5月13日的C-131/12号案判决中[23]肯认了这一点。该判决裁定，数据主体在网页搜索引擎中拥有"被遗忘权"，该结果与上述权利的宗旨实质上（尽管并不完全）是一致的。

该案的争议是由一位西班牙公民提出的。他要求谷歌西班牙公司和谷歌公司（为行文方便，两者并列时简称谷歌公司）删除过时的信

23　参见欧盟法院C-131/12案的裁判，该案由西班牙国家法院2012年2月27日请求欧盟法院根据《欧洲联盟运作条约》第267条作出初裁，2012年3月9日欧盟法院接受了谷歌西班牙公司、谷歌公司诉西班牙个人数据保护局和马里奥·科斯特贾·冈萨勒案。

息。该信息由《西班牙日报》于 1998 年 1 月 19 日和 3 月 9 日发布，隔了很长一段时间之后又在互联网上发布，公告了对申诉人的不动产进行拍卖以追回其逾期未缴的社会保障金。随后申诉人清偿了逾期未缴的费用，但在 2009 年，申诉人发现其已经履行的债务信息仍被保存在互联网上：只要在谷歌搜索引擎中输入他的名字，就会出现《西班牙日报》当初公告的链接。《西班牙日报》拒绝删除该消息，称尽管发布该公告的目的已经过期，但该公告是根据法律规定（即劳工社会政策部的命令）发布的。

172

申诉人于 2010 年与谷歌西班牙公司交涉，要求在谷歌搜索引擎输入其姓名后删除指向《西班牙日报》公告的链接。谷歌西班牙公司将该请求转给了谷歌公司，也即办公注册地位于美国加利福尼亚州的网络搜索引擎提供商。

作为数据主体，该西班牙公民还向西班牙个人数据保护局提出了异议，反对报纸和谷歌公司处理其个人数据。西班牙个人数据保护局裁定，该报纸没有义务删除该信息，因为报社是根据法律规定发布了该信息；但另一方面，西班牙个人数据保护局认为，谷歌公司有义务从其搜索索引中删除该信息。谷歌西班牙公司和谷歌公司对此决定提出上诉。西班牙国家法院中止了该诉讼程序，并将以下问题提交给了欧盟法院进行初步裁定：(i) 当搜索引擎提供商的办公室或子公司位于成员国境内，其搜索引擎对个人数据的处理，是否属于《第 95/46/EC 号指令》所规定的数据控制者所设机构的活动；(ii) 搜索引擎提供商是否是数据控制者，其操作行为是否构成了指令所规定的对个人数据的处理；以及 (iii) 申诉人是否可以主张该指令所规定的反对数据处理的权利，要求搜索引擎提供商在搜索结果中屏蔽其个人数据。[24]

---

24 第二十九条工作组在本案中得出结论，搜索引擎提供商在欧洲经济圈（EEA）国家 / 地区的运营，包括针对这些国家 / 地区的居民投放广告，属于企业根据《第 95/46/EC 号指令》第 4 条第 1 款第 a 项进行的活动的一部分。通过这种方式，第二十九条工作组为确定需要澄清的问题做出了贡献。请参阅第二十九条工作组于 2008 年 4 月 （转下页）

　　欧盟法院总顾问尼洛·贾斯金宁先生在 2013 年 6 月 25 日的意见[25]中提议，只要搜索引擎提供者没有对个人数据进行索引或者没有违反网页发布者的指示而存档个人数据，就不应将搜索引擎提供者视为个人数据的控制者，除非其搜索引擎的索引处理了这些个人数据。因此，欧盟法院总顾问的结论是，搜索引擎提供者不对搜索引擎指向的网页内容负责。总顾问建议，法院不应该得出如下结论：根据《第 95/46/EC 号指令》有关删除和阻止处理数据的权利（第 12 条第 b 款）和反对处理数据的权利（第 14 条第 a 款），如果相关信息已在第三方网页上合法发布的，数据主体有权在搜索引擎中享有"被遗忘权"。

　　欧盟法院在 2014 年 5 月 13 日的判决中裁定，即便处理数据的服务器位于第三国，只要搜索引擎提供商在欧盟成员国设有办事处或子公司的，那么《第 95/46/EC 号指令》就适用于该搜索引擎。

　　法院指出，搜索引擎的具体活动，包括查找第三方上传到互联网的信息，对其进行自动索引、临时存储并根据其确定的标准将其提供给网站用户，只要该信息包含了个人数据的，都构成《第 95/46/EC 号指令》第 2 条第 b 款规定的个人数据处理。法院还裁定，搜索引擎提供商是这些个人数据的控制者，并对其处理行为承担法律责任。

　　法院指出，尽管网络搜索引擎直接指向第三方（诸如在媒体上）

（接上页）4 日制定的《关于与搜索引擎相关的数据保护问题的第 1/2008 号意见》（第 148 号工作文件）。也参照：P. Fajgielski, Funkcjonowanie portali internetowych — wybrane problemy prawne（《互联网门户网站的功能——选定的法律问题》）, in: *Internet. Prawno-informatyczne problemy sieci, portali i e-usług*（《互联网、门户网站和电子服务的法律和信息技术问题》）, ed. by G. Szpor, W. Wiewiórowski (Assistant European Data Protection Supervisor), Warszawa 2012, p.133。

25　参见欧盟法院总顾问尼洛·贾斯金宁（Niilo Jääskinen）在 2013 年 5 月 25 日针对谷歌西班牙公司、谷歌公司诉西班牙个人数据保护局和马里奥·科斯特贾·冈萨勒的 C–131/12 案所发表的意见。

公开的信息，但这些操作也应归类为个人数据处理，因为其传播范围广泛，如果将它们排除在《第95/46/EC号指令》适用的范围之外，将导致该指令的数据保护条款在很大程度上失效。

判决还确认，上述个人数据处理是属于在成员国领土内的数据控制者机构的活动，因为搜索引擎提供商已在该成员国创建了办事处或子公司，以便通过该搜索引擎直接向该国的居民投放广告。因此，应当根据数据主体的位置而不是根据数据控制者注册办事处的位置来确定管辖法律。注册办事处位于第三国的搜索引擎提供商，只要其广告服务的目标客户是欧盟成员国的居民，则依然受欧盟个人数据保护规定和该欧盟成员国中数据保护主管机构的行政决定的约束。

因此，与欧盟法院总顾问的建议相反，法院判决支持数据主体在互联网上的"被遗忘权"。该判决对最初由《一般数据保护条例》草案提出的"被遗忘权"而言，具有里程碑式的意义，也被视为个人数据保护领域的重大突破。这是为了应对《第95/46/EC号指令》未曾设想的互联网数据处理所带来的挑战，因为在《第95/46/EC号指令》的制定和通过之时，互联网尚未进行大规模的扩张应用。但是，欧盟法院认为，可以从《欧洲联盟基本权利宪章》第7条、第8条以及《第95/46/EC号指令》直接推断存在互联网的"被遗忘权"。《第95/46/EC号指令》授予数据主体要求删除或阻止违反该指令规定所处理的数据（第12条第b款），以及在任何时候基于与特定情况有关的合理理由而提出反对处理其数据的权利（第14条第a款）。

根据C-131/12号案的判决，如果使用数据主体的名称进行信息搜索，结果没出现第三方发布的包含数据主体信息的网页链接，那么搜索引擎提供商就尊重了数据主体的这些权利。搜索引擎提供商可以通过删除链接到该人姓名的指示性信息，来履行数据主体反对搜索引擎提供者处理数据的主张，即使此类信息依然出现在源网页上，这与数据最初的公布行为是否合法无关。

因此，删除请求者的姓名链接的合理性，可以依据这样的事实：

在数据主体发出该请求时，请求者姓名信息的发布并不符合《第95/46/EC号指令》的规定。但这并不意味着最初的信息发布行为违反了《第95/46/EC号指令》。而违反该指令会导致C–131/12号案判决所针对的情况，也即在某些情况下，随着时间的流逝，数据处理已经不再具备任何目的（例如16年前已偿还债务的公告），而且还可能会给数据主体带来负面影响并损害其声誉（判决书第91点和第93点）。

以这种方式具现出来的"被遗忘权"，是真正保护隐私权的一种手段。尽管系争的信息仍然可以在源网页上访问到，但是如果在网络搜索引擎中看不到它了，那么其"攻击力"和对数据主体权利的损害后果也就大大减弱了；其结果是，如果公众想要获取系争的信息，就需要更加复杂的搜索，或者需要了解该信息先前发布的具体位置，不过事实证明这类搜索可能是低效的。

但是，欧盟法院指出，《第95/46/EC号指令》第12条第b款和第14条第a款规定的反对权并不是绝对的。在个案之中，请求者享有的从搜索结果中删除其相关信息的权利将受到具体的评估，借此可以从言论和媒体自由或请求者行使的公共职能的视角，权衡该请求者根据《欧洲联盟基本权利宪章》所享有的隐私权与此类信息的潜在接收者的合法利益（判决的第81点和第83点）。因此，如果在个案之中，根据数据保护机构和法院的具体评判，公众利益可以凌驾于隐私权之上，则可以维持对请求者隐私的侵入状态，在网络搜索结果中继续保存与请求者姓名相关的页面链接。

另一方面，拒绝屏蔽搜索结果并不能基于这样的判断：通过搜索引擎发布数据既不会对投诉人造成伤害，也不会给搜索引擎提供者带来经济利益。

为了遵守欧盟法院的判决，谷歌公司向用户提供了搜索删除请求表。谷歌搜索引擎的用户可以在该表格中指明要求拦截的个人数据和网页链接，并证明其要求的合理性。在欧盟法院判决后的一年之内，谷歌公司一共审查评估了922,638个网页链接和254,271个删除链接的请求，其中 41.3％的链接最终被删除。在该判决后的两年内，谷歌公司评估了 1,540,003 个链接和 440,620 个删除链接的请求，并删除了其中 43％的链接。[26] 截至 2017 年 12 月，谷歌公司收到的删除网页链接的请求数量已超过 230 万。其中大多数请求是由来自法国、德国、英国、西班牙和意大利的用户提交的，而且是那些重新定向到社交网络服务（例如脸书、谷歌＋、油管和推特）的搜索结果。其中 51％的请求链接已经被谷歌公司删除。[27]

　　虽然欧盟法院的判决仅针对谷歌公司，但互联网上的"被遗忘权"对所有网络搜索引擎都具有约束力。

　　在判决之后，谷歌公司强调了自己的观点，其认为从谷歌公司的欧洲搜索引擎例如德国谷歌（google. de）或者法国谷歌（google.fr）中删除相关搜索结果就足够了。谷歌公司的首席法务官大卫·德拉蒙德先生认为："我们强烈主张，必须采用某种方式来限制该概念，因为这是欧洲的概念。"[28] 但这种做法违反了第二十九条工作组的建议，即要求在全球范围内删除信息，因为用户可以在全球范围内访问他们选择的任何谷歌搜索引擎。谷歌公司的做法扭曲了"被遗忘权"的含义，显然是有问题的。法国数据保护机构国家信息和自由委员会命令谷歌公司（除其他外）更改此方法，并警告谷歌公司如果不遵守规定将对其进行制裁。[29] 谷歌公司拒绝了这一要求，并争辩说"被遗忘权"仍然只是欧盟的一项要求，并没有扩展到第三国。谷歌公司的全

26　Google Transparency Report（《谷歌透明度报告》）, situation as of 13 June 2016, https://www.google.com/transparencyreport/removals/europeprivacy/?hl=en.

27　https://drive.google.com/file/d/1H4MKNwf5MgeztG7OnJRnl3ym3gIT3HUK/view.

28　J. Fioretti（J. 菲奥雷蒂）, Google Sticks to EU only Application of "Right to Be Forgotten"（《谷歌坚持对欧盟只适用"被遗忘权"》）, *Reuters*, 19 January 2015, http://www.reuters.com/article/2015/01/19/us-google-eu-privacy-idUSKBN0KS21E20150119.

29　J. Slegg（J. 斯莱格）, France Orders Google to Remove Right to Be Forgotten Results from All Google Sites（《法国命令谷歌公司从所有谷歌网站中删除被遗忘权利相关的结果》）, http://www.thesempost.com/france-orders-google-to-remove-right-to-be-forgotten-results-from-all-google-sites/, 12.06.2015.

球隐私法律顾问彼得·弗莱舍先生认为："虽然现在被遗忘权可能成为了欧洲的法律，但这不是全球性法律。"[30] 脸书公司在争端中也表达了自己的观点，与谷歌公司的观点一致，脸书公司全球副首席隐私官史蒂芬·戴德曼先生认为："欧洲许多主管机构都在利用这一判决来挑战已经存在多年的业界现状。我们认为他们错了。我们认为我们的模式是正确的。"[31] 谷歌公司提议采用一种"地理封锁技术"（geo-blocking technique），该技术可以阻止欧盟成员国中的互联网用户访问在欧盟被除名的链接。但是，法国数据保护机构国家信息和自由委员会认为谷歌公司提议的解决方案并不充分，并于 2016 年 3 月 10 日作出裁决，对谷歌公司处以 10 万欧元的罚款。最后，欧盟法院在 2019 年 9 月 24 日对 C-507/17 号案的判决中裁定，"被遗忘权"不适用于全球搜索结果，搜索引擎运营商无需在所有地域中将某项搜索结果从搜索列表中删除，而只要在所有欧盟成员国地域中将该项搜索结果从搜索列表中删除就可以。欧盟法院指出，《一般数据保护条例》所适用的领土范围不能扩展到欧盟以外。但是，在欧盟范围内，搜索引擎运营商应使用"符合法律要求的措施，这些措施可确保有效防止或至少严重抑制互联网用户的下述行为：在一个成员国中根据数据主体的名字进行搜索，并且通过搜索之后显示的结果列表，访问到请求的主题的链接"（判决书第 73 点）。法院指出，"在适当情况下应该使用被业内称为地理封锁的技术，以确保无论使用哪种国家版本的搜索引擎，互联网用户都无法访问该网站的相关链接，具体方法是删除关联，也即删除掉互联网搜索结果的链接，只要该链接的互联网地址看起来位于有权删

30 J. Naughton（J. 诺顿），In the Battle of Free Speech Now It's France v Google（《现在的言论自由之战是法国对谷歌公司》），*The Guardian*, 9 August 2015, http://www.theguardian. com/commentisfree/2015/aug/09/battle-free-speech-france- google-right-to-be-forgotten.

31 S. Gibbs（S. 吉布斯），Facebook Questions Use of "Right to Be Forgotten" ruling（《脸书公司质疑"被遗忘权"裁决的适用》），*The Guardian*, 7 July 2015, http://www.theguardian. com/technology/2015/jul/07/facebook-questions-use- of-right-to-be-forgotten-ruling.

除链接者所居住的欧盟成员国之中或者（更广泛地）在任何欧盟成员国之中。"（判决书第 43 点）然而，欧盟法院的判决并没有预先判断这种措施是否是充分的。

六、确保"被遗忘权"在互联网之中的有效性

保障从互联网信息流通中删除个人数据的权利无疑是一个正当的理由。但是，要落实该权利可能会遇到问题，下面阐释其原因，并借助社交网络服务的例子进行说明。

数据处理技术和环境的巨大变化，特别是社交媒体的流行和扩展功能，在实践中引发了人们对现有的个人数据保护相关概念（例如数据控制者）重要性的质疑。[32] 第二十九条工作组已经确认了社交网络服务提供者作为个人数据控制者的地位。[33] 尽管社交网络服

---

32 持同样观点的学者还有：D. Głowacka（D. 格沃卡卡），Uwagi do strategii poprawy skuteczności unijnych przepisów dotyczących ochrony danych osobowych, przedstawionej przez Komisję Europejską, Stowarzyszenie "Naukowe Centrum Prawno-Informatyczne"（《欧盟委员会"法律与信息技术科学中心"协会就提高欧盟关于个人数据保护规定有效性的策略发表评论》），Warszawa, January 2011, p.11, http://ec.europa.eu/justice/news/consulting_public/0006/contributions/not_registered/ncpi_pl.pdf (in Polish).

33 参见《2009 年 6 月 12 日关于在线社交网络的第 5/2009 号意见》（第 163 号工作文件），http://ec.europa. eu/justice/policies/privacy/docs/wpdocs/2009/wp163_en.pdf。第二十九条工作组在其意见的第 3.1 点中指出："社交网络服务（SNS）提供者是数据保护指令下的数据控制者。它们提供了处理用户数据的方法，并提供了与用户管理相关的所有'基本'服务（例如注册和删除账户）。社交网络服务提供者还确定可能将用户数据用于广告和营销目的，包括第三方投放的广告。"根据第二十九条工作组的规定，社交网络服务的用户不是数据控制者，而是数据主体，因为"自然人在纯粹的个人或家庭活动过程中"对数据的处理构成"家庭豁免"（household exemption）。然而，尽管有这种一般性的豁免，还是得做出点保留，例如在某些情况下，用户仍可能承担起数据控制者的某些职责。在第 5/2009 号意见的第 3.9 点中，第二十九条工作组强调，社交网络服务必须尊重《第 95/46/EC 号指令》第 12 条和第 14 条规定的数据主体的权利（数据访问权以及更正和限制权利），并且社交网络服务有义务设计处理数据保护投诉的手段，并告知用户这种手段的存在。此外还有其他法律文件涉及处理社交网络服务中的个人数据，第二十九条工作组也将它们的结论纳入其第 5/2009 号意见中。这些文件包括了 2008 年通过的柏林电信数据保护国际工作组（转下页）

务由公司运营，但它们可以由用户在线添加和修改个人数据，人们称之为网络 2.0。因此，我们有必要考虑这样的现实，即在面对由数百万用户添加和修改的数据时，接收到数据删除请求的社交网络服务提供商实际上可能不具有监督的技术能力（更不用说可能受到指责的审查制度了）。[34] 要求社交网络服务提供商删除数据的权利必定纯粹是理论上的，因为数据是从数据主体之外的多个来源添加到网络服务之中，而且在互联网上可以被不限数量、不确定的用户群所访问，即使服务提供商已经从网络服务中删除了数据，网络用户仍可以存储从网络获取的数据，进行复制并将其提供给其他用户使用。

我们不可能以杜绝社交网络服务提供者重新发布数据的方式，删除社交网络服务中的数据。如果要达到这种程度和效果，服务提供商将必须不间断地持续监视其网络服务的内容。这么做不仅会构成对其他用户隐私的预防性侵犯（这些用户的个人资料将受到此类监视），会引发有关此类措施是否与其目的相称的基本问题，而且还将要求服

（接上页）的《罗马备忘录》(Rome Memorandum), http://www.datenschutz-berlin.de/attachments/461/WP_social_network_services.pdf; 2008 年 10 月 17 日在斯特拉斯堡举行的第 30 届国际数据保护和隐私专员会议上通过的《关于社交网络服务中的隐私保护的决议》(Resolution on Privacy Protection in Social Network Services), http://www.privacyconference2008.org/adopted_resolutions/STRASBOURG2008/resolution_social_networks_en.pdf；以及欧洲网络和信息安全局的《在线社交网络的安全问题和建议》(Security Issues and Recommendations for Online Social Networks), https://www.enisa.europa.eu/publications/archive/security-issues-and-recommendations-for-online-social-networks/at_download/fullReport。

34 社交网络服务提供商诉诸预防性审查的风险也在下述文献中提到：K. Szymielewicz（K. 希米列维奇），A. Mazga（A. 玛自嘉），Internet a prawa podstawowe. Ekspresowy przegląd problemów regulacyjnych（《互联网和基本权利：快速审查监管问题》），p.18, Fundacja Panoptykon, August 2011, http://wolnyinternet.panoptykon.org/sites/default/files/raport_na_www.pdf (in Polish); F. La Rue（F. 拉·鲁），Report of the Special Rapporteur on the Promotion and Protection of the Right to Freedom of Opinion and Expression（《关于促进和保护观点和言论自由权利的特别报告员的报告》），20 April 2010, United Nations, A/HRC/14/23。

务提供商使用那些他们能够使用但引发抗议的设备和手段，例如识别照片上的面孔并将其与相关人员的身份进行匹配的应用程序。为了监视"被遗忘权"的有效性，将不得不使用网络跟踪工具，并跟踪数据主体反对发布的图片所携带的 Cookie。[35] 因此，为确保充分行使"被遗忘权"所采取的努力，将会对第三者的隐私造成不相称的干预，这从根本上与欧洲价值观不符。[36]

此外，由用户添加到社交网络服务的数据并不限于基本身份数据或图片。它们还包括可能带有偏见甚至诽谤（缠扰）的评论和报告，但它们可能属于观点的范畴而不是个人数据。从这些服务中删除数据可能需要提起民事诉讼。

第六节　限制数据处理的权利

删除数据的另一种解决方案是限制数据控制者对数据的处理。"限制处理"（restriction of processing）的定义（第 4 条第 3 款）意味着数据不会被删除，而是保存在系统中并且被标记，以调整数据处理的范围和形式。　178

根据立法者的明显意图，可以对该定义做如下解释：如果数据的删除是完整且不可逆的，数据的限制处理则与之相反，后者意味着中止、暂停《一般数据保护条例》第 4 条第 2 款所列举的积极操作（例如数据的使用，特别是数据的公开），但是仍可继续存储数据。

35　国际电信隐私保护工作组（the International Working Group on Privacy in Telecommunications）（2013 年 4 月 15—16 日，布拉格）发布的《网络跟踪工作文件》，以及 2013 年 6 月 23—26 日第 35 届国际数据保护和隐私专员会议通过的《网络跟踪和隐私的决议》，讨论了隐私保护背景之下进行网络监视的工具和特点。

36　J. Rosen（J. 罗森），The Right to Be Forgotten（《被遗忘权》），in: *The Privacy Paradox. Privacy and Its Conflicting Values*（《隐私悖论：隐私及其冲突的价值观》），*Stanford Law Review*（《斯坦福法律评论》），2 February – 12 April 2012, http://www.stanfordlawreview.org/online/privacy-paradox/right-to-be-forgotten.

《一般数据保护条例》中的"限制处理"一词，对应于《第95/46/EC号指令》第12条第b款中的"封阻数据"（blocking of data）一词。

在数据处理受到限制时，只有在数据主体同意的情况下，或者是为了确立、行使或抗辩法律诉请，或者为了保护另一自然人或法人的权利，或者出于欧盟或欧盟成员国的重要公共利益之考虑，才允许对此类数据进行任何积极主动的（也即除了存储之外的任何操作）处理（第18条第2款）。但是，触发这些法定情形需要适用比例原则，而且必须权衡数据主体限制数据处理的权利与另一自然人或法人的权利。因此，我们必须作出抉择，在这种特殊情况下，哪些权利应当受到保护，哪些权利应当被牺牲。

一种可能的限制个人数据处理的方法（序言第67条）是暂时将所选数据移至另一个处理系统，也即移到当前用于客户服务的系统之外。另一种方法是确保用户无法访问特定的个人数据，或在网站上临时删除已发布的数据。这种方法有时是可行的，例如，在公共借贷登记簿中（其没办法提供前债务人的数据），或者在公共信息公告网站上（一旦正式职位征聘完成之后）。此外，还应该使用技术手段，防止在那些应用之中对数据进行任何修改。对那些已经被限制处理的数据，应该在系统中明确标记。

在下面几种情况，数据主体有权要求数据控制者限制数据处理（第18条第1款）：

第一，个人数据的准确性受到数据主体的质疑。在这种情况下，可以在一段时间内限制数据处理，以便数据控制者验证数据的准确性。根据准确性原则，正被处理的个人数据必须是准确的，并在必要时保持最新的状态。因此，数据控制者必须确保数据正确、事实准确、完整并且是最新的。《一般数据保护条例》第5条第1款第d项要求采取一切合理步骤，确保及时删除或更正不正确或不完整的个人数据。与此同时，有必要考虑数据处理的目的。可以通过在一段时间内限制数据处理，确保数据控制者能够验证受到质疑的数据。对此可以举例如下：对声称自己没有举债但却因为身份被盗用而成为受害者的债务人，可以中止针对该人数据的特定的处理操作。此外，在下述情况下，数据的准确性也有可能受到质疑：例如，删除个人邮寄地址的请求不是由客户自己提出，而是由证明已购买该客户房屋的人提出。当然，这样的第三方可能不会提供该客户的地址并随后收到他/她的邮件。但是，在该示例之中，第三方并没有提供该客户的新地址，而只是通知服务提供商，该客户过时的邮寄地址正保存在服务提供商的数据库中，因此，当第三方在接收该邮件时，第三方是无权接收该邮件并且也没有义务保存该邮件的。

第二，虽然数据处理是非法的，但是数据主体反对删除个人数据，而是要求限制个人数据的使用。合法处理数据的义务是指要求遵守成文法律以及基于这些法律所颁布的法规、实体法、程序法以及判例法。非法处理是指无视法律规定的义务或禁止性的做法，这尤其包括了那些无法律依据或出于非法目的的数据处理。考虑到可能适用于数据控制者的经济制裁，或者可能对数据控制者雇员的刑事责任，这本应导致数据的删除。但是，数据主体可能会认为，将数据（以第三方无法获取的状态）留在系统中，可能是证明数据处理非法性所必要的。

第三，数据控制者不再需要个人数据去服务最初的数据处理目的，但是数据主体需要这些个人数据以确立、行使或抗辩法律诉请。根据目的限制原则，只能出于特定目的收集数据，并且不得采取与这些目的不兼容的方式进一步处理数据。因此，这个限制数据处理的理由在于，在数据控制者或外部机构（例如数据中心）进行任何争议程序（例如处理数据主体提起的投诉）的过程中，需要由数据控制者来维护数据。

当数据控制者有意解除数据处理限制也即恢复到数据处理的完整范围时，尤其是在涉及数据公开的场合，数据控制者必须告知数据主体。

180　　　关于更正或者删除个人数据或限制个人数据处理的通知义务：在更正、完善、删除或限制数据处理后，数据控制者必须将其传达给每一个已获得个人数据披露的数据接收者，并且随后必须记录已经进行过此类通信（《一般数据保护条例》第 19 条，《第 95/46 /EC 号指令》第 12 条第 c 款）。如果这类通信被证明是不可能的或需要投入不相称的努力，则不适用该义务。因此，该规定考虑了数据控制者方面的合理限制，例如存在大量的数据接收者。同时，该规则也试图补偿其对数据主体造成的后果，也即要求数据控制者在数据主体请求的情况下，向数据主体通知关于这些数据接收者的信息。但是，明确数据接收者的义务也可能是无法实现的，例如，所涉的数据已经通过互联网进行公开。然而，如果指定了数据接收者，例如贷款登记簿收录了有关客户债务的信息时，数据控制者必须公开已经进行了这类通信，并且公开他们的更正请求。如果数据处理者同时是数据接收者的，那么沟通数据更正或删除的一种便捷方式可以是数据控制者与数据处理者之间达成一致的技术通信协议的一部分。例如，可以通过导出文件来更新数据库的内容，从而实现这类通信。

第七节　数据可携带权

　　数据主体的另一项新权利是数据可携带权（《一般数据保护条例》第 20 条），《第 95/46/EC 号指令》并没有规定该项权利。该项新权利是为了应对《第 95/46/EC 号指令》当初未设想到的数据处理新技术（包括网络技术）带来的挑战而设计的一项制度安排。数据主体有权以结构化的、常用的且机器可读的格式，从数据控制者那里接收其个人数据，并将这些数据传输到另一个数据控制者，而且不应受到先前数据控制者的阻碍。在技术可行的情况下，数据主体还有权将其个人数据直接从一个数据控制者传输到另一个数据控制者。为了回应数据可携带的请求，数据控制者可以提供诸如受到适当保护的应用程序编程接口（API），例如某些社交媒体设置中可用的功能，从而允许用户下载具有选定文件格式或日期间隔的数据副本。这是一种实际的制度安排，数据主体或授权的第三方可以借此通过专用软件，向数据控制者提出获取个人数据的请求。[37]

数据可携带权增强了数据主体对自动化系统处理其个人数据的控制能力。它应该鼓励和促进了消费者的迁移，例如在不同部门的社交网络服务和服务提供商之间的迁移，尤其是在使用"云技术"的情况下，正如跑步爱好者希望将其数据（跑步轨迹记录或跑步比赛结果）传输到其他锻炼应用程序。

因此，数据可携带权是数据访问权的扩展。后者包括了数据主体可以获得其正被处理的个人数据的电子副本的权利。相比之下，数据可携带权还可以要求，数据以结构化的、常用的且机器可读的格式提供，并且数据要直接从一个数据控制者传输到另一个数据控制者。 181

数据可携带性将使数据主体更加便捷地改变其服务提供商（包括在单独的数字市场），从而增强市场竞争。类似的义务已经在特定情况下对数据控制者产生了约束力并已经被执行，例如应客户的要求在银行之间转移银行账户的信息，或者在不同的电信运营商之间使用移动电话号码。在这种情况下，如果欧盟或欧盟成员国的行业法律之中规定了某种形式的数据可移植性，那么应当确定：数据主体是希望根据这些部门法来行使其权利，还是希望根据《一般数据保护条例》来行使其权利。如果是前一种情况，就不适用《一般数据保护条例》的数据可携带性规定。[38]

数据可携带性的权利仅限于自动处理数据的情况。因此，数据

---

37 The Article 29 Working Party, Guidelines on the right to data portability（《数据可携带权指南》），adopted on 13 December 2016, as last revised and adopted on 5 April 2017 (WP 242 rev. 01), pp.15 and 18.

38 The Article 29 Working Party, Guidelines on the right to data portability, adopted on 13 December 2016, as last revised and adopted on 5 April 2017 (WP 242 rev. 01), pp.7–8.

可携带权并不会扩展到纸质归档系统中的数据。但是，我们应该牢记，来自纸质文件系统的数据通常也以电子形式进行复制。例如，我们以纸上形式收到的贷款申请中的数据，同样也记录在信息技术系统之中。

数据可携带权的真正有效运行取决于大部分数据控制者是否使用信息技术系统，并以其他数据控制者可以机读的格式生成数据。这些格式必须是具有可交互操作性的格式，《一般数据保护条例》的确鼓励数据控制者开发这种数据格式；但是，这并不意味着要求数据控制者实现技术上兼容的处理系统（《一般数据保护条例》序言第 68 条以及第二十九条工作组的《数据可携带权指南》）。[39] 关于数据控制者以电子方式处理数据所使用的格式是否"普遍使用"，数据控制者和数据主体的判断可能会有所不同；但是，举证责任应由数据控制者承担。然而，随着数据处理技术和信息技术系统的日益普及，当前使用的系统数量正在减少，并且它们之间的通信能力也在增强。但是，如果某种格式并不是行业常用的格式，那么数据控制者应该使用那些常用的文件格式，例如 XML、JSON 或 CSV。

"结构化的、常用的且机器可读的格式"这个术语与方法有关，而可交互操作性则是预期的结果。《第 2003/98/EC 号指令》第 2 条第 6 款（经由《第 2013/37/EU 号指令》修订）将"机器可读的格式"定义为"一种结构化的文件格式，软件应用程序可以轻松识别、承认并从中提取特定的数据，包括对事实的个人陈述以及它们内部的结构"。《一般数据保护条例》并未对要求提供的个人数据的格式设置具体的建议。何谓最合适的格式，因行业部门的不同而不同，但市场主体不
182 应该使用部门差异来限制具有通用性的解决方案，因此，"如果一种格式受到了费用昂贵的许可的限制，则该格式不应被视为是适当的

39　The Article 29 Working Party, Guidelines on the right to data portability, adopted on 13 December 2016, as last revised and adopted on 5 April 2017 (WP 242 rev. 01), p.5.

方案"。[40]

数据可携带权仅包括数据主体自己提供给数据控制者的数据，并不包括数据控制者从其他来源获得的数据。因此，数据可携带权涵盖了"数据主体主动和有意提供的数据"，例如在贷款申请或保险表格中的数据。另一方面，它不包括仅由数据控制者生成的数据，例如通过用户画像分析所获得的银行客户的信誉度数据或保险公司的客户风险状况数据。

但是，数据可携带权所涵盖的数据范围较广，因为它涵盖了通过观察数据主体的活动而产生的数据，例如由智能电表或其他类型的连接对象所处理的原始数据、活动日志、网站使用情况或搜索活动的历史记录。不过，"后一类数据不包括由数据控制者……进一步创建的数据，例如通过分析所收集的原始智能计量数据而创建的用户偏好。"[41]

数据可携带权适用于根据数据主体的同意或数据主体与数据控制者签订的合同而处理的数据。数据可携带权所涵盖的数据（由于根据合同进行了处理）包括个人从在线书店购买的图书书名或者通过音乐流媒体服务收听的歌曲名称。[42]

当处理数据是为了遵守数据控制者应承担的法律义务，或出于公共利益，或者是为了行使数据控制者被赋予的官方权力而执行的任务时，例如当数据由金融机构根据其反洗钱义务进行处理时，并不适用数据可携带权。

即便数据主体已经行使了数据可携带权，数据主体仍然可以要求前任的数据控制者删除其个人数据，除非该数据主体出于订立合同的目的提供了该数据并且仍然需要这些数据来履行该合同。根据数据可

40　The Article 29 Working Party, Guidelines on the right to data portability, adopted on 13 December 2016, as last revised and adopted on 5 April 2017 (WP 242 rev. 01), p.17.

41　Ibid., pp.9–10.

42　Ibid., p.8.

携带权所进行的数据传输，并不会自动导致从数据控制者系统中删除此类数据，也不会影响到被传输的数据的原始保存期。

如果传输数据的请求涉及一组个人数据，也即除了请求者的数据之外，该组个人数据还包括了其他人的个人数据，那么该请求者获取数据的权利不应该对其他数据主体的权利和自由产生不利影响。例如，数据主体的银行账户不仅可能包含账户持有人的个人数据，还可能包含与之进行交易的其他个人的个人数据；类似地，电话呼叫记录簿可以包括数据主体联系的其他人的数据。第二十九条工作组已经意识到，当数据主体从银行账户对外传输数据时，如果随后接收该数据的数据控制者将其用于其他目的（例如营销），那么第三方的权利和自由可能会受到不利的影响。[43]

第八节　涉及数据主体特定情形的反对数据处理权，或涉及直接营销和用户数据画像目的的反对数据处理权

《一般数据保护条例》中的"反对数据处理权"一词，对应于涉及数据主体特殊情形的反对数据处理权，以及涉及直接营销和用户数据画像目的的反对数据处理权（第21条）。反对处理数据或撤回处理同意会导致数据删除（第17条第1款第b项和第c项）或处理限制（第18条第1款第d项）。反对数据处理是删除数据的理由之一；在没有正当理由的情况下，反对数据处理也是在一段时间内限制数据处理的理由之一（例如，如果数据主体对数据准确性提出质疑，那么在一段必需的时间内，数据处理就可能会受到限制，以便数据控制者验证数据的准确性）。

数据主体有权以与其特定情况相关的理由，反对处理其个人数据

43　The Article 29 Working Party, Guidelines on the right to data portability, adopted on 13 December 2016, as last revised and adopted on 5 April 2017 (WP 242 rev. 01), pp.11-12.

（第21条第1款）。该权利可以在任何时间行使，也即在数据处理的任何阶段（包括从数据收集到数据删除）都可以行使该权利。但是，该权利并不是绝对的，其实现取决于下列情况。

第一种情况是数据主体处于特定的状况，需要由数据控制者评估。数据控制者是否遵守该反对的义务，取决于是否确实发现数据主体处于与其他人不同的状况。因此，数据主体表示反对的，应该提出反对的理由。该反对是否确实是合理的，将由数据控制者评估。如果数据控制者不支持数据主体的反对，那么数据主体有权通过数据保护机构或法院的诉讼程序来执行其权利。

第二种情况是在某些案件中对反对权的限制，例如为了公共利益或行使数据控制者被赋予的官方权力而执行任务，或者为了追求数据控制者或第三方的合法利益而处理数据的情况。因此，如果数据处理的目的是为了履行数据控制者和数据主体之间的生效合同，则数据主体不可以反对。在这种情况下，数据主体的反对实际上等同于终止合同。在这种情况下，必须根据管辖合同义务的法律而不是数据保护法律来验证反对行为的可采性。同样的规则也适用于数据控制者出于履行法律义务的目的而处理数据的场合，例如，为了能够在公共贷款登记册中使用数据而处理数据，出于纳税报告目的或者在诉讼中向法院 184 传输数据而处理数据。

根据第三个条件，如果数据控制者证明其有令人信服的合法理由进行数据处理，且该理由优先于数据主体的利益、权利和自由，或者证明了是出于确立、行使或抗辩法律诉请而处理数据的，则可以不支持数据主体的反对权。数据处理优先性判断标准的确定，则需要在个案中评估数据主体的利益、权利和自由的重要性，以及假如在数据主体表示反对的情况下，数据控制者继续处理数据的行为将会对数据主体的利益、权利和自由造成多大程度的侵犯。因此，应当作出判断：双方之中哪方的价值更值得保护从而应当牺牲另一方的价值。如果认定数据主体的利益更加重要，那么数据控制者就不能继续处理该异议所针对的数据。

类似地，当为了科学或历史研究目的或统计目的而处理个人数据时，数据主体根据自身的特殊情况，应当具有反对处理自己个人数据的权利，但是，如果该数据处理对为公共利益而执行职责的数据控制者而言是必要的时候，那么反对数据处理的权利主张同样可以被排除。[*]

数据主体可能反对处理其个人数据的另一种情况是直接营销，包括创建用户数据画像（第21条第2款）。在这种情况下，数据主体可以随时表示反对。[44]

与数据主体基于其特定情况的反对权相反，数据主体反对为了直接营销和创建用户数据画像而处理数据的反对数据处理权是无条件的。数据主体提出反对数据处理的请求时，不需要出具理由，并且该请求不受数据控制者评估的约束。数据主体提出反对之后，其个人数据就不可以再用于直接营销。该反对的表示必须在信息技术系统中注册，确保发出该请求的数据主体不会成为直接市场营销通信或者用户数据画像的目标。

在实践中，反对将数据用于直接营销的权利，是数据主体最相关的权利之一。它包括所有直接营销的渠道，即纸质广告（例如通过传单分发或打印在客户银行对账单上的广告）以及通过电话、短信和电子邮件进行的电子营销。如果对直销的反对意见是泛泛而言的并且不具体指向特定的营销渠道（正如通常的情况一样），那么就意味着，数据主体对直销的反对必然覆盖到了所有形式的直销，即使就同意而言，每种直销形式都需要分别获得数据主体的同意。通过电子邮件和短信进行的直接营销，或者通过网络银行通信模块的直接营销，可能需要单独的同意声明，但数据主体对直接营销的概括性反对涵盖了所

---

[*] 这是《一般数据保护条例》第21条第6款的规定。——译者

[44] 就反对直接营销的权利，参见第五章"个人数据处理的法律基础"的相关章节。

有这些形式。因此，它应当覆盖了数据控制者的信息技术系统中各种营销类型所有领域的分别的同意。概括性反对意见也涉及纸质形式的营销，例如印刷在客户银行对账单上的广告，或者通过传单分发的广告，以及通过电话、短信和电子邮件进行的电子营销。该权利还要求中止那些虽然与严格意义上的广告无关但广义上构成直接营销的任何活动，例如与所涉数据主体有关的客户满意度调查。

数据主体在数据收集过程中被提示时（例如在包含"同意"和"不同意"选项的表格上）拒绝接受直接营销，就等同于反对直接营销，因为这是对请求同意的直接回应。

数据主体撤回其在先的同意，与反对为了直接营销或创建用户数据画像而处理数据，具有相同的效果。《一般数据保护条例》第7条第3款明确授予了数据主体随时撤回其数据处理同意的权利。

针对数据主体反对数据处理的表示或者撤回数据处理的同意，对数据主体制造不合理的人为障碍，例如仅仅接受那些在数据控制者表格上所作的此类声明，是不可接受的做法。

就反垃圾邮件解决方案而言，许多国家／地区经过测试且值得推荐的做法是"邮件偏好服务"列表，也称为"罗宾逊列表"。该解决方案可以由直接营销经营者协会出台，作为自我监管制度的一部分来实施，也可以由法律进行规范。这是一个公共数据库，包含了那些明确表示反对接收不同形式的（例如电子邮件或电话垃圾邮件等电子形式以及纸质传单）直接营销信息的人员名单，对于消费者而言，电子形式的直接营销信息尤其普遍而且烦人。该数据库可以供那些进行直接营销的公司使用，这些公司应该依据该数据库，从邮件列表中删除直接营销信息反对者的联系方式。

使用信息社会服务（例如银行或零售之类的在线服务）的个人或实体可以借助技术手段采取自动方式表示反对，例如用于登记此类异议的网站、电子邮件地址或者数据控制者系统中的用户账户。根据《一般数据保护条例》第12条第2款的要求，这类技术手段有助于数据主体行使其反对权。这对数据控制者也很方便：如果登录到该系统的客户能够编辑自己的数据，就会有效限制向数据控制者请求数据处理的数量。

数据主体还可以通过电话提出反对数据处理，包括打电话给自动呼叫中心，前提是发出请求的数据主体的身份得到了验证。

无论是基于数据主体的特殊情况，还是在直接营销或创建用户数据画像的情况，数据控制者都有义务告知数据主体其享有反对数据处理的权利。该义务是向数据主体提供《一般数据保护条例》第13条和第14条规定范围的数据处理广泛信息要求的一部分。但是，该条例特别强调了确保数据主体了解其反对权的要求（第21条第4款）；而且，该信息必须清楚地与其他信息分开呈现。在句子中使用晦涩难懂的语言，使用行话，或者将句子隐藏在冗长而复杂的策略声明之中，都无法满足该要求。该信息义务考虑了数据控制者的成本和组织的局限性，因为该义务并非在收集数据时就必须履行，其最晚可在与数据主体首次通信时才履行。因此，在为数据主体提供反对权的信息时，并不需要单独、专门的通信。但是，如果个人数据是从数据主体以外的其他来源获得的，那么从数据收集到向数据主体告知权利之间的时间段不能过长。该时间段在个案情况之下必须合理，并且不得超过一个月（第14条第3款）。

在国际公司内部，涉及直接电子营销的主要规范不仅包括《一般数据保护条例》和《电子隐私指令》（第13条第2款），而且包括美国《2003年推销色情内容和营销骚扰控制法》或《加拿大反垃圾邮件立法》，为了遵守这些规范，市场营销者通常在其随后发送的每个促销电子邮件和短信息中，允许个人通过电子邮件和短信息中的"取消订阅"链接来取消订阅的服务，从而选择退出直接营销。根据《电子隐私指令》第13条第2款，如果数据控制者"在收集电子联系方式和每条信息出现时，向消费者提供清晰、明确的机会，让消费者可以免费且方便反对使用这种电子联系方式，如果消费者最初没有表示拒绝这种使用"，那么"选择退出"机制就取代了"选择接受"的同意。

通过这种方法，个人可以简单地通过选择退出或退订来改变原先的主意，例如，可以反对为了直接营销而处理其数据，或者撤回《一般数据保护条例》所定义的同意。根据《一般数据保护条例》第21条第4款的要求，有关撤回权利的信息必须明确显示，而且与其他任何信息分开显示（在电子邮件或短消息的底部），个人可以点击"取消订阅"链接，直接回复电子邮件或短信，或者向一个简短的免费电话号码发送停止订阅的消息。在数据主体提出该反对意见之后，其个人数据就不可以再用于直接营销。在这种情况下，数据控制者必须在自动营销系统中标记该人的电子邮件地址和电话号码。在进行任何直接营销活动之前，就数据主体提交的退出选择，营销人员必须始终更新到营销数据库之中并做交叉比照。

第九节　个人数据画像或者风险评估以及其他自动决策

自动决策（包括数据画像）所涉个人的规模以及这些人并不知道自己是否正被进行此类可能会对其造成重要后果的操作，构成了对隐私和个人数据保护的威胁。《一般数据保护条例》规定，数据主体的权利不得受制于仅基于自动处理（包括数据画像）而作出的决定，只要这些决定会对数据主体产生法律效果或以类似重要的方式影响他们（第22条）。

这项权利并不是新创设的，因为在《第95/46/EC号指令》（第15条）已经规定了该权利。但是，自该指令生效以来，由于信息技术的发展和普及、计算机性能的提高、大数据的出现、系统数据冗余的规模扩大，以及对外部数据源（例如社交网络服务）的访问，该权利与数据保护的相关性急剧提升。

数据画像是一种自动化处理，它使用个人数据来评估与自然人有 187
关的某些个人特征，尤其用于分析或预测与该自然人相关的工作表现、经济状况、健康、个人喜好、兴趣利益、可靠性、行为方式、地理位置或移动状态（第4条第4款）。然而，不接受数据画像的权利并不适用于所有数据画像的情形。该权利仅在数据画像行为符合《一般数据保护条例》第22条第1款规定的条件时才能够适用，也即，这些数据画像为完全自动处理（且对数据主体产生法律效力或对数据主体产生重大影响）的决策提供了数据输入，或者包括了敏感数据的处理。

《一般数据保护条例》并未定义自动决策产生的法律效力的标准。《一般数据保护条例》仅在序言部分第71条对此作了一些澄清，也即其包括了其他重要影响，《一般数据保护条例》第22条也提到了这一点。《一般数据保护条例》所举的例子包括在没有任何人工干预的情况下自动拒绝在线贷款申请或电子招聘的做法。很明显，该法律效力包括了合同订立、修改或终止的决定。当数据画像决定了授予或拒绝雇佣、贷款或保险合同或保险费金额的时候，就会发生这种情况。

第二十九条工作组还提供了其他例子作为说明，例如剥夺一个人在选举中的投票权或者社会福利，拒绝进入边境，导致一个人受到主管当局更多安全措施或者监视的约束。[45]

第二十九条工作组还举了这样一个例子：某人因为在度假之前忘了付账单，结果违反了合同，导致所有手机服务都被自动关停。我认为，这种做法是对个人数据画像定义的不合理扩张。个人数据画像是一种自动化处理，它使用个人数据来评估与自然人有关的某些方面。另一方面，如果自动化处理有一个简单的发现，即有一笔付款并没有进入银行账户，也不意味着可以得出涉及客户信誉的任何结论。因此，这种情况并不是在对个人的某些方面进行评估。在我看来，这个例子并非是个人数据画像的分析。

45　Guidelines on Automated individual decision-making and Profiling for the purposes of Regulation 2016/679, adopted on 3 October 2017, as last revised and adopted on 6 February 2018, WP 251 rev.01, p.21.

　　另一方面，当个人数据画像被用来挑选直接营销的对象时，也即当数据主体出现在一份人员名单之中，且这些人员都具有数据控制者定义的某些特征，并且会针对这些人员进行量身定制的个性化服务广告之时，并不涉及任何法律效力或其他重大影响。因此，我个人认为，由于这种情况并不符合法律效力或者其他重大影响的条件，所以它不受《一般数据保护条例》第 22 条的禁止。（尽管可以肯定的是，在某些情况下，即便是为了直接营销而制作个人数据画像，也可能会严重影响到广告的对象。例如，如果根据该人的居住地及推断的财务状况，相关的算法可能会决定，不向该人发送可用的高水平教育机会的信息，尽管该人在智力方面具有很大的潜力。）

　　剑桥分析公司就是这方面一个臭名昭著的例子，它说明了个人数 188 据画像可能会对个人乃至整个社会产生巨大影响。这家公司从脸书公司获得了 5000 万个用户的数据，并使用这些数据创建了用户的个人资料，这与个人数据保护的基本原则是明显冲突的，数据主体对此一无所知，并且其使用数据的方式也与其声明的目的不相符。这些个人资料被极力用以扩大操纵性政治营销传播活动对数据主体的影响，而且大多基于虚假陈述和虚假新闻，其目的明显是为了使人们对 2017 年美国总统大选和英国退欧公投的结果产生偏见。[46]

　　如上所述，涉及自动决策的个人数据画像的例子，包括通过自动的信誉评估，自动拒绝电子贷款申请，或者通过自动的风险评估，自动拒绝保险申请，或者在电子招聘过程中自动拒绝工作申请，这些决策过程的例子都仅借助了预定义标准的算法，没有申请接收单位雇员的干预。与之相反，如果在决策过程中涉及人为干预的操作，就不是《一般数据保护条例》第 22 条所指的自动化处理，也因此不构成个人数据画像。这类需要人工介入的操作确实也非常依赖于信息技术部门

46　Cambridge Analytica execs boast of role in getting Donald Trump elected, *The Guardian*, 21 March 2018, https://www.theguardian.com/uk-news/2018/mar/20/cambridge-analytica-execs-boast-of-role-in-getting-trump-elected.

的投入，但这一决定涉及人为干预，而不是仅由信息技术系统自动作出的。因此，这种数据处理并不被禁止。但是，人工干预必须是真实的，并且不仅限于输入数据或者信息技术系统生成的橡皮图章结果[47]（相对于分析人员的数量而言，明显不符合比例的过多的决策数量可能表明情况确实如此）。在具体实践中，官方所称的人为干预（例如在自动信用评估程序里）通常是虚构的，其人工仅限于批准自动决策，而不是对决策过程做出真正有意义的贡献。

如果满足以下条件之一，那么仍然允许进行自动决策，包括符合《一般数据保护条例》第 22 条第 1 款标准的个人数据画像分析。

首先，对数据主体和数据控制者之间订立合同或履行合同而言，个人数据画像是必要的。但是，"必要"一词不应作广义解释，也不应等同于数据控制者流程的优化。"必要"一词表示，如果没有完全自动化的决策，就不可能订立或履行合同。这点应该在数据控制者的信息条款（隐私政策）中进行说明。

可以进行数据画像的第二个条件是，欧盟或成员国法律中存在着数据控制者应该要遵守的进行数据画像的法律基础，前提是该法律要制定适当的措施来保护数据主体的权利、自由和合法权益。举例来说，可以根据监管部门的规定和指示进行自动监视，目的是防止税收欺诈和逃税（《一般数据保护条例》序言部分第 71 条）。例如，欧盟成员国法律可以规定，允许制作数据画像以供银行评估客户的信誉，或者供保险公司评估客户的保险风险。

重要的是，尽管此类数据画像是由公共信托机构出于自身风险评估目的而制作的，但对于客户而言并非完全没有风险：客户在酒店住宿、购买珠宝或鲜花时使用银行卡付款的历史，可能会被解释

47 Guidelines on Automated individual decision-making and Profiling for the purposes of Regulation 2016/679, adopted on 3 October 2017, as last revised and adopted on 6 February 2018, WP 251 rev.01, pp.8 and 30.

为具有离婚的风险，这一点，信息技术系统在评估已婚夫妇的信誉时是会考虑的。即使必须告知客户，制作数据画像的规则是什么，但客户也很难期望能够获得用于判断自己这类争议的标准的完整信息。

第三个条件是数据主体的明确同意。在基于合同或同意进行自动决策或数据画像的情况下，数据控制者必须证明已采取了适当措施以维护数据主体的权利、自由和合法权益。由于自动决策会严重影响数据主体，并且可能建立在过度概要分析（schematic analysis）的基础之上，因此任何电子处理过程（例如信誉度或保险风险评估），在最后阶段都应当包括人工验证。在具体实践中，官方所称的人为干预（例如在自动信用评估程序里）通常是虚构的，其人工仅限于批准自动决策，而不是对决策过程做出真正有意义的贡献。

对于那些没有根据合同或者未经其同意就被制作数据画像和其他自动决策的个人而言，最小的保障措施是数据控制者的人为干预，以及可以让受到影响的该人对自动决策提出质疑。因此，针对这类全自动决策所提出的上诉，应该由自然人作出分析和决定。然而，这并不意味着针对自动决策上诉的最终裁决就必然不同于自动决策。

但是，应该认为，在个别情况下，免除对自动决策的限制将是合理的做法，例如，如果这种自动决策与批准低价值的消费贷款有关，是向大量客户提供要约的一部分操作，前提是客户已经同意，或者该自动决策是根据客户要求或与客户签订的合同所作出的。然而，这么做对客户是有利的，因为客户受益于银行之间的竞争以及银行的灵活性，正是由于有了自动数据处理，银行才能非常迅速地作出贷款决策。

尽管如此，对自动决策一般禁止的任何豁免，只要这种决策会对相关主体产生重大影响，都不能准许基于敏感数据（第9条第1款所定义）进行自动决策。此处讨论的规定还可以防止由于分析敏感数据而导致歧视，这些敏感数据是与种族或族裔血统、健康状况或遗传和

生物特征有关的数据（序言第 71 条中强调了这一威胁）。只能在数据
190 主体明确同意的情况之下，或者出于实质性公共利益的原因，且与数
据处理目的相称，才可以将敏感数据用于自动决策。

数据画像和其他自动化决策对隐私和数据保护的风险来自以下事
实：基于个人数据画像分析所得出的结论，会严重影响受到此类分析
的人。请设想一下这样的情况：某个机构仅仅使用了具有预先设定标
准的算法，通过自动的信誉评估，就自动拒绝了电子贷款申请，或者
通过自动风险评估就自动拒绝了保险申请，或者在电子招聘过程中就
自动拒绝了工作申请，而且接收此类申请的机构并没有让雇员介入审
查评估。

《一般数据保护条例》（第 13 条第 1—2 款和第 14 条第 1—2 款）
要求数据控制者在获得数据的时候，向数据主体提供任何有关自动决
策（包括数据画像）和所涉逻辑的其他有意义的信息，以及此类数
据处理对数据主体的意义和预期的后果。而且还必须告知数据主体其
享有反对数据画像的权利（第 21 条第 4 款）。[48] 这确保数据主体可以
验证数据控制者的做法，对其提出质疑。数据画像具有特别重要的意
义，正如产品和服务供应商所声明的那样，数据画像不仅可以用于为
客户创建针对客户需求的定制报价，而且还可能以诱人的报价形式，
损害到隐私权而没有任何补偿。具体来说，由于借助数据画像，供应
商可能会从特定客户过去购买的历史中推断出该客户可能会接受一个
较高的价格，因此数据画像可能会导致给特定客户的价格要实际高于
通常可用的价格。

用于这类分析和预测的个人数据可能来源于手机、笔记本电脑

---

48 M. J. Culnan（M. J. 库尔南），R. J. Bies（R. J. 比斯），Managing Privacy Concerns
    Strategically: The Implications of Fair Information Practices in Marketing in the Twenty-
    First Century（《隐私问题的战略管理：公平信息实践在 21 世纪营销中的意义》），in:
    Visions of Privacy: Policy Choices for the Digital Age（《隐私的愿景：数字时代的政策
    选择》），ed. by C. J. Bennett, R. Grant, Toronto 1999, pp.149 et seq.

和平板电脑在登录网络时的位置、社交网络服务、在线购物、交易、互联网用户在网络论坛上的查询、工作时间记录设备等。将信息技术系统中的此类痕迹与自然人的唯一标识符，例如互联网协议地址、Cookies、无线射频识别标签和服务器收集的其他信息相结合，就可以识别特定的人并创建其个人偏好和数据画像（序言第 30 条）。这些数据之中，有些部分通常是由数据主体自己公开的，例如在社交网络服务上。对隐私更为严重的威胁是，客户或互联网用户所留的"痕迹"包含了其他数据，而且他们不知道（很少是在同意的情况下）他们的数据在将来可能会被用于其他目的。这也包括那些与被画像者有关但不一定从被画像者处获得的数据。

自动化决策和数据画像通常会得出在统计上可能是正确的但在某些特定情况下是错误的结论。[49] 这种风险是数据画像机制所固有的。制作数据画像可以基于数据主体直接提供给数据控制者的信息；在这种情况下，如果信息是被确认的，并且直接与数据主体有关，那么出现错误的风险相对较小。但是，如果基于未经确认的、不完整的、脱离具体环境的或由第三方匿名提供的数据制作数据画像，并且如果对人员进行分类是建立在上述基础之上，对他们的利益带来负面影响，而他们又是不知情并且超出了他们控制范围的，那么做出错误结论和侵犯数据主体权利的风险就要高得多。当该分析结果是基于特定人的数据并补充了从外部来源（例如社交网络服务）获得的其他数据，并且该人被归类为某个特定类别，而且从该特定类别中得出统计结论时，就会发生这种情况。这种机制基于这样一个假设：如果数据主体

191

---

49 Recommendation CM/Rec(2010)13, adopted by the Committee of Ministers of the Council of Europe on 23 November 2010, on the protection of individuals with regard to automatic processing of personal data in the context of profiling（欧洲委员会部长委员会于 2010 年 11 月 23 日通过了《关于在数据画像方面自动处理个人数据的个人保护的第 CM/Rec（2010）13 号建议》），https://www.coe.int/t/dghl/standardsetting/cdcj/CDCJ%20Recommendations/CMRec(2010)13E_Profiling.pdf.

具有某些特征，那么从统计学上讲，假定他 / 她与大多数具有相似数据画像的人共享某些其他特征，就是合理的。

根据从社交网络服务之类的资源中获得的不确定信息，并通过各种机构定义的过分简化的算法对其进行数据处理，从而预测一个人的特征和行为，可能会导致歧视和污名化。

从那些未经证实且脱离具体背景的数据中得出结论，并仅在假设它们与统计的行为和特征相吻合的情况之下构建这些结论，这样做在统计上是合理的，但是对于特定人而言，这样的结论可能是完全不正确的。《一般数据保护条例》序言部分第 71 条就强调了这种风险，该条例要求数据控制者使用适当的数学或统计程序进行数据画像，包括采取可以纠正错误并使错误发生的风险最小化的措施。

在这种机制下，如果发现特定的数据主体具有某些特征，例如年龄在 35—50 岁之间、居住在大城市、属于自由职业者等等，那么从统计上就可以合理地假设，他与具有类似数据画像的大多数人一样，还具有其他共同的特征。[50]

例如，基于相关人员定期购买不健康食品或大号服装的信息，自动的数据画像可能会导致保险费增加。它也可能错误地将酒精或赌博问题归附到那些实际并没有遭受任何此类问题但职业与之相关的人，例如作为治疗师或新闻工作者。因此，我们应该建立一个限制错误推断风险的系统，并允许数据主体纠正这些自动分析的结论。

50　M. Hildebrandt, Defining Profiling: A New Type of Knowledge?（《定义数据画像：一种新型的知识？》）, in: *Profiling the European Citizen. Cross-Disciplinary Perspectives*（《对欧洲公民的数据画像：跨学科的视角》）, ed. by M. Hildebrandt, S. Gutwirth, New York 2008, pp.20 et seq.; D. Kreiss（D. 克赖斯）, Yes We Can (Profile You). A Brief Primer on Campaigns and Political Data（《是的，我们可以（将您进行数据画像）：竞选和政治数据简介》）, in: *The Privacy Paradox. Privacy and Its Conflicting Values, Stanford Law Review*, 2 February − 12 April 2012, http://www.stanfordlawreview.org/online/privacy-paradox/political-data.

第十节　为了公共利益而限制数据主体的权利

《一般数据保护条例》第 23 条（与《第 95/46/EC 号指令》第 13 条第 1 款所做的一样）允许欧盟或成员国法律限制相关义务和权利的范围，例如向数据主体提供其数据已由数据控制者收集的信息的义务，数据访问权，数据删除权（"被遗忘权"），反对处理数据的权利，以及将个人数据泄露通知数据主体的义务（也即《一般数据保护条例》第 12—22 条和第 34 条规定的权利和义务，以及第 5 条与第 12—22 条规定的权利和义务相对应的范围）。但是，任何此类限制都必须是民主社会所必要的、相称的维护公共利益（由《一般数据保护条例》第 23 条第 1 款第 a—h 项所确定）的措施，并保护数据主体和他人的自由或权利，或者执行民法的权利主张（第 23 条第 1 款第 i—j 项）。如果《一般数据保护条例》规定的这些权利与公共利益或者私人利益之间发生了冲突，则必须在这些不同的价值之间进行相互的权衡。

作为一项基本条件，根据《一般数据保护条例》对数据主体权利进行限制（从而赋予了具体条件的隐私权）的时候，不得侵犯数据主体实质性的基本权利和自由，特别是《欧洲联盟基本权利宪章》所规定的权利：保护个人数据的权利（第 8 条），尊重私人和家庭生活的权利（第 7 条），思想、道德和宗教自由（第 10 条），言论和信息自由（第 11 条），集会和结社自由（第 12 条），以及艺术和科学自由（第 13 条）。

可以构成正当理由的、限制数据控制者的义务和数据主体权利的公共利益包括国家安全、公共安全以及预防和起诉犯罪。在近年来欧盟范围内恐怖主义活动不断加剧和威胁越来越大的情况下，这些考虑尤其重要。但是，任何此类限制都必须尊重数据主体的实质性的基本权利和自由，并且相对于数据处理的目的必须是必要的和相称的。立法者在"监视"性质的法律中，必须尊重这一原则。否则，这些法律规定的措施可能一方面会损害到守法公民的隐私，另一方面对那些有能力规避这些措施的恐怖主义分子和罪犯而言反而可能是无效的。

根据《保护人权和基本自由公约》规定的类似原则，隐私权同样应该受到保护。该公约在第 8.2 条禁止公共当局干涉隐私权的行使，但也允许例外的情况，也即由法律作出明确的规定并且是民主社会所必要的情况，诸如出于国家安全、公共安全或经济利益的考虑，国家为了预防社会秩序崩坏或者犯罪，保护人们健康或社会道德，或者保护他人的权利和自由。

举例来说，《波兰宪法》就采用了类似的解决方案。根据《波兰宪法》第 47 条的规定，隐私权并不是绝对的。但是，《波兰宪法》第 31 条第 3 款规定了对宪法权利和自由的权衡，只允许在法律规定的情况下，并且只有在民主国家为了保护国家安全或公共秩序，或者保护自然环境、健康或公共道德，或者他人的自由和权利，且在有必要进行限制的情况下，才可以对宪法权利和自由进行限制。通过禁止采取这种限制措施来实质侵犯自由和权利，《波兰宪法》第 31 条第 3 款所规定的权利保障措施得到了进一步的强化。

在出于科学研究或历史研究目的或统计目的而处理个人数据的情况下，欧盟法律或者成员国法律也可以规定对访问数据、更正数据、限制处理数据和反对处理数据的权利的克减（《一般数据保护条例》第 89 条第 2 款）。如果是为了公共利益以存档目的处理个人数据的，那么通知数据接收者其享有更正、删除或限制个人数据处理的权利的义务以及数据可携带权，也同样可以克减（第 89 条第 3 款）。如果这些权利的实施有可能阻止或严重损害前述特定目的之实现，则允许这种克减。但是，如果依照《一般数据保护条例》第 89 条第 2 款的规定对数据权利做了克减，则需要将数据最小化，或者在可能的情况下，应该对数据进行假名化处理。

欧盟法院在 2003 年 5 月 20 日的判决中[51]，强调了要求证明数据披

51　参见欧盟法院下述两个合并审理的案件：*Rechnungshof* (C-465/00) *v. Österreichischer Rundfunk et al.* and *Christa Neukomm* (C-138/01), *Joseph Lauermann* (C-139/01) *v. Österreichischer Rundfunk*。

露行为对立法者所追求的目标是必要的——就该案系争的情况而言，这个目标是指对公共资金进行适当的管理。因此，欧盟法院允许欧盟成员国限制个人数据保护的权利，但前提是法律法规或根据法律法规所发布的条例规定了此类限制，并且仅在达到《第 95/46/EC 号指令》第 13 条第 1 款（《一般数据保护条例》第 23 条）规定的目的（例如公共安全）的必要范围之内。

根据《一般数据保护条例》第 23 条第 1 款第 e 项，还可以援引欧盟成员国的重要经济或金融利益作为克减事由，例如，除非在处理敏感数据的场合，否则对微型、小型、雇用少于 250 名员工的中小型企业（SME）的信息提供义务，可以予以减轻（但不完全排除）。对某个欧盟成员国的重要经济利益是否受到威胁的评估，必须是个案进行的，也即与个案具体情况有关。根据《一般数据保护条例》的规定，雇用少于 250 名员工的企业可能有理由免除与中小型企业经营规模不相称的监管负担，这种制度设计的主因是中小型企业是欧盟成员国经济的支柱。

尽管《一般数据保护条例》第 23 条允许欧盟法律或欧盟成员国法律限制第 12—22 条和第 34 条规定的义务和权利的范围，但也做了两个保留。首先，这些限制不可以是对义务或者权利的完全排除（例如信息提供义务或数据访问权）。其次，根据《一般数据保护条例》第 23 条的规定，任何此类限制都必须尊重实质性的基本权利和自由，并且是民主社会为了追求《一般数据保护条例》第 23 条所列举的目的而必须采取的相称措施。依我之见，那些认为完全排除数据主体重要权利的做法（例如完全免除中小企业的信息义务）符合上述条件的观点，是完全站不住脚的。

第十一章　数据控制者和共同控制者；
数据处理者及其挑选标准和合同条款

第一节　概述

对数据控制者任务的评估，应当首先立足于"基于风险的方法"（risk-based approach）的概念。这种方法实质上是根据风险分析的结果，根据优先级和时间表采取行动，保护正在处理的数据。它不会在不考虑风险程度（例如风险类型和数据性质）的情况下就阻止相关的投资。相反，它将测出需要加强安全保障的关键区域，并以此为基础，确定优先级别以增加支出。

第二十九条工作组强调[1]，在《一般数据保护条例》的背景下，基于风险的方法已经得到了更多的关注，例如，基于风险的方法已经被规定为问责原则的核心内容（第5条第2款），而且还与下述规则相关，即确保适当的数据处理安全措施的要求（第32条），数据保护影响评估的义务（第35条）以及按设计和默认原则进行数据保护（第25条）。

第二十九条工作组在同一份文件（第11点，第4页）中，定义

---

[1] Article 29 Working Party, Statement on the role of a risk-based approach in data protection legal frameworks, p.2.

了基于风险的方法的范围，认为该方法超越了狭隘的"基于危害的方法"，而应考虑到所有潜在的风险以及实际的不利影响，覆盖范围从对相关人员的影响到对社会的一般影响（例如失去社会信任）。

技术和组织安全措施的选择应当考虑最新技术水平：设计应该响应技术发展，例如在线数据处理的效果，但也要适当考虑实施解决方案的成本及其在市场上的可获得性。尽管我们不应假定，这些规定免除了数据控制者采取特定措施的义务，尤其在这些措施是确保具有与风险相称的安全水平所必需的情况下，但是这些规定的确考虑到了数据控制者和数据处理者的实际预算和组织局限。 196

《一般数据保护条例》第四章规定了数据控制者、共同控制者和数据处理者各自的责任和关系的范围（第 26 条和第 28 条，以及与之相关的第 4 条第 7 款和第 8 条）。它制定了对数据控制者具有约束力的义务，并考虑到了数据处理的性质、范围、背景和目的，以及违反义务的可能性和对自然人权利和自由的严重影响。数据控制者的义务必须在《一般数据保护条例》的整体范围内进行解释，因为其范围的界定尤其取决于合法数据处理的法律基础（第 6 条），个人数据保护的重要原则（第 5 条），例如目的限制原则（定义和目的之限制）、数据最小化（比例）原则、存储限制原则以及提供数据处理信息的义务（第 13 条和第 14 条），尊重数据主体的访问、更正和反对权利（第 15—22 条），以及根据适当的理由将数据传输至非欧盟国家的义务（第 44—49 条）。

数据控制者必须能够证明，已经采取了合理措施，确保数据处理的合法和正确。此类措施也可以包括恰当实施了数据保护策略，前提是该策略与正在执行的数据处理操作是相称的。

在合理必要的情况下，数据控制者必须审查和更新其采取的措施。因此，"在必要的情况下"的表述，应理解为是指由于法律或技术环境的发展，某些威胁变大了以及新的威胁出现了（即外部因素），以及数据控制者活动范围的变化，或者通过内部风险评估确定的风险水平（即内部因素）（第 24 条）。数据控制者如何证明其数据处理操作的合法性和正确性？例子之一是：可以通过实施一项已获批准的、适用于数据控制者所在行业的行为准则，或者在一个已经获准的认证机制之下，获得确认其数据处理操作符合《一般数据保护条例》的证书。显然，这不会影响到监管机构宣布当事人没有遵守行为准则或证书规定的规则的权力（第 42 条）。

为了防止自然人的权利和自由受到侵犯，数据控制者和数据处理者的主要义务包括通过实施适当的技术或组织措施来处理个人数据，以确保个人获得充分的数据保护。

197　　确保数据及其处理的安全性、完整性和秘密性的措施包括：实施技术和组织措施以确保与风险相称的安全性水平（第 32 条），并将任何个人数据泄露通知监管部门，以及将此类违规行为告知数据主体（第 33 条和第 34 条）。

实施措施必须达到一定的要求，这意味着，在这类措施包括了规范数据保护特定政策的情况下，在提出这些措施时，必须采用专门的条款，通过一定的程序，描述机构和组织中的特定人员或团队的角色和职责，描述事故识别或记录数据主体投诉的每个步骤，包括收集信息、案件分析、采取防止事态进一步恶化的措施、采取保存证据和缓解措施等。还必须采取行动（并记录在案），以确保雇员了解并理解这些程序，而不仅仅是签署一份正式的声明。

《一般数据保护条例》第四章其余小节规定的其他要求也出于数据安全的目的，因为它们确保了整个《一般数据保护条例》范围内数据处理原则的有效性。这些特别包括了个人数据保护的重要原则，例如目的限制原则、数据最小化原则和存储限制原则。这些要求如下所示：

　　　　— 数据的设计保护和默认保护，也即在服务、系统或应用程序的设计阶段就已经实施隐私保护的义务（第 25 条）。

- 保存个人数据处理活动的记录，记录数据处理的关键内容（第 30 条）。
- 任命一位数据保护官，该数据保护官在数据控制者的组织中应居于适当的位置（第 37—39 条）。
- 当预期的数据处理可能会损害自然人的权利和自由时，分析该预期的数据处理对数据主体的权利和自由的风险和潜在影响（数据保护影响评估）（第 35—36 条）。

作为确保数据安全并在数据保护制度之下遵守其他数据处理原则的可选措施，数据控制者还可以实施某项已获批准的、适用于数据控制者所在行业的行为准则，或者在一个已经获准的认证机制之下，获得确认其数据处理操作符合《一般数据保护条例》的证书（第 40—43 条）。

第二节　数据控制者

数据处理过程涉及对数据处理正确性承担完全责任的数据控制者，以及通常以外包的活动形式、代表数据控制者处理个人数据的数据处理者。个人数据可以由几个数据控制者共同处理，它们被称为"共同控制者"（joint controllers）。数据处理者还可以在获得数据控制者授权的前提下，将数据处理工作分包给另一个处理者即"分处理者"（sub-processor），然后由该分处理者执行数据处理者指定的任务。

数据处理过程还涉及由数据控制者或处理者授权的其他人，也即通常由他们雇佣的人以及数据保护官。但是，这些人员的行动仅代表数据控制者或处理者，他们不是作为被授权处理数据的单独实体。该数据处理过程的其他参与者是那些已向其公开数据的数据接收者。他们并非是授权处理数据的单独类别的实体，而是根据向其提供数据的

198

具体目的，成为数据控制者或处理者。除非欧盟或其成员国法律有相关要求，否则，未经数据控制者的授权，数据处理者或代表数据控制者或处理者行事的任何人，都不得访问和处理个人数据（第29条）。本章并不探讨由数据控制者或处理者授权处理个人数据的人员、数据保护官和数据接收者的职责范围，这些内容将在本书其他各章中进行分析。

不能仅仅基于可以访问数据的事实，就断定一个实体有资格成为数据控制者，得出这个结论还要取决于该实体是否能够单独或与其他人联合决定个人数据处理的目的和方式（第4条第7款）。有关数据处理目的的讨论，可参见关于目的限制原则（目的的定义和限制，第5条）和数据处理的法律基础（第6条）的相关评论。就确定数据处理方式而言，应当理解为选择与数据处理目的和数据控制者特征（例如数据控制者所经营的行业，其预算，以及所识别出的对数据安全的威胁）相对应的技术性措施和组织性措施。

数据控制者与数据处理者的主要区别在于，数据处理者的职责范围不包括同时对数据处理的目的和方式都作出决策。是否对两者同时作出决策是其中的关键。实际上，在所在行业具有较大市场份额的数据处理者往往决定了数据处理的技术方式。数据处理者拥有这些技术方式和手段的事实，正是数据控制者将数据处理外包给它的原因。但是，数据处理的目的是由数据控制者而不是由数据处理者来确定的。因此，数据处理者并不同时决定数据处理的目的和手段。数据处理者在数据控制者定义的范围和目的之内，代表数据控制者，根据数据控制者发出的指令处理数据，数据控制者定义的数据处理的范围和目的，对数据处理者具有约束力。

因此，数据控制者的地位是根据能够同时决定数据处理的目的和方式的标准来定义的。基于这样的原因，即使合同明确指定了数据控制者和处理者各自的地位，但不符合数据控制者和处理者这两个术语的定义（与事实相反），也不会改变其实际的地位。有权访问正在处理的数据，并不是成为合格的数据控制者的先决条件。

数据控制者可以采取任何使其能够获得权利并承担义务的法律形式运作，也即确定个人数据处理的目的和方式，作为其业务、职业或法定活动的一部分。数据控制者可以是私人或公共部门的实体、自然人或法人（公司、合作社、协会或基金会）、公共实体（中央或地方政府机构或者其他州或市政组织单位）、非公司制的组织单位（例如根据商法成立的合伙）或者其他实体。

属于同一集团公司的独立公司是各自独立的数据控制者。与之相反，由公司架构限定的、以处理数据作为其任务范围的一部分的数据控制者的组织单位，并不是单独的数据控制者，因为它们没有定义数据处理的目的和方式，而是在从属关系中预先确定的目的和方式范围内行动。

出于同样的原因，公司的分支机构通常也不是数据控制者，尽管在选定的活动领域中，由于其组织自主性，它可能是一个数据控制者。例如，一家公司的分支机构不代表自己与客户签订合同，而是在其结构内为数据控制者的客户提供服务，但它并不是客户个人数据的控制者。但是，如果它与自己的雇员签订劳动合同，则它将以雇主身份，成为其雇员个人数据的控制者。总部位于欧盟的金融机构在其他欧盟成员国开设分支机构的情况下，就经常会签订这类雇佣合同。

公共当局和机构也是数据控制者，尽管且重要的是，它们不可以在法律规定的职责范围之外，定义个人数据的处理目的和方式。此外，某些公共机构作为特定数据存档系统的控制者的地位，是由法律直接赋予它们的。例如，在某些国家/地区，针对法院以其裁决能力进行处理的数据，其控制者是司法部长和主管法院的院长（第4条第7款在数据控制者的定义中明确规定了这种可能性）。在某些情况下，法律也可能明确数据的处理方式，例如，法律规定由主管部长提供信息技术系统，并由向该部长负责的公共机构强制使用，以供公共注册。

199

欧盟法院在 2014 年 5 月 13 日对 C-131/12 号案件的判决中 [2] 指出，搜索引擎的活动包括寻找第三方放置在互联网上的信息，对其进行自动索引、临时存储并根据网络用户指定的条件将其提供给网络用户，当这些信息包含个人数据时，即构成对个人数据的处理。搜索引擎提供商是这些个人数据的控制者，并对这些数据处理活动承担法律责任。

法院指出，尽管网络搜索引擎直接指向第三方（诸如媒体）公开的信息，但这些操作也应归类为个人数据的处理，因为将这些广泛传播的信息从《指令》（因此也包括《一般数据保护条例》）的范围里排除掉，在很大程度上将会导致数据保护规定的失效。

第二十九条工作组在 2012 年 7 月 1 日的《第 05/2012 号意见》中强调，作为确定数据处理目的并决定云处理服务外包的主体，云客户端就是数据控制者，虽然云提供商是数据处理者（但是，如果云提供商根据另外独立的法律基础并出于自身定义的目的来处理个人数据，那么云提供商也可以成为数据控制者）。第二十九条工作组指出，尽管在商业实践中，云客户端影响云计算服务方式的实际可能性非常有限，但是，由于具有强大市场地位的云提供商是根据标准合同和技术标准行事，因此决定部分或全部处理外包的仍然是云客户端，因而云客户端具有数据控制者的身份。

因此，云客户端和云提供商的职责范围取决于他们各自的角色。[3] 云客户端作为数据控制者的基本责任是分析风险并选择可确保遵守个人数据保护法规的云提供商，其中尤其包括技术和组织安全措施，对

2　参见 C-131/12 案的裁判，该案因西班牙国家法院 2012 年 2 月 27 日请求欧盟法院根据《欧洲联盟运作条约》第 267 条作出初裁，2012 年 3 月 9 日欧盟法院接受了谷歌西班牙公司、谷歌公司诉西班牙个人数据保护局和马里奥·科斯特贾·冈萨勒案。

3　Opinion 1/2010 of the Article 29 Working Party on the concepts of "controller" and "processor" of 16 February 2010（第二十九条工作组 2010 年 2 月 16 日《关于"数据控制者"和"数据处理者"概念的第 1/2010 号意见》），WP 169, http://ec.europa.eu/justice/policies/privacy/docs/wpdocs/2010/wp169_en.pdf.

在欧洲经济圈以外处理数据的充分保护，以及独立和可靠的第三方审计和服务认证。

第三节　共同控制者

个人数据可以由几个数据控制者共同处理，这些数据控制者被称为"共同控制者"。《一般数据保护条例》并不禁止两个独立的数据控制者处理相同数据的情况，例如银行和保险公司控制着使用捆绑产品的同一客户的数据，又如雇主和医疗服务或体育福利提供商控制着兼为前者雇员和后者客户的同一个人的数据。在这种情况下，数据控制者会根据自己定义的不同目的来处理数据。另一方面，《一般数据保护条例》第 26 条还规定了两个或多个数据控制者共同确定数据处理目的和方式的可能性。有关数据共同控制者的常见例子之一是旅行社、航空公司和酒店连锁店，它们不是采取三个独立的数据控制者的模式来处理各自活动的数据，而是使用它们选择的方式，联合建立一个互联网平台进行管理，从而实现提供旅行套票交易的共同目的。在这个过程中，它们协商同意使用哪些基本的方式，例如应该存储哪些数据，如何分配和确认机票和酒店的预订，以及谁可以访问存储的信息。随后，它们共享客户的数据以执行联合的营销活动。[4] 各个数据控制者应该遵守的《一般数据保护条例》中所规定的义务的职责范围，特别是涉及数据主体权利行使以及在收集数据时遵守信息义务方面的责任范围，是通过共同控制者之间的协议来确定的（除非其各自的职责由对控制者具有约束力的欧盟法律或成员国法律所确定）。《一般数 201

4　Guidelines 07/2020 on the concepts of controller and processor in the GDPR of 2 September 2020（《关于〈一般数据保护条例〉中数据控制者和数据处理者概念的第 07/2020 号指南》），Version 1.0 for public consultation, https://edpb.europa.eu/sites/edpb/files/consultation/edpb_guidelines_202007_controllerprocessor_en.pdf, p.20. 该指南在 2021 年 7 月 7 日更新发布了第二版，并在征求公众意见之后通过。——译者

据保护条例》第 26 条并不要求共同控制者之间订立书面合同，但欧洲数据保护委员会建议当事人采取具有约束力的文件形式（例如一份合同）进行此类安排。[5] 这种协议安排的主要内容必须通知数据主体。在第 26 条的背景下，这种规定意味着数据主体必须获得足够的信息，确保其能够行使权利。《一般数据保护条例》并没有明确这类通知必须采取的形式。在实践中，将通知包含在隐私策略中可能是最佳的做法。共同控制者之间的这些协议安排对数据主体不具有约束力：他 / 她可以根据其权利，向任何共同控制者提出请求。就共同控制者之间的法律关系而言，重要的是，对数据主体造成的全部损害，每个控制者都负有法律责任。无论共同控制者之间的协议安排如何，对每个共同控制者，数据主体都有权主张其享有的权利。

但是，监管机构并不受这类协议条款（包括指定各自的当事方为共同控制者）的约束。数据处理者如果超出数据控制者指定的处理范围或目的进行数据处理的，也可以被视为是共同控制者。[6] 如果数据处理者在处理数据时不遵守其与数据控制者订立的合同所规定的授权范围，数据处理者就变成了数据控制者。与此同时，由于它无法证明数据处理具有任何合法的依据，因此它的行为是非法的。

欧盟法院在 2018 年 6 月 5 日对石勒苏益格 - 荷尔斯泰因州独立数据保护中心诉石勒苏益格 - 荷尔斯泰因商学院案 [7]（脸书爱尔兰有限责任公司作为第三方加入该诉讼）的判决中裁定，"'数据控制者'……

---

5 Guidelines 07/2020 on the concepts of controller and processor in the GDPR of 2 September 2020,Version 1.0 for public consultation, https://edpb.europa.eu/sites/edpb/files/consultation/edpb_guidelines_202007_controllerprocessor_en.pdf, p.4.

6 Article 29 Working Party, Opinion 1/2010 on the concepts of "controller" and "processor", 16 February 2010, WP 169, and Opinion 10/2006 on the processing of personal data by the Society for Worldwide Interbank Financial Telecommunication (SWIFT) (《关于环球银行金融电信协会处理个人数据的第 10/2006 号意见》), 22 November 2006, WP 128.

7 *Unabhängiges Landeszentrum für Datenschutz Schleswig-Holstein v. Wirtschaftsakademie Schleswig-Holstein GmbH*, Case C-210/16, https://eur-lex.europa.eu/legal-content/EN/TXT/?uri=CELEX:62016CJ0210, ECLI: EU: C: 2018: 388.

的概念涵盖了社交网络上的粉丝页面的管理者"。脸书社交网络的粉丝页面的管理者与脸书公司共同负责处理这些页面的访问者的数据。法院确认（判决第 35 点），"尽管仅仅利用脸书之类的社交网络并不能使脸书用户成为共同负责该网络个人数据处理的控制者，但必须说明的是，另一方面，脸书社交网络的粉丝页面的管理员通过创建这样的页面，使得脸书公司有机会在访问其粉丝页面的人的计算机或其他设备上放置 Cookie，无论该人是否拥有一个脸书账户。"

在 2018 年 7 月 10 日的数据保护官诉耶和华见证人－宗教团体案[8]的判决中，欧盟法院裁定："如果一个宗教团体负责处理的个人数据是由参与该宗教的传教成员在上门讲道的背景下执行的，那么该宗教团体将与参与传教的成员一起成为数据控制者。在这种背景之下所进行的个人数据处理，必须遵守欧盟关于保护个人数据的法律规则。"

在 2019 年 7 月 29 日针对时尚身份有限责任公司诉消费者咨询中心 NRW eV 案[9]的判决中，欧盟法院裁定，由于网站运营商在其网站上嵌入"脸书"应用程序的"like"按钮，所以就"通过将访问者的个人数据传输到网站进行收集和披露的操作"（判决书第 84 点）[10]行为而言，网站运营商成为了脸书社交网络的共同控制者。法院强调，时尚身份公司使得脸书公司（爱尔兰）可以获取其网站访问者的个人数据，并且一旦访问者访问该网站，就产生了这种可能性，不论访问者是否是脸书社交网站的成员，是否点击了脸书应用程序的"like"按钮，也不论其是否意识到了这种操作（判决书第 75、83 点）。

8　*Tietosuojavaltuutettu v. Jehovan todistajat-uskonnollinen yhdyskunta*, Case C–25/17, https://eur-lex.europa.eu/legal-content/EN/TXT/?uri=CELEX:62017CJ0025, ECLI: EU: C: 2018: 551.

9　*Fashion ID GmbH & Co. KG v. Verbraucherzentrale NRW eV*, Case C–40/17, ECLI: EU: C: 2019: 629.

10　也参见 2018 年 6 月 5 日的石勒苏益格－荷尔斯泰因州独立数据保护中心诉石勒苏益格－荷尔斯泰因商学院案判决第 41 点。

第四节　数据处理者及其挑选标准和合同条款

数据处理者代表数据控制者处理个人数据（第4条第8款），双方通常采用外包合同的方式。

数据控制者与数据处理者之间的主要区别在于，数据处理者的职责范围不包括同时就数据处理的目的和方式作出决策。同时兼顾两种决策是关键所在。实际上，在某行业领域具有较大市场份额的数据处理者，一般决定了数据处理的技术手段和方式。数据处理者拥有这些技术方式和手段的事实正是数据控制者将数据处理外包给它的原因。但是，数据处理的目的是由数据控制者而不是由数据处理者确定的。因此，数据处理者并不同时决定数据处理的目的和手段。那些与数据处理的目的和范围（例如个人数据和数据主体的类别，以及数据处理的持续时间）紧密联系的所谓"必要手段"，本身就应该由数据控制者确定，而"非必要手段"则涉及更多实际操作方面的因素，例如特定类型的硬件或软件，这些手段可以留给数据处理者来决定。[11]

此外，数据控制者可能会干涉数据处理者有关数据处理方式的决定。数据处理者在数据控制者定义的范围和目的之内，代表数据控制者，根据数据控制者发出的指令处理数据，数据控制者定义的数据处理的范围和目的，对数据处理者具有约束力。

因此，数据控制者的地位是根据能够同时决定数据处理的目的和方式的标准来确定的。基于这样的原因，即使合同明确指定了数据控制者和数据处理者各自的地位，没有遵从数据控制者和数据处理者这两个术语本身所暗示的（与事实相反）内涵，也不会改变其实际的地位。

11　Guidelines 07/2020 on the concepts of controller and processor in the GDPR of 2 September 2020, Version 1.0 for public consultation, p.14.

　　数据处理者可以采取任何法律形式运作，也即其可以是自然人或法人（公司、合作社、协会或基金会）、公共实体（中央或地方政府机构或者其他州或市政组织单位）、非公司制的组织单位（例如根据商法设立的合伙）或者其他实体。

　　外包活动例如制定银行账户报表、对账单、代理商分发保险合同、呼叫中心的运营或人力资源服务等，必然涉及由委托承包商处理个人数据。因此，外包合同（采用包括电子表格在内的书面形式）应当包括规定数据控制者与数据处理者之间关系的条款，包括数据处理的主题和持续的时间，数据处理的性质和范围，个人数据的类型和数据主体的类别，数据处理者的具体任务和义务，侵犯数据主体权利或自由的风险，执行数据保护措施的义务，以及在数据处理目的到期之后删除或返回数据的义务（除非欧盟法律或欧盟成员国法律要求数据处理者保存相关的个人数据）。

　　数据处理合同必须要求，在数据处理者那里发生的任何个人数据泄露事件，数据处理者都必须通知数据控制者。鉴于数据控制者必须在意识到任何违规行为后72个小时内将违规行为通知监管机构，数据处理者必须在足够短的时间内通知数据控制者。

　　数据处理者与数据控制者之间的强制性合作还应包括处理客户的请求，例如投诉、数据访问或更正的请求，或者对数据处理的异议。就此而言，在不同情况下，数据处理者发挥的作用会有所不同，具体取决于委托给它的任务，其作用可能非常有限，也可能非常重要。数据处理者至少必须确保，将数据控制者的客户直接发给它的这类请求转通知给数据控制者。数据处理者必须这么做的原因在于，数据处理者与数据控制者得遵守《一般数据保护条例》规定的关于答复和处理请求的时间限制。

　　这类合同还应该要求数据处理者向数据控制者提供数据控制者所需的所有信息，以证明其已经履行了数据处理合同所规定的义务。根据这类合同，数据处理者还应当有义务同意数据控制者或在数据控制者授权下的审计员进行审计和检查。在以往的实践中，这项义务已经包含在许多外包合同中，但偶尔也会遇到数据处理者的反对。

数据处理者的义务还必须包括保存数据处理活动的记录，因为这不仅仅是数据控制者的义务。微型和中型企业（雇员少于250名）可以豁免该义务，但前提是他们的数据处理不会对数据主体的权利和自由造成风险，数据处理活动是偶尔发生的，而且不涉及与刑事定罪和违法行为有关的敏感数据或个人数据。

根据《一般数据保护条例》第28条第6款以及序言第81条，数据控制者可以根据单个合同，将数据处理委托给数据处理者（但是，如果根据第46条第2款第c项和第d项移到第三国，应以合同条款在个案情况下可以保障足够的数据保护水平为前提；这个问题在第46条的评注中有详细的阐述）。数据控制者与数据处理者双方还可以完全或部分地使用由欧洲委员会根据《一般数据保护条例》第93条第2款提到的审查程序直接采用的标准合同条款，或者使用由监管机构采用的符合《一般数据保护条例》第63条的一致性机制且随后由欧洲委员会通过的标准合同条款。

代表数据处理方的数据控制者必须选择一个数据处理者，该处理者应当提供足够的保证（尤其是在专家知识、可靠性、资源、技术和组织措施方面），以确保遵守《一般数据保护条例》并保护数据主体的权利（第28条及序言第81条）。这是数据保护的核心原则之一，因为外包数据处理活动增加了数据控制者平稳、不间断运行以及数据机密性方面的风险。这涉及一些基本的风险，例如数据控制者无法提供合理的保证，确保在双方终止合作之后，删除委托给数据处理者的数据。

数据控制者可以证明其已经满足了这一要求，例如，有事实证明数据处理者采用了获得监管机构批准的行为准则或者持有相关的证书（第40—43条）。数据控制者还可以通过与特定过程相关的其他证书来确保足够水平的数据保护，例如"支付卡行业数据安全标准"

（Payment Card Industry Data Security Standard，PCI DSS），该标准确定了支付卡持有者数据的适当安全级别。某项证书之所以能够作为保证措施，其可靠性都是源于证书的可信度，而其可信度与认证机构的可信度又是相对应的。

业务连续性计划（BCP）的实施也很重要，至少对于那些特别重要的外包流程而言。

数据处理者也可以在获得数据控制者授权的情况下，将数据处理分包给"分处理者"，然后由分处理者执行数据处理者选定的任务。那些规范与数据处理者合作的合同条款，必须规范和限制这类子外包协议的使用。实践中，信息技术的流程（包括云服务）是外包服务的关键部分，通常会分包给第三国以降低其成本。在数据控制者不知情，或者超出其控制范围且没有其书面授权的情况下，不得进行这样的分包操作。分处理者所确保的数据保护级别，不得低于对数据控制者具有约束力的级别以及数据处理者被要求的级别。

对那些将数据处理服务大规模外包的数据控制者而言，就每个分处理者的每个子外包进行单独授权的做法是实际行不通的。不过，《一般数据保护条例》第 28 条第 2 款也允许进行概括性授权。根据这种协议，就涉及分处理者列表上的任何预期的改动，数据处理者都必须通知数据控制者，并且给予数据控制者反对此类更改的机会。205

数据处理者不得处理超出处理合同所规定的目的和范围的数据。诸如数据处理者将受委托的数据用于其自身目的的情况，就属于这种违规行为。举例来说，数据控制者将直接营销活动外包给了一个呼叫中心，并将自己的客户数据库提供给了该承包商，但是该呼叫中心的运营商（也即承包商）却将该客户数据库纳入自己服务其他客户的数据库之中。如果出现这种情况，数据处理者就非法取代了数据控制者的地位，也即它将决定数据处理的目的和方式，并且是在没有法律依据的情况下进行数据处理。数据处理者是可以成为数据控制者的，但前提是要满足《一般数据保护条例》第 6 条或第 9 条规定的合法数据处理的替代性基础之一。

超出数据控制者指定的处理目的或范围的数据处理者也可以成为共同控制者。[12] 如果数据处理者在处理数据时，不遵守与数据控制者订立的合同所规定的授权范围的，就所涉及的数据范围而言，数据处理者就变成了数据控制者。与此同时，由于它无法证明数据处理具有任何合法的依据，因此它的行为是非法的。

重要的是，外包的本质就意味着，如果数据控制者本身无权进行某项数据处理，那么也不可以委托他人进行此项数据处理。数据控制者在委托他人处理数据时，也不能根据其本身未经授权的数据处理目的。一个例子是银行与保险公司之间的合作。当银行提供贷款保险时，不能将这种行为视为银行在外包保险活动，因为银行的法定业务范围并不包括提供保险服务。

《一般数据保护条例》第28条并不要求数据控制者必须与数据处理者签订书面的合同形式：数据处理合同可以采取电子形式签订，这意味着云计算合同可以在线签订。在实践中，此类服务的提供者通常会在自己的网站上提供合同范本。而作为客户，数据控制者将填写其预期的数据处理的详细信息，并接受由此产生的合同文本。这等同于订立合同（许多国家的立法中都规定了这种可能性，相当于民法规定的订立合同模式中的承诺行为）。

如果数据控制者将自己的合同范本强加给数据处理者，特别是那些在市场中具有支配地位的云提供商，将是不切实际的做法。因此，重要的是，数据控制者应该评估数据处理者提供的合同范本是否满足了《一般数据保护条例》的要求。

---

12 Article 29 Working Party, Opinion 1/2010 on the concepts of "controller" and "processor", 16 February 2010, WP 169, and Opinion 10/2006 on the processing of personal data by the Society for Worldwide Interbank Financial Telecommunication (SWIFT), 22 November 2006, WP 128.

第十二章　数据的设计保护和默认保护；

风险路径下数据安全措施的适当性；

个人数据处理活动的记录；数据处理的授权；

向监管部门和数据主体通报个人数据泄露；

数据保护影响评估；向监管机构咨询有关

数据保护的影响；行为准则和认证

第一节　数据的设计保护和默认保护

《一般数据保护条例》规定了数据的设计保护和默认保护原则（第　207
25 条）。迄今为止，这些原则尚未见于执行《第 95/46/EC 号指令》的
欧盟法律或地方法律之中，尽管数据最小化原则也隐含了这些原则，
也即要求数据处理的范围（就数据的数量和内容）应当以满足数据处
理目的之必需为限（《一般数据保护条例》第 5 条第 1 款第 c 项），此
外，目的限制原则和存储限制原则也隐含了这些原则（第 5 条第 1 款
第 b 项和第 e 项）。我认为，通过设计和默认原则进行的数据保护是
对上述原则的技术实现，这些技术手段是必需的，因为随着计算机性　208
能的不断提高和数据存储成本的不断降低，产生了许多冗余的数据。

通过设计进行数据保护的原则要求即使在服务、系统或应用程序的设计阶段以及整个开发过程中，也要实施隐私保护措施。因此，此类工具所依据的假设及其结构，都应该为数据提供保护。[1]数据的默认保护原则要求以系统的方式构建服务、系统或应用程序，从而使数据主体可以配置隐私的设置，而且高水平的隐私保护是默认选项。

通过设计进行数据保护（隐私的设计保护）要求使用旨在有效遵守数据保护原则的技术性和组织性手段，包括通过将处理后的数据最小化到必要范围，以及将必要的保护措施整合到处理过程中。根据《一般数据保护条例》第 25 条的明确举例，这样的技术和组织手段可以是假名化；此外，《一般数据保护条例》序言第 78 条还建议数据控制者采用内部政策。重要的是，《一般数据保护条例》在技术上是中立的：它没有专门设置数据假名化或加密的义务，而只是指出，如果在特定情况下，根据数据控制者或数据处理者的分析，这些措施是可行的，则可以采用。

默认情况下的隐私保护（数据的默认保护）实质上是以默认的方式将数据处理的范围（也即数据的收集量、存储时间及其可用性）限制为满足特定处理目的所需的最低限度，无需用户干预；也即确保数据保护是在默认情况下就内置到数据处理的过程之中。[2]数据控制者所采取的技术和组织措施必须特别确保，在没有数据主体干预的情况

---

1 A. Cavoukian（A. 卡沃基安），Privacy by Design: Leadership, Methods, and Results（《隐私的设计保护：领导力、方法和结果》），pp.175 et seq., R. De Wolf（R. 德·沃尔夫），R. Heyman（R. 海曼），J. Pierson（J. 皮尔森），Privacy by Design Through a Social Requirements Analysis of Social Network Sites form a User Perspective（《通过用户视角的社交网站社交需求分析来实现隐私的设计保护》），pp.241 et seq., in: *European Data Protection: Coming of Age*（《欧洲数据保护：已迈入成年》），ed. by S. Gutwirth, R. Leenes, P. de Hert, Y. Poullet, Springer Dordrecht 2013.

2 EDPB Guidelines 4/2019 on Article 25 Data Protection by Design and by Default（《关于第 25 条的数据的设计和默认保护的第 4/2019 号指南》），Version 2.0, 20 October 2020, https://edpb.europa.eu/sites/edpb/files/files/file1/edpb_guidelines_201904_dataprotection_by_design_and_by_default_v2.0_en.pdf, p.11.

下，不会将个人数据提供给数目不确定的自然人。显然，这并不包括根据法律发布个人数据的情况，例如在新闻公告中发布官员的姓名和联系方式。因此，被处理的数据的范围扩展（例如社交网络服务的其他用户可以获取的内容）绝不能源自数据控制者的设置，而只能归因于用户本人所进行的更改。经验表明，数据控制者所采用的默认设置在很大程度上决定了大多数用户后续的隐私设置。举例来说，如果社交网络服务仅因为用户激活了位置功能，就将该用户访问旅行目的地的信息通知了该社交网络的所有成员，就属于这方面的负面例子。柏林地方法院在回应德国消费者组织联合会（VZVB）针对脸书公司的起诉时，裁定脸书公司默认的数据共享设置是非法的。对此，脸书公司宣布将提起上诉。[3]

因此，"数据的默认保护"是广义的"数据的设计保护"概念的一个方面。"数据的默认保护"是正确实施"数据的设计保护"的先决条件。

"隐私的设计保护"概念建立在加拿大安大略省的前信息和隐私专员安·卡沃克安博士制定的"七项基本原则"的基础之上。其中一项原则是"主动而不被动；预防而非补救"（Proactive not Reactive; Preventative not Remedial），这意味着隐私的设计保护"既不是坐而待毙地等待隐私风险出现，也不是积极提供解决隐私违规行为的补救措施，其目的是未雨绸缪地防止此类事件的发生"。[4]

3　H. -E. Busemann（H. -E. 布塞曼），N. Schimroszik（N. 希姆罗齐克），German Court Rules Facebook Use of Personal Data Illegal（《德国法院裁定脸书公司非法使用个人数据》），*Reuters*（《路透社》），12 February 2018, https://www.reuters.com/article/us-germany-facebook/german-court-rules-facebook-use-of-personal-data-illegal-idUSKBN1FW1FI [retrieved on 10 March 2018].

4　Ann Cavoukian, Ph. D., Information & Privacy Commissioner Ontario, Canada（加拿大安大略省信息和隐私专员），*Privacy by Design, The 7 Foundational Principles*（《隐私的设计保护：七个基本原则》），Originally Published: August 2009, Revised: January 2011, https://www.ipc.on.ca/wp-content/uploads/resources/7foundationalprinciples.pdf [retrieved on 1.12.2020]. 后来，2010 年 10 月 27 日至 29 日在耶路撒冷举行的第 32 届国际数据保护和隐私专员会议通过的《隐私设计保护决议》提出了相同的原则。

在挑选技术性和组织性措施以确保数据的设计保护和默认保护时，应当考虑数据处理的性质、范围、背景、目的以及违反的可能性及其严重性。还应该考虑可以使用的现有技术：设计应该回应技术的发展，但也要适当考虑实施具体解决方案的成本及其在市场上的可用性。在特定措施是确保与风险相称的安全级别必不可少的情况下，尽管不应该假定，这些规定免除了数据控制者采取特定措施的义务，但它们还是考虑到了现实对数据控制者和数据处理者的限制。面对技术进步，某项曾经可以提供足够保护水平的措施也可能会变得落伍而失效，因此，如果不及时跟上技术的变化，可能会导致无法遵守《一般数据保护条例》第 25 条的规定。[5]

我们不应狭隘地将"隐私的设计保护"原则理解为仅仅对数据控制者也即信息通信技术（ICT）系统中的数据处理方案的设计者或修改者施加了义务。应从更宽泛的角度来理解它并适用它，诸如在公共采购的规范或者立法过程中。一个例子是法院或公共机构中使用的信息技术系统，该系统从电子人口登记簿中生成打印的输出，以便包含在文档之中，用以识别参与法律诉讼的人员。这种数据处理的唯一目的是消除可能的身份识别错误，诸如不同的人拥有某些相同个人数据的情况。但是，如果这类打印输出包含了超出该目的的大量个人数据（例如某人婚姻状况的历史记录），那么就违反了"隐私的设计保护"原则。这也与要求将数据限于处理目的的数据最小化原则产生了冲突。

数据控制者或处理者可以通过《一般数据保护条例》第 42 条提到的获得批准的认证机制，获得确认数据处理操作符合《一般数据保护条例》的证书，从而证明自己已经通过设计和默认的措施，确保了数据的保护。

5　EDPB Guidelines 4/2019 on Article 25 Data Protection by Design and by Default, Version 2.0, 20 October 2020, p.8.

但是，不同于数据控制者有义务根据《一般数据保护条例》第24条实施适当的技术手段和组织措施，或者有义务根据《一般数据保护条例》第46条第2款第e项确保数据转移到第三国之后获得适当的数据保护，数据控制者根据设计和默认原则对数据进行保护，可能无法依照《一般数据保护条例》第40条规定的使用批准的行为准则来证明。

无论何时收集数据，数据控制者都必须实施数据的设计保护和默认保护原则。数据控制者不得争辩，在《一般数据保护条例》生效之前所收集的数据并不受到这些原则的管辖。

第二节　风险路径下数据安全措施的适当性

数据控制者和处理者的主要义务包括为了数据安全而实施适当的技术性和组织性措施。"适当"意味着它们应适合数据处理的性质、范围、背景、目的以及侵犯数据主体权利和自由的可能性和严重性（第32条）。这些安全措施应防止的威胁，特别应包括未经授权或非法的数据处理以及数据的意外丢失、破坏或损坏，从而确保数据的完整性和机密性（第5条第1款第f项）。这意味着保护数据免遭未经授权的泄露，仅仅是数据处理安全性的一个方面而已。在定义技术性和组织性措施的范围时，应牢记这一点。尽管《一般数据保护条例》中没有明确说明，但是应该推断出安全措施应在数据控制者或处理者开始处理数据之前就实施。从采用这些措施的目标以及《一般数据保护条例》的立法理由之中，可以清楚地看出这一点。

实施技术和组织安全措施的义务，对数据处理者和数据控制者具有直接的约束力（第32条第1款）。此外，如果数据控制者要找他人代为处理数据的，必须选择提供了充分保障的数据处理者（第28条和序言第81条）。

数据控制者和数据处理者包括来自不同行业和部门的实体，其性 211

质和经济能力不同，活动规模不同，并带着不同目的、在不同范围里处理数据。出于这个原因，任何试图汇编一份详尽建议措施清单的做法，都是不切实际和毫无意义的，而且，即便拿出了这样一份清单，由于数据处理技术的迅速变化，这样的清单也会很快过时。数据处理所采用的措施必须定期进行测试并评估其有效性，而且应该在有正当理由的情况下，例如随着不断变化的法律或技术环境，或者数据控制者的活动范围变化进行更新。

具体应当挑选哪些适当的安全措施，取决于特定数据控制者或数据处理者的数据处理活动所带来的风险级别。因此，在实践中，进行这类全面评估除了需要数据保护官的分析，还可能需要（例如在云处理的环境下）网络安全团队做进一步分析，具体包括个人数据的假名化和加密处理，传输的数据安全措施，不断确保数据处理系统和服务的机密性、完整性、可访问性和弹性能力（尤其是它们对外部攻击的抵抗力），以及在发生物理或技术事件时能够快速恢复个人数据可用性的能力。

鉴于此，有理由规定原则性的要求，确保安全措施应当达到的"适当性"。这些安全措施的选择尤其取决于与数据处理相关的风险程度，特别是意外销毁或非法销毁、丢失、更改、未经授权的披露或获取个人数据的风险。"技术措施和组织措施以及必要的保障措施可以广义地理解为数据控制者在数据处理过程中可以采用的任何方法或手段。手段和措施的适当，意味着它们应该适合于实现预期目的，也即它们必须有效地执行数据保护原则。"[6]

重要的是，《一般数据保护条例》在技术上是中立的：它没有特别地强加数据的假名或加密的义务，而只是指出，在特定情况下，根据数据控制者或数据处理者的分析，当这些措施是适当的时候，可以

6　EDPB Guidelines 4/2019 on Article 25 Data Protection by Design and by Default, Version 2.0, 20 October 2020, p.6.

采用这些措施。

但是，2016 年 7 月 6 日通过并要求成员国在 2018 年 5 月 9 日之前将其转换为内国法的《网络和信息系统安全指令》（简称"NIS 指令"）[7] 是欧盟的网络安全立法，其适用于对欧盟经济和社会至关重要的行业中的基础设施（例如能源、运输、银行、金融市场基础设施，医疗保健、水资源和数字基础设施），根据该立法，这些行业的基本服务运营商都必须采取适当的安全措施，并将严重事件通知国家主管部门。每个成员国必须指定一个或多个计算机安全事件响应小组（CSIRT）。

实践中使用的技术性和组织性措施可能包括以下内容：　　212

　　— 保护处理个人数据的区域，防止未经授权的访问（物理保护措施，包括建筑物的设计和建造、磁卡和身份证、物理安全、生物识别、对房间钥匙的监管、闭路电视、报警系统、24 小时监视警报信号，确保只有选定的员工才能访问警报禁用的代码、服务器和网络基础设施的关键单元，将文档锁定在适当的机柜中，使用碎纸机，并强制执行"清理工作台"政策）。

　　— 加密、数据保护、网络安全和保存政策；信息技术系统中基于地理和位置的访问控制；信息技术系统的访问控制机制——信息技术系统中每个用户使用单独的身份证件；仅在输入身份证件和授权之后才可以访问数据；使用唯一且强大的用户密码并强制定期更改密码；根据授权（以岗位为基础的访问控制），仅对用户开放特定资源

7　Directive (EU) 2016/1148 of the European Parliament and of the Council of 6 July 2016 concerning measures for a high common level of security of network and information systems across the Union（欧洲议会和理事会 2016 年 7 月 6 日《关于在欧盟范围内提高网络和信息系统的通用安全水平的措施的第（EU）2016/1148 号指令》），OJ EU L 194, 19.7.2016, p.1.

的访问；假名化；监视并制裁雇员以私人目的访问和使用客户信息的行为；通过防火墙、域名服务器或其他软件，将内部计算机网络与公共网络分隔开，保护内部计算机网络的安全；防病毒软件和扫描仪；对便携式计算机采用加密保护措施；恢复屏幕需要密码的屏幕保护程序；屏幕带有阻止第三方观察的设置；内部培训。

另一种保护数据和确保数据合法处理的可选方式，是执行那些获得批准的、适用于数据控制者所在行业的行为准则，或者通过获得认证的机制，获得确认数据处理操作符合《一般数据保护条例》规定的证书。

在挑选技术性和组织性措施时，应当考虑可以使用的现有技术：设计应该回应技术的发展，例如在线数据处理的效果，但也要适当考虑实施具体解决方案的成本及其在市场上的可用性。在特定措施是确保与风险相称的安全级别必不可少的情况下，尽管不应该假定，这些规定免除了数据控制者采取特定措施的义务，但它们还是考虑到了现实对数据控制者和数据处理者的限制。[8]

《一般数据保护条例》废除了迄今为止成文法或者实施法规中规定的低级清单。与此同时，它要求对安全措施的适当性进行分析。

个人数据保护的技术方面与保护数据主体的权利和自由的基本处理原则一样重要。在有的情况下，即使花费很少的成本，也可以显著提高安全级别。例子之一是密码强度。个人数据保护的技术问题，至少与保护数据主体权利和自由的基本处理原则同等重要。例如，鉴于不断增长的密码破解功能，需要经常检查密码的强度。人们可以在一天之内破解一个包含八个字符的密码，但是使用相同的技术破解一个

213

---

[8] 波兰最高行政法院在 2002 年 3 月 4 日针对 SA 3144/01 II 案作出的判决中指出，没有任何组织性或财务性的考虑因素，可以证明非法处理个人数据是合理的。

包含十个字符的密码，需要十九个半月的时间。[9]

这种方法被称为基于风险的方法。[10] 这种方法实质上是根据风险分析的结果所采取的优先级和时间表采取行动，以保护正被处理的数据。它会阻止那些不考虑风险程度（例如风险类型和数据性质）所进行的投资。与此同时，这种方法根据需要加强安全的关键区域的信息分布图（mapping），确定优先级别并增加支出。

《第 95/46/EC 号指令》就已经提出了基于风险的方法，特别是针对数据处理安全措施（第 17 条）以及适用于敏感数据的比普通数据更高保护级别（第 8 条）的情况。但是，第二十九条工作组强调[11]，基于风险的方法在《一般数据保护条例》之中获得了更多的关注，该方法已经被规定到问责制原则（第 5 条第 2 款）的核心内容中，涉及确保数据处理安全措施的适当性要求（第 32 条），数据保护影响评估的义务（第 35 条）以及数据的设计和默认保护原则（第 25 条）。

在同一份文件（第 11 点，第 4 页）中，第二十九条工作组定义了基于风险的方法的范围，认为这种方法超越了范围偏窄的"基于危害的方法"，在具体适用这种方法时应当考虑到所有可能的影响，包括实际的不利影响，所涉范围从对相关人员的影响到一般的社会影响（例如失去社会的信任）。

负责加强欧盟和成员国以及欧盟与欧洲企业之间的网络和信息安全的欧洲网络和信息安全局[12]指出，确保数据安全所必需的硬件和软件的部署，应当与制定的内部法规配套起来，其中应包括以下内容：

9　2015 Trustwave Global Security Report, p.104.

10　Article 29 Working Party, Statement on the role of a risk-based approach in data protection legal frameworks, 30 May 2014, WP 218.

11　Article 29 Working Party, Statement on the role of a risk-based approach in data protection legal frameworks, 30 May 2014, WP 218 (retrieved on 17 June 2018), p.2.

12　Regulation (EC) No 460/2004 of the European Parliament and of the Council of 10 March 2004 establishing the European Network and Information Security Agency（欧洲议会和理事会 2004 年 3 月 10 日《关于建立欧洲网络和信息安全局的欧共体第 460/2004 号条例》）, OJ EU L 77, 13.3.2004, p.43.

— 通过培训课程和其他形式的教育，确保员工充分了解数据安全原则及其在数据保护法规之下的义务；

— 在组织结构中明确划分与数据保护管理相关的权限；

— 根据授权或分配的任务监视个人数据的使用；

— 限制访问数据处理区域以及数据控制者和处理者的硬件和软件，包括通过访问权限的验证；

— 记录数据的披露，防止将其披露给未经授权的人；

— 通过内部或外部的审核或渗透测试，验证内部程序中规定的措施的实际应用。

基于风险的方法所采取的措施之一就是提高雇员的意识。根据雇员的人数、预算或组织的沟通渠道，这种教育活动可以采取多种形式。重要的是，这些信息的范围和呈现方式应当适合目标受众的情况。提供过多和专业的信息不仅不适合雇员的需求，而且过多的无关信息还会导致雇员忽视具有实际风险限制潜力的信息。除此之外，在员工的雇用合同中写入个人数据的保密义务，也不失为一种好的做法。

第三节　个人数据处理活动的记录

数据控制者和数据处理者有义务维护个人数据处理活动的记录，以确保数据处理的正确性，这是一种新型的数据处理记录。它通过取代《一般数据保护条例》之前使用的各种记录来引入一种统一的处理文档，例如由数据保护主管机构维护的个人数据归档系统记录，或者由数据控制者维护并应要求提供给主管机构的内部归档系统记录。数据处理活动记录是由数据控制者维护的内部记录，在有限的范围内也由数据处理者维护（第 30 条第 1 款和第 2 款）。

《一般数据保护条例》分别针对数据控制者和数据处理者列出了

数据处理活动记录需要包含的信息范围（第 30 条第 1 款和第 2 款）。

数据控制者负责维护的数据处理活动记录与"依其责任"（under its responsibility）处理的个人数据有关。这包括代表数据控制者管理的个人数据，因为由数据处理者维护的记录涵盖了"代表数据控制者执行的所有类别的处理活动"，并且假设数据处理者没有责任代表数据控制者处理数据是不正确的。

《一般数据保护条例》第 30 条并没有澄清，委托给数据处理者的处理活动是否应当仅包括在数据处理者的记录中，还是得同时包含在数据控制者的记录中，因为这些记录是由数据控制者和数据处理者共同保存的。我的理解是，这类数据处理活动也应当同时包括在数据控制者的记录之中，因为尽管这些数据处理活动已委托给了数据处理者，但数据控制者仍然对此负责。与此同时，数据控制者的记录还包括了数据接收者的类别，其中包括了数据处理者，这与《一般数据保护条例》第 4 条第 9 款的数据接收者定义是一致的。

还应当指出的是，不同于从数据主体收集个人数据或者从其他来源获得个人数据的信息（第 13 条第 1 款第 e 项和第 14 条第 1 款第 e 项分别作了规定），数据控制者的数据处理活动记录仅包含了数据接收者的类别，不包含数据接收者的个人数据的详细信息。

由数据控制者维护的记录的范围，比由数据处理者维护的记录的范围要广泛得多，前者必须包括以下所有的信息（其范围与第 13 条和第 14 条规定的信息条款部分相同，因此在涉及隐私声明的一章中有更加广泛的讨论）：

- 数据控制者以及共同控制者，数据控制者的代表和数据保护官（后者是依照数据控制者的职责所指定的）的身份证明和联系方式。
- 数据处理的目的。
- 有关数据主体类别和个人数据类别的描述。

- 个人数据曾经或将要披露给的数据接收者的类别，包括位于第三国或国际组织的数据接收者。

- 有关向第三国或国际组织传输数据的信息，包括它们的身份识别。

- 记录数据传输的适当保障措施和识别第三国的信息，当数据传输无法达到《一般数据保护条例》第45条的要求（欧盟委员会作出了第三国数据充分保护水平的决定），或者不符合《一般数据保护条例》第46条的规定（数据控制者采取的适当保护措施，例如具有约束力的企业规则或标准合同条款），或者《一般数据保护条例》第49条第1款规定的任何克减的规定（例如数据主体的知情同意）。（这适用于以下情况：数据传输不是重复的，仅涉及有限数量的数据主体，是为了实现数据控制者所追求的强制性合法利益所必需的，且该利益不应被数据主体的利益或权利和自由所取代；以及数据控制者已经评估了数据传输的所有情况，并在此评估的基础上提供了有关个人数据保护的适当保护措施。）

- 在可能的情况下，针对不同类别数据的删除设置时限，或者至少明确用于确定此类时限的标准。

- "在可能的情况下"，一般性描述根据《一般数据保护条例》第32条第1款实施的技术措施和组织安全措施。该规定的附带条件（"在可能的情况下"）语义不详，令人疑惑。此外，不能认为数据控制者没有意识到所实施的技术性和组织安全措施的"一般性"描述。

216　　该记录包括个人数据的处理活动。因此，从一开始就必须建立数据控制者业务流程的列表。数据处理目的的范围包括多种多样的经营活动，例如包括市场营销、回答联系请求、风险评估、订立合同、进入支付、产品或服务的分销、处理投诉、执行付款和索赔、付款和报告薪金、税金和社会保障缴款、存档、工作人员的征聘和工作人员档案的保存等。这里列举的仅是数据控制者执行的部分活动的目的而已。

数据处理者的记录所需要包含的信息列表，比数据控制者的信息列表要短，因为它并不需要包括数据处理目的、数据主体类别、个人数据类别以及数据接收者类别和数据保存期限。另一方面，数据处理者的记录除了包括数据控制者记录也需要的所有其他信息，也包括了对数据处理者而言的特定信息：代表每个数据控制者执行的数据处理的类别。数据处理者记录的详细程度低于数据控制者记录的详细程度，因为前者只涉及数据处理的类别，而数据控制者的记录包括了数据处理活动。

这些记录必须以书面形式保存，包括电子形式（第 30 条第 3 款）。但是，由于需要确保数据的完整性（不得以未经授权的方式修改或删除数据），因此这种形式具有纯粹的技术意义。《一般数据保护条例》并没有规定具有约束力的数据记录模板。如果将"应以书面形式，包括电子形式"解释为同时保管这两种形式的记录（包括纸质记录）的要求（正如比利时数据保护主管机构即私人保护委员会在 2017 年 6 月 14 日《第 06/2017 号决议》中所建议的）[13]，则会构成一项过于严格的义务，而忽略了信息技术工具的功能，即确保数据的完整性以及有效地处理数据记录（例如由指定人员来更新记录）。但是，根据成员国法律对书面或电子形式的定义，以及国家监管机构的处理方式，这两种形式可能会被视为可以相互替代的形式。以上所述都与当前数据记录维护的形式有关。

13　Recommandation n° 06/2017 du 14 juin 2017, Objet: Recommandation relative au Registre des activités de traitements (Article 30 du RGPD)〔主题：与数据处理活动登记有关的建议书（《一般数据处理条例》第 30 条）〕(CO-AR-2017-011), https://www.privacycommission.be/sites/privacycommission/files/documents/recommandation_06_2017_0.pdf [retrieved on 3 February 2018].

数据控制者或者数据处理者还必须应监管机构的要求（并且应在要求的期限内）提供数据记录（第 30 条第 4 款）。因此，记录必须以某种形式保存，以确保信息能够完整地提供给监管机构，并且对那些未参与编写特定控制者或处理者记录的人员来说也可以理解。

《一般数据保护条例》没有明确规定定期更新数据记录的义务。但是，实际上，为了使数据记录准确并与现实一致，必须根据数据记录包含的类别，对数据记录进行定期检查。还应该执行某种程序，确保任何涉及数据的改动都能够通知数据记录的维护人员或团队，例如增加了新的数据处理目的，或者在数据控制者的活动范围内有了新的数据接收者类别。

鉴于记录数据处理的复杂性，只要雇员进行的数据处理不会对数据主体的权利和自由构成风险，只要数据处理是偶发行为，并且不涉及与刑事定罪和犯罪有关的敏感数据或个人数据，那么微型和中型企业（其雇员人数包括在非雇佣合同之下工作的人，少于 250 名[14]）可以免除记录数据处理的义务。[15]

第四节　数据处理的授权

不论数据处理者抑或代表数据控制者或数据处理者行事的任何人，都不得未经数据控制者的指示（一项授权）而访问和处理个人数据，除非有欧盟或成员国法律的特别要求（第 29 条和第 32 条第 4 款）。

14　A. Sobczyk, Obowiązek prowadzenia rejestru czynności przetwarzania danych osobowych a poziom zatrudnienia（《记录个人数据处理活动和就业水平的义务》）, *Praca i Zabezpieczenie Społeczne*（《就业和社会保障》）, Vol. 10, 2018, pp.2-7, https://www .pwe.com.pl/files/723397080/lib/PiZS_10_2018_plik_do_pobrania_2.pdf#page=2.

15　Working Party 29 Position Paper on the derogations from the obligation to maintain records of processing activities pursuant to Article 30(5) GDPR（《第二十九条工作组有关根据〈一般数据保护条例〉第 30 条第 5 款保存数据处理活动记录义务的克减的立场文件》）, https://ec.europa.eu/newsroom/article29/document.cfm?action=display&doc_id=51422.

这并不意味着该授权应当由数据控制者或数据处理者作出单独的声明，也不意味着该授权的范围或内容不得从提供给雇员的雇佣合同或雇员的工作岗位说明或附随的文件中推断出来（除非欧盟成员国的法律规定了更加严格的要求；但是，它仍然可以是任何形式的，书面形式或者电子形式的，例如发给雇员的电子邮件，只要可以证明授权的范围即可）。

我认为，数据控制者或数据处理者授权他人处理数据的声明可以解释为"一种明确的肯定行为"，并且书面形式并非是必需的要件（除非欧盟成员国的法律另有规定）。因此，处理数据的授权也可以表现为（在该程序之下）通过事实并记录在案的授权，授予了雇员对信息技术系统的访问权限。类似地，该授权可以通过终止雇佣合同予以撤销，也可以通过禁用该雇员的系统账户——实际剥夺该员工对数据（尤其是对信息技术系统）的访问权限——来撤销数据处理的授权。

《一般数据保护条例》规定了由数据控制者或数据处理者给予的授权。因此，数据处理者雇用的人员并不是根据源自数据控制者的直接授权而处理数据，而是根据雇用他们的数据处理者的授权来处理数据，而数据处理者是根据与数据控制者签订的数据处理合同来处理数据的。

实际上，当给予前雇员的访问数据的授权仍然保存在公司的信息 218 技术系统中，或者，虽然公司没有针对临时雇员或承包商的授权但他们履行职责的部分内容涉及查询个人数据时，通常会发生数据处理的违规行为。

第五节　向监管部门和数据主体通报个人数据泄露

个人数据的泄露可能由于盗用身份或欺诈而导致经济损失，例如以数据主体的名义借贷，或未经授权访问雇主信息技术系统的行为；它也可能导致数据主体在贷款、保险或雇佣决策时受到歧视，或人身权利遭受到侵害（序言第 85 条）。

由于这些原因，数据控制者必须在意识到任何个人数据泄露之后，在可能的情况下，于 72 小时之内，不延误地将其通知监管部门。类似地，数据处理者必须不延误地通告任何此类数据泄露，尽管《一般数据保护条例》并没有明确具体的时限。

该时限的时间起点是意识到了数据泄露行为的时间，而不是数据泄露事件发生的时间。尽管如此，《一般数据保护条例》序言部分第 87 条要求，从数据泄露发生到意识到数据泄露之间的时间不能太长：必须采取所有适当的技术性和组织性安全措施，确保很快发现数据泄露事件。如果通知的发出有所延误，则必须附有延误的原因说明（第 33 条第 1 款）。

《一般数据保护条例》序言部分第 87 条还指出了评估通知是否及时发出的标准：个人数据泄露的性质和严重性，及其对数据主体的后果和不利影响。

为了限制延误的风险，如果无法同一时间提供个人数据泄露的信息，则可以分阶段提供该信息（第 33 条第 4 款和序言第 85 条）。

如果个人数据泄露发生在数据处理者这边，数据处理者也必须在意识到数据泄露之后，不延误地将其通知数据控制者。这种义务也可以从《一般数据保护条例》第 28 条第 3 款第 f 项推断得出，根据该规定，将数据处理委托给数据处理者的合同应当要求，数据处理者必须协助数据控制者确保遵守保障数据安全的义务。

与数据控制者的情况一样，对数据处理者也没有明确具体的时限。但是，考虑到数据泄露的检测时间不能过长的要求，数据处理合同必须要求，数据处理者应当将在数据处理者方面发生的任何个人数据泄露的情况通知数据控制者。鉴于数据控制者必须在意识到任何数据泄露事件之后 72 个小时内将任何数据泄露事件通知监管机构，因此数据处理者的通知时间必须足够短。

如果这些数据泄露事件不太可能导致自然人的权利和自由受到威

胁，那么数据控制者可以豁免该义务，但根据问责原则，数据控制者 219
必须能够证明事实的确如此。

根据《一般数据保护条例》第 33 条第 1 款的规定，这项豁免与
数据控制者的义务有关；不过，对于数据处理者将数据泄露情况通知
数据控制者的义务，《一般数据保护条例》并没有明确规定任何豁免。
因此，对自然人的权利和自由的风险评估是数据控制者而不是数据处
理者的责任。

数据泄露可能导致自然人的权利和自由受到威胁的解释是关键所
在，因为它决定了通知数据泄露的义务。这意味着某些个人数据泄露
不会导致侵犯自然人的权利或自由的后果。举例来说，如果未经授权
的人被允许进入办公大楼而没有提示他们出示其证章（与操作步骤相
反），或者如果发现丢在走廊中的 USB 闪存盘被插到计算机上，虽然
这是个人数据的泄露，但是，如果由数据控制者执行的保护措施阻止
建筑物的入侵者访问数据或阻止从闪存驱动器安装病毒，那么并不必
然会侵犯自然人的权利或自由。因此，在此类事件中，数据控制者必
须采取纠正的措施，但无需将该类事件通知监管机构。

例如，在电子设备被盗的情况下，如果因为平板电脑和应用程序
上的强密码保护，设备上的个人数据的机密性没有受到损害，而且数
据控制者努力通过远程删除被盗设备上的数据的方式进一步强化了这
一结果的话，那么并不需要通知相关的监管机构或者数据主体，但是
必须记录数据泄露的事件。[16] 相反，在通过邮件错误发送了敏感个人
数据的情况下，则有义务通知监管机构以及数据主体，因为社会安全
号码以及基本个人数据会导致高风险。数据控制者不能保证这些数据

16　EDPB, Guidelines 1/2021 on Examples regarding Data Breach Notification（《关于数据泄露
　　通知示例的第 1/2021 号指南》），Version 1.0 of 14 January 2021, https://edpb.europa.eu/
　　sites/edpb/files/consultation/edpb_guidelines_202101_ databreachnotificationexamples_
　　v1_en.pdf, p. 23.

不会被接收者滥用或传播。[17]

《一般数据保护条例》列出了向监管部门发出的数据泄露通知中所必须包含的内容。这些信息具体包括：数据泄露的性质，所涉数据主体的类别和大致的人数，数据泄露可能造成的后果，以及数据控制者为了解决该数据泄露事件或减轻其影响而采取或拟采取的措施。

《一般数据保护条例》并没有列明数据处理者需要通知数据控制者的内容，但是应假定，数据处理者需要通知的信息应该允许数据控制者评估数据泄露的性质，并能够在必要时将其通知监管机构。

220 不过，欧盟委员会在2013年6月24日颁布的《根据欧洲议会和理事会关于隐私和电子通信的〈第2002/58/EC号指令〉的个人数据泄露所使用的措施的第611/2013号条例》明确规定了公共电子通信服务提供商向国家主管当局以及向订阅用户或个人通告个人数据泄露时的通知内容。[18]

数据控制者如无理由，还必须毫不迟误地与数据主体沟通个人数据泄露的情况（尤其是描述其后果和采取的缓解措施）（第34条）。相比于将数据泄露事件通知监督机构的义务，这项要求不那么严格。对后者而言，除非对数据主体的权利和自由可能造成的风险不太可能出现，否则通常有义务将数据泄露事件通知监督机构。相比而言，通知数据主体的义务，只有在数据泄露有可能危害到自然人的权利和自由，并且该风险较高（也即明显威胁到权利和自由）的时候，才适用这项义务。

数据泄露事件必须立即传达给数据主体，不能过度拖延，前面已经讨论过过度拖延的概念。在这种情况下，通告行为必须在一定时间内进行，该时间必须确保数据主体能够采取预防措施，以最大程度地

17　EDPB, Guidelines 1/2021 on Examples regarding Data Breach Notification, Version 1.0 of 14 January 2021, https://edpb.europa.eu/sites/edpb/files/consultation/edpb_guidelines_ 202101_ databreachnotificationexamples_v1_en.pdf, p. 27.

18　OJ EU L 173, 26.6.2013, pp.2–8.

减少直接损坏的风险（例如身份盗用）。另一方面，如果有必要采取适当措施来防止持续的或类似的个人数据泄露，那么就有理由花更多的时间进行沟通（序言第 86 条）。

当数据控制者对受个人数据泄露影响的个人数据采取了适当的技术性和组织性保护措施（例如通过加密），使得未经授权的个人无法理解所涉的个人信息，并且已经采取了后续措施，以消除对数据主体的权利和自由造成的高风险时，就不产生将违规行为通知数据主体的义务。但是，监管部门依然可以要求该数据控制者将违规行为通知给数据主体。

规定豁免通知义务的规则和程序应当考虑到执法当局的合法利益，在这种情况下，过早的披露可能会不必要地妨碍对个人数据泄露情况的调查（序言第 88 条）。

如果与数据主体的直接通信将会投入不成比例的努力，例如数据泄露事件会影响到数据控制者的大量客户，那么也可以豁免通知义务。对这种情况，《一般数据保护条例》允许数据控制者可以采取公共传播的通信方式或者采取类似措施，以确保该通信有效地到达受影响的数据主体。

采取公开传播的通信方式（例如媒体公告）虽然可以覆盖到数量不限的用户，但会损害到数据控制者的声誉，因此，除非绝对必要，否则在实践中不太可能使用。在发生大规模数据泄露事件时，如果向每个数据主体发送纸质信件，则需要投入不相称的劳动，不过，许多数据控制者可能会通过电子通信（电子邮件或电子银行通信方式），这种通信方式既简单又有效。

《一般数据保护条例》第 4 条第 12 款将"个人数据泄露"定义为 ²²¹"违反数据安全，导致意外或非法销毁、丢失、篡改、未经授权披露或访问正被传输、存储或以其他方式处理的个人数据的行为"。数据泄露可能是由于（疏忽或非法的）行为或未采取措施而导致的，并且可能发生在数据处理的任何阶段，例如在归档或传输数据的期间。[19]

《一般数据保护条例》并未明确规定，需要通知的个人数据泄露的性质。根据《第2002/58/EC号指令》的规定，第二十九条工作组针对数据控制者制定了关于将数据泄露事件通告给数据主体的决定的准则。[20] 随后，第二十九条工作组又于2017年10月3日发布了专门针对《一般数据保护条例》第33条和第34条的类似指南，名为《根据〈第2016/679号条例〉进行个人数据泄露通知的指南》，该指南的最新修订版于2018年2月6日通过（第250号工作文件第01修订版）。[21]

第二十九条工作组最新版的指南（第7页）在描述个人数据泄露时提到了相关的法律后果，即数据控制者无法确保遵守《一般数据保护条例》第5条所规定的与处理个人数据有关的原则。因此，第二十九条工作组将安全事故（security incident）和个人数据泄露区分开来：每一个个人数据泄露事件都是安全事故，但是安全事故却不必然就是个人数据泄露。

在其早先的《第3/2014号意见》（第213号工作文件）中，第二十九条工作组指出了可能会分别或同时发生的个人数据泄露类型：（a）机密性泄露：未经授权或意外地披露个人数据或者访问个人数据；（b）违反了数据的可用性：意外或非法销毁或丢失个人数据；（c）违反了数据的完整性：未经授权或意外地更改了个人数据。

欧洲数据保护委员会也可以发布准则、建议和最佳做法，例如需

19　P. Fajgielski, Informowanie o naruszeniu ochrony danych osobowych w świetle przepisów ogólnego rozporządzenia o ochronie danych（《根据〈一般数据保护条例〉的规定告知违反了个人数据保护制度》），*Monitor Prawniczy* 2016, No. 20, p.45.

20　Opinion 03/2014 on Personal Data Breach Notification（《关于个人数据泄露通知的第03/2014号意见》），25 March 2014, WP 213, http://ec.europa.eu/justice/article-29/documentation/opinion-recommendation/files/2014/wp213_en.pdf. 在这之前，《第2002/58/EC号指令》（第4条第2款）对电信运营商（"公开提供电子通信服务的提供者"）施加了类似的义务，要求它们向监管机构通知有违反数据保护的风险（"对网络安全性的特殊风险"），并将其通知给受影响的人。

21　http://ec.europa.eu/newsroom/article29/item-detail.cfm?item_id=612052.

要通知个人数据泄露的情况，以及针对那些被认为不太可能对自然人的权利和自由造成高风险的数据处理操作（第 70 条第 1 款第 g 项和第 h 项）。

向监管部门通报违规并将其通知数据主体的义务，不仅涵盖那些严重的数据泄漏或影响大量客户的网络攻击[22]，而且还涵盖那些由数据控制者活动的系统缺陷引起的偶发违规行为。

个人数据泄露也可能是由人为错误引起的，包括那些由于员工缺乏专业经验或者硬件或软件缺陷而导致的错误。某些此类事件，即使是由单个错误引起的似乎无足轻重的情况，也可能会对大规模的数据保护产生不利影响。这种貌似细小但后果严重的错误示例之一，是向一大群收件人发送电子邮件，并向所有收件人显示完整的收件人列表。另一个情形是将银行账户对账单错误地发送给银行账户名单列表中的相邻者，而不是发送给该银行账户的所有者，结果导致该批次处理中所有其他对账单都发送给了错误的人。

鉴于目前公司平均需要 86 天才能检测到个人数据的违规情况，通知违规的义务将非常难以遵守。[23] 数据控制者必须记录任何个人数据的泄露事件，包括与泄露事件有关的事实、影响以及采取的补救措施（第 35 条第 5 款）。根据该规定，记录的要求不仅仅限于向监管机构通告数据泄露事件，还应当涵盖"任何"个人数据泄露情况。这么做的目的是允许监管机构查验是否符合《一般数据保护条例》第 33 条的规定。因此，依我之见，任何此类记录还必须涵盖数据控制者认为属于低风险的数据泄露情况，并且该判断随后还得接受监管机构的评判。

222

---

22 迄今为止，此类事件中最严重的事件之一是俄罗斯黑客组织针对 12 亿个用户名和密码的黑客攻击。N. Perlroth（N. 佩尔罗斯），D. Gelles（D. 盖利斯），Russian Hackers Amass Over a Billion Internet Passwords（《俄罗斯黑客通过 10 亿个互联网密码进行大规模入侵》），*The New York Times*, 5 August 2014, http://www.nytimes.com/2014/08/06/technology/russian-gang-said-to-amass-more-thana-billion-stolen-internet-credentials.html.

23 2015 Trustwave Global Security Report, pp.23–26.

为了履行通知数据泄露的义务，数据控制者还必须制定相应的程序和信息传递方案，确保组织内部各个部门出现的违规信息被收集到中央数据库中，并形成记录以作为报告的基础。信息传递方案还必须确保在发现数据泄露之后的 72 小时内报告数据泄露的情况。这意味着在组织内部（或者甚至还得通过数据处理者）传递信息的时间必须更短。

已经出现的个人数据泄露记录由不同的数据控制者根据不同的法律依据加以维护，该记录还起到其他直接功能，也即防止身份盗用者进行欺诈。这些记录包括所谓的"保存文档"（Dokumenty Zastrzez）系统。这类系统由诸如波兰银行协会或"身份盗窃研究中心"（Identity Theft Research Center，ITRC）违规数据库运行，或者由位于美国的"身份盗窃研究中心"进行维护。

第六节　数据保护影响评估

本章讨论的"基于风险的方法"的一种具体形式是数据保护影响评估（data protection impact assessment，DPIA）（《一般数据保护条例》第 35 条）。[24] 第二十九条工作组将数据保护影响评估定义为"一种过程，旨在描述数据处理，评估其必要性和适当性，并通过评估因个人数据处理而危及自然人权利和自由的风险，以及确定解决这些问题的措施，从而对这些风险进行管理"。[25]《一般数据保护条例》并没

24　L. Hempel（L. 亨佩尔），L. Lammerant（L. 拉默伦特），Impact Assessment as Negotiated Knowledge（《作为谈判知识的影响评估》），in: *Reforming European Data Protection Law*, ed. by S. Gutwirth, R. Leenes, P. de Hert, Dordrecht 2015, pp.125-126.

25　The Article 29 Working Party, Guidelines on Data Protection Impact Assessment (DPIA) and determining whether processing is "likely to result in a high risk" for the purposes of Regulation 2016/679（《数据保护影响评估指南以及确定第 2016/679 号条例的目的进行数据处理是否"可能导致高风险"的准则》）, WP 248 rev.01, adopted on 4 April 2017, as last revised and adopted on 4 October 2017, http://ec.europa.eu/newsroom/document.cfm?doc_id=47711, p.4.

有规定何为数据保护影响评估，但是特别提到了应该明确该义务和评估范围。

实际上，《一般数据保护条例》中使用的术语通常可以与"隐私影响评估"（PIA）互换使用，后者出现在诸如英国数据保护机构即信息专员办公室出版的《隐私影响评估手册》之中，而比利时保护隐私委员会的《数据保护影响评估指南》则使用了"数据保护影响评估"一词。这表明，由于个人数据的保护并非是隐私权的唯一内容（本书在第二章"隐私权的定义……"中对此进行了详细的讨论），《一般数据保护条例》要求的评估范围，比隐私影响评估的范围要窄。

但是，对此在某种程度上有所保留的是，数据保护影响评估不应仅限于简单分析是否符合《一般数据保护条例》的规定，而必须更加宽泛地分析数据处理过程对自然人权利和自由风险的影响。因此，评估范围不应被最小化；它不应仅仅是围绕《一般数据保护条例》（也即数据保护）的合规性分析，而必须覆盖整个隐私权。但是，"权利和自由"不仅仅包括隐私权（《欧洲联盟基本权利宪章》第7条规定的尊重私人和家庭生活的权利以及第8条规定的保护个人数据的权利），尽管它是整个评估的关键所在。《欧洲联盟基本权利宪章》规定的其他权利和自由，例如思想、良心和宗教自由（第10条），言论和信息自由（第11条），集会和结社自由（第12条）以及艺术和科学自由（第13条），也应予以考虑。[26] 评估的主题是实施新技术（例如应用程序）、服务或商业惯例的影响，尤其是对数据主体的隐私的影响，以及在实施新技术、服务等期间，限制或排除侵犯隐私权的可能性的措施。

《一般数据保护条例》第35条所指的评估应当主要集中于设想

---

26 The Article 29 Working Party, Guidelines on Data Protection Impact Assessment (DPIA) and determining whether processing is "likely to result in a high risk" for the purposes of Regulation 2016/679, WP 248 rev.01, p.7.

的数据处理操作对数据主体的权利或自由的影响，而不是例如对数据控制者的罚款或民事责任的威胁。但是，在评估中包括针对数据控制者的罚款或民事责任的威胁，可能会被认为是针对数据控制者的好做法。

当某种数据处理由于其性质、范围、背景和目的而可能对自然人的权利和自由构成风险时，就有义务进行数据保护影响评估，但前提是，首先这种影响出现的可能性很大，其次，这种影响的假定的风险很高。这些模糊的用语表明，如果根据数据控制者对特定数据处理情况的分析，数据处理对数据主体的权利或自由的影响是低的，或者高风险的可能性是低的，或者提高的幅度是微不足道的，则不需要进行数据保护影响评估。

《一般数据保护条例》第 35 条第 1 款强调了特别是由于使用新技术而可能导致侵犯自然人的权利或自由的风险。但是，该规定并未指明是市场出现的新技术，还是市场已有但数据控制者新使用的技术。我认为，还应考虑第二种情况，因为使用技术的影响是个体的，而就不同的数据控制者而言，这种影响可能会有所不同，这取决于数据处理的性质、范围和背景。此外，视数据处理的目的而定，使用相同的技术既有可能会被评估为与隐私是相称的，也有可能会被评估为对隐私造成过大的干扰。

但是，即使在没有义务根据《一般数据保护条例》第 35 条进行数据保护影响评估的情况下，在实践中与数据处理相关的风险通常也要进行评估，评估的结果确定了风险级别，也即风险是否很高并且是否可能发生，是否需要进行符合《一般数据保护条例》第 35 条规定标准的完整的数据保护影响评估。[27]

---

27 The Article 29 Working Party, Guidelines on Data Protection Impact Assessment (DPIA) and determining whether processing is "likely to result in a high risk" for the purposes of Regulation 2016/679, WP 248 rev.01, p.7.

数据控制者有义务在数据处理之前对设想的（envisaged）操作进行影响评估（第 35 条第 1 款直接规定了这项义务，也使用了"设想的"一词）。此外，至少在数据处理操作所涉的风险发生变化时（例如，数据处理目的的范围已经被扩展），数据控制者必须对已执行过的评估做进一步审核（第 35 条第 11 款），因为先前的影响评估有可能需要根据新的情况进行调整，而且需要验证是否根据数据保护影响评估进行了数据处理。好的做法应当包括定期的审查。

在 2018 年 5 月 25 日之后也即《一般数据保护条例》生效后的数据处理操作必须执行符合《一般数据保护条例》第 35 条规定的标准的数据保护影响评估。但是，第二十九条工作组明确指出[28]，在 2018 年 5 月 25 日之前不需要评估影响的数据处理操作，根据数据控制者的情况，在适当的时候，在定期审查期间或出现新情况时，也应当接受数据保护影响评估，作为一般问责义务的一部分。

根据《一般数据保护条例》第 35 条第 1 款，可以把存在类似高风险的一组相似（但不一定相同）数据处理操作放在一起进行一次集体评估。第二十九条工作组[29]把经过集体评估的数据处理操作的相似性，定义为使用相似的技术、出于相同的目的，例如，当地政府下属的多个不同的数据控制者使用了类似的闭路录像系统。

第 35 条第 3 款规定了以下非穷尽式的清单，据此，在数据处理操作"可能导致高风险"的情况下，应当进行数据保护影响评估：

— 对自然人的私人信息进行系统的（也即不是偶然的或临

28　The Article 29 Working Party, Guidelines on Data Protection Impact Assessment (DPIA) and determining whether processing is "likely to result in a high risk" for the purposes of Regulation 2016/679, WP 248 rev.01, p.17.

29　Ibid., p.8.

时的）和广泛的[30]（也即不限于某个特征）评估，该评估基于自动的数据处理（包括用户画像分析），并且以此为基础的决策产生了与该自然人相关的法律效力，或对该自然人产生了类似的重大影响。大规模的数据处理不包括（例如）单个医疗诊所处理患者的个人数据，或者单个律师事务所处理客户的个人数据，在这些情况下并不需要进行数据保护影响评估。

— 处理敏感数据（参见第 9 条第 1 款所指的特殊数据类别）或者处理与刑事定罪和犯罪有关的个人数据（参见第 10 条），如果数据处理的规模大。

— 对公共区域的系统性（非偶然）的大规模监视。

根据第二十九条工作组指南，可能需要进行数据保护影响评估的一些示例（即也属于"高风险"的数据处理操作）如下[31]：

— 处理患者的遗传和健康数据的医院（医院信息系统）；

— 使用摄像头系统监视高速公路上的驾驶行为（智能视频

---

30 第二十九条工作组在 2016 年 12 月 13 日通过的《数据保护官指南》（Guidelines on Data Protection Officers）中定义了何谓"系统的"评估（"systematic" evaluation），该准则于 2016 年 12 月 13 日通过并于 2017 年 4 月 5 日最后修订和通过，第 243 号工作文件第 01 修订版。本章有关数据保护官的评论对此有更多的分析。

31 Guidelines on Data Protection Impact Assessment (DPIA) and determining whether processing is 'likely to result in a high risk' for the purposes of Regulation 2016/679, WP 248 rev.01, p.11.

此外还有：Recommendation 01/2019 on the draft list of the European Data Protection Supervisor regarding the processing operations subject to the requirement of a data protection impact assessment (Article 39(4) of Regulation (EU) 2018/1725); Regulation (EU) 2018/1725 of the European Parliament and of the Council of 23 October 2018 on the protection of natural persons with regard to the processing of personal data by the Union institutions, bodies, offices and agencies and on the free movement of such data, and repealing Regulation (EC) No. 45/2001 and Decision No. 1247/2002/EC。

分析系统可以识别汽车并自动识别车牌）；

- 公司系统地监视员工的活动，包括监视员工的工作站、²²⁶ 互联网活动等；

- 收集公共社交媒体数据以生成个人资料；

- 建立国家级信用评级或欺诈数据库的机构。

在实践中，由于技术的发展，接受数据保护影响评估的案件可能同时满足一个以上的标准。例如，使用带有面部和语音识别系统，以及使用车牌识别系统的摄像机对公共区域进行系统性的监视，就满足了《一般数据保护条例》第35条第3款所列的所有情况的标准。

国家监管机构必须设立并发布要求数据保护影响评估的数据处理操作类型的清单（"黑名单"），即国家监管机构必须指出其认为可能对自然人的权利和自由造成高风险的数据处理操作（第35条第4款）。相反的清单，也即不需要数据保护影响评估的数据处理操作类型，在实践中可能也是有用的，但是监管机构没有义务设立和发布这样的清单（"白名单"）（第35条第5款）。

数据保护影响评估由数据控制者进行，但在已经指定了数据保护官的情况下，数据控制者有义务征求数据保护官的意见（关于初始的数据保护影响评估和审查期间）（第35条第2款）。此类磋商和决议的结果应记录在案。

《一般数据保护条例》第35条第7款规定了数据保护影响评估的最小范围：

- 对设想的数据处理操作和数据处理目的的系统性描述；
- 数据控制者所追求的合法利益，只要该合法利益是数据处理的基础（例如，有事实表明使用某个新的信息系统和程序的目的是为了防止滥用）；然而，尽管仅须指出数据处理的依据，但应当假定，如果是以其他理由进行数据处理的，那么这些理由也应予以注明，即便是在有正当理由的情况下；否则的话，将无法证明该数据处理的合法性；

— 对与数据处理目的相关的数据处理操作的必要性和相称性的评估（也即，如果不进行数据保护影响评估，是否有可能实现所追求的数据处理目的）；

— 评估数据主体的权利和自由的风险（也即，为了特定目的而进行的评估操作不会过分干扰到尤其是隐私权）；

— 为防止风险而设想的措施，包括保障措施、安全措施和机制，以确保对个人数据的保护并证明其对《一般数据保护条例》的遵守，照顾到数据主体的权利和合法利益。

数据控制者所使用的数据保护影响评估方案应包括标准化的风险等级及其可能性（例如高的、中的或低的），为了防止风险而设想的措施应与风险等级对应（例如，在风险可忽略的情况下无需实施此类措施，或者采取数据的假名化，或者甚至放弃进行数据保护影响评估）。

向监管机构咨询有关数据保护的影响

如果根据《一般数据保护条例》第35条进行的数据保护影响评估表明，计划的数据处理将带来高风险，并且数据控制者尚未采取任何措施来减轻风险，或者可以认为其所采取的措施不足以减轻风险的，那么数据控制者就有义务就所涉及的运营行为咨询监管机构（第36条第1款）。在实践中，如果根据数据控制者的评估，其实施的措施并不会降低高水平的风险，例如由于市场缺乏有效的技术或投入不足，也有可能产生该咨询义务。我们很难指望，数据控制者会因为承认其尚未实施降低风险的措施，而宣布向监管机构进行咨询。

咨询请求（第 36 条第 3 款）应包含的信息范围，除了其他信息，应特别包括拟进行的数据处理的目的和方式，保护隐私权的措施，以及数据保护影响评估的结果。

数据控制者必须在数据处理之前就提交咨询请求。在回应咨询请求时，如果监管机构认为计划的数据处理将违反《一般数据保护条例》，特别是在数据控制者未充分识别风险或减轻风险的情况下，监管机构可以向数据控制者或数据处理者出具书面的建议。这意味着，监管机构不仅仅会对降低风险措施的有效性进行负面评估，而且与数据控制者自己评估的风险相比，可能会认定较高级别的风险，尽管在成为咨询对象的情况下，原有的风险级别势必已经很高。

数据控制者的业务流程受到提交咨询建议截止日期的影响（第 36 条第 2 款）——考虑到预期的数据处理的复杂性，其自收到咨询请求后提交咨询建议的最长期限为八周，可以延长六周（这些期间可能会被暂停，直到监管机构在该程序中获得其要求的信息为止）。这款规定明确了在对风险或降低风险措施作出否定评估的情况下，由监管机构提交咨询建议的截止日期。因此，如果监管机构在规定期间或延长期限内没有出具咨询建议的，似乎就授权了数据控制者启动已经进行协商的程序。但是，根据《一般数据保护条例》第 58 条（序言第 94 条）规定的监管权，即便在此期间监管机构没有作出反应，应该不影响监管机构采取任何干预措施，例如临时的或明确的限制，诸如对数据处理的禁止。

第七节　行为准则和认证

取决于个案的具体情况，实施适用于数据控制者所在行业的已获批准的行为准则，或者在已获批准的认证机制之下，获得确认数据处理操作符合《一般数据保护条例》的证书，是证明数据处理的合法性和正确性的一种方法，也是将个人数据传输到第三国的依据，或者避免监管部门罚款或减少罚款金额的手段。

实施了行为准则或获得了证书的数据控制者，以这种方式确认了自己在结构上具有较高的数据保护标准。这可以用作证明数据控制者遵守了《一般数据保护条例》规定的义务（在整体范围内）的要素之一，也即数据控制者在某个合法的基础之上处理数据，符合重要的个人数据保护原则，并尊重了数据主体的数据访问权、数据更正权和反对处理数据的权利（第24条）。

除了以这些一般性条款证明数据处理的合法性之外，《一般数据保护条例》的个别条款还规定了某些特定的内容，就这些特定的方面，实施行为准则或获得证书是遵守法律义务的一种手段：

- 数据的设计和默认保护，也即在服务、系统或应用程序的设计阶段就应该开始实施隐私保护的义务（第25条）。
- 仅在提供保障以实施适当的技术性和组织性措施的条件下，才代表数据控制者将数据处理委托给数据处理者，以便数据处理过程符合《一般数据保护条例》的要求，并确保数据主体的权利得到保护（数据处理者的行为或证明，第28条）。
- 实施适当的技术性和组织性措施以确保数据处理的安全性足以防范相应的风险，包括确保处理系统和服务的持续保密性和弹性的能力（第32条）。
- 采用适当的保护措施覆盖传输到第三国的数据，作为选择形式之一，诸如具有约束力之企业规则，或者数据保护的标准条款（第46条）。

实施已获批准的行为准则或者获得证书也是影响监管部门决定是否处以罚款和罚款金额的方法（第83条）。

一、行为准则

《一般数据保护条例》允许那些能够代表数据控制者或数据处理者所在特定行业或部门的协会和其他机构，在考虑所在行业特征的基础之上制定行为准则，以落实适用《一般数据保护条例》的明确规则，监管机构和欧洲数据保护委员会也鼓励它们这么做（第40条）。《一般数据保护条例》的行为准则被定义为："自愿的问责工具（voluntary accountability tools），它为不同类别的数据控制者和数据处理者设置了特定的数据保护规则。它们可以是有用且有效的问责工具，它们详细说明了对某个行业而言哪些行为是最为适当、合法以及道德的。从数据保护的角度来看，行为准则可以作为数据控制者和数据处理者设计和实施符合《一般数据保护条例》要求的数据处理活动的规则手册，正是这些数据处理活动体现了欧盟法律和成员国法律规定的数据保护原则的运营内涵。"[32]

行为准则可以规定，需要根据行业特征而采取不同方法加以规制的问题（第40条第2款所列举的非穷尽的清单），例如确定适用于该行业或部门的合法权益，数据假名化的方法，数据主体权利的行使，例如"被遗忘权"或数据可携带性，技术性或组织性安全措施，数据的设计和默认保护，以及将个人数据泄露的情况通知监管部门，将个人数据转移到第三国。因此，行业或部门的行为准则应根据代表该行业或部门的组织的经验，确定最佳的做法，并由这些组织推荐，作为确保在特定部门或行业范围内遵守数据保护要求的选择方式。如果能够将特定行业或部门的实际操作兼顾起来，就可以确保真正遵守行为准则所制定的原则。

229

32　EDPB, Guidelines 1/2019 on Codes of Conduct and Monitoring Bodies under Regulation 2016/679（《有关根据第2016/679号条例的行为准则和监督机构的第1/2019号指南》），Version 2.0, 4 June 2019, https://edpb.europa.eu/sites/edpb/files/file1/edpb_guidelines_201901_v2.0_codesofconduct_en.pdf, p.7.

重要的是（正如监管机构批准的行为准则要求所要确保的），提及行业部门的特定特征，旨在确保明确符合《一般数据保护条例》要求的有效手段，而不是将这些特定特征作为在特定行业部门规避这些要求的理由。例如，行业部门的行为准则可以明确解决数据控制者与数据主体之间争议的程序，但不得限制《一般数据保护条例》第77条和第79条规定的数据主体的权利，例如，行业部门的行为准则不得为个人数据泄露设置赔偿的最高额度。实际上，由于《一般数据保护条例》的保护涵盖了自然人（包括消费者），因此，构成滥用性条款的做法也是不被接受的。

举例来说，欧洲直接和互动营销联盟就制定了欧洲行为准则，该准则规范了包括电子营销传播在内的直接营销之中个人数据的使用。[33]银行或保险公司协会还制定了其他行为准则，以确保自己开展的活动与《一般数据保护条例》以及与部门法规（例如银行或保险保密性）的一致，或者协调《一般数据保护条例》和《付款服务指令2》（the Payment Services Directive 2，PSD 2）的适用。另一个例子是《欧盟云行为准则》（the EU Cloud Code of Conduct），它是在云服务提供商部门内设计的，也是数据出口商在史瑞姆斯 II 案（C–311/18）判决的背景之下，根据《一般数据保护条例》第46条第2款，确保将个人数据转移到第三国的适当保障。

行为准则草案是由代表各类数据控制者或数据处理者的协会或者其他机构提交的。这类行为准则的所有者，包括诸如贸易和代表协会、行业组织、学术组织和利益群体。[34]申请人将行为准则草案提交

---

33 第二十九条工作组在 2010 年批准了该行为准则：Opinion 4/2010 on the European code of conduct of FEDMA for the use of personal data in direct marketing（《有关欧洲直接和互动营销联盟的在直接营销中使用个人数据的欧洲行为准则的第 4/2010 号意见》），WP 174, 13 July 2010, http://ec.europa.eu/justice/data-protection/article-29/documentation/opinion-recommendation/files/2010/wp174_en.pdf.

34 EDPB, Guidelines 1/2019 on Codes of Conduct and Monitoring Bodies under Regulation 2016/679, Version 2.0, 4 June 2019, p.11.

欧盟的数据保护主管部门批准。如果行为准则的领土范围不超过一个成员国，则由主管的监管部门评估并批准行为准则草案（以及任何修订包括扩展的草案）（第40条第5款以及第55条）。如果行为准则的领土范围更广，涉及多个监管部门（因为申请人可能在多个欧盟成员国拥有实体），那么主管的监管部门应在批准行为准则草案或其修正案之前，咨询欧洲数据保护委员会（第40条第7款，且符合第63条规定的一致性机制）。

在《一般数据保护条例》的适用日期之前通过的行为准则修订草案或扩展草案，如果其修订目的是使行为准则符合《一般数据保护条例》的，应当被视为新的行为准则的草案。

主管的监管部门可以批准由适格的监控机构对当事人是否遵守已经获得批准的行为准则进行监督（第41条第1款）。监控机构可以是设立在行为准则所有者外部的机构，也可以是内部机构，例如行为准则所有者内部的独立部门，并具有单独的报告。行为准则必须确定一个监控机构。行为准则监控机构的认证条款和模式，以及行为准则的批准安排，应由欧盟成员国的监管部门进行规控，并由欧洲数据保护委员会批准（迄今为止，它们已获批准适用于例如奥地利、比利时、法国、德国、希腊、爱尔兰、意大利、荷兰、西班牙和英国）。委托外部的机构来监督数据控制者或数据处理者的活动是否符合行为准则，并不影响《一般数据保护条例》第57条和第58条规定的监管部门享有的对受到行为准则约束的机构的监管权力。监管部门仍可以监控这些机构的活动是否符合《一般数据保护条例》的规定，并行使其纠正权，例如命令数据控制者或数据处理者确保数据处理活动与《一般数据保护条例》和行为准则保持一致，甚至颁发数据处理的禁令。那些获得认证的被授权监控数据控制者或数据处理者遵守行为准则的机构，必须具有与行为准则的主题相关的适当的专业知识水平。考 231 虑到采用行为准则的理由，此类专业知识绝不仅限于《一般数据保护条例》本身，而是还应当涵盖特定行业数据处理的特定特征。这必须包括诸如在银行、电信或直接营销中所使用的方法的知识。行为准则的所有者还必须证明，监控机构执行其任务和职责不会导致利益的冲突。

批准的行为准则（包括其任何修订和扩展）在性质上属于由欧洲数据保护委员会提供的公共信息（第 40 条第 11 款）。

二、认证

《一般数据保护条例》（第 42 条第 1 款）责成欧盟成员国、监管部门、欧洲数据保护委员会和欧洲委员会促进认证的机制、质量印章和标记，目的是让数据主体保证，数据控制者和数据处理者在提供产品与服务时所执行的数据处理操作符合《一般数据保护条例》的要求。这么做的目的也考虑到了微型、小型和中型企业的具体特征，因为就这些企业而言，鉴于其活动规模和对成员国经济的重要性，有必要探索确保遵守《一般数据保护条例》的方法。

《一般数据保护条例》仅使用了"认证机制、印章和标记"的统称，并未单独定义这几个要素中的任何一个。证书是对合规性的一种声明。[35]《一般数据保护条例》规定的认证机制是一种新的解决方案。到目前为止，曾经有过（并且仍然存在）其他种类的证明符合信息安全原则的与某些流程有关的合规性证书，例如，支付卡行业的数据安全标准可用以确认对支付卡持有者的数据提供了充分的保护水平。但是，这些证书并不是根据《一般数据保护条例》认证条款授予的证书，并且其认证的主题也不是指向符合《一般数据保护条例》，而是指向其他重要的、可能也源自《一般数据保护条例》的信息安全问题，但是到目前为止，《一般数据保护条例》尚未成为这些信息安全的直接

---

35 EDPB, Guidelines 1/2018 on certification and identifying certification criteria in accordance with Articles 42 and 43 of the Regulation（《关于根据〈条例〉第 42 条和第 43 条的认证和确定认证标准的第 1/2018 号指南》）, Version 3.0, 4 June 2019, https://edpb.europa.eu/sites/edpb/files/files/file1/edpb_guidelines_201801_v3.0_certificationcriteria_annex2_en.pdf, p.8.

法律依据。

《一般数据保护条例》引入了认证机制和数据保护的印章和标记，并且看起来印章和标记应该是图形标签，可以清楚地表明标签的使用者已经获得了符合《一般数据保护条例》的证书。鉴于这种印章和标记的功能，它们的主要特征应该得到普遍的认可，而不是只为某个行业内部的活跃的企业家所承认（即便在证书是数据控制者选择数据处理者的标准的情况之下也应如此），就此而言，普遍认可的主体主要还是消费者群体，也即是那些将个人数据托付给企业家而且数据安全对其至关重要而他们又几乎无法自行验证数据保护标准的消费者，尤其是在信息社会服务等行业中（序言第 100 条）。如果消费者知悉程度的调查显示它们可以被消费者广泛识别，那么可以建议使用诸如"《一般数据保护条例》印章"（GDPR seal）、"《一般数据保护条例》认证"（GDPR certified）或 "符合《一般数据保护条例》"（GDPR compliant）的标签。此外，还可以建议在使用此类标签之前，由监管部门或欧盟委员会发起宣传活动，向公众传播相关的信息。

在获批证书的机制之下，由数据控制者获得确认数据处理操作符合《一般数据保护条例》的证书（视情况而定），是证明其数据处理的合法性和正确性的一种方法，这也是将个人数据传输至第三国，或者避免由监管部门处以罚款或减少罚款的手段（第 83 条第 2 款第 j 项）。当然，这并不意味着自愿认证可以免除数据控制者或数据处理者遵守《一般数据保护条例》的义务，也不意味着它就限制了监管部门对那些已经证明了自己数据操作合法的数据控制者或数据处理者的监管权力（第 42 条第 4 款）。数据控制者或数据处理者持有证书的事实，并不会剥夺监督机构证明数据控制者或数据处理者的数据处理不符合《一般数据保护条例》的权力，也不能剥夺其命令数据控制者或数据处理者确保数据处理活动与《一般数据保护条例》和认证规则保持一致的纠正权限，或者甚至是命令禁止处理数据的权力（第 58 条第 2 款）。

认证制度的引入，为认证机构打开了市场，但是主管的监督机构也可以提供此类认证。认证的标准必须经过监管部门或者欧洲数据保护委员会的批准。后者可能的结果是获得欧洲范围的认证，也即欧洲数据保护的印章。认证应该有明确的认证期限。认证的最长期限是三年，但是如果认证机构发现数据控制者或数据处理者继续满足其条件的，可以在该期限届满之后自愿续展。

申请符合《一般数据保护条例》证书的数据控制者或数据处理者必须向认证机构提供所有信息，并在执行认证程序所必需的范围内，向认证机构提供对其数据处理活动的访问权限（第 42 条第 6 款）。该规定的措辞与审计程序的规定是相似的。然而，在个别情况下，如果认证机构和被认证机构在是否需要特定信息来验证合规性方面存在分歧，则可能会引起纠纷。在这种情况下，认证机构应当遵守数据最小化原则，例如遵守对银行或保险公司客户的数据进行假名化的要求，因为这些客户的数据受到银行或保险的保密性保护，并且，评估数据处理操作的合规性，完全可以在不泄露客户个人身份的情况下进行。

目前已经存在的一类泛欧隐私保护证书是"欧洲隐私安保"（EuroPriSe），适用于信息技术产品和服务，尤其是软件，并已获得欧盟个人数据保护规则的认证。该证书是由泛欧电信网络（Trans-European Telecommunications Networks，eTEN）运行的欧盟项目所开发，并授予了包括微软公司和 SAP 公司在内的产品。[36]

这些认证机构必须受到欧盟成员国的主管当局或领头的监管部门的认证（第 43 条），所谓领头的监管部门是指在涉及跨境数据处理时，应从不同成员国的多个主管当局之中挑选出一个监管部门，该监管部门的地位对应于数据控制者或者数据处理者的主要组织单位的地位。根据欧洲议会和理事会《欧盟第 765/2008 号条例》所命名的国家认

36　https://www.european-privacy-seal.eu/EPS-en/Home.

证机构[37]，也可以依据第 EN-ISO/IEC 17065/2012 号标准以及该监管部门所确立的其他要求，对这些认证机构进行认证。

认证机构做出认证的，应该通告监管部门，以便在没有满足该认证要求或不再满足该认证要求的情况下，监管部门能够行使其撤销认证，或者强制认证机构撤回或拒绝认证的权力。监管机构还有权在其权限范围之内，审查已经颁发的认证证书（第 43 条第 1 款）。

监管部门认证的有效期最长为五年，如果五年之后认证机构依旧满足以下要求的，可以申请续展[38]：

- 它已经证明了其在认证主题方面的独立性和专业性，并获得了主管的监管部门的满意评价。
- 它已承诺遵守监管机构或欧洲数据保护委员会所批准的作为认证基础的标准。
- 它建立了发布、定期审查和撤销数据保护证书、印章和标记的程序。
- 它已经建立了一套程序和结构，用以处理有关违反了该认证或违反了由数据控制者或数据处理者已经实施或正在实施的认证方式的投诉。

37　Regulation (EC) No 765/2008 of the European Parliament and of the Council of 9 July 2008 setting out the requirements for accreditation and market surveillance relating to the marketing of products and repealing Regulation (EEC) No 339/93（欧洲议会和理事会 2008 年 7 月 9 日有关产品营销和废止欧洲经济区第 339/93 号法规相关的认证要求和市场监督要求的《欧盟第 765/2008 号条例》），OJ EU L 218, 13.8.2008, p.30.

38　EDPB, Guidelines 4/2018 on the accreditation of certification bodies under Article 43 of the General Data Protection Regulation (2016/679)（《关于根据〈一般数据保护条例〉（2016/679）第 43 条对认证机构进行认证的第 4/2018 号指南》），Version 3.0, 4 June 2019, https://edpb.europa.eu/sites/edpb/files/files/file1/edpb_guidelines_201804_v3.0_acc reditationcertificationbodies_annex1_en.pdf. 续展请求可以寄送给诸如主管的监管部门、欧洲数据保护委员会和其他利益相关者（例如未来的认证机构或认证计划所有者）提供认证标准和程序。

— 证明了认证机构的任务和职责并不会导致利益的冲突，并得到了主管监管部门的满意评价。

监管部门必须以公众易于访问的形式，发布用以挑选和认定认证机构的要求，以及认证机构执行的认证标准。这些要求和标准还必须报送给欧洲数据保护委员会，该委员会负责保管和维护这些证书和数据保护印章的公共登记簿（第43条第6款）。

234 随着欧盟成员国国家法律的演进，出现了一种明显的趋势，就是将认证权限委托给监管部门所认定的机构。认定这些认证机构的条款和方式将受到欧盟成员国国家法律的约束。依我之见，这不仅是一个好的解决方案，而且是唯一可行的解决方案。监管部门往往已经承担了许多的法定义务，如果由其担任唯一的认证机构，那么市场主体获得认证证书的等待时间将非常长，其结果就是只有少数机构才能够获得证书。这不仅会影响个人数据的保护级别，还会影响公司的市场竞争力，因为一些大型数据控制者通常会被要求进行认证以证明其具有适当的数据保护标准，例如，某个信息技术公司在招投标程序中为了投标一份服务合同，就可能会面对这样的要求。

而且，由于担心监管部门的双重角色，公司可能不太情愿向监管部门申请证书。这种心态和做法在法律上并不具有可责性，因为监管部门除了拥有控制权之外，还可以对其处以罚款，而（可以设想）在认证过程中也可能发现数据泄露等违规行为，这些情况都是企业无法忽略的。

第十三章　数据保护官

第一节　指定数据保护官的义务的标准，
数据控制者或处理者的核心业务，大规模的数据处理

《一般数据保护条例》显著提高了数据保护官在数据控制者公司 235
结构中的作用和地位；它规定了数据保护官的独立保障措施和任务。
《一般数据保护条例》第37—39条规定的数据保护官的指定条件和履
行职能的条件，在第二十九条工作组指南之中也早有相关的规定。[1]

数据保护官已经成为确保数据合规的关键要素。如果所在机构采
用了数据保护系统的新方法，那么就有义务指定数据保护官，并明确
其职务和职责范围。根据《一般数据保护条例》的规定，数据保护官
应当遵循基于风险的方法：适用的措施是否适合数据处理的性质、范
围、背景和目的，是否有泄露数据的可能性，数据泄露对数据主体权
利和自由的威胁的严重性，以及从风险分析结果中明确优先处理的
事项。

这是基于风险的方法原则和问责原则（第5条第2款）所隐含的

1　Guidelines on Data Protection Officers (DPOs), adopted on 13 December 2016, as last revised and adopted on 5 April 2017, WP 243 rev.01, http://ec.europa.eu/newsroom/document.cfm?doc_id=44100.

应有之义，这些原则要求数据控制者执行各种制度安排以确保数据处理的合法性，尤其是应遵守数据保护的重要原则，其中包括数据质量原则。这构成了积极作为的义务，也即必须自己积极采取行动，而不是等待客户的投诉和要求，或者监管部门的批评和建议。

《一般数据保护条例》（第 37 条第 1 款）规定了确定由数据控制者或数据处理者指定数据保护官的义务的标准。这些标准指定了该义务适用的数据处理实体（公共部门和机构）和数据处理背景（涉及某些数据处理操作或数据类别的核心业务和大规模数据处理）。

指定数据保护官的义务对下述主体而言是强制性的：

（1）公共部门和机构（public authorities and bodies），除非是履行司法职权的法院；

（2）数据控制者和数据处理者，其核心业务需要定期地、系统地大规模监视数据主体；

（3）数据控制者和数据处理者，其核心业务包括处理与刑事定罪和违法行为有关的大量敏感数据和个人数据。

对（1）的补充：因此，唯一没有义务指定数据保护官的公共部门和机构就是履行司法职权的法院。《一般数据保护条例》没有定义公共部门或机构。它们是由国家法律定义的，通常被归类为"国家、地区或地方部门"，但是根据适用的国家法律，该概念通常还包括一系列受公法管辖的其他机构。《第 2003/98/EC 号指令》第 2 条第 1 款和第 2 款规定了"公共部门机构"（public sector body）以及"受公法管辖的机构"（body governed by public law）。[2][3]

2　Directive 2003/98/EC of the European Parliament and of the Council of 17 November 2003 on the re-use of public sector information (OJ L 345, 31.12.2003, p.90).

3　The Article 29 Working Party, Guidelines on Data Protection Officers (DPOs), WP 243 rev.01, p.6.

因此，对国家主管部门、地方政府机构以及其他国家和地方的组织单位而言，都必须指定数据保护官。尽管目前这项义务并不直接适用于出于公共利益或行使官方权力而执行公共任务的非公共实体（第37条第1款第a项），但第二十九条工作组建议，针对它们设置指定数据保护官的义务是好的做法。因此，该建议针对的是非公共实体根据成员国国家法规在执行任务时处理个人数据的情况，这些情况涉及公共交通服务、水和能源供应、道路基础设施以及受监管的职业等等。[4]

对（2）和（3）的补充：可能需要指定数据保护官的情况包括进行特定的处理操作，也即监视数据主体和处理某些类型的数据（第37条第1款第b项和第c项已列出了敏感数据以及与刑事定罪和违法行为有关的数据），此外有两个其他共同条件：数据控制者或数据处理者的核心业务，以及大规模的数据处理。

核心业务的标准和大规模的数据处理是累积性的，这意味着，举例来说，在必要的债务履行操作中，处理敏感数据和与刑事定罪有关的数据并不意味着有义务指定数据保护官。因为这些操作是偶然的，并且规模较小。

"数据控制者或数据处理者的核心业务"是"其主要业务（primary activities），与……辅助性活动（ancillary activities）无关"（序言第97条）。第二十九条工作组将其定义为实现数据控制者或数据处理者目标所需的关键操作。[5]这尤其包括构成法律或法规要求的任务或活动的操作，在公共注册簿中，这些操作或活动被指示为公司的业务。根据上述的定义，指定数据保护官的义务来自数据处理，而这些数据处理行为是数据控制者或处理者的核心业务中不可分割的一部分。

4　The Article 29 Working Party, Guidelines on Data Protection Officers (DPOs), WP 243 rev.01, p.6.

5　Ibid., p.7.

这方面的例子包括银行处理数据以评估信誉度，保险公司处理数据以分析保险风险，或者医生处理数据以提供医疗保健。这些任务构成了上述机构的核心业务，如果它们不处理数据，就无法执行这些任务。

就本示例中提到的实体（银行、保险公司或医院）而言，其核心业务并不包括诸如薪资和人力资源管理，信息技术支持或者人身保护之类的操作。这些活动是开展核心业务所必需的，但它们不属于核心业务中的一部分，它们只是辅助活动。但是，此类活动也可能构成数据处理者的核心业务，例如，数据处理者根据外包合同，支持数据控制者的核心业务。举例来说，为银行或者医院提供人力资源管理或信息技术的服务。在这些示例中，由于数据控制者和数据处理者的核心业务，它们都必须指定一个数据保护官，尽管其核心业务是由不同部门执行的。

大规模的数据处理很难在个别情况下进行评估，它是指定数据保护官的第二个基于对象的累积性标准（cumulative object-based criterion）。《一般数据保护条例》并没有定义何谓大规模的数据处理。如果是在同一行业但规模不同的实体之间进行比较，可能就会产生解释上的困难。例如，一边是某国最大的银行之一，拥有数百万个银行账户，而另一边是与其数据处理目的和处理操作相似的一家区域合作银行，客户数量却显著减少。专业协会也表达了这种担忧。在我看来，应该假定，即便是相对较低的数据处理规模，如果其处理规模满足了《一般数据保护条例》序言第91条所述的条件，那么就不能认为其规模不算大，也就是说，如果其数据处理包括了"相当数量的区域、国家或超国家级的个人数据，这些数据可能会影响到大量的数据主体，并且由于诸如其敏感性可能会造成高风险，以及根据已获得的技术知识水平，大规模使用新技术以及其他处理操作会给数据主体的权利和自由带来高风险，尤其是在那些操作将导致数据主体行使权利更加困难的情况下"。

用以认定存在进行大规模数据处理的因素尤其包括：[6]

- 涉及大量的数据主体，无论是从绝对值（特定的数字）
  或者相对值（相关人口的比例）角度；
- 正在处理的数据项的数量，以及不同类别数据项的范围；
- 数据处理活动的持续时间；
- 数据处理活动的地理范围。

但是，即使是上述提到的标准，诸如排除了限于本地规模的活动（达不到区域规模），也回答不了实际的问题。例如，如果仅在一个城市运营的某个机构，在本地范围内或者在区域范围内有积极的活动，而该城市是一个大城市，那么这种情况是否属于大规模的数据处理仍有争议的空间。

大规模数据处理的情况，包括但不限于以下数据处理的例子：[7]

- 银行或保险公司在日常业务中处理客户的数据；
- 医院在日常业务中处理患者的数据；
- 处理使用城市公共交通系统的乘客的数据（例如通过磁性旅行卡）；
- 专门提供这些服务的数据处理者，出于统计目的处理国际快餐链客户的实时地理位置数据；
- 搜索引擎为了行为广告（behavioural advertising）而处理数据；
- 电话或互联网服务提供商（内容、流量和位置）的数据

---

6 The Article 29 Working Party, Guidelines on Data Protection Officers (DPOs), WP 243 rev.01, p.8.

7 Ibid.

处理。

与大规模数据处理无关的例子包括个别医生或律师的活动。

第二十九条工作组还定义了"对数据主体进行定期和系统的监控"（第 37 条第 1 款第 b 项），这是指定数据保护官的另一项标准。监控数据主体的行为是观察其在线活动和选择，并根据这些观察得出的结论进行用户分析，也即利用这些结果来分析和预测数据主体在未来的决策、偏好和行为，包括为此目的进行行为广告。但是，监控的范围不必局限于在线活动。

第二十九条工作组将"定期"（regular）监控理解为持续或重复进行此类监控活动，或者在一定时期内有特定间隔地进行此类监控活动，或有固定次数的开展监控活动。

"系统性"监控是由系统进行的有组织的或有条理的监控，这是数据收集总体计划的一部分，也是总体策略的一部分。

第二十九条工作组列举了一些部门或多个部门共同进行监控活动的示例，包括：

- 为了风险评估（例如为了信贷或保险评分、欺诈和洗钱预防目的）进行用户画像分析和评分；
- 提供电信服务；
- 位置跟踪，例如通过移动应用；
- 忠诚度计划；
- 行为广告；
- 通过数据主体佩戴的设备监控健身和健康数据；
- 闭路电视监视；
- 智能计量，例如对电力；
- 智能汽车；
- 智能家居。

第二节　企业集团的数据保护官

《一般数据保护条例》（第 37 条第 2 款和第 3 款）允许数据控制者或数据处理者在一群企业、公共部门或机构之中，根据其组织结构和规模，任命一名数据保护官。众多实体可以任命同一位数据保护官，方式是由其中的每个机构或部门分别进行任命，但对于国际企业集团，在实践中，数据保护官被认为是该集团联合任命的官员，并不是由每个实体进行单独任命。这种组织的信息系统是集中化管理的，可供属于该集团的每一个机构所使用，并且该集团的每个成员都受到确保业务流程一致的联合政策和程序的约束。通过监管部门批准有约束力之企业规则，就是采用这种方式的例子之一。

依我之见，将数据保护官视为企业集团联合任命的官员也是有道理的，因为《一般数据保护条例》第 37 条第 2 款直接允许"企业集团"任命单个数据保护官，而"企业集团"虽然意味着存在控制型企业与受其控制的企业（第 4 条第 19 款），但这并不排除不相关的多个实体任命同一个人为数据保护官的可能性。《一般数据保护条例》明确提到一组企业，意味着可以设想，如果已经按照第 37—39 条规定的条件指定了数据保护官，那么该数据保护官在执行任务时，是在一整组企业之中，而不是分别服务于该组企业之中的任何一个实体机构。

在我看来，也可以将数据保护官视为是在公司集团层面上履行其职责，原因在于，集团内的每个机构都可以轻松联系到联合的数据保护官。在公司集团的实践中，通过联合的电子邮件服务和联合通讯录就可以轻松地联络到数据保护官，该类通讯录包含了该集团的特定实体机构作为单独雇主所雇用的所有人员的详细联系信息。

回到上面间接提到的内容，现有文献表达了这样的疑问：如果允许《一般数据保护条例》第 37 条第 2 款中的"企业集团"任命一个数据保护官，那么是否就排除了某个不属于企业集团的实体任命同一

240　个人作为数据保护官的可能性。到目前为止，许多国家的法律都没有排除这种可能性。据我们所知，在许多情况下，一个人可以为数十个无关实体同时提供数据保护官的服务。依我之见，第37条第2款允许企业集团任命一位数据保护官，而且并不禁止该企业集团之外的实体在同一时间任命该人为数据保护官。但是，这并不意味着单个数据保护官所服务的数据控制者和数据处理者的数量可以"打破纪录"。评估标准应该是，接受服务的每个实体都可以轻松地获取数据保护官的服务，并且数据保护官能够以真实而非虚置的方式履行其职责。

为一组企业任命一名数据保护官的条件是，基于企业的组织结构和规模，该组企业之中的每个单位和公共机构都可以很容易地获得他/她的服务。这些标准应被视为是兼容的，因为将相关责任授予大型而复杂的组织结构中的某个人，将无法确保数据保护官的真正可用性（availability）。

可用性的概念指的是数据保护官作为数据主体和监管机构的联络点的功能，但也指其在组织内部的职能。它尤其指该数据保护官的实际可用性，也即在机构场所或通过电子邮件或其他通信方式的物理可用性。可用性也包括沟通交流的技术可能性，例如，提供数据保护官的联系方式——《一般数据保护条例》要求在信息条款中为客户提供此类信息（第13条第1款第b项和第14条第1款第b项），并将其通知监管部门（第37条第7款）。有效的沟通交流还要求数据保护官能够流利掌握数据主体和监管部门所使用的语言。

因此，应该强调的是，任命联合数据保护官的做法是完全允许的，但前提是该数据保护官真正有能力有效地为数据控制者履行联合职能所涵盖的法定职责。因此，联合的机构的数量不能太多，否则数据保护官履行职责的真正能力就会受到质疑。

第三节　数据保护官的职业素养

任命数据保护官的一项标准是他／她的职业素养，尤其是数据保护法律和实践层面的专家知识以及完成法定任务的能力（第37条第5款）。《一般数据保护条例》并没有明确规定数据保护官所要求的职业素养，也即没有明确任命特定人员履行该职能的先决条件。第二十九条工作组认为，数据保护官的职业素养和专门知识应当包括：[8]

- 在欧盟成员国和欧洲数据保护法律和实践方面的专业知识以及对《一般数据保护条例》的深入了解；
- 充分了解所执行的数据处理操作、信息技术和数据安全性；   241
- 对数据保护官身处的组织和业务部门的知识；
- 在组织内部促进数据保护文化的能力。

考虑到数据保护官任务的复杂性以及其准备的风险评估和建议的相称性的重要性，应当要求数据保护官不仅要获得正式的数据保护资格（这是至关重要的条件），而且还应当掌握所在的组织和业务部门的知识（这是第二十九条工作组所强调的），并且具有专业经验，包括能够在组织内部进行有效合作的能力。这样的职业素养和特征是难以期待出现在初期员工身上的，员工往往需要多年的专业经验和积累之后，才可能具备这些职业素养。

第二十九条工作组概述了职业素养的标准，并强调指出，对负责大规模数据处理并进行复杂数据操作或处理，或者涉及敏感数据的处理，或者由于源自特定行业（诸如银行或保险）保密要求而受到其他

8　The Article 29 Working Party, Guidelines on Data Protection Officers (DPOs), WP 243 rev.01, p.11.

保护的数据控制者和数据处理者而言，人们有理由期待其任命的数据保护官在职业素养方面具有足够的、更高的专业水平。欧洲数据保护主管发布的欧盟机构和组织的数据保护官的作用的立场文件也具有参考的作用。[9]

第四节　数据保护官的身份、在组织中的地位和自治权

数据保护官不一定得是数据控制者或数据处理者的工作人员（但取决于成员国的法律，应将其理解为一种雇用形式）；机构也可以将此职能外包给外部专家或公司来承担（第 37 条第 6 款）。《一般数据保护条例》第 37 条至第 39 条所列的所有要求应当完全适用于内部和外部人员，但是应当考虑诸如终止与外部企业的外包合同的情况，其原因可能并非试图无视数据保护官提出的建议或风险评估。

数据保护官的职能可以外包给一个团队，但是该团队应当由任命数据保护官职责（以及在该团队中分配职责并采取预防利益冲突的保障措施）的合同或者内部文件所指定的负责人（也即数据保护官）进行监督。我的理解是，团队的负责人即数据保护官，因为他/她的职

9　The European Data Protection Supervisor（欧洲数据保护主管），Position paper on the role of Data Protection Officers of the EU institutions and bodies（《关于欧盟机构和组织的数据保护官的作用的立场文件》），30 September 2018, https://edps.europa.eu/sites/edp/files/publication/18-09-30_dpo_position_paper_en.pdf.《第（EC）45/2001 号条例》已经被 2018 年 10 月 23 日欧洲议会和理事会《关于欧盟机构处理个人数据以及这些数据自由流动方面保护自然人的第（EU）2018/1725 号条例》[Regulation (EU) 2018/1725 of the European Parliament and of the Council of 23 October 2018 on the protection of natural persons with regard to the processing of personal data by the Union institutions, bodies, offices and agencies and on the free movement of such data] 所废止。在该立场文件发布之前，欧盟机构和组织的数据保护官网络在 2010 年 10 月 14 日通过的《根据第（EC）45/2001 号条例工作的欧盟机构和组织的数据保护官的职业标准》[Professional Standards for Data Protection Officers of the EU institutions and bodies working under Regulation (EC) 45/2001] 中提供了相关指南，http://ec.europa.eu/dataprotectionofficer/docs/dpo_standards_en.pdf.

242

责是明确规定在《一般数据保护条例》中，且分配给了一个人。因此，该团队并不是一个所谓的"集体数据保护官"，而是当任务规模超出了单个人能力范围时，对数据保护官的一种支持。

虽然《一般数据保护条例》规定了数据保护官的功能，但没有提供任何直接依据，以任命数据保护官在属于企业集团的实体中履行职责。不过，这并不意味着不能这么做。此外，跨专业领域的团队包括律师（在我看来，最理想的数据保护官应该是具有数据保护专业知识的律师）、信息技术专家、网络安全专家和人力资源分析专家之间的合作不仅是必要的，而且应当大力提倡。将这些专业人士和专业知识整合在一起是必要的，通过这种整合，可以对计划的数据处理或数据处理者的验证所引起的风险进行全面详细的评估。

数据保护官与跨学科团队的合作，或该团队对数据保护官的依附，可以视为提供了执行其任务所必需的资源，也即满足了《一般数据保护条例》第38条第2款规定的条件，由于数据保护官的任务范围（例如因为组织的规模、数据处理量、系统的复杂性、数据传输量、投诉和请求的数量等等），这些合作与支持可以是有意进行的，甚至是必要的。

《一般数据保护条例》第38条第2款规定，数据控制者和数据处理者有义务支持数据保护官执行《一般数据保护条例》第39条提到的任务。数据控制者和数据处理者可以通过向数据保护官提供必要的资源，支持其履行任务。在数据处理规模合理的组织中，此类支持性资源包括前面提到的下属团队对数据保护官的服从，以支持其执行选定的任务，例如联系提出投诉和主张权利的数据主体。值得提倡的做法还包括，数据控制者或数据处理者应确保数据保护官在跨专业团队中开展系统的合作，将那些不隶属于数据保护官但与他/她进行合作的具有不同专业资格（例如网络安全）的专业人士聚集在一起，作为对数据处理所产生的风险进行全面评估的一部分。

履行数据保护官职责的另一个先决条件是为其提供针对个人数据

和数据处理操作的访问权限。将数据保护官与信息和系统隔离开来必然会阻止其履行包括诸如回应数据主体的要求或进行风险评估等基本职责，这些职责都要求数据保护官在了解内部流程的基础上进行评估。

《一般数据保护条例》还要求向数据保护官提供维护其专业知识所需的资源。尽管候选人具有数据保护法律和实践方面的专业知识是任命数据保护官的先决条件，但是该领域可能会因技术发展等诸多因素而发生变化，因此，该专业知识需要通过可以交流经验的诸如培训课程、参加会议和协会会员身份等方式进行更新。

243　　第二十九条工作组还提出了如下建议，以支持数据保护官履行其职责：[10]

- 从管理上对数据保护官的积极支持；
- 确保数据保护官有足够时间履行其职责，尤其是数据保护官在另一个领域也需要履行职责的情况下；
- 财政资源和基础设施方面（例如确保房舍和设施）的充分支持；
- 将数据保护官的任命正式传达给所有工作人员。

《一般数据保护条例》要求数据保护官在数据控制者和数据处理者的组织内部必须是独立的（第38条第3款）。《一般数据保护条例》禁止数据控制者或处理者的最高管理层向其发布有关其履行职能的指示，禁止将其依附于数据控制者或处理者的最高管理层。数据保护官也不会因执行其法定任务而被解雇或处罚。如果没有规定这种独立性的保障措施，如果数据保护官的结论将导致这些机构承担大量费用或

10　The Article 29 Working Party, Guidelines on Data Protection Officers (DPOs), WP 243 rev.01, p.14.

由该机构的特定人员承担责任，那么数据保护官可能就会受到来自数据控制者、数据处理者或者上司的非正式压力。禁止惩罚执行任务的数据保护官，还应当包括禁止非正式的报复或骚扰，这些行为方式虽然没有记录下来，但是可以体现为某种特定的情况，例如改变待遇、延缓晋升和阻碍职业发展。

数据保护官在执行《一般数据保护条例》第 39 条提到的任务时享有自治权，这意味着不得指示他／她如何处理事务或应该采取的措施，也不得指示他／她针对数据保护法的问题持某种特定看法，例如对法律的特定解释。但是，数据保护官的决策权并没有超出第 39 条规定的职责范围。[11]

数据控制者或数据处理者的管理委员会并没有义务采纳和执行数据保护官的建议，而是可以自由地作出不同的决定。但是，第二十九条工作组建议数据控制者或数据处理者给数据保护官提供机会，使其异议的观点能够清晰地传达给最高管理层。

此外，独立性的保障措施包括将其他任务和职责委托给数据保护官，但仅在不导致利益冲突的情况下（第 38 条第 6 款）。将组织之中负责制定个人数据处理的目的和方法的人员任命为数据保护官，违反了利益冲突的禁止性要求。因此，数据保护官的职能不应当与董事会成员、运营官、财务总监、首席营销官、人力资源或信息技术官员等职能相结合。

但是，第二十九条工作组做出了保留意见，即任命数据保护官并不意味着将数据泄露和组织违反《一般数据保护条例》的行为的全部责任都丢给了数据保护官。尽管数据保护官在该过程中起着至关重要的作用，但确保遵守法规的责任依旧在于数据控制者或数据处理者（第 24 条）。同样重要的是确保数据控制者或数据处理者提供了上述

244

11　The Article 29 Working Party, Guidelines on Data Protection Officers (DPOs), WP 243 rev.01, p.15.

独立性的保障，确保数据保护官真正有可能履行其职责。

第五节　数据保护官的职责

《一般数据保护条例》第 39 条第 1 款以非穷尽的方式列举了数据保护官的职责，这些活动涉及外部关系（与监管部门和数据主体）和内部关系（与数据控制者或数据处理者及其雇员）。

涉及外部关系的职责是：

- 与监管部门的合作（在数据控制者或数据处理者是申请人的程序中，以及根据第 31 条的要求所进行的程序里，也即在监管部门规定的范围和期限内）；
- 就与数据处理相关的问题，包括因负面风险评估而导致的事先咨询，充当单位与监管部门的联络者（第 36 条），并就任何其他事宜举行磋商。

应该注意的是，数据保护官的职责范围清单并不包括回应数据主体诸如关于数据访问的请求，尽管在数据收集过程中使用的信息条款包含有数据保护官的联系方式（第 13 条第 1 款第 b 项和第 14 条第 1 款第 b 项）。

涉及内部关系的职责是：

- 向履行《一般数据保护条例》和联盟或者成员国其他数据保护法律法规义务的数据控制者、数据处理者和雇员进行通知和提供咨询建议。尽管指定这些任务的先后顺序不应当被视为暗示了它们重要性的高低，但值得注意的是，法律已经强调了专家咨询功能，包括在实施新的流程、程序和应用之前发表意见，这与法律将数据保护官的义务纳入个人数据保护相关事项之中的做法是相对应的（第 38 条第 1 款）。

- 数据意识的提升活动，包括培训参与数据处理操作的人员。这类活动可以采取各种形式，具体取决于所在机构的运作范围、沟通渠道和预算等等。

- 监视（包括审计）相关实体对《一般数据保护条例》、欧盟成员国或者成员国其他数据保护法律的遵守情况，以及数据控制者或者数据处理者的数据保护政策（包括职责分配）的情况。

- 依据《一般数据保护条例》第 35 条的规定，根据请求，就数据保护影响评估提供建议并监控其实施。

第十四章 向非欧盟/非欧洲经济区成员国传输个人数据

第一节 规制从欧盟/欧洲经济区向第三国传输个人数据的法律基础和规则

一、第三国的定义

欧盟和其他欧洲经济区国家已引入了独具特色的严格的个人数据保护标准。值得注意的是，一些非欧盟国家也采用了欧洲数据保护模式，例如阿根廷、加拿大、以色列、日本、新西兰、瑞士和乌拉圭，而且欧盟委员会也已经确定，这些国家确保了与欧洲一样的充分数据保护水平（第45条第1款）。目前欧盟还在与韩国进行充分对话，欧盟议会最近还就加利福尼亚州的数据保护是否充分进行了讨论。[1] 其他一些国家，例如澳大利亚、巴西、智利、加纳、印度、新加坡、南非、泰国和土耳其，也制定了具有类似解决方案的法规。

然而，并非所有主要的全球参与者都采用这种模式。相反，欧盟与美国或中国等主要经济体之间，在个人数据保护法规的范围和方法

---

[1] EU Parliament debates: Could California be considered "adequate" on its own? The answer is "yes".

层面，具有较大程度的差异（尽管美国和中国近年的立法实践引入了一些与《一般数据保护条例》相似的法律框架）。[2]

如果某些国家 / 地区缺乏足够的数据保护措施，在将欧洲公民个 246
人数据传输到这些国家的情况下，就有可能导致欧洲公民个人数据保障措施在适用方面发生冲突。这类差异的例子之一是欧盟建立了数据处理的一般规则，该一般规则在适用于数据控制者时并不考虑行业部门的不同，而美国则采取了以部门行业作为划分依据的方式，将经济社会生活中尤为重要的各项领域的监管和自我监管结合了起来。另一个重大区别是，美国法律仅仅保护美国公民的隐私，而欧盟法律之下的隐私保护条款不仅针对欧洲公民，还包括在欧盟内部处理的第三国国民的个人数据。

因此，至关重要的是，要实施各种制度安排，确保对传输到非欧盟国家的个人数据的保护水平与欧洲标准的保护程度大致持平，同时又不对欧盟成员国的出口或在其他领域的国际合作造成任何不必要的障碍。

欧盟委员会在 1981 年 1 月 28 日通过《关于保护自然人个人数据自动处理的第 108 号公约》时就考虑到了这一点。[3]正如该公约在其"序言"中所指出的那样："考虑到自动处理的个人数据的跨边界流量不断增加，提高对所有人的权利和基本自由的保护，尤其是对尊重隐

---

2 美国加利福尼亚州于 2018 年通过了《加州消费者隐私法》，随后又通过了《加州隐私权法》，该法案于 2020 年 11 月 3 日获得通过，并将于 2023 年 1 月 1 日生效。在美国的联邦层面，2020 年 9 月，美国参议院提出了《建立确保数据访问、透明度和问责制的美国框架法》，旨在建立全国性的消费者数据隐私保护标准，这在美国联邦层面引发了关于未来联邦数据隐私法的辩论。此外，中国于 2016 年通过了《网络安全法》，并于 2020 年 10 月 21 日，全国人民代表大会发布了《个人数据保护法（草案）》以征询公众意见，如果该草案获得通过，将成为中国第一部个人数据保护法。

3 《关于保护自然人个人数据自动处理的第 108 号公约》已经修订：2018 年 5 月 18 日，在丹麦的埃尔西诺尔，欧洲委员会的部长委员会第 128 届部长级会议通过了对《第 108 号公约》进行修正的《议定书》（CETS NO.223），并批准了其解释性报告，https://search.coe.int/cm/Pages/result_details.aspx?ObjectId=09000016807c65bf。

私权的保障，是值得大力提倡的"，以及"同时致力于对信息自由的承诺，不论国界"。为了防止这两个价值观之间发生任何冲突，该公约宣称"有必要调和尊重隐私和不同民族之间信息自由流通的基本价值观"。经济合作与发展组织于 2013 年 7 月 11 日发布的建议书《经合组织隐私框架》也反映了经济合作与发展组织成员国之间，即欧盟 /欧洲经济区成员国与包括美国在内的第三国之间，需要对个人数据保护法规进行协调统一。[4]

《一般数据保护条例》第 44—49 条（《第 95/46/EC 号指令》第25 条和第 26 条）规定了将个人数据传输到第三国[5]时必须满足的前提条件。

为了明确这些规定的范围，我们必须首先对数据处理中的"第三国"和"个人数据传输"下个定义。

247　　在欧盟成员国之间，个人数据的交换不受任何限制是主要原则之一。

这项原则是从定义欧盟的四项基本的流动自由（即人、货物、服务和资本的自由流动）之中推导出来的，这是由 1957 年建立欧洲经济共同体的《罗马条约》所引入的，该条约依旧是欧盟的基础。《一般数据保护条例》第 1 条第 3 款（《指令》第 1 条第 2 款）也明确规定了该原则，从而排除了在欧盟范围内对个人数据自由流动的任何限制或禁止。

随着欧盟内部个人数据自由交换原则的出台，一个统一数据保护标准建立了。它可以防止由于在成员国之间限制数据传输而导致欧盟内部形成国际经济合作的壁垒。同时，它也确保了对欧盟成员国公民

4　《理事会关于保护个人数据的隐私和跨境流动指南的建议》（Recommendation of the Council Concerning Guidelines Governing the Protection of Privacy and Transborder Flows of Personal Data），http://oecd.org/sti/ieconomy/oecd_privacy_framework.pdf。

5　这些规定也适用于国际组织。为了便于参阅，这里使用的"第三国"一词共同指称第三国和国际组织。

个人数据保护权利的尊重。[6]

1989 年，当法国个人数据保护机构即法国国家信息和自由委员会以当时意大利没有个人数据保护的法律为由，反对菲亚特公司（FIAT）将个人数据从其法国分支机构向其意大利分支机构进行转移时，欧盟内部传输个人数据对法律规定的需求就非常明显了。最后法国国家信息自由委员会以意大利分支机构承担合同义务为条件，对传输到意大利的个人数据提供了相当于在法国可以获得的保护。[7]

如上所述，在欧盟内部自由交换个人数据而且限制将数据传输到第三国是一般原则。但《一般数据保护条例》并未定义第三国。自由传输的原则不仅适用于欧盟，根据 1992 年 5 月 2 日在波尔图签署[8]并于 1994 年 1 月 1 日生效而且构成自由贸易区法律基础的《欧洲经济区协定》可以推断，该原则应该适用于所有欧盟成员国以及欧洲自由贸易联盟四个成员国中的三个：冰岛、列支敦士登和挪威。因此，这些国家并不是《一般数据保护条例》第 44 条及以下各条所指的第三国。另一方面，瑞士虽然也是欧洲自由贸易联盟的成员国，但它与欧洲自由贸易联盟其他三个成员国不同，它并不是欧洲经济区的成员，因此是《一般数据保护条例》规定的第三国。不过，根据 2000 年 7 月 26 日《关于瑞士提供了充分个人数据保护的委员会第 2000/518/EC 号决定》，可以将数据转移到作为第三国的瑞士。[9]

6　有关欧盟指令尝试协调隐私保护与数据的自由流动的具体做法，可以参考：B. Martenczuk（B. 马尔滕丘克），S. van Thiel（S. 范·蒂尔），*Justice, Liberty, Security: New Challenges for EU External Relations*（《正义、自由、安全：欧盟对外关系的新挑战》），Brussels 2008, pp.304 et seq.

7　M. Jagielski, *Prawo do ochrony danych osobowych. Standardy europejskie*, Warszawa 2010, p.29; C. Kuner, *European Data Protection Law. Corporate Compliance and Regulation*（《欧洲数据保护法、公司合规和法规》），Oxford–New York 2007, p.89.

8　根据《建立欧洲经济共同体的条约》（1957 年《罗马条约》）第 310 条，目前是《欧洲联盟运作条约》的第 217 条。

9　2000/518/EC, OJ EU L 215, 25.8.2000, p.1.

二、个人数据传输的定义

《一般数据保护条例》并没有给出数据传输的法律定义。《一般数据保护条例》第44条至第49条所指的数据传输的特殊性在于，只要将数据移动到欧洲经济区以外，就足以被视为向第三国传输数据。此外，《一般数据保护条例》并未根据数据传输之后在第三国处理数据的预期范围，提出适用于这些数据传输的不同要求。

因此，无论是打算主动使用数据还是仅仅存储数据，数据传输到欧洲经济区之外，都要适用准许性规则。

向第三国传输数据包括按照《一般数据保护条例》第4条第2款（《指令》第2条第b款）的规定，在包括位于第三国的属于数据控制者的服务器之上提供数据，以及除提供数据之外的数据处理。因此，数据传输还包括数据在属于数据控制者的信息技术系统内部的传输，在数据控制者的各个单位（部门、分支机构、联合服务中心）之间的传输，即便该数据传输并不涉及数据控制者以外的任何实体。[10] 因此，显而易见，当数据在不同数据控制者之间传输时（即使它们是属于同一集团公司的不同组织），以及在将数据发送给代表数据控制者进行数据处理的处理者时，以及在将数据提供给第三国公共当局的情况下，都会被视为向第三国传输数据。

数据传输的规则适用于所有形式的传输，包括通过电子邮件发送个人数据，允许某人访问客户的数据库，通过专门应用程序交换个人数据，通过电话交谈传达个人数据，或者以纸质文档移交个人数据等等。某个实体从第三国远程访问位于欧洲经济区的数据也被视为一种数据传输。[11]

10　A. Drozd, *Ustawa o ochronie danych osobowych. Komentarz*, Warszawa 2004, p.287.

11　EDPB's Recommendations 01/2020 of 10 November 2020 on measures that supplement transfer tools to ensure compliance with the EU level of protection of personal data（欧洲数据保护委员会 2020 年 11 月 10 日《关于采取补充传输工具的措施以确保符合欧盟个人数据保护水平的第 01/2020 号决议》），https://edpb.europa.eu/sites/edpb/files/（转下页）

三、数据接收者的定义

数据传输并不限于传向"数据接收者"。《一般数据保护条例》第44条及后续条款所规定的数据传输的输入者，与《一般数据保护条例》第4条第9款所定义的数据接收者并不是同义词。

"数据接收者"定义的范围不包括"可以在特定调查框架之下接收数据的公共当局"；没有任何理由可以推断出，根据法律规定向第三国的这类公共当局进行数据传输不是《一般数据保护条例》第44条至第49条所指的数据传输。第4条第9款定义的数据接收者的情形，并不是数据传输的定义标准。仅把数据转移到欧洲经济区以外的位置，或者甚至在位于第三国的数据控制者的服务器上处理数据，即 249使这些数据无法被数据控制者以外的任何实体所访问，也可以认定出现了数据的传输。

四、向第三国数据控制者回传数据时不适用欧盟法律

如果数据是由数据控制者从第三国提供给位于欧盟的数据处理者进行处理，或者提供给由数据控制者在欧盟的分支机构进行特定操作的，那么成员国的法律规定是否适用于数据回传给其数据控制者的这类情形，似乎并不确定。如果确定适用，则意味着只有在相关第三国确保对此类数据提供充分保护的情况下，才可以将数据回传给其控制者；而且，即使在将数据回传给数据控制者之后，欧洲法律仍是可适用的法律。

但是，从目的论解释以及从分析这种规则适用于数据回传可能造成的影响的角度来看，是不可能采用前面的肯定式解释的。涉及将数据传输到第三国的法律规定的立法目的，旨在要求欧洲数据控制者确保，即便在数据被传输到第三国之后也要对这些数据提供充分的保

（接上页）consultation/edpb_recommendations_202001_supplementarymeasurestransferst
ools_en.pdf, footnote 22, p.8.

护。如果有关个人数据传输到第三国的规定不仅适用于欧洲数据控制者进行的数据传输，而且还适用于将数据从欧盟回传到第三国数据控制者的行为（也即，如果完成这类数据回传必须视该数据控制者是否符合《一般数据保护条例》的要求而定，并且一旦第三国缺乏与欧盟相同的数据保护，就应拒绝这类回传），那将会曲解有关个人数据传输到第三国的规定。[12]

我们还应该记住，这种数据处理模式是司空见惯的，尤其是在企业集团里，这些企业集团包括位于欧盟成员国和第三国的众多实体，并且使用全球性的信息技术系统和数据库。对这些企业集团而言，在集团内部共享数据是惯常的做法，例如，数据经常会被放置在该集团其他实体可以访问的公共数据库中。这样做的目的是为了评估与集团实体合作伙伴和客户的关系的风险，给客户分配在整个集团内统一的顺序代码，委托某个实体为集团其余实体从事特定的业务，使用全球的招聘和员工评估系统等等。

正如文义解释可能暗示的，将数据传输到位于欧盟的数据处理者或数据控制者的分支机构进行特定操作之后，如果此类数据的回传将受到欧盟成员国法律的管辖，并且在数据回传之后欧盟成员国法律仍然具有约束力的话，如前所述，这将实际阻止欧盟实体的所有国际合作，因为这会使第三国的数据控制者面临重大的法律、经济和声誉风险。

因此，依我之见，不能基于对第三国数据保护标准的评估而拒绝
250 将数据回传给第三国的数据控制者。相反，只有在罕见的情况下，当回传数据意味着存在严重违反数据主体基本权利和自由的风险（例如因为所涉政治制度）的情况，才可以拒绝回传数据。

---

12 X. Konarski, G. Sibiga, Zasady przekazywania danych osobowych do państwa trzeciego w prawie polskim i Unii Europejskiej（《波兰和欧盟法律将个人数据转移到第三国的规则》）, in: *Ochrona danych osobowych. Aktualne problemy i nowe wyzwania*（《个人数据保护：当前的问题和新的挑战》）, ed. by X. Konarski, G. Sibiga, Warszawa–Kraków 2007, pp.90–91.

五、将个人数据发布到网站不适用向第三国传输个人数据的规则

我们还应确定，将个人数据发布到网站的情形是否也要视为将数据转移到第三国。从行为外观上来看，似乎的确如此，因为在网站上发布的个人数据可以被第三国（包括那些数据保护水平大大低于欧盟的国家）的数量众多且不受控制的互联网用户所访问。而实现网站可访问性的多样化，并阻止那些无法确保充分数据保护的第三国的用户访问这些网站，在技术上是无法做到的；任何试图部分实现上述做法的尝试，都需要使用与欧盟法律和基本价值观不兼容的方法。

由于仅在第三国确保数据充分保护的前提下，才允许将数据传输到第三国，而且仅有某些国家／地区才满足这种条件，因此，"将数据发布到网站上等同于将数据传输到欧洲经济区之外"的结论将带来灾难性的后果，这么做等同于完全禁止用户将个人数据发布到互联网上。这样的禁令也将只能覆盖欧洲经济区的成员国。这会严重妨碍欧洲企业的经营，并给第三国公司带来竞争优势。这样的禁令势必还会涵盖在线媒体（互联网媒体和电视）的数据发布。

然而，欧盟法院在 2003 年 11 月 6 日裁判的博迪·林德文斯特诉埃延雪平检察院[13]一案中指出，将个人数据放在欧洲经济区成员国托管的服务器的网站上，供数据保护水平不充分的第三国的用户访问，不构成《第 95/46/EC 号指令》第 25 条和第 26 条（对应目前《一般数据保护条例》第 44 条及以下）所指的向第三国传输数据。只有当这些网站具有从服务器自动向用户发送数据的功能时，才会被视为出现在欧洲经济区以外的数据传输。另一方面，根据欧盟法院的规定，如果放在网站上的数据并没有被明确编址并直接发送给特定的互联网用户，网站访问者只能搜寻不同网页并加以复制从而获取

13　C-101/01, OJ EU C 7, 10.1.2004, p.3; G. J. H. Smith, *Internet Law and Regulation*（《互联网法律与法规》），London 2007, p.691.

这些数据的话，则不发生数据传输到第三国的情况。如果在欧洲经济区成员国成立的公司通过内部网络向公司集团的其他公司提供数据，则构成向非欧洲经济区国家的数据传输。将个人数据放在内部网络上是公司之间直接传播的一种形式；通过这种方式，个人数据被发送给这些公司的其他员工。在这种情况下，内部网络也是提供数据的一种方式。

第二节　从欧盟传输个人数据的要求：充分的保护水平

一、充分的个人数据保护水平的定义

任何将个人数据从欧盟传输到第三国的行为都必须遵守欧盟法律的基本要求（《一般数据保护条例》第 44 条和第 45 条，《第 95/46/EC 号指令》第 25 条第 1 款），也即由《一般数据保护条例》所确保的数据主体权利的保护水平，在数据传输之后仍然得维持相同的水平。然而，对不能确保提供充分数据保护水平的国家，也不是绝对禁止将数据传输到那里。《一般数据保护条例》第 46 条至第 49 条（《指令》第 26 条第 1 款和第 2 款）规定了该禁止的例外情况，本章稍后将进行讨论。

《一般数据保护条例》第 45 条第 2 款（《指令》第 25 条第 2 款）规定了第三国是否提供了"充分保护水平"的评估标准。[14] 这种评估必须考虑以下几方面：

14　A. Zinser（A. 津瑟），European Data Protection Directive: the Determination of the Adequacy Requirement in International Data Transfers（《欧洲数据保护指令：确定国际数据传输中的充分性要求》），*Tulane Journal of Technology & Intellectual Property* 2004（《杜兰技术与知识产权杂志（2004）》），No. 16, p.176; C. J. Bennett, International Privacy Standards: A Continuing Convergence?（《国际隐私标准：持续的趋同》），*Privacy Laws and Business International* 2010（《隐私法和国际商务（2010）》），Vol. 105, pp.13 et seq.

- 法治；对人权和基本自由的尊重；相关的立法，一般法律和部门法律，包括有关公共和国家安全的法律；刑法和公共当局获取个人数据的权限；数据保护规则，安全措施，包括将个人数据继续转移到另一个第三国的规则；判例法；以及有效和可执行的数据主体权利。

- 第三国之中一个或多个独立监管机构的存在和有效运作，负责确保和执行遵守数据保护的规则。

- 第三国已承担的国际义务，或基于具有法律约束力的国际公约或国际法律文件，以及其参与的多边或区域制度（特别是在保护个人数据方面）而产生的其他义务。

《第 95/46/EC 号指令》（第 25 条第 2 款）规定了评估第三国提供的数据保护水平的类似标准。它们包括围绕数据传输操作的所有情况，尤其是要考虑数据的性质、拟议的数据处理操作的目的和持续时间、所传输数据的最终目的地国，适用于第三国的一般法律和部门法律规则以及使用的安全措施。

根据这些标准，欧盟委员会是有权决定第三国是否提供了足够的 252 数据保护水平的机构（《一般数据保护条例》第 45 条第 1 款，《指令》第 25 条第 6 款）。迄今为止，欧盟委员会已经认定[15]以下第三国确保了

---

15 第二十九条工作组还认定摩纳哥提供了充分的数据保护水平，见《关于摩纳哥公国个人数据保护水平的第 7/2012 号意见》，2012 年 7 月 19 日通过，第 198 号工作文件，http://ec.europa.eu/justice/data-protection/article-29/documentation/opinion-recommendation/files/2012/wp198_en.pdf。因此，欧盟委员会认可的确保充分的数据保护的第三国名单可能会扩大。第二十九条工作组还评估了魁北克的数据保护水平的充分性，见 2012 年 10 月 3 日第二十九条工作组的新闻稿；2014 年 6 月 4 日第二十九条工作组《关于魁北克个人数据保护的第 7/2014 号意见》，第 219 号工作文件，http://ec.europa.eu/justice/data-protection/article-29/documentation/opinion-recommendation/files/2014/wp219_en.pdf。

足够的数据保护水平：[16]

- 阿根廷：2003 年 6 月 30 日《关于阿根廷充分保护个人数据的委员会第 2003/490/EC 号决定》（OJ EC L 168, 5.7.2003, p.19）；
- 加拿大：2001 年 12 月 20 日《关于〈加拿大个人信息保护和电子文件法〉提供了充分个人数据保护的委员会第 2002/2/EU 号决定》（OJ EC L 2, 4.1.2002, p.13）；
- 以色列：2011 年 1 月 31 日《关于以色列在自动处理个人数据方面充分保护个人数据的委员会第 2011/61/EU 号决定》（OJ EU L 27, 1.2.2011, p. 39）；
- 日本：2019 年 1 月 23 日《关于〈日本个人信息保护法〉提供了〈欧洲议会和委员会第（EU）2016/679 号条例〉的充分个人数据保护的委员会第（EU）2019/419 号执行决定》（OJ L 76, 19.3.2019, p.1）；
- 新西兰：2012 年 12 月 19 日《关于新西兰充分保护个人数据的委员会第 2013/65/EU 号执行决定》（OJ EU L 28, 30.1.2013, p.12）；
- 瑞士：2000 年 7 月 26 日《关于瑞士提供了充分个人数据保护的委员会第 2000/518/EC 号决定》（OJ EC L 215, 25.8.2000, p.1）；
- 乌拉圭：2012 年 1 月 21 日《关于乌拉圭东部共和国在自动处理个人数据方面对个人数据充分保护的委员会第 2012/484/EU 号执行决定》（OJ EC L 227, 23.8.2012, p.11）。

---

16 根据《一般数据保护条例》第 45 条第 9 款，欧盟委员会通过的有关个人数据保护充分程度的决定将一直有效，直到被欧盟委员会的其他决定所修改、替代或废除为止。

欧盟委员会还确认了下列地区确保了充分的数据保护：

- 安道尔：2010 年 10 月 19 日《关于安道尔充分保护个 253
  人数据的委员会第 2010/625/EU 号决定》（OJ EU L 277,
  21.10.2010, p. 27）；
- 根西岛：2003 年 11 月 21 日《关于根西岛充分保护个
  人数据的委员会第 2003/821/EC 号决定》（OJ EC L 308,
  25.11.2003, p. 27）；
- 泽西岛：2008 年 5 月 8 日《关于泽西岛充分保护个人
  数据的委员会第 2008/393/EC 号决定》（OJ EC L 138,
  28.5.2008, p. 21）；
- 马恩岛：2004 年 4 月 28 日《关于马恩岛充分保护个人
  数据的委员会第 2004/411/EU 号决定》（OJ EU L 151,
  30.4.2004, p. 50）；
- 法罗群岛：2010 年 3 月 5 日《关于〈法罗群岛法〉对个
  人数据的处理提供了充分保护的委员会第 2010/146/EC
  号决定》（OJ EU L 58, 9.3.2010, p.17）。

欧盟与韩国的数据保护充分性谈判也正在进行之中[17]，另外最近欧盟议会对美国加利福尼亚州的数据保护是否充分也进行了讨论。[18]

2021 年 2 月 19 日，欧盟委员会根据《一般数据保护条例》和《执法指令》发布了两项关于向英国传输个人数据的保护充分性决定的草案。欧盟委员会评估了英国个人数据保护的法律和实践并得出结论：

---

[17] Press statement by Commissioner Věra Jourová, Mr. Lee Hyo-seong, Chairman of the Korea Communications Commission and Mr. Jeong Hyun-cheol, Vice President of the Korea Internet & Security Agency, 20.11.2017, http://europa.eu/rapid/press-release_STATEMENT-17-4739_en.htm.

[18] EU Parliament debates: Could California be considered "adequate" on its own? The answer is "yes".

英国确保的数据保护水平与《一般数据保护条例》和《执法指令》所保障的水平基本相同。该草案如果通过，其有关英国个人数据保护充分性的决定将允许个人数据从欧盟继续自由传输到英国。[19]

在跨大西洋贸易的背景下，在过去至关重要的是 2000 年 7 月 26 日关于"安全港"的委员会《第 2000/520/EC 号决定》[20] 以及 2016 年 7 月 12 日欧盟委员会宣布"欧盟－美国隐私盾计划"的数据保护水平充分的《第（EU）2016/1250 号实施决议》[21]。它们构成了当时将个人数据从欧盟合法传输到美国的一种可能的法律基础。不过，这在当时也并非唯一的法律基础，因为数据出口商可以而且仍然可以使用有约束力之企业规则、标准合同条款和其他工具。对于提交遵守"安全港"的声明并遵守其原则的实体，欧盟委员会的这个决定为它们消除了因美国的第三国地位所造成的障碍。这适用于明确指定的美国进口商，而不是作为一个国家的美国。

但是，欧盟法院在 2015 年 10 月 6 日的马克西米利安·史瑞姆斯诉数据保护委员会（*Maximilian Schrems v. Data Protection Commissioner*，C-362/14）一案中的开创性判决，使欧盟委员会的《第 2000/520/EC 号决定》（简称"安全港决定"）失效了。随后，"隐私盾计划"出台，

---

19 Commission Implementing Decision pursuant Regulation (EU) 2016/679 of the European Parliament and of the Council on the adequate protection of personal data by the United Kingdom（欧盟委员会《根据欧洲议会和理事会关于英国充分保护个人数据的第（EU）2016/679 号条例的实施决定》）. 目前该草案已经获得通过。——译者

20 Commission Decision 2000/520/EC of 26 July 2000 pursuant to Directive 95/46/EC of the European Parliament and of the Council on the adequacy of the protection provided by the safe harbour privacy principles and related frequently asked questions issued by the US Department of Commerce（欧盟委员会 2000 年 7 月 26 日根据欧洲议会和理事会《第 95/46/EC 号指令》关于安全港隐私原则所提供的保护充分性和美国商务部发布的相关常见问题的《第 2000/520/EC 号决定》）("安全港"), OJ EC L 215 of 25.08.2000, p.7.

21 Commission Implementing Decision (EU) 2016/1250 of 12 July 2016 pursuant to Directive 95/46/EC of the European Parliament and of the Council on the adequacy of the protection provided by the EU-U. S. Privacy Shield, OJ EU L 207, 1.8.2016, p.1, https://eur-lex.europa.eu/legal-content/EN/TXT/?uri=CELEX:32016D1250.

用以取代被无效的"安全港计划",成为跨大西洋数据传输的法律基础,但该计划也被欧盟法院在 2020 年 7 月 16 日裁判的数据保护委员会诉爱尔兰脸书公司和马克西米利安·史瑞姆斯(即史瑞姆斯Ⅱ案,C-311/18,ECLI: EU: C: 2020: 559)案的判决宣告无效。[22]

迄今为止,考虑到被欧盟委员会列入"黑名单"对第三国带来的潜在不利政治后果,欧盟委员会至今都没有发布任何决定,宣布某个国家缺乏充分的数据保护水平。[23] 第二十九条工作组在 1997 年 6 月 26 日《关于向第三国传输个人数据的首要方向的第 4 号工作文件》[24]中指出,第三国没有被欧盟委员会列为确保了充分的数据保护水平的,并不意味着该国就不能确保这种保护;相反,这说明了欧盟委员会尚未对该国的保护范围和水平进行评估。

二、脱欧

现在,英国脱欧对数据传输到非欧盟国家提出了新的挑战。英国于 2020 年 2 月 1 日退出欧盟。《退出协议》规定了一个直至 2020 年 12 月 31 日的过渡期。在该过渡期内,《一般数据保护条例》仍然是英国法律体系的一部分。在过渡期结束之后,从《一般数据保护条例》的角度来看,英国成为了"第三国"。

随着英国退出欧盟,在欧盟委员会尚未宣布英国对个人数据提供了充分保护之前,数据出口商如果要将个人数据从欧盟和欧洲经济圈

---

22 本章在后面将讨论对安全港计划、欧盟法院第 C-362/14 号案件判决以及隐私盾计划的批判。

23 第二十九条工作组在 1997 年 6 月 26 日《关于向第三国传输个人数据的首要方向的第 4 号工作文件》(第 4 页)也指出了同样的问题:"建立一个明确的国家黑名单,即使是出于指导目的,在政治上也会非常敏感。"

24 The Article 29 Data Protection Working Party, First Orientations on Transfers of Personal Data to Third Countries – Possible Ways Forward in Assessing Adequacy(《关于向第三国传输个人数据的首要方向——将来评估数据保护充分性的可能路径》),WP 4, XV D/5020/97-EN, http://ec.europa.eu/justice/policies/privacy/docs/wpdocs/1997/wp4_en.pdf.

传输到英国，将需要依靠适当的数据处理保护措施，例如标准合同条款、具有约束力的公司规则或者克减规则（在本书写作之时，这个问题仍未解决）。

但是，欧盟与英国于 2020 年 12 月 24 日签署的《贸易与合作协议》为欧盟与英国之间的自由数据传输提供了六个月的宽限期，直到宽限期结束之前，英国的数据保护水平获得欧盟委员会批准的充分性决定（《一般数据保护条例》第 45 条第 3 款）。

2021 年 2 月 19 日，欧盟委员会根据《一般数据保护条例》和《执法指令》发布了两项关于向英国传输个人数据的保护充分性决定的草案。欧盟委员会评估了英国个人数据保护的法律和实践并得出结论：英国确保的数据保护水平与《一般数据保护条例》和《执法指令》所保障的水平基本相同。该草案如果通过，其有关英国个人数据保护充分性的决定将允许个人数据从欧盟继续自由传输到英国。[25]

三、评估第三国个人数据保护水平的标准

根据《一般数据保护条例》（第 45 条第 1 款），只要数据保护级别为"充分"，就可以将数据传输到非欧洲经济区国家。充分的数据保护水平并不意味着保护必须完全符合欧洲经济区的规定。如果提出这种要求，势必阻止从欧盟到非欧洲经济区国家的任何数据传输（几乎没有例外），因为欧盟的个人数据保护模式和范围是独一无二的。

因此，《一般数据保护条例》中规定的"充分"的数据保护水平应当被理解为与欧洲"基本等同"的保护水平。[26] 数据保护不应该

25　Commission Implementing Decision pursuant Regulation (EU) 2016/679 of the European Parliament and of the Council on the adequate protection of personal data by the United Kingdom. 2021 年 6 月 28 日，该草案已获得通过，英国个人数据保护充分性获得了欧盟委员会的承认。——译者

26　也参见：EDPB, Recommendations 02/2020 on the European Essential Guarantees for surveillance measures（《关于监视措施的欧洲基本保障的第 02/2020 号建议》）, 10 November 2020, https://edpb.europa.eu/sites/edpb/files/files/file1/edpb_recommendations_202002_（转下页）

处于较低的水平，因为正如《欧洲联盟基本权利宪章》所做的解释，决不能损害到《一般数据保护条例》所保障的对自然人的保护（第44条）。

《一般数据保护条例》第45条第2款（《指令》第25条第2款）规定了评估第三国确保的数据保护水平的标准，第二十九条工作组在其下述工作文件的条款之中，对此做了具体的解释：1997年6月26日《关于向第三国传输个人数据的首要方向的第4号工作文件》，以及1997年6月24日《关于根据〈第95/46/EC号指令〉第25条和第26条将个人数据传输至第三国的第12号工作文件》，[27]并随后在《充足性参考（更新）》文件即2017年11月28日第254号工作文件[28]和2018年2月6日第254号工作文件01修订版[29]之中进行了更新，更新的部分涉及《一般数据保护条例》和欧盟法院在2015年10月6日的马克西米利安·史瑞姆斯诉数据保护委员会一案中有关第三国数据保护充分性认定的判决。

在这些文件中，第二十九条工作组援引了欧盟的个人数据保护原则（本书的其他章节对此有详细的讨论）作为确保充分数据保护的关键条件：

— 目的限制原则，即只能出于特定目的处理个人数据，并

（接上页）europeanessentialguaranteessurveillance_en.pdf, p.15:

四个"欧洲基本保障"需要一定程度的解释，尤其因为第三国立法不一定与欧盟法律框架相同［这四个欧洲基本保障是：(1)数据处理应基于清晰、准确和可访问的规则；(2)必须证明所追求的合法目标的必要性和相称性；(3)独立的监督机制；(4)必须向个人提供有效的补救措施］。

27 Working Party on the Protection of Individuals with regard to the Processing of Personal Data, Transfers of personal data to third countries: Applying Articles 25 and 26 of the EU data protection directive, WP 12, DG XV D/5025/98, http://ec.europa.eu/justice/policies/privacy/docs/wpdocs/1998/wp12_en.pdf.

28 http://ec.europa.eu/newsroom/just/document.cfm?doc_id=48827.

29 http://ec.europa.eu/newsroom/article29/item-detail.cfm?item_id=614108.

且不得以与这些目的不兼容的方式进一步处理数据。[30]

— 数据质量和数据最小化（数据比例性）原则，即数据应当准确无误，并且在必要时保持最新状态，而且不超出数据传输的目的。

— 透明度原则，应当向数据主体提供有关其个人数据处理方面的信息，尤其是有关数据处理目的和第三国数据控制者身份的信息。

— 安全原则，应当采用与数据处理风险相适应的确保数据安全的技术性和组织性措施；根据来自数据控制者的指令进行的任何数据处理，都必须在给予数据处理者的授权范围内。

— 访问权、更正权和异议权（反对权），据此，数据主体应当有权获得有关其个人数据正被处理的信息，包括数据副本，以及有权在数据不准确的时候更正这些数据的权利，并且在某些情况下有权反对数据的处理。

— 继续传输数据的限制，也即第三国中的实体可以进一步传输个人数据的前提是，其他实体同样受到法律规则的约束，有法律义务确保充分的数据保护水平。

— 确保数据主体可获得程序和执行救济机制的原则，这样在出现违反个人数据处理原则的情况下，数据主体能够使他们的投诉获得独立的审查，并执行适当的赔偿；还需要有一个独立的监督主管机构，负责确保遵守数据保护法，以及有一个有效的司法和行政程序，以执行数据主体的权利。

---

30 Opinion of Article 29 Working Party No. 3/2013 of 2 April 2013 on purpose limitation, WP 203, pp.15–19.

第二十九条工作组还在这两个工作文件中明确了以下附加的原则：

- 必须对敏感数据采取更加严格的保护措施，以确保这类 257
  数据的合法处理和数据主体的权利。数据主体的明确同
  意是这类保护措施的示例。
- 数据主体必须有权选择不将其数据进行传输并随后进行
  直接营销的处理。
- 就制定自动的个人决策过程中所考虑到的因素，数据主
  体必须享有知情权；应该采取措施，维护数据主体的合
  法利益。

第二十九条工作组的工作文件（第 4 号和第 12 号工作文件）所包含的准则，帮助查明第三国的数据保护系统是否确保了与个人数据处理原则兼容的充分的保护水平。评估的标准包括（除了分析第三国在其立法中是否实施了以及在何种程度上实施了数据处理原则）数据控制者对其义务的知情。此外，还应该评估第三国规定的制裁是否有效，其监管部门是否独立有效。[31] 第 4 号和第 12 号工作文件还建议，在对数据主体行使其权利的能力进行评估时，还应包括这种执法的快速性、有效性以及其成本，执法成本不应该过高。

---

31 欧盟法院在 2012 年 10 月 16 日针对欧盟委员会诉奥地利共和国案的 C-614/C 号判决中，强调了欧盟指令第 28 条第 1 款强制性规定的数据保护机构独立的重要性（http://eur-lex.europa.eu/legal-content/EN/TXT/?qid=1471023007788&uri=CELEX:62010CJ0614）。法院认为欧洲委员会的投诉是合理的，该投诉与奥地利数据保护委员会管理成员的地位有关，该成员也是联邦官员，数据保护委员会与联邦总理府之间缺乏组织上的隔离，以及奥地利联邦总理有权获得有关数据保护委员会所有管理方面的信息。法院特别指出，数据保护委员会的管理人员与联邦政府之间存在与服务相关的联系，从而可以对数据保护委员会管理人员的职能进行监督。法院认为，在这种架构之下，有可能会出现数据保护委员会的管理成员对其上级进行"事先遵守"（prior compliance）的风险。

　　如果第三国批准了欧盟委员会于 1981 年 1 月 28 日在斯特拉斯堡签订的《关于保护自然人个人数据自动处理的第 108 号公约》，那么也可以认定该第三国有充分的数据保护。然而，第三国批准了该《公约》这一事实，并不意味着对该国数据保护的充分性进行评估是多余的。正如第二十九条工作组所强调的那样，欧洲委员会《第 108 号公约》并不强求其缔约方建立可以开展独立调查投诉的体制机制（尽管实际上该公约的批准国通常是这样做的）。因此，批准该公约并不能自动意味着可以认定相关签署国提供了充分的数据保护水平，但是在评估数据保护的充分性时，可以合理地将其视为重要的考虑因素。

　　《一般数据保护条例》第 45 条第 2 款第 a 项（以及《指令》第 25 条第 2 款）在列举确保第三国个人数据保护水平的因素时，不仅列出了普遍适用的法律，而且列举了适用于数据进口商（其数据源自欧洲数据控制者的传输）所经营的产业、行业或职业的法规（第 12 号工作文件，第 3 章 "采用行业自我监管的方式"）。[32]

　　在该工作文件中，自我监管被定义为一套数据保护的规则，适用于来自同一职业或行业的多个数据控制者，其内容主要由相关职业或行业的成员确定。根据该定义，可以考虑采取的确保充分数据保护水平的措施包括：行业协会内部法规（行业协会仅有数量很少的几个成员），以及适用于整个行业（例如医生或银行家）的部门法规，例如职业道德规范；以及在这些行业中运营的采用这些规范的机构（例如直销行业的公司团体）。重要的是，对于数据主体而言，自我监管的法律文本应该是明确和透明的：它们应该以通俗易懂的语言起草，并提供实际示例来说明相关的规定。关键是数据主体必须了解这些行业法规所规定的数据主体权利，知道如何提出投诉，投诉如何进行调

32　第二十九条工作组先前在 1998 年 1 月 14 日的第 7 号工作文件中提出了关于自我监管的意见，包括其定义和评估其有效性的标准：《判断行业自我监管：什么时候对第三国的数据保护水平做出有意义的贡献？》，http://ec.europa.eu/justice/policies/privacy/docs/wpdocs/1998/wp7_en.pdf。

查，以及维权的成本是多少。设置过高的成本，迫使数据主体放弃维护自己的合法权利，是备受批评的事由。然而，正如之前已经指出的那样，使用职业道德守则会带来风险。从数据主体的角度来看，代表同一行业并且受到不同内部法规约束的众多协会组织，可能会给数据保护真实水平的评估带来挑战。尤其是在直接营销等行业里，个人数据通常在众多企业之间交换，并遵守不同的部门法规。

第三节　禁止向不确保充分保护水平的第三国传输个人数据的例外规则

对那些未能确保达到《一般数据保护条例》第 45 条第 2 款（《指令》第 25 条第 2 款）所定义的充分数据保护水平的国家，并非绝对禁止将数据传输到那里。在两种情况下，由第三国确保对数据进行充分保护的要求，并不构成数据传输的先决条件（《一般数据保护条例》第 46—49 条，《指令》第 26 条第 1 款和第 2 款）。

第一种情况（《一般数据保护条例》第 46 条和第 47 条）是数据控制者或数据处理者保证数据的接收者或其他进口商将采取适当的保护措施，并通过有效的法律救济措施来确保数据主体权利的可执行性。这类适当的保障措施包括：（1）公共当局或者单位之间具有法律约束力和可执行的法律文件[33]；（2）具有约束力之企业规则；（3）欧盟委员会通过的或监管部门通过并经欧盟委员会批准的数据保护标准合同条款；（4）规范数据进口者所在行业的已获批准的数据保护行

---

33 EDPB, Guidelines 2/2020 on Article 46(2)(a) and 46(3)(b) of Regulation 2016/679 for transfers of personal data between EEA and non-EEA public authorities and bodies（《关于根据〈第 2016/679 号条例〉第 46 条第 2 款第 a 项和第 46 条第 3 款第 b 项在欧洲经济区和非欧洲经济区公共当局和机构之间传输个人数据的第 2/2020 号指南》），Version 1.0 of 18 January 2020, https://edpb.europa.eu/sites/edpb/files/consultation/edpb_guidelines_202002_art46guidelines_internationaltransferspublicbodies_v1.pdf.

为准则；（5）已获批准的认证机制，用于确认数据进口者执行了充分的数据保护标准。与第三国在数据保护方面的法律状况无关，这些法律工具通过其具有法律约束力的特征，确保了数据传输之后的充分保护。

另一类排除的情况是对禁止将个人数据传输至不能确保充分数据保护的第三国的克减。这种克减规则适用于特定情况（《一般数据保护条例》第 49 条，《指令》第 26 条第 1 款）。它们包括但不限于：（i）数据主体对数据传输的明确同意（同意必须是明确的，并且必须已将缺乏充分数据保护所导致的风险告知数据主体）；（ii）对于履行数据主体和数据控制者之间的合同而言，有必要进行数据传输；（iii）对数据控制者与另一人之间为数据主体的利益订立或履行所订立的合同而言，有必要进行数据传输。

当监管部门对数据转移后所提供的其他数据保护保障措施（例如进出口商之间的合同条款或公共机关或机构之间的行政协议）进行许可授权时（《一般数据保护条例》第 46 条第 3 款），也允许将数据传输到不能确保充分的数据保护水平的第三国。

《一般数据保护条例》针对特定情况规定了另一项克减，作为一种"安全阀"。这种克减规则允许将数据传输到非欧洲经济区的国家，即便欧盟委员会尚未发布有关该国家是否对数据保护提供充分保护的决定，以及数据出口商并没有提供诸如具有约束力之企业规则之类的保障措施，也不存在诸如征得数据主体同意的克减理由。在不满足上述条件时，只有鉴于如下情况，才可以将数据传输到第三国：数据传输是非重复性的，仅涉及有限数量的数据主体，是数据控制者为了追求合法权益的目的而必需的且不被数据主体的利益或权利和自由所否定，以及数据控制者已经评估了数据传输的所有情况，并已经在此评估的基础上提供了合适的个人数据保护措施，而且通知了监管部门和该传输所涉及的数据主体（第 49 条第 1 款）。

关于数据传输的这些规定建立了一个等级，即禁止将个人数据传

260

输到不能确保足够数据保护水平的第三国的例外等级。将数据传输到第三国的制度系统，必须建立在数据出口商所确保的适当保障措施之上，例如具有约束力之企业规则、已获批准的标准合同条款、行业法规或认证。如果没有此类保障措施，那么可以在监管机构的许可授权之下进行数据传输（第46条第3款），以实施其他保障措施。在穷尽了所有可能确保数据保护水平的妥当措施之后，可以援引数据主体的同意或者为了重要公共利益而进行数据传输的克减理由，作为最后的手段。除上述所有法律基础之外，另一种紧急的制度安排是在不违反《一般数据保护条例》第49条第1款规定的其他条件的情况下，偶尔传输与数量有限的自然人有关的数据，包括向监管机构和数据主体通知数据传输的信息。

在数据出口商确保采取保障措施的情况下进行的数据传输，与在禁止传输时基于克减规则所进行的数据转移之间，存在着根本区别。具有约束力之企业规则、已获批准的标准合同条款、行业法规或认证，都允许将数据传输到不能确保充分数据保护水平的第三国，但这些法律工具本身就旨在确保个人数据传输时的充分保护水平。尽管数据传输到的第三国不能确保充分水平的数据保护，但借助这些法律工具，被传输的数据仍然可以获得适当保障措施的保护。

另一方面，基于数据主体同意的数据传输，或者出于重要公共利益而进行的数据传输等理由的克减禁止转让的规则，其用意并不是要弥补有关第三国缺乏适当保护的状况。相反，它们允许向一国进行数据传输，即便事实上该国没有相应的法律规定和部门法规来提供充分的数据保护，而且数据控制者也没有提供保障措施以确保充分的保护。因此，数据主体的同意或者其他替代性的克减理由，确保了数据在得不到《一般数据保护条例》要求的保护的情况下，仍可以合法地进行传输。

这明显偏离了数据传输到欧盟之外后续也必须得到充分保护的原则，但其正当性源自这样的假设，即仅在风险可忽略不计的罕见情况下，才适用克减规则；克减规则构成了必须充分保护被传输数据的一般规则的例外，因此必须严格解释。作为优先事项，数据控制者必须在数据传输之后也确保对个人数据的充分保护，例如通过采用具有约束力之企业规则或者已获批准的标准合同条款；只有在证明确保数据保护事实上不可能或者过分困难时，或者在侵犯数据主体权利的风险很小的情况下，数据控制者才可以诉诸克减规则。[34] 欧洲数据保护委员会（以及之前的第二十九条工作组）的这项建议特别针对具有组织和财务手段以确保对数据进行充分保护的国际公司。欧洲数据保护委员会认为[35]，这类数据控制者在不使用具有约束力之企业规则或者已获批准的标准合同条款等保护措施的情况下，大规模或系统性地传输数据尤为不当。如果以不适当的理由进行个人数据传输，则意味着个人数据被提供给了未经授权的人员，数据主体被剥夺了他／她们应当享有的保护，并且个人数据被非法处理。

一、欧盟法院在 2020 年 7 月 16 日数据保护委员会诉爱尔兰脸书公司和马克西米利安·史瑞姆斯案的判决：标准合同条款和具有约束力之企业规则仍然有效；欧洲数据保护委员会《关于采取补充传输工具的措施以确保符合欧盟个人数据保护水平的第 01/2020 号决议》

欧盟委员会 2010 年 2 月 5 日关于标准合同条款以及欧盟批准的包括有约束力之企业规则在内的其他数据传输机制的《第 2010/87 号决定》仍然有效。但是，数据出口商如果使用欧盟认可的数据传输机

34　第二十九条工作组，1998 年 7 月 24 日第 12 号工作文件第五章；2005 年 11 月 25 日《关于〈第 95/46/EC 号指令〉第 26 条第 1 款的共同解释的第 114 号工作文件》第 1.2 节，http://ec.europa.eu/justice/policies/privacy/docs/wpdocs/2005/wp114_en.pdf。

35　欧洲数据保护委员会 2018 年 5 月 25 日《关于〈第 2016/679 号条例〉第 49 条的克减的第 2/2018 号指南》，之前的文件参见第二十九条工作组，2005 年 11 月 25 日第 114 号工作文件。

制（包括标准合同条款和有约束力之企业规则）的，必须根据个案的情况，核实进口数据的第三国中有关政府对个人数据的访问的法律保护是否符合欧盟标准。

欧盟法院于 2020 年 7 月 16 日的 C–311/18 案[36] 中，基于标准合同条款和"隐私保护盾"，就脸书公司爱尔兰子公司将用户个人数据传输到美国总部的兼容性问题进行了判决，该判决导致了"欧盟-美国隐私盾"框架的无效。

2016 年 7 月 12 日《关于"欧盟-美国隐私盾"提供数据保护的充分性的第（EU）2016/1250 号决定》是将数据从欧盟转移到美国的重要法律依据（尽管不是唯一的，因为数据出口商可以而且仍然可以基于具有约束力之企业规则、标准合同条款和其他工具进行数据的传输；实际上，有 88％的公司使用标准合同条款将数据转移到了欧盟之外，而 60％的公司则依靠"隐私盾"框架[37]）。欧盟法院的结论是，2010 年 2 月 5 日关于将个人数据转移给在第三国设立的数据处理者的标准合同条款的欧盟委员会《第 2010/87 号决定》仍然是有效的。

262

欧盟法院指出，欧盟委员会《第 2010/87 号决定》中的标准数据保护条款并不约束个人数据传输到的第三国主管当局，这一事实并不影响那个决定的有效性（判决书第 136 点）。但是，欧盟法院强调，是否有效取决于《第 2010/87 号决定》是否采纳了有效的机制，以确保在实践中遵守欧盟法律要求的保护水平，以及根据个人数据传输在违反此类条款或无法兑现这些条款时可以被中止或禁止（判决书第 137 点）。

欧盟法院认为，《第 2010/87 号决定》提供了这样的手段，特别是要求欧洲数据出口商和非欧洲数据进口商在进行任何数据传输之前核实所涉第三国是否尊重欧盟法律要求的数据保护水平，数据进口商必

---

36 Case C–311/18 *Data Protection Commissioner v. Facebook Ireland and Maximillian Schrems* (Schrems II case)（史瑞姆斯 II 案，C–311/18），ECLI: EU: C: 2020: 559.

37 参见 IAPP 的研究报告，https://iapp.org/news/a/cjeus-schrems-ii-decision-slated-for-july-16/。

须通知数据出口商任何无法遵守这些条款的情况，后者则有义务中止数据传输和 / 或终止合同（判决书第 142 点）。

欧盟法院强调，依赖标准合同条款的欧盟数据出口商必须在传输数据之前主动评估数据出口商的管辖权是否足以确保在数据传输之后对个人数据提供"充分的保护水平"。欧盟法院还指出，数据出口商可以在标准合同条款规定的措施之外，采取更多的保护措施，以确保对所传输的个人数据提供"充分的保护水平"；但是，欧盟法院的判决中并未具体说明这些额外保障措施的性质。

在史瑞姆斯 II 案判决之后，数据保护主管部门所发布的第一份指南建议了缓解风险的额外安全措施，其中特别包括了加密措施，即"只有数据出口商才持有密钥"，并且加密措施"不能被美国情报部门破解"。[38]

正如欧盟法院指出的，非欧洲数据进口商必须将任何无法遵守标准合同条款的情况告知欧洲数据出口商，并且由于欧洲数据出口商将被要求暂停数据传输或终止合同，因此使用欧盟批准的包括标准合同条款和具有约束力之企业规则在内的数据传输机制的数据出口商，必须逐案验证进口数据的第三国政府对访问个人数据的法律保护是否符合欧盟的标准。美国商务部在其《"标准合同条款"白皮书》中强调，大多数公司"不会经营和买卖美国情报机构感兴趣的数据，也没有理由相信它们这样做"。[39]

---

[38] The Data Protection Authority of Baden-Württemberg（巴登－符腾堡州数据保护局），Guidance on international data transfers following the judgment of the CJEU in the Schrems II case, August 25, 2020（《关于欧盟法院 "史瑞姆斯 II 案" 判决之后的国际数据传输指南》），https://www.baden-wuerttemberg.datenschutz.de/wp-content/uploads/2020/08/LfDI-BW-Orientierungshilfe-zu-Schrems-II.pdf.

[39] Department of Commerce（美国商务部），Information on U. S. Privacy Safeguards Relevant to SCCs and Other EU Legal Bases for EU-U. S. Data Transfers after Schrems II（《关于欧盟法院 "史瑞姆斯 II 案" 判决之后美国与欧盟数据传输的与标准合同条款有关的美国隐私保障以及欧盟其他法律基础的信息》），https://www.commerce.gov/sites/default/files/2020-09/SCCsWhitePaperFORMATTEDFINAL508COMPLIANT.PDF.

但是，《美国云法案》（the US Cloud Act）授权美国主管部门要求   263
主要的（甚至在美国之外的）云服务提供商提供存储的数据，这可能
导致与标准合同条款和《一般数据保护条例》发生冲突。

"脸书公司并没有威胁要退出欧洲"，但正如脸书公司的发言人
所说，其对外声明只是对现实的简单回应。不过，这种说辞只是在
试图缓和先前其数据保护主管兼副总法律顾问伊冯·坎南发表的声
明，即"如果完全停止脸书公司向美国传输用户数据，这种情况下
脸书公司如何能在欧盟继续提供脸书应用和照片分享应用的服务还
不清楚"。[40]

自欧盟法院的史瑞姆斯 II 案裁决以来，欧洲经济区数据保护当局
已经收到了由非政府组织"我的隐私与您无关"（My Privacy is None
of Your Business，NOYB）代表所提起的 101 项内容相同的投诉，这
些投诉都针对位于欧盟 / 欧洲经济圈的公司，它们使用谷歌公司或者
脸书公司的服务，涉及将个人数据传输到美国。面对这些投诉，欧洲
数据保护委员会成立了一个专门工作组来调查这些投诉，并就适当的
额外保护措施提出建议，以确保将个人数据传输到第三国时可以得到
适当的保护。[41] 但是，每个组织将需要评估自己的数据处理操作和数
据传输并采取适当的措施。另请参阅欧洲数据保护委员会的声明[42] 和
"常见问题解答"[43]。

我确实希望，"欧盟－美国隐私盾"框架可以被类似的商业友好机

---

40 "脸书公司宣称将退出欧洲，因为禁止与美国分享数据"，https://www.theguardian.com/
technology/2020/sep/22/facebook-says-it-may-quit-europe-over-ban-on-sharing-data-with-
us。

41 European Data Protection Board—Thirty-seventh Plenary session, Friday, 4 September,
2020, EDPB_Press Release_2020_14, https://edpb.europa.eu/news/news/2020/european-
data-protection-board-thirty-seventh-plenary-session-guidelines-controller_en.

42 https://edpb.europa.eu/news/news/2020/statement-court-justice-european-union-judgment-
case-c-31118-data-protection_en.

43 https://edpb.europa.eu/sites/edpb/files/files/file1/20200724_edpb_faqoncjeuc31118_en.pdf.

制所取代，因为目前使这个（至今已被大多数市场参与者援引的）数据传输法律基础无效，已经对欧美经济和其他领域的合作产生了严重影响。但是，鉴于欧盟法院提出的非常关键的裁决，很明显，任何新的制度安排都不应该是临时性的。

欧洲数据保护委员会《关于采取补充传输工具的措施以确保符合欧盟个人数据保护水平的第 01/2020 号决议》

为了回应欧盟法院在 2020 年 7 月 16 日对第 C–311/18 号案（史瑞姆斯 II 案）作出的判决，欧洲数据保护委员会发布了有关补充传输工具的措施的建议，以确保符合欧盟对个人数据的保护水平的要求。这些建议包括了如何将责任制原则应用于数据传输的路线图，根据该指南，数据出口商将采取下述六个实际的步骤：[44]

264

— 第一步应该是要"知道自己在传输"个人数据到第三方国家，也即要了解到所有的这些信息。

— 第二步是验证数据出口商所依赖的数据传输机制，包括那些由《一般数据保护条例》第五章所列举的传输机制：欧盟委员会确定第三国应确保的数据保护水平的充分性决定（第 45 条第 3 款），或者适当的保护措施，包括具有法律约束力和可强制执行的法律手段，例如具有约束力之企业规则、标准合同条款或克减规则（第 49 条），例如数据主体明确同意的数据传输。

— 第三步是对第三国法律或实践中可能对《一般数据保护条例》第 46 条的适当保障措施的效力产生负面影响的潜

44　EDPB's Recommendations 01/2020 of 10 November 2020 on measures that supplement transfer tools to ensure compliance with the EU level of protection of personal data, pp.2–3. 在本书进行最新版的修订时，该版本尚在征求公众意见。

在因素进行书面的记录评估，这些保障措施被用作特定数据传输中的传输工具，并因此影响数据转移之后对个人数据保护的级别。需要考虑的因素之一是公共机构出于监视目的访问被传输的数据。[45]

— 第四步（仅当第三步的评估表明，第三国立法对已被使用或计划用作数据传输机制的《一般数据保护条例》第46条的适当保障措施的效力产生了负面影响时，第四步才是必要的）是"确定并采取必要的补充措施，以确保被传输的数据的保护水平达到欧盟的实质等效标准"。建议书附件2列出了补充措施的详尽清单。该附件还介绍了确保这些措施有效性的一些条件，以表明这种有效性可能取决于当地情况，并且可能需要同时采用不同的措施。采取技术措施的一些示例是：在数据传输之前使用强加密措施处理个人数据，或者加密算法及其参数化（诸如密钥的长度、可用的操控模式）符合最新技术并且在考虑到接收国公共当局借助可利用的资源和技术能力（例如用于"蛮力攻击"的计算能力）进行解码分析的情况下依然是强大和有效的（第22页）。欧洲数据保护委员会还强调，如果第三国法律禁止数据出口商已经确定的补充措施（例如使用加密措施），或者以其他方式阻止其有效性，那么数据出口商不得启动将个人数据传输到该国家的行为，或者必须停止正在进行的向该国传输数据的行为（第16页的第52点）。

— 第五步是采取上述补充措施可能需要的任何正式的程序

---

45 特别是在与公共机构访问数据相关的立法不明确或无法公开获得的情况下，建议参考2020年11月10日《关于监视措施的欧洲基本保障的第02/2020号建议》，https://edpb.europa.eu/our-work-tools/our-documents/recommendations/edpb-recommendations-022020-european-essential_pl。

步骤，具体取决于《一般数据保护条例》第46条所述的
预期的数据传输机制。例如，除了标准合同条款之外的
补充措施并不需要"主管的监管部门的授权以添加此类
条款或其他保障措施，只要所确定的这些补充措施不会
与标准合同条款产生直接或间接的冲突，并且足以确保
《一般数据保护条例》所保证的数据保护水平不会受到损
害"（第17页）。

— 第六步是根据问责制原则，在适当的时间间隔内对传输
到第三国的个人数据的保护级别进行重新评估，并监测
是否已经出现或有可能出现的新状况会影响到欧盟等效
的标准。

二、具有约束力之企业规则

作为一项主要的原则，对欧盟委员会裁定没有确保充分的数据保
护标准的第三国，只有在数据出口商确保采取适当保障措施对数据进
行保护之后，才可以进行数据的传输。这类保障措施之一是具有约
束力之企业规则（第46条第2款第b项和第47条）。它们是企业集
团内部数据传输的首选工具，也即在跨国公司和企业集团内部的数据
传输。

在《一般数据保护条例》第4条第20款中，具有约束力之企业
规则被定义为一种个人数据保护政策，由在欧盟成员国境内建立的数
据控制者或者数据处理者遵守，用于向在一个或多个第三国家之内的
事业集团或者从事联合经济活动的企业集团（也即控制型企业及受控
企业——第4条第19款）内部的数据控制者或者数据处理者进行个
人数据传输或一组个人数据传输。

具有约束力之企业规则是在企业集团内使用，这与数据保护的标
准条款（标准合同条款）不同，后者适用于将数据传输到企业集团外

部的不属于该公司的实体，包括将数据处理外包给这些实体。

具有约束力之企业规则旨在使企业集团（第47条所定义的"事业集团或者从事联合经济活动的企业集团"）之内的实体可以相互之间在全球范围内自由地交换个人数据，无需另外订立单独的协议安排。与此同时，其目的是确保在将个人数据传输到属于同一企业集团且位于不能确保充分数据保护的第三国的实体之后，对个人数据依然提供充分的保护。

根据具有约束力之企业规则所进行的数据传输，可以在位于欧盟（欧洲经济区）内外的企业集团实体和组织单位内部进行。作为其合作的固有部分，这些实体和组织单位可以在企业集团内部共同使用全球信息技术系统和数据库，从而进行大规模、系统性的数据交换。在大规模、系统性的数据交换的情况下，如果是根据数据主体的同意进行数据传输，将会出现与《一般数据保护条例》的要求——也即仅在确保数据得到充分保护的情况下才可以传输数据的原则——不一致的结果。鉴于数据主体的同意是自愿的并且可以随时撤回，因此（将数据主体的同意）作为一种系统性设计，将是不切实际和不合理的。

266

实施具有约束力之企业规则并将其用作数据传输的基础并不需要监管部门的单独授权，但前提是该具有约束力之企业规则已经获得主管监管部门的批准[46]，并且符合《一般数据保护条例》第47条规定的其他条件（监管部门批准它们的条件），包括对集团所有实体及其雇员具有法律约束力，并且就处理个人数据的事项，明确授予数据主体可以执行的权利。

鉴于《一般数据保护条例》第47条第2款规定了在具有约束力之企业规则中插入最低限度的要件，因此第二十九条工作组在其第

---

[46] 该批准必须符合《一般数据保护条例》第63条规定的一致性机制，并应当涉及数个监管部门（因为申请人可能在许多欧盟成员国拥有实体），欧洲数据保护委员会应当在主管部门批准该具有约束力之企业规则之前，就该规则发表意见。

256 号工作文件第 01 修订版（适用于数据控制者的具有约束力之企业规则，英文简称 BCR-C）[47] 和第 257 号工作文件第 01 修订版（适用于数据处理者的具有约束力之企业规则，英文简称 BCR-P）[48] 之中，调整了措辞并澄清了具有约束力之企业规则文件的内容。这两个文件都于 2018 年 2 月 6 日最后做了修订并获得通过。在此之前，是由第二十九条工作组 2003 年 6 月 3 日第 74 号工作文件以及第 108 号和第 204 号工作文件制定了针对具有约束力之企业规则的适用规则和要求，其中第 74 号工作文件名为《将个人数据转移到第三国：将〈欧盟数据保护指令〉第 26 条第 2 款适用于国际数据转移的具有约束力之企业规则》[49]，是针对具有约束力之企业规则制定明确规范的最初几份工作文件中的第一份文件。

    — 具有约束力之企业规则的约束性质，特别是意味着具有约束力之企业规则必须具有法律约束力，对从事联合经济活动的企业集团或企业集团的每个参与成员（包括其雇员）而言，都负有尊重具有约束力之企业规则的明确义务；该集团的欧盟总部以及承担了委派的数据保护职责的欧盟成员或者数据出口商，在违反具有约束力之企业规则的情况下，应当承担损害赔偿和救济的责任；

    — 有效性，其中包括具有针对具有约束力之企业规则的培训计划，投诉处理的流程，以及针对具有约束力之企业

47　Working Document setting up a table with the elements and principles to be found in Binding Corporate Rules（《关于具有约束力企业规则所包含的要素和原则的表格创设的工作文件》），last revised and adopted on 28 November 2017, WP 256 rev.01.

48　Working Document setting up a table with the elements and principles to be found in Processor Binding Corporate Rules（《关于数据处理者的具有约束力企业规则所包含的要素和原则的表格创设的工作文件》），last revised and adopted on 6 February 2018, WP 257 rev.01.

49　http://ec.europa.eu/justice/policies/privacy/docs/wpdocs/2003/wp74_en.pdf.

规则的审核计划；

— 数据处理和数据流动的描述，包括数据传输的性质、数据主体的类型以及具有约束力之企业规则的地理范围；

— 关于数据传输或者转送（onward transfer）出欧盟的规则，以及受到具有约束力之企业规则约束的实体清单。

在第 256 号工作文件第 01 修订版和第 257 号工作文件第 01 修订版的意见之中，第二十九条工作组还强调，应当授予数据主体自己选择提起诉请的权利：或者向其惯常居住地、工作地或涉嫌侵权地的欧盟成员国的监督部门提出诉请（根据《一般数据保护条例》第 77 条的规定），或者在欧盟成员国的管辖法院提出诉请（根据《一般数据保护条例》第 79 条，数据主体可以选择在数据出口商营业所在地的法院，或者数据主体惯常居住地的法院提起诉讼）。

第二十九条工作组在其建议中，分别针对数据控制者的数据传输和数据处理者的数据传输的请求，提供了用于批准具有约束力之企业规则的标准申请表：《关于批准数据控制者用于数据传输的具有约束力之企业规则的标准申请表》（2018 年 4 月 11 日第 264 号工作文件），以及《关于批准数据处理者用于数据传输的具有约束力之企业规则的标准申请表》（2018 年 4 月 11 日，第 265 号工作文件）。

为了证明符合第二十九条工作组第 256 号工作文件第 01 修订版（适用于数据控制者）和第 257 号工作文件 01 修订版（适用于数据处理者），当事人提交的请求批准具有约束力之企业规则的申请书应当特别附有下述文件：集团内部的协议（确保具有约束力之企业规则的约束效力）以及所有相关的政策，诸如具有约束力之企业规则的政策、个人信息政策、数据主体访问请求的政策、投诉处理的政策、审计的政策以及培训的脚本。

在针对具有约束力之企业规则制定明确规范的最初几份工作文件中的第一份文件，也即第二十九条工作组 2003 年 6 月 3 日的第 74 号工作文件之中，第二十九条工作组通过明确"具有约束力之企业规则"的特征来定义这个术语。这些特征包括受该规则约束的实体的范围。具有约束力之企业规则适用于企业集团，在这种背景之下，这意味着任何企业集团实际上都要遵守第74号工作文件第3.3节所定义的规则。这些规则包括：集团内企业规则的约束力性质，数据主体和数据保护机构执行这些企业规则的可行性，以及在适用于团体成员的当地法律与该企业规则所规定的义务相抵触的情况下，要求立即通知总部或位于欧盟成员国的另一组成员，告知其有受托的个人数据保护责任。

第二十九条工作组允许每个国家灵活地定义"企业集团"（corporate group）一词，以便更好地适用具有约束力之企业规则。[50] 具体取决于各自的业务环境，通过具有约束力之企业规则来规范国际数据传输的企业集团，可能具有不同的形态，有的集团是通过层次结构将多个实体紧密联系起来（特别是公司和组织单位），有的集团只是通过合作将多个实体松散绑定起来，这些实体不必然是属于相同的行业部门。但是，第二十九条工作组强调了在提交请求和考虑请求时必须考虑的一点：在松散的集团之中，企业规则的可执行性有可能不太有效。不过，可以通过在这类集团内部进一步区分子集团，从这些子集团的相似性质以及确保有效执行企业规则的实际可行性入手，来防止出现这种情况。

268　　具有约束力之企业规则的关键特征，在于它们在内部和外部关系中都具有法律约束力和法律可执行性，并且适用于公司或企业集团中的每个实体（包括外部的分包商）及其所有员工，这就使得它们被视为将数据传输到第三国的一种保障措施和基础。

确保具有约束力之企业规则具有实际效力的手段包括：将其设置为一个综合系统；由集团的上级实体的董事会通过（并由上级强加给

50　http://ec.europa.eu/justice/policies/privacy/docs/wpdocs/2003/wp74_en.pdf.

该集团的每个实体），通过诸如在公司局域网之内为员工和分包商提供详细的、容易理解的教育计划，确保员工和分包商了解该企业规则；要求企业集团的员工遵守规则（应适当考虑施加该义务的形式，例如为员工制定内部政策并授权他／她们处理个人数据的职责，当地劳动法可能会采取不同方式对这些义务进行监管）；任命审查数据处理正确性的监管人员；采取纪律制裁。另一种确保企业规则有效性的方法是在信息安全管理中引入通用标准。

数据主体和监管部门对具有约束力之企业规则的法律可执行性意味着，根据具有约束力之企业规则，数据主体应该有权向受到该企业规则约束的实体直接提出权利主张。明确授予数据主体有关其个人数据的可执行权利，这也是监管部门批准具有约束力之企业规则的前提。数据主体对具有约束力之企业规则的法律可执行性还包括数据主体有权向欧盟内的数据保护主管部门或管辖法院提起投诉或诉请。

数据保护部门批准具有约束力之企业规则的程序

一旦具有约束力之企业规则得到了主管监管机构的批准，它们就成为了保护传输到第三国的数据的保障。据此，它们构成了数据传输的法律依据，数据传输也不需要监管机构的单独授权。企业集团可以获批其具有约束力之企业规则草案，前提是该企业规制具有法律约束力，适用于该企业集团的每个成员及其雇员，并且这些企业规则制定了数据主体有权享有的可执行的权利。批准的评估涵盖了具有约束力之企业规则的内容，其中至少必须包括《一般数据保护条例》第47条第2款所列的各个方面，包括企业集团的结构、数据保护官的任务以及投诉程序。

申请人（数据出口商）将具有约束力之企业规则的草案提交欧盟的数据保护主管部门批准。具有约束力之企业规则是根据一致性机制（第63条）批准的，该机制旨在通过监管机构的合作，确保《一般数据保护条例》在整个欧盟适用的一致性。鉴于提起请求的企业集团的经营范围，可能得由多个数据保护主管部门来评估其具有约束力之企业规则草案，因此牵头的主管机构必须将其请求与支持文件一起分发给其他数据保护机构；这包括要将数据从其本国转移到第三国的国家／地区的数据保护机构，因为申请批准其具有约束力之企业规则的组织可能在许多欧盟国家中都设有实体。为了确保一致性（第 64 条第 1 款第 f 项），主管监管机构随后应向欧洲数据保护委员会（已取代了第二十九条工作组）咨询有关具有约束力之企业规则的批准的决定草案，欧洲数据保护委员会应对具有约束力之企业规则发表意见。当根据欧洲数据保护委员会的意见，最终确定具有约束力之企业规则之后，牵头的主管机构将批准具有约束力之企业规则。

第二十九条工作组在其第 263 号工作文件第 01 修订版（下文谈及；此前是 2005 年 4 月 14 日的第 107 号工作文件[51]）之中，界定了《一般数据保护条例》第 47 条第 1 款、第 63 条、第 64 条和（仅在必要时）第 65 条规定的针对数据控制者和数据处理者批准具有约束力之企业规则的程序。这包括企业集团在国家数据保护机构之间开展合作的框架内（相互承认程序，《一般数据保护条例》序言第 124 条），选择国家数据保护机构作为具有约束力之企业规则批准程序的牵头机构所必须遵循的标准。[52] 该程序旨在加速和简化该流程，并避免涉及不同成员国的多个监督机构权限时，行政程序之间的差异和重复。加快和简化程序的措施包括：根据提出请求的企业集团的经营规模也即对应的国家数目，任命一个或两个监督部门，它们与牵头机构一起充当具有

269

---

51 Working Document Setting Forth a Co-Operation Procedure for Issuing Common Opinions on Adequate Safeguards Resulting from 'Binding Corporate Rules'（《就因"具有约束力之企业规则"产生的充分保障发表共同意见制定合作程序的工作文件》），http://ec.europa. eu/justice/policies/privacy/docs/wpdocs/2005/wp107_en.pdf.

52 第二十九条工作组有关挑选牵头机构的指南也包括在以下文件中：《关于确定数据控制者或数据处理者的牵头监督部门的指南》，2016 年 12 月 13 日通过，2017 年 4 月 5 日最后修订并通过，第 244 号工作文件，第 01 修订版，http://ec.europa.eu/newsroom/document.cfm?doc_id=44102。

约束力之企业规则的批准请求的共同审核者。牵头机构启动与申请人的讨论，并审核具有约束力之企业规则的草案文件。它会将具有约束力之企业规则的第一版修订稿和相关文件发送给一个或两个相关的监管机构（监管机构的数量取决于要从其领土进行数据传输的欧盟成员国的数量），这些监管机构将充当共同审核者，支持牵头机构的评估。通常来说，每当数据传输涉及 14 个或者更多的欧盟成员国时，牵头机构都会征询两个共同审核者的意见。如果数量达不到 14 个，根据具体情况和获取其他监管机构支持的可能性，可以有一个或两个共同审核者。[53]

就申请人在相互承认的程序中选择一个数据保护机构作为牵头机构的标准而言，特别需要考虑该集团在欧洲总部的位置。这是优先的标准，但是申请人也可以提出替代的标准，例如，所在地是依据数据处理目的和方式作出大多数决定的地点，或者所在地是大多数数据转移到非欧洲经济区国家的欧盟成员国。

具有约束力之企业规则的使用尚未普及。截至 2020 年 10 月 25 日，已经完成具有约束力之企业规则相互承认程序的全球性公司尚不到 140 家。[54] 在大多数情况下（占到总数的三分之二），牵头机构是法国的数据保护机构也即法国国家信息和自由委员会（有 34 例）、英国的数据保护机构也即英国信息专员办公室（有 28 例）或者荷兰的

270

53　The Article 29 Working Party's Working Document Setting Forth a Co-Operation Procedure for the approval of 'Binding Corporate Rules' for controllers and processors under the GDPR（《设立一项合作程序以批准一般数据保护条例的数据控制者和数据处理者的"具有约束力之企业规则"第二十九条工作组工作文件》）, No. WP 263 rev.01 of 11 April 2018 (point 2.2), updating the WP 107.

54　欧盟委员会编制了已结束欧盟具有约束力之企业规则的相互承认程序的公司清单（http://ec.europa.eu/newsroom/article29/item-detail.cfm?item_id=613841），截至 2018 年 5 月 24 日，该清单共有 130 家全球公司。《一般数据保护条例》生效之后，自 2019 年起，该清单转由欧洲数据保护委员会编制，截至 2020 年 10 月 25 日，又增加了 6 家企业（其中一家是重复认证的企业——同时充当数据控制者和数据处理者），https://edpb.europa.eu/our-work-tools/accountability-tools/bcr_en.

数据保护机构也即荷兰数据保护局（有 22 例）。

目前这三家机构所批准的具有约束力之企业规则的数量，在已批准的总数中所占的份额略有下降，这是因为其他几个数据保护机构在近年批准了越来越多的具有约束力之企业规则，它们以前从没有或者很少担任过牵头机构。这些机构包括比利时、丹麦、爱尔兰、卢森堡、马耳他、挪威、西班牙和瑞典的数据保护机构，以及德国联邦各州（例如巴伐利亚州）的一些数据保护机构。[55]

第二十九条工作组与亚太经济合作组织（APEC）就欧洲和亚太地区运营的跨国公司之间的数据传输规则达成了一致意见。[56]

亚太经合组织《跨境隐私规则》（Cross-Border Privacy Rules，CBPR）系统是政府支持的数据隐私认证，公司可以加入以证明其遵守了国际数据保护法。亚太经济合作组织的《跨境隐私规则》系统目前有九个参与者：美国、墨西哥、日本、加拿大、新加坡、韩国、澳大利亚、中国台北和菲律宾。[57]

亚太经济合作组织在 2012 年制定的《跨境隐私规则》成为了确保亚太地区充分数据保护水平的法律工具，其类似于欧盟采用的具有约束力之企业规则。第二十九条工作组为申请批准具有约束力之企业规则或申请认证《跨境隐私规则》的组织制定了非正式的实用的核查清单。该清单并非旨在促进欧洲和亚太两个系统的相互认可，但却是一种有用的工具，数据处理者可以借此同时满足欧盟和亚太地区数据

55　我也想借此机会向下述机构致以特别的感谢：英国信息专员办公室（ICO），法国国家信息和自由委员会（CNIL）、卢森堡国家数据保护委员会（CNPD）和波兰个人数据保护办公室（UODO）。在与它们的工作联系中，我深刻体验到其专业和友好的态度。

56　Opinion 02/2014 on a referential for requirements for Binding Corporate Rules submitted to national Data Protection Authorities in the EU and Cross Border Privacy Rules submitted to APEC CBPR Accountability Agents（《关于要求向欧盟国家数据保护机构提交"具有约束力之企业规则"和向亚太经济合作组织跨境隐私规则问责专员提交〈跨境隐私规则〉的参考的第 02/2014 号意见》）, 27 February 2014, WP 212, https://ec.europa.eu/justice/article-29/documentation/opinion-recommendation/files/2014/wp212_en.pdf.

57　http://cbprs.org/business/, retrieved on 25 October 2020.

保护机构的要求。

三、数据保护标准条款

作为一项重要原则，只有在数据出口商确保数据在传输之后将受到适当保护措施保障的情况下，才允许其将数据传输到欧盟委员会尚未认定对数据提供了充分保护水平的第三国。这类保障措施之一是由欧盟委员会或监管机构采用并得到欧盟委员会批准的数据保护标准条款，即标准合同条款（第 46 条第 2 款第 c 项和第 d 项）。

充分的保护水平，即相当于欧盟的保护水平，包括禁止以非法方式收集数据或处理收集的数据。例如，当数据处理必须在数据主体的同意之下进行时，这种同意必须是明确和自愿的，并且拒绝同意不会对数据主体带来潜在的不利后果。相关义务还包括要求明确数据处理的目的和数据接收者，确保对数据的访问，实施保护措施以确保数据处理安全处于充分的级别，以确定的合法目的处理数据并与当初收集数据的目的相一致，确保处理的数据范围不超出这些目的，并在数据处理目的过期之后删除那些可识别个人的数据。

与在公司内部使用的具有约束力之企业规则不同，标准条款是将数据从企业集团中传输出去（也即将数据传输到不属于企业集团但与集团成员合作的实体，包括外包给的数据处理的实体）的基础。

由于具备法律约束力的特征，它们可以确保传输之后的数据得到相当于欧盟标准的充分保护，且与第三国数据保护的法律状况无关，即使第三国没有适当的一般法律或部门法律以确保《一般数据保护条例》所规定的数据保护标准。

标准条款被用作系统传输大量数据的基础。因为在这类情况下，如果根据数据主体的同意来传输数据，会与《一般数据保护条例》发生冲突，也即与《一般数据保护条例》要求的仅在确保数据得到充分保护的情况下才可以传输数据的原则不一致。鉴于同意是自愿的并且可以随时撤回，以这种方式作为系统性制度安排也是不切实际和不合

271

理的。

欧洲数据保护委员会在 2018 年 5 月 25 日《关于〈第 2016/679 号条例〉第 49 条的克减的第 2/2018 号指南》中建议，对那些部分业务必须大规模和系统地传输个人数据的机构而言，可以使用标准条款这种法律工具。[58]

根据《一般数据保护条例》的规定，数据保护标准条款作为由欧盟委员会采用或由监管机构采用并经欧盟委员会批准的一揽子条款，是将数据传输到第三国而无需单独获取监管机构授权的法律依据。相反，根据《第 95/46/EC 号指令》，即使数据控制者使用标准条款，也不能免除其获得授权进行数据传输的要求。然而，在当时的大多数成员国，根据标准条款进行数据传输并不需要获得数据保护机构的授权。尽管如此，那些法律确实有要求的成员国，则有义务使用简化的数据传输批准程序，即便考虑到数据控制者使用了欧盟委员会采用的标准条款。在成员国中，欧盟委员会的决定具有约束力，因此，在合同中包含标准合同条款后，成员国的国家主管部门便无法以标准条款不能确保充分的数据保护为由而拒绝批准数据的传输。[59]

将标准条款作为确保传输后的数据得到充分保护的法律工具的想法，源于[60]欧洲委员会、国际商会和欧盟委员会于 1992 年 11 月 2 日

---

58 https://edpb.europa.eu/sites/edpb/files/files/file1/edpb_guidelines_2_2018_derogations_en.pdf；在此之前是第二十九条工作组 2005 年 11 月 25 日《关于〈第 95/46/EC 号指令〉第 26 条第 1 款的共同解释的第 114 号工作文件》。

59 Article 29 Working Party, Working Document Setting Forth a Co-Operation Procedure for Issuing Common Opinions on 'Contractual clauses' Considered as compliant with the EC Model Clauses（《就被认为符合欧共体示范条款的"合同条款"发布共同意见制定合作程序的工作文件》），26 November 2014, WP 226, http://ec.europa.eu/justice/data-protection/article-29/documentation/opinion-recommendation/files/2014/wp226_en.pdf.

60 正如下述文献所提到的：Article 29 Working Party, Preliminary views on the use of contractual provisions in the context of transfers of personal data to third countries（《将个人数据传输到第三国而使用合同条款的初步意见》），WP 9 of 22.4.1998, http://ec.europa.eu/justice/policies/privacy/docs/wpdocs/1998/wp9_en.pdf, p.2.

共同发布的题为《以解释性备忘录进行跨境数据流动情况下采用示范合同确保同等的数据保护》的文件。该文件的附录一就包含了几方共同建议的示范合同条款。自 1980 年代末以来，这些合同条款已经在欧洲特别是法国投入使用。[61] 它们最早的使用（也树立了先例）是当时柏林－勃兰登堡州的数据保护部门责成德国铁路公司（德国铁路运营者）和花旗银行对两者之间因为开展合作项目"铁路银行卡"而传输的个人数据保护进行规范。[62]

根据《第 95/46/EC 号指令》第 26 条第 4 款的授权，欧盟委员会发布了三项关于采用标准合同条款的决定：[63]

1）2001 年 6 月 15 日关于根据《第 95/46/EC 号指令》将

61　L. Kong（L. 空），Data Protection and Transborder Data Flow in the European and Global Context（《欧洲和全球背景下的数据保护和跨境数据流动》），*European Journal of International Law* 2010（《欧洲国际法杂志（2010）》），Vol. 21, No. 2, pp.446 et seq., http://www. ejil.org/pdfs/21/2/2007.pdf; working document WP 12 of the Article 29 Working Party of 24 June 1998, p.15.

62　A. Dix（A. 迪克斯），Berliner Datenschutzbeauftragter（柏林数据保护官），The German Railway Card: A Model Contractual Solution of the Adequate Level of Protection Issue?（《德国铁路卡：个人数据充分保护水平的示范合同解决方案？》），18th Annual International Privacy and Data Protection Conference, Ottawa, Canada, September 1996; J. R. Reidenberg（J. R. 罗登堡），Resolving Conflicting International Data Privacy Rules in Cyberspace（《在赛博空间借鉴国际数据隐私规则的冲突》），*Stanford Law Review* 2000, Vol. 52, p.1375, http://reidenberg.home.sprynet.com/international_rules. pdf; C. H. Manny（C. H. 曼尼），Personal Privacy – Transatlantic Perspectives, European and American Privacy: Commerce, Rights and Justice – part 1（《个人隐私——跨太平洋视角，欧洲和美国的隐私：商业、权利和正义（第 1 部分）》），*Computer Law and Security Report* 2003, Vol. 19, No. 1, p.5, http://www.its.ohiou.edu/bernt/ITS351/transatlantic1.pdf.

63　2002 年的《将个人数据传输到不受充分数据保护的第三方应该如何准备合同条款的指南》提供了有关如何根据 2001 年 12 月 27 日的《第 2001/497/EC 号决定》和《第 2002/16/EC 号决定》（被《第 2010/87/EU 号决定》所取代）正确制定标准合同条款的详细指南。该《指南》是由"自动处理个人数据的个人保护公约咨询委员会"（the Consultative Committee of the Convention for the Protection of Individuals with regard to Automatic Processing of Personal Data）（T-PD）所制定的，http://www.coe.int/t/dghl/ standardsetting/dataprotection/Reports/Guide_contractual_clauses_2002.pdf。

个人数据传输到第三国的标准合同条款的《第 2001/497/EC 号决定》[64]

273 2）2004 年 12 月 27 日关于对《第 2001/497/EC 号决定》进行修订以引入一套替代的标准合同条款将个人数据传输至第三国的《第 2004/915/EC 号决定》[65]

3）2010 年 2 月 5 日关于根据欧洲议会和理事会《第 95/46/EC 号指令》将个人数据传输到第三国数据处理者的标准合同条款的《第 2010/87/EU 号决定》。[66]

前两个委员会决定规定了在数据出口者和数据进口者都是数据控制者（也即数据控制者到数据控制者的数据传输）的情况下所要使用的标准合同条款的替代性示范合同。第三个委员会决定则制定了在另一种关系中使用的标准合同条款，这类合同涉及在欧盟设立的数据控制者将个人数据的处理工作签约给第三国的数据处理者（数据控制者到数据处理者的数据传输）。

2014 年 3 月 21 日，第二十九条工作组意识到这些情况缺乏一项重要的内容，因此通过了一项合同条款草案，专门用于总部位于欧盟的数据处理者将个人数据处理工作分包给欧盟以外的分包商的合同。[67]然而，迄今为止，这些条款尚未被欧盟委员会采用，因此属于没有约束力的法律，无法用来确保对传输之后的数据进行充分的保护。

64　OJ EU L 181, 4.7.2001, p.19.

65　OJ EU L 385, 29.12.2004, p.74.

66　OJ EU L 39, 12.2.2010, p.5. 第二十九条工作组在其 2009 年 3 月 5 日的《第 3/2009 号意见》中提到了该决定的草案，第 161 号工作文件，http://ec.europa.eu/justice/policies/privacy/docs/wpdocs/2009/wp161_en.pdf.

67　Working document 01/2014 on Draft Ad hoc contractual clauses 'EU data processor to non-EU sub-processor'（《有关"欧盟数据处理者到非欧盟的分处理者"专门合同条款草案的第 01/2014 号工作文件》），WP 214, http://ec.europa.eu/justice/data-protection/article-29/documentation/opinion-recommendation/files/2014/wp214_en.pdf.

《第 2001/497/EC 号决定》第 1 条、《第 2004/915/EC 号决定》序言第 1 条和第 9 条以及《第 2010/87/EU 号决定》第 1 条强调，这些决定中包含的标准合同条款规定了对数据主体的隐私权、基本权利和自由以及数据主体的权利行使的适当保障措施，从而满足了《一般数据保护条例》第 44 条和第 45 条第 1 款（《第 95/46/EC 号指令》第 26 条第 2 款）所规定的允许将数据传输到第三国的前提条件。[68]

这套示范条款规定了数据进出口商的义务，包括其采取数据保护保障措施，并向数据主体提供有关其数据处理的信息以及将其个人数据传输到第三国的后果的相关信息的义务，包括第三国公共当局可能访问此类数据以及数据主体的权利，包括访问、更正或删除个人数据的权利。标准条款还制定了以下规则：因任何数据传输方不遵守这些合同条款而造成的损害，数据主体享有获得赔偿的权利，以及向数据保护机构或成员法院寻求救济的权利。

对"控制者到控制者的数据传输"与"控制者到处理者的数据传输"设置不同的合同条款的理由在于，数据处理者不同于作为数据的后续控制者的数据进口者，数据处理者只能处理来自数据控制者所指令的数据，因而受到数据处理合同规定的处理范围和目的之约束。因此，我们应该假定，与不同的数据控制者之间进行数据传输相比，根据数据处理合同进行数据传输所带来的风险要小（《第 2001/497/EC 号决定》序言第 8 条提出了相同的论点）。通过使用数据处理合同中的标准合同条款，更有可能确保数据在传输到第三国之后可以得到充分的保护；因此，比起数据处理合同，数据控制者之间的标准合同条款应该设置更为严格的保障措施。

274

68　欧盟委员会考虑了第二十九条工作组关于标准合同条款所保证的安全级别的建议，即：Opinion 8/2003 on the draft standard contractual clauses submitted by a group of business associations (the alternative model contract) [《关于商业协会群体提交的标准合同条款草案的第 8/2003 号意见》（替代性示范合同）], document No. WP 84 of 17 December 2003, http://ec.europa.eu/justice/policies/privacy/docs/wpdocs/2003/wp84_en.pdf。

同时生效的《第 2001/497/EC 号决定》和《第 2004/915/EC 号决定》允许数据控制者根据《第 2004/915/EC 号决定》第 1 条第 1 款所修改的《第 2001/497/EC 号决定》的第 1 条，依据数据传输的性质，从以下两种替代性条款中选择其中之一:《第 2001/497/EC 号决定》附件的第 Ⅰ 组条款，或者《第 2004/915/EC 号决定》附件的第 Ⅱ 组条款。但是，正如《第 2004/915/EC 号决定》(也即该决定的序言第 3 条，对《第 2001/497/EC 号决定》第 1 条进行修改的第 1 条第 1 款，以及其第 Ⅶ 条)所指出的那样，这两套合同条款是数据控制者可以择一而用的不可变动的示范合同，但是数据控制者不能修改或者合并这两套合同条款中的具体规定。

《一般数据保护条例》允许数据控制者在数据保护标准条款中添加内容，以反映数据传输和数据控制者活动的性质。标准条款可以被吸纳到更为广泛的合同之中;它们还可以提供其他的保障措施。但是，这类补充规定不得与标准条款相抵触或降低标准条款的要求(《一般数据保护条例》第 109 条，《第 2001/497/EC 号决定》第 5 条和第 11 条，《第 2004/915/EC 号决定》第 Ⅱ 套合同的第 Ⅶ 条，《第 2010/87/EU 号决定》第 4 条和第 10 条)。

新版的标准合同条款草案

2020 年 11 月 12 日，欧盟委员会根据欧洲议会和欧洲理事会《第(EU)2016/679 号条例》发布了有关将个人数据传输到第三国的标准合同条款的实施决定草案。[69]

上文提到的欧盟委员会 2001 年和 2010 年关于标准合同条款的决定将被新的模板所取代:

69　https://ec.europa.eu/info/law/better-regulation/have-your-say/initiatives/12741-Commission-Implementing-Decision-on-standard-contractual-clauses-for-the-transfer-of-personal-data-to-third-countries.

- 数据控制者到数据控制者；

- 数据控制者到数据处理者；

- 数据处理者到数据处理者；

- 数据处理者到数据控制者（后者仅适用于欧盟的数据处理者将从第三国的数据控制者那里接收到的个人数据，与欧盟的数据处理者所收集的个人数据相结合的情况）。

因此，数据控制者到数据控制者的数据传输（迄今为止由《第 2001/497/EC 号决定》和《第 2004/915/EC 号决定》加以规范）和数据控制者到数据处理者的数据传输（迄今为止由《第 2010/87/EU 号决定》加以规范）的集合，将由数据处理者到数据处理者、数据处理者到数据控制者的数据传输集合加以补充。数据控制者或数据处理者，也即数据出口商或者数据进口商，可以自由地将那些标准合同条款包括在更广泛的合同中，还可以添加其他条款或其他保护措施，只要新增的条款和措施不直接或间接地与标准合同条款相抵触或者损害数据主体的基本权利或自由（参见 2020 年 11 月 12 日欧盟委员会《实施决定》草案的序言第 3 条）即可。根据相关立法工作进展的信息，欧盟委员会关于标准合同条款的 2001 年和 2010 年的决定，在 2021 年初将由新的《实施决定》代替。在编写本书时，新方案的采纳过程仍然需要征询欧洲数据保护委员会和欧洲数据保护主管的意见以及欧盟成员国的赞成票。

在该《实施决定》生效之日起的一年过渡期内，数据出口商和数据进口商可以继续根据《第 2001/497/EC 号决定》（经由《第 2004/915/EC 号决定》修改）和《第 2010/87/EU 号决定》履行在该日期之前于两个决定之间签订的合同，前提是合同保持不变，但可以例外地增加必要补充措施，以确保个人数据的传输受到符合《一般数据保护条例》第 46 条第 1 款规定的适当保障（参见 2020 年 11 月 12 日欧盟委员会《实施决定》草案的第 6 条第 3 款）。

新的《实施决定》的"总论"部分包含了以下方面的规定：

- 双方有义务确保从事数据进口的第三国的数据保护法（包括任何披露个人数据的要求或允许公共当局访问个人数据的措施）不会妨碍数据进口商履行标准合同条款规定的义务；

- 数据进口商有义务将公共当局访问个人信息的任何请求通知数据出口商，并根据目的地国的法律审查此类请求的合法性，并且确保数据出口商在回应公共当局此类请求时，仅提供法律允许的最少数量的相关信息；

- 由数据进口商在独立的争议解决机构面前向数据主体免费提供补救措施；

- 当事人之间的赔偿，如果因为违反标准合同条款而使数据主体遭受实质性或非实质性损害，并且数据主体有权获得赔偿的情况；

- 数据进口商有义务为自己职责之下的数据处理活动保存适当的文档记录，并在自己出于任何原因无法遵守标准合同条款的情况下及时通知数据出口商；

- 数据出口商中止数据传输的义务，以及在特别严重的情况下，在数据进口商违反或无法遵守标准合同条款的情况下，数据出口商有权终止合同。

标准合同条款的附件Ⅰ涉及合同双方负责完成的关于数据传输的说明，该附件必须包括数据主体的类别、传输的个人数据的类别（包括敏感数据，如果适用）、数据传输的目的、进一步处理数据的目的以及最长的数据保存期限。如果是数据传输给（分）处理者的情况，还必须指定数据处理的主题、性质和持续的时间。

标准合同条款的附件Ⅱ由数据出口商负责完成，该附件必须说明为了确保数据传输之后在第三国的数据安全而实施的技术和组织措施。标准合同条款的附件 III 包括数据分处理者的名单（如果适用）。

第四节　禁止向不确保充分保护水平的第三国传输个人数据的克减规则

一、克减的定义

在数据出口商确保的安全措施之下进行数据传输，与在禁止数据传输的例外克减之下的传输数据，两者之间有着根本的区别。数据出口商确保采取的保护措施，例如具有约束力之企业规则、数据保护标准条款、行业法规或认证，均允许将个人数据传输到不能确保充分数据保护水平的第三国，这些保护措施自身的目的就是确保充分水平的数据保护。也即尽管数据要传输到的第三国无法确保足够的数据保护水平，但是仍可以借助这些法律工具所提供的适当保护措施来保护传输的数据。

相反，根据数据主体同意传输或者重要公共利益必须进行数据传输等理由，对禁止数据传输设置克减的例外（《一般数据保护条例》第 49 条，《第 95/46/EC 号指令》第 26 条第 1 款），则不是为了补偿所涉第三国缺乏适当保护的情况。与之相反，尽管事实上缺乏由该国法律规定、部门法规或者由数据控制者提供的保障措施来确保充分的数据保护，但数据仍然允许被传输到这些国家。因此，数据主体的同意或者其他克减理由使数据传输合法化，据此，所涉数据将不按照《一般数据保护条例》的标准进行保护。

这明显偏离了数据传输到欧盟之外后续也必须得到充分保护的原则，但其正当性源自这样的假设，即仅在风险可忽略不计的罕见情况下，才适用克减规则；克减规则构成了必须充分保护被传输数据的一般规则的例外，因此必须严格解释。根据《一般数据保护条例》第 49

条，克减规则仅适用于"特定情况"。作为优先事项，数据控制者必须首先确保在传输数据之后仍确保对个人数据的充分保护，例如通过适用具有约束力之企业规则或者数据保护标准条款；只有在证明确保数据充分保护不可能或过分困难时，或者在侵犯数据主体权利的风险很小的情况下，才可以诉诸克减规则。[70] 欧洲数据保护委员会（《第2/2018 号指南》）[71] 以及早先第二十九条工作组（第 114 号工作文件）的建议特别针对具有组织和财务手段确保数据充分保护的国际公司。第二十九条工作组认为，这类数据控制者在不使用具有约束力之企业规则或数据保护标准条款等保护措施的情况下，大规模或系统地传输数据尤为不恰当。如果以不适当的理由进行数据传输，就意味着将个人数据提供给未经授权的人员，数据主体被剥夺了应享有的保护，并且数据处理缺乏法律依据。

使用第 49 条第 1 款第 b—f 项的一个主要条件是必要性测试（仅在数据传输被视为是为了特定目的而"必要的"时候才适用克减规则）。[72]

尽管欧盟委员会没有宣布第三国或某个地区的数据保护水平的决定，并且即便数据出口商缺乏诸如具有约束力之企业规则或标准条款之类的保障措施，在某些情况之下，克减规则仍可作为特定情况下进行数据传输的理由，但仅限于以下条件：

- 在已经被告知由于缺乏适当的数据保护措施所面临的风险的情况下，数据主体仍然表示同意数据传输。

70　第二十九条工作组,1998 年 7 月 24 日第 12 号工作文件第五章；2005 年 11 月 25 日《关于〈第 95/46/EC 号指令〉第 26 条第 1 款的共同解释的第 114 号工作文件》第 1.2 节。

71　"因此，数据出口商应当首先努力构筑《一般数据保护条例》第 45 条和第 46 条规定的某种数据传输机制的框架，只有在无法做到的情况下，才使用第 49 条第 1 款规定的克减规则"，第 4 页。

72　EDPB Guidelines 2/2018, p.5.

- 为了根据数据主体的要求订立合同，或者履行数据主体与数据控制者之间的合同，有必要进行数据传输。
- 为了订立或履行数据控制者和第三方之间为了数据主体利益的合同，有必要进行数据传输。
- 出于公共利益的重要原因，有必要进行数据传输。
- 数据传输对于确立、行使或抗辩法律诉请而言是必需的。
- 数据传输是为了保护数据主体或其他人的至关重要的利益所必需的，而且数据主体缺乏表示同意的能力。
- 数据传输是通过公共登记簿进行的。

二、数据主体的同意 [73]

数据主体同意将数据传输到第三国的意思表述必须是明确的，并且根据《一般数据保护条例》第 4 条第 11 款，任何同意都必须是免费的、具体的、知情且不含糊的。

将相互不同且毫不相干的数据处理目的放在一个条款里，通常会违反同意的规则，因为这导致数据主体无法将必要的数据处理目的与仅服务于数据控制者利益的数据处理目的区分开来。另外，虽然以暗示同意是自动且不可避免的方式来起草合同条款也是很常见的做法，但却是不合法的。

在起草合同条款时使用晦涩的语言或者使用行话，都无法满足同意必须具有明确性的要求。明确性的要求已经暗示了这一点，但同时有明确要求的还包括使用容易理解和方便获取的形式以及清晰明了的语言（第 7 条第 2 款）。

如果数据主体的同意声明涉及其他事项，则同意声明的表述应当与其他事项有明显区别，并且必须使用清晰明了的语言以及易于理解

---

[73] 有关处理个人数据的法律基础（同意和其他情形）的详细指南，请参见本书第五章。

的形式（第 7 条第 2 款）。如果该数据主体只是参考了一般的合同条款或规定，其中数据传输被表示为数据处理操作之一的，则不满足该条件。任何宽泛的、空白的同意都将无效，因为同意无法与未明确的数据范围和传输目的建立关联。

如果数据控制者使用其网站上的预选框在线获取数据主体的同意，那么该同意不属于特定、具体的指示，不能作为数据传输的基础。[74]

数据控制者应当承担数据主体已经同意将数据传输到第三国的证明责任（第 7 条第 1 款）。数据控制者还必须证明数据主体的同意是自愿作出的（在雇主提出要求时，雇员确实会感受到必须作出同意的非正式压力，这意味着雇员同意的自愿性质可能会受到质疑）。[75] 因此，如果为了合同履行的目的在实际上并没有必要进行数据传输，但当事人仍以数据主体同意数据传输作为合同履行（包括提供服务）的前提条件，则是不可接受的做法（第 7 条第 4 款）。

279　　与数据"建议传输"有关的数据主体同意，意味着在数据控制者获得数据主体的同意之前，不应该向第三国进行数据传输。

数据主体的同意具有效力的另一个前提条件是向数据主体提供了法律要求的信息，这些信息包括第三国缺乏足够水平的数据保护以及数据控制者缺乏适当保障措施可能导致数据传输存在风险。此外，只有提供了《一般数据保护条例》第 13 条和第 14 条规定的信息，包括数据传输的目的、数据进口者的身份以及要传输的数据类别的信息，数据主体的同意才有效。在 2005 年 11 月 25 日第 114 号工作文件的

74　第二十九条工作组，2004 年 2 月 27 日对 2002 年 7 月 12 日欧洲议会和理事会《有关电子通信行业中个人数据处理和隐私保护的第 2002/58/EC 号指令》（隐私和电子通信指令）第 13 条的解释的第 90 号工作意见，第 3.2 节。

75　2017 年 6 月 8 日通过的《关于工作中的数据处理的第 2/2017 号意见》（第 249 号工作文件），第 3—4 页："除非雇员可以在没有不利后果的情况下拒绝同意，否则同意极不可能成为工作环境下的数据处理的法律依据"，"重要的是，鉴于对雇员与雇主关系所产生的依赖性，雇员很少能够自由地给出、拒绝或撤销同意"。

第 2.1 节有关《第 95/46/EC 号指令》第 26 条第 1 款的通用解释之中，第二十九条工作组指出，数据控制者必须能够证明，数据主体的同意是基于足够精确的信息，包括该数据不会在目的地第三国受到充分保护的说明。提供必要的信息"对于确保数据主体在充分了解数据传输的特定事实的前提下表示同意是必不可少的，因此，如果不提供这些必要信息，则不适用克减的规则"。[76]

此外还应该验证在数据主体表示同意之后，数据主体同意传输的环境和条件是否发生了变化。每当数据传输的目的、目的地国家或要传输的数据类别发生变化时，数据控制者都有义务再次向数据主体提供所需的各类信息，并就变化的情况征得数据主体的同意。

如果合法处理数据需要取得数据主体的同意，也即数据传输并不是基于规制数据向第三国传输的法律规定所明确的其他理由的，那么在不遵守或不履行信息义务或者数据主体同意的环境发生了变化的情况下，数据传输就会变为非法行为。

数据主体可以随时撤回同意，但撤回同意不会影响在撤回之前基于同意的数据处理的合法性（第 7 条第 3 款）。数据主体撤回同意的权利，使得数据控制者将同意作为数据传输的系统性或结构性法律基础的做法（例如在企业集团中使用共用的全球数据库）变得有些冒险了。[77] 更加重要的是，这违背了仅在确保数据得到充分保护的情况下才可以传输数据的原理。

就重大错误之下所表达的同意，数据主体还可以避免其产生法律效力。这种错误可能是因为数据控制者就计划传输数据的目的或范围、目的国或实体，或者就数据传输后数据保护不足所引起的风险， 280

---

76 欧洲数据保护委员会 2018 年 5 月 25 日《关于〈第 2016/679 号条例〉第 49 条的克减的第 2/2018 号指南》。

77 欧洲数据保护委员会在 2018 年 5 月 25 日《关于〈第 2016/679 号条例〉第 49 条的克减的第 2/2018 号指南》中确认，这意味着同意可能被证明不是数据传输到第三国的长期可行的解决方案。

提供了误导性或不充分的信息。

三、合同或先合同义务的履行

对履行数据主体与数据控制者之间的合同，或者对根据数据主体的请求实施前合同措施而言，如果数据传输是必需的，那么可以适用禁止向缺乏充分数据保护的第三国传输数据的克减（例外）规则。这也适用于数据控制者与第三方之间订立或履行的合同所必需的数据传输，前提是这类合同即便不是由数据主体订立或履行但也是服务于数据主体的利益。

在这两种情况下，仅当数据传输被视为是"必要的"时候，才可以适用克减的规则。作为规则的例外，克减不适用广义的解释，也即不可以将"必要的"视为"有用的""合理的""便利的"或"经济的"同义词。个人数据传输是必要的假定，应该被定义为，如果不进行数据传输，就不可能达到目的。欧洲数据保护委员会在其 2018 年 5 月 25 日《关于〈第 2016/679 号条例〉第 49 条的克减的第 2/2018 号指南》[78]（早先是第二十九条工作组第 114 号工作文件的第 13 页）之中强调，"此处的'必要性测试'要求数据主体与合同目的之间存在紧密而实质的联系"。

在同一份指南之中，欧洲数据保护委员会已经批评了目前许多跨国公司的惯常做法，它们在由母公司提供的联合信息技术系统中处理雇员的数据，并声称这对于履行雇佣合同是必要的。这类系统通常用于集中处理雇员缺勤的信息或对雇员进行定期评估。根据欧洲数据保护委员会的意见，认为这种数据传输对于履行数据主体与数据控制者之间的雇佣合同是必要的观点，是一种错误的理解。欧洲数据保护委员会认为，将数据传输到母公司，甚至传输到在许多情况下还可以被

78　https://edpb.europa.eu/sites/edpb/files/files/file1/edpb_guidelines_2_2018_derogations_en.pdf, p.8.

企业集团其他公司访问的联合信息技术系统之中，与雇佣合同的履行并没有直接和客观的联系。另一方面，旅游经营者向组织游客住宿的酒店和其他商业伙伴传输数据则是合理的；将付款信息传输到第三国以执行银行转账也是如此。但是，这种数据传输不可以超出必要的范围；例如，它不可以包含将来方便直接营销的数据。

数据最小化（数据比例）原则也可以适用在这里：不仅数据传输本身是必要的，而且数据范围也必须与数据传输的目的相称。数据控制者必须明确数据的范围，否则将无法实现传输的范围。

当事人援引的作为数据传输理由的前合同措施，可以不是由数据 281 控制者主动采取的，而是仅在数据主体的要求下实施的。

跨国公司的下述做法，就是以有必要履行为了数据主体利益的合同为由，错误主张这种克减的例子之一：跨国公司将其企业薪酬管理外包给欧洲经济区以外的服务提供商，从而将雇员的个人数据传输给了那些服务提供商。第二十九条工作组不同意这样的论点，即为了履行薪酬外包合同而必须传输雇员的个人数据，尽管这些外包合同因为涉及薪酬管理，因此在表面上看是出于数据主体（数据控制者的雇员）的利益而订立的。[79]一方面，薪酬外包协议的目的和数据传输之间并没有紧密的联系；另一方面，薪酬外包协议的目的与数据主体的利益之间也没有紧密的联系。因为依照法律，工资管理实际上是数据控制者的法律责任；如果数据控制者将其外包以优化其管理成本，实际是符合数据控制者的利益而不是数据主体的利益。

四、公共利益方面的重要原因

在出于公共利益的重要理由而有必要进行数据传输的情况下，也有可能克减禁止将数据传输到缺乏充分数据保护的第三国的规定。根

79　第二十九条工作组，2005 年 11 月 25 日《关于〈第 95/46/EC 号指令〉第 26 条第 1 款的共同解释的第 114 号工作文件》，第 13 页。

据该规定，只有在很重要的情况下，才可以援引公共利益（也即社会所珍视的公共利益，例如公共安全和秩序），这意味着其重要性要高于平均水平，并且可以获得比个人隐私保护更高的保护水平。

缺乏充分数据保护但据之仍有必要进行数据传输的重要公共利益，必须是欧盟或欧盟成员国法律所承认的可以适用于数据控制者的公共利益（《一般数据保护条例》第 49 条第 4 款和欧洲数据保护委员会指南或者之前的第二十九条工作组第 114 号工作文件）。[80] 例如，它可能是为了竞争主管部门、税务或海关总署之间，金融监管部门之间，主管社会保障事务或负责公共卫生事务的部门之间的国际数据交换，例如可能是为了追踪传染病的接触者或者是为了减少和 / 或消除体育运动中对兴奋剂的使用（序言第 112 条）。

但是，第二十九条工作组在第 114 号工作文件中争辩指出，在这种情况下的数据传输不可以是大规模进行的，必须与特定案件的法律程序有关，并且不能以第三国公共当局的利益为理由，而只能是以欧盟成员国政府的利益为理由。此外，正如之前第二十九条工作组第 114 号工作文件和 2002 年 10 月 24 日的《第 6/2002 号意见》（第 66 号工作文件）所表述的，[81] 欧洲数据保护委员会在其《第 2/2018 号指南》（第 10 页）拒绝了以重要的公共利益为由支持欧洲数据控制者向美国政府当局传输个人数据的可能性。第二十九条工作组和欧洲数据保护委员会都认为，如果第三国出于自身公共利益的考虑而单方面作出决定，以此为由对个人数据进行常规和批量的传输，这种做法是欧盟不可以接受的。（"仅为了服务于第三国的抽象的公共利益而进行调查活动，而由诸如第三国的主管当局要求进行数据传输，这种理由

80　欧洲数据保护委员会 2018 年 5 月 25 日《关于〈第 2016/679 号条例〉第 49 条的克减的第 2/2018 号指南》），第 10 页；之前的文件参见第二十九条工作组，2005 年 11 月 25 日第 114 号工作文件。

81　Opinion 6/2002 on transmission of Passenger Manifest Information and other data from Airlines to the United States.

是不够的，虽然公共利益也存在于欧盟法或欧盟成员国法律中。"——欧洲数据保护委员会《第 2/2018 号指南》，第 10 页）

与必要性构成克减理由的其他情形一样，我们必须严格解释必要性。因此，只有在不传输指定范围的个人数据就无法实现这些公共利益目标的情况下，才能够为了支持这些公共利益的目标而传输数据。

五、法律诉请的确立、行使或抗辩

如果有确立、行使或辩护法律诉请的必要，可以将数据传输到第三国。正如《一般数据保护条例》序言第 111 条中所指出的那样，在"无论是司法程序、行政程序或其他庭外程序包括在数据监管机构之前的程序中，当涉及合同或法律诉请并且偶然且必要的情况下"，可以进行数据的传输。

当事人不得以偶然事件为基础，以将来可能发生的法律诉请为由进行数据传输，数据传输应该与特定的司法程序、行政程序或其他庭外程序且与特定数据主体有关。这类数据传输也不可以大规模地进行，而仅可以是"偶然并且非重复性的"。举例来说，当事人可以在客户针对数据控制者提起的诉讼中，传输特定客户的数据作为证据。

使用克减的一个主要条件是通过必要性测试，它要求数据与法律地位的具体确立、行使或辩护之间存在密切而实质的联系。"仅凭第三国当局的利益或从第三国当局获得可能的'善意'是不够的。……作为第一步，应该仔细评估匿名数据在特定情况之下是否是充分的。如果不是这种情况，则可以考虑传输假名化的数据。"[82]

六、无能力给予同意时对重要利益的保护

283

即使第三国没有充分的数据保护标准，为了保护个人（无论是数

---

82 欧洲数据保护委员会 2018 年 5 月 25 日《关于〈第 2016/679 号条例〉第 49 条的克减的第 2/2018 号指南》，第 10 页。

据主体还是另一个人）的重要利益，也可以将个人数据传输到第三国。"重要利益"（vital interest）是关键所在，即对一个人的身体健全、生活或健康至关重要。仅在特殊情况下，重要利益才可以包括经济利益。例如，出于人道主义目的，包括为了监测流行病及其传播或在人道主义紧急情况下，特别是在自然和人为灾难的情况下，必须进行数据的传输（序言第46条）。

如果数据主体在身体或法律上缺乏表示同意的能力，并且必须进行数据传输的，则可以适用保护重要利益的克减规则。例子之一是，在不等待数据主体同意的情况下立即传输医疗数据，因为这种做法对于挽救生命、健康或人员，或者对于进行快速诊断而言至关重要。[83]

无法征得数据当事人同意的情况包括由于疾病或事故导致的意识丧失，或者数据主体位于未知的地方并且无法联系到。但是，只有在可以合理假设数据主体将作出相同决定的情况下，才应该替数据主体作出数据处理的决定。

对重要利益的这种保护不仅可以使数据主体受益，而且还可以惠益到其他人，也即那些由于缺乏数据主体的信息而生命或健康可能受到威胁的人。另一方面，该规定并未提及为了贡献医学研究的传输数据；这种数据传输需要不同的法律基础。

克减规则也可以适用于向国际人道主义组织的数据传输，以完成《日内瓦公约》规定的任务或遵守适用于武装冲突情形的国际人道主义法（序言第112条）。克减规则也可以适用于例如洪水或地震等突发事件之下确定受害者的位置，因为那些受害者无法就传输其数据作出同意的意思表示。

83　欧洲数据保护委员会2018年5月25日《关于〈第2016/679号条例〉第49条的克减的第2/2018号指南》，第13页；之前的文件参见第二十九条工作组，2005年11月25日第114号工作文件。

七、公共登记簿

如果数据传输是以公共登记簿的方式进行的，也即根据欧盟或成员国法律的规定，所涉信息是在公共登记簿之上向公众公开，可供一般公众或任何能够证明合法利益的人进行咨询，那么禁止将数据传输到不能确保足够保护水平的第三国的禁止性规定，也可以进行克减。284 所谓公共登记簿是指由公共实体依法管理维护并为公共目的服务的登记簿，包括商业登记簿、国家犯罪记录、土地和抵押登记簿、人口登记簿或税收识别系统。但是，由私人组织维护的登记簿，例如私人借贷登记册，则不能适用克减的规定。[84]

可供公众访问的数据传输可以不包括来自登记簿的全部个人数据或整个类别的个人数据。如果登记簿是提供给有合法利益的人咨询的，则只能根据这些人的要求或将其作为数据接收者的方式进行数据传输。希望访问这些登记簿的个人数据的，必须满足欧盟或欧盟成员国法律规定的要求。

八、不符合条件的情况下向第三国传输数据；合法利益

针对特定情况，《一般数据保护条例》还规定了另一项克减作为"安全阀"。据此，即便欧盟委员会尚未发布非欧洲经济区某个国家对数据提供了充分保护的决定，也无法根据第46条规定的适当保障措施（诸如标准合同条款以及具有约束力之企业规则）进行数据传输，并且也没有已征得数据主体同意的克减理由，仍然允许将数据传输到该国家。

数据出口商必须能够证明不可能以适当的保障措施（例如标准合同条款或者具有约束力之企业规则或者克减规则）为法律基础进行数

---

84 欧洲数据保护委员会 2018 年 5 月 25 日《关于〈第 2016/679 号条例〉第 49 条的克减的第 2/2018 号指南》，第 13 页。

据传输；"例如，对属于小型或中型企业的数据出口商而言，根据《一般数据保护条例》第 46 条的某些类型的适当保护措施可能不是切合实际的选择。"[85] 如果满足了上述条件，则可以根据第 49 条第 1 款的规定向第三国传输数据，但前提是满足如下条件：

- 数据传输不重复；
- 数据传输仅涉及有限数量的数据主体（取决于数据传输的类别）；
- 数据传输对于数据控制者追求的合法权益是必要的，并且数据主体的利益或权利和自由不凌驾其上；
- 数据控制者已经评估了数据传输的所有情况，并在评估的基础上提供了适当的个人数据保护保障措施；
- 数据控制者已经通知了监管机构和数据主体有关该数据传输的信息。

285   这意味着，数据控制者所追求的合法利益（第 6 条第 1 款第 f 项）允许对禁止性规定做出克减，也即，即便有禁止将数据传输到缺乏足够保护的第三国的禁止性规定，但由于该合法利益的存在，依然允许数据的传输。

这种情况的克减，以及基于数据主体同意、为履行与数据当事人订立的合同或者履行为了数据主体利益的合同所必需的数据传输而产生的克减，并不适用于公共当局运用公共权力执行任务而进行的活动。

---

85 欧洲数据保护委员会 2018 年 5 月 25 日《关于〈第 2016/679 号条例〉第 49 条的克减的第 2/2018 号指南》，第 15 页。

第五节　由监管部门授权，向没有确保充分保护水平的第三国传输个人数据

数据出口商可以借助公共部门批准的构成系统性手段的法律依据，而无需获得监管机构的特别授权，合法地将数据传输到非欧盟／欧洲经济区国家。

按照欧盟委员会的决定所宣示的，这些法律依据之一是在向第三国或目的地部门传输数据之后，要确保充分的数据保护水平（第45条第1款）。

如果欧盟委员会尚未宣布某个第三国可以根据法律或行业法规提供适当的数据保护的，数据出口商仍可以将数据转移到该国家，前提是该数据出口商要确保采取适当的数据保护措施（第46条第2款）。这类适当的保障措施包括：(i)具有约束力之企业规则，(ii)数据保护标准条款，(iii)已获批准的规范数据进口商所在行业部门数据保护的行为守则，(iv)确认数据进口商执行了适当数据保护水平的认证机制。这些制度工具借助其具有法律约束力的特征，确保了传输后数据的充分保护，并且与第三国在数据保护方面的法律状况无关。

借助这类保护措施将数据传输到第三国，并不需要监管机构的单独授权，因为它们是经公共机构批准并符合特定条件的制度安排。例如，实施具有约束力之企业规则并将其用作传输数据的基础，不需要监管部门的单独授权，前提是该具有约束力之企业规则本身已经获得了主管监管部门的批准。同样，数据保护标准条款也是在无需获得监管机构单独授权的情况下将数据传输到第三国的法律依据，因为这些条款是由欧盟委员会或者监管机构通过的系列条款，并且得到了欧盟委员会的批准。

另一方面，即便欧盟委员会尚未确认目的地第三国采取了充分的数据保护标准，数据控制者也没有实施任何系统性保护措施，而且这些保护措施没有获得主管当局的批准，个人数据依然可以在其他保障

措施之下进行传输，但必须得到监管部门的授权（第 46 条第 3 款）。这类保护措施尤其包括数据控制者或数据处理者与第三国的个人数据控制者、处理者或接收者之间的合同条款，或者公共机构或机关之间的行政制度安排。

因此，根据监管部门通过并经欧盟委员会批准的标准条款进行数据传输，无需获得监管部门的单独授权，但是，如果数据传输是根据数据传输各方专门制定和协商使用的条款进行的，则需要获得监管部门的单独授权。

依我之见，在数据控制者同意这么做的情况下，数据处理者（不同于数据控制者）只能请求监管部门授权使用此类条款。

如果欧盟委员会的决定确认了所涉目的地第三国的数据保护已达到充分水平，或者已经采取了适当的保护措施，诸如采用了具有约束力之企业规则或数据保护标准条款，那么用以颁发数据传输授权的行政程序就没有存在的意义，应予终止。[86] 因此，监管部门的任何发布授权的程序都应该验证是否满足了数据传输的这些法律依据。

监管部门的授权在决定发布之后即产生法律效力。如果监管部门的授权是数据传输的唯一依据，也即没有其他允许传输数据的情况，那么在获得监管部门授权之前开始数据传输的行为就是非法的。

监管部门在评估时应该确认，数据控制者针对传输后的数据保护所采取的保障措施是否"充分"。对欧洲数据主体的数据提供充分的保护，并不意味着该保护必须与《一般数据保护条例》所规定的保护是完全一样（也即相同）的。如果这么要求，就会阻止从欧盟到非欧洲经济区国家的任何数据传输（只有少数例外），因为欧盟的个人数据保护模式和保护范围是独一无二的。因此，《一般数据保护条例》将数据保护的所谓"充分"级别界定为与欧洲水平"基本等同"。个人数据保护绝不能处于较低的水平，因为正如《欧洲联盟基本权利宪

---

86 G. Sibiga, *Postępowanie w sprawach ochrony danych osobowych*, Warszawa 2003, p.205.

章》所解释的，决不能削弱《一般数据保护条例》对自然人保护所提供的保障（第 44 条第 1 款）。

监管机构在授权数据传输的程序中，应该确定采取的措施是否确保了被处理的数据获得了等同于欧盟标准的保护水平。在这个评估中，监管部门不应该忽视那些用于数据传输和后续处理的技术措施，因为在实践中，信息技术安全措施对保护数据免遭未经授权的访问、丢失或损坏至关重要。[87]

监管部门的评估还应考虑到第三国数据进口商的任何后续数据传输。仅在后续数据接收者也遵守确保充分水平的个人数据保护规则的情况下，才可以进行后续的数据传输。数据处理者与第三国的后续接收者签订的任何合同，均应当以数据控制者的指示为基础，并且应当包括类似于初始数据传输合同中所包含的保护措施。因而，它们还应当规范诸如用于数据传输和后续处理的信息技术或者对数据主体的信息义务之类的问题。

第六节　从欧盟向美国传输个人数据

本章之所以特别关注向美国传输数据的问题，并不是因为我个人对美国的个人数据保护状况做过了严格的评估和批判。相反，从历史、文化和法律角度讲，尊重隐私包括保护个人数据，一直是美国公认的价值。关于互联网行业巨头和美国情报部门侵犯了美国人和欧洲人隐私的指控，尽管它们确实是存在的，但我们却不应当得出一概而论的、不公正的结论，即美国或其公民不尊重隐私权。相反，本章对向美国传输数据的详细说明和讨论，恰恰是受到了欧美在众多领域的密切文化联系和历史联系以及合作规模的启发和触动。

87　Polish Supreme Administrative Court in its judgment of 16 April 2003, II SA 3878/02, ONSA 2004, No. 1, p.41.

一、欧盟－美国数据传输的法律基础：欧盟委员会关于充分保护水平的决定

从欧盟的角度看，美国属于第三国。美国的立法并不能确保符合欧盟要求的个人数据保护水平。美国的个人数据保护制度根本不同于欧盟现行的个人数据保护制度。欧盟已经建立了数据处理的一般规则，适用于所有类型的数据控制者或数据处理者。这些规则由《第95/46/EC 号指令》和随后的《一般数据保护条例》所制定。另一方面，美国仅对那些被识别为面临数据保护违规风险的选定行业和领域的个人数据保护进行监管。[88]

欧盟和美国之间的个人数据流动具有特殊的经济意义。美国是欧盟最大的贸易伙伴。欧美的商品和服务贸易额占到全球现金流量的三分之一。欧盟和美国共同创造了全球国民生产总值的一半。美国在欧盟的投资总价值是其在亚洲投资总额的三倍；欧洲在美国的投资额是欧洲在中国和印度的投资额之和的八倍。[89]

2000 年 7 月 26 日关于"安全港"的委员会《第 2000/520/EC 号决定》[90]对将个人数据从欧盟合法传输到美国的法律基础至关重要（尽

88　C. J. Bennett, Regulating Privacy: Data Protection and Public Policy in Europe and the United States（《规范隐私：欧洲和美国的数据保护和公共政策》），New York 1992, pp.45 et seq.; C. J. Bennett, C. D. Raab, The Adequacy of Privacy: The European Union Data Protection Directive and the North American Response（《隐私的充分性：欧盟数据保护指令和北美的回应》），*The Information Society* 1997（《信息社会（1997）》），Vol. 13, No. 3; C. D. Raab, Regulating the Computer: Comparing Policy Instruments in Europe and the United States（《规制计算机：比较欧洲和美国的政策工具》），*European Journal of Political Research* 1988（《欧洲政治研究杂志（1988）》），Vol. 16, No. 5; Raab, Different Processes, One Result: The Convergence of Data Protection Policy in Europe and the United States（《不同的过程，一样的结果：欧美数据保护政策的融合》），*Governance* 1988（《治理（1988）》），Vol. 1, No. 4.

89　数据来源：http://ec.europa.eu/trade/policy/countries-and-regions/countries/united-states。

90　Commission Decision 2000/520/EC of 26 July 2000 pursuant to Directive 95/46/EC of the European Parliament and of the Council on the adequacy of the protection provided by the safe harbour privacy principles and related frequently asked questions issued by the US Department of Commerce (Safe Harbour), OJ EC L 215 of 25.08.2000, p.7.

管这不是唯一的法律基础，因为数据出口商仍然可以使用具有约束力之企业规则、标准条款和其他法律工具）。[91] 对于已提交遵守"安全港"声明并遵守其原则的实体，委员会决定为其消除了美国作为第三国的法律地位所造成的障碍。这适用于指定的美国进口商，而不是作为国家的美国。

但是，欧盟法院在 2015 年 10 月 6 日就马克西米利安·史瑞姆斯诉数据保护委员会一案（C-362/14）所作出的开创性判决，使欧盟委员会《第 2000/520/EC 号决定》（"安全港决定"）失效了。欧盟委员会 2016 年 7 月 12 日所作出的决定，取代了无效的安全港计划，成为跨大西洋数据传输的法律基础，这项新法律宣布"欧盟－美国隐私盾"计划的数据保护水平是充分的。然而，随后欧盟法院在 2020 年 7 月 16 日裁判的数据保护委员会诉爱尔兰脸书公司和马克西米利安·史瑞姆斯（史瑞姆斯 II 案）案之中，又导致了"欧盟－美国隐私盾"计划的无效。

"安全港"计划和"隐私盾"计划都是建立在折中的基础上的，该折中方案在意识到并允许欧盟和美国隐私保护制度存在差异的同时，承认有必要从实用主义的角度克服这些差异，使它们不会成为跨大西洋自由贸易的障碍。这个折中方案反映了欧美关系的特殊性质，使得美国数据进口商可以使用美国在该法律领域中的典型的自我监管和自我认证机制来匹配欧洲的隐私保护原则。

欧盟委员会涉及"安全港"决定的附件一规定，如果某个组织遵守该"安全港"计划及其相关的原则，则该组织有资格成为"安全

91　Communication from the Commission to the European Parliament and the Council on the Transfer of Personal Data from the EU to the United States of America under Directive 95/46/EC following the Judgment by the Court of Justice in Case C-362/14 (Schrems)（《欧盟委员会在欧盟法院第 C-362/14 号案件判决（史瑞姆斯案）之后依据〈第 95/46/EC 号指令〉就个人数据从欧盟传输到美利坚合众国事项致欧洲议会和理事会的函件》），6.11.2015, COM(2015) 566 final, http://ec.europa.eu/justice/data-protection/international-transfers/adequacy/files/eu-us_data_flows_communication_final.pdf.

港"。相关组织可以通过向美国商务部提交书面声明，通过自我认证来拥护"安全港"，该声明包括：描述其从欧盟收到个人数据的活动；说明该组织的隐私政策；隐私政策可供公众查看的位置；处理因"安全港"拥护者的义务所引起的投诉和请求的程序；该组织使用的验证方法。美国商务部有义务维护"安全港"拥护者的公开名单。

相关组织必须通过以下方式，确保从欧盟传输到美国组织的个人数据得到充分的保护：遵守"安全港"原则以及"常见问题解答"；"安全港"拥护者公布隐私政策；由美国联邦贸易委员会或其他监督"安全港"原则遵守情况的机构负责管辖"安全港"拥护者；根据发送给美国商务部的年度重新认证请求，定期更新"安全港"拥护者的名单；以及从"安全港"拥护者名单中删除相关组织，并剥夺其相关特权的程序。

"安全港"并不等于宣告整个美国范围内都确保了充分的个人数据保护水平，而仅说明了那些遵守"安全港决定"并符合该决定规定条件的美国组织确保了充分的个人数据保护水平。[92]

二、欧盟法院 2015 年 10 月 6 日对马克西米利安·史瑞姆斯诉数据保护委员会一案的判决导致了"安全港"计划无效；对"安全港"计划的其他批评

欧盟法院在 2015 年 10 月 6 日就马克西米利安·史瑞姆斯诉数据保护委员会一案[93] 所作出的开创性判决中，宣布欧盟委员会关于"安全港"的《第 2000/520/EC 号决定》无效。

92　欧盟委员会 2001 年 12 月 20 日《有关〈加拿大个人信息保护和电子文件法〉提供了充分个人数据保护的第 2002/2/EU 号决定》，就是欧委会认定第三国作为整体而不是仅由在该国设立的特定实体确保了个人数据得到充分保护的一个例子。根据该决定的第 1 条，就从欧盟传输到受加拿大法律约束的接收者的个人数据，加拿大是为之提供了充分保护的国家。

93　http://eur-lex.europa.eu/legal-content/EN/TXT/?qid=1470229227908&uri=CELEX:62014 CJ0362.

欧盟法院强调，宣布数据保护水平足够的"安全港"制度并不可靠，因为它没有提供有效的机制来检测侵权和验证数据进口商实施的保护标准。由于美国组织可以通过自我认证来遵守"安全港"，这会导致直接推定存在充分的保护水平。

的确，欧盟法院有充分的理由宣布欧盟委员会的"安全港"决定无效。除了判决中提出的观点之外，我们还可以提出其他批评意见。"安全港"的实际应用经验表明，与该计划的假设相反，该计划并没有成为确保数据传输给美国进口商之后获得适当数据保护水平的工具，在许多情况下，该计划实际被用作上述要求的例外，这是令人无法接受的。欧盟委员会的"安全港"决定的确包括了确保其有效性的正式保障措施，但在实践中并未发挥作用。尽管"安全港"决定是将数据从欧盟传输到美国的具有约束力的法律基础，但欧洲数据出口商不应仅仅依赖数据进口商声称其已获得"安全港"证书的声明，而应进一步寻求数据进口商参与了该计划并履行了义务的证据。[94] 290

美国数据进口商宣称它们遵守了"安全港"决定，但实际上它们不符合"安全港"的要求，或者违反了其中规定的个人数据保护的基本原则，破坏了双方的妥协方案，并剥夺了欧盟公民应该享有的保护。此外，这些违规行为还导致从欧盟传输数据实际上是缺乏法律依据的。

澳大利亚加莱西亚公司（Galexia）在2008年进行的一项研究表明，研究期间出现在"安全港"名单的1597个组织中，实际上只有1109个组织是"安全港"的拥护者。剩下的许多组织没有续签证书，甚至已经不存在了。此外还有重复录入的情况。在"安全港"名录的

94　Article 29 Working Party, Opinion 5/2012 of 1 July 2012 on Cloud Computing（2012年7月1日《有关云计算的第5/2012号意见》）, WP 196, point 3.5.1; http://ec.europa.eu/justice/data-protection/article-29/documentation/opinion- recommendation/files/2012/wp196_en.pdf.

组织中，只有348个组织真正满足了参与的基本要求。这意味着，尽管查阅该清单的欧洲数据控制者可以推断有1597个美国进口商确保了传输之后数据的充分保护，但除去其中21.8%的数据进口商，针对其他数据进口商的推断都是错误的。[95] 而且，就其余情况也即其中21.8%的数据进口商，即使根据欧盟委员会《第2000/520/EC号决定》向美国传输数据是合法的，但数据在传输之后实际上也不会受到保护。

加莱西亚公司的报告还指出了数据处理违反基本原则的情况，那些宣称参与"安全港"的美国数据进口商阻碍了数据主体的权利行使。在"安全港"名单中，多达209个组织所选择的争议解决提供商成本过高，其提供的仲裁方案在实践中根本无法承受。毫无疑问，这些费用是数据主体维权的障碍，例如，美国仲裁协会（AAA）每小时费用在120—1200美元之间，最低收费时间为4小时，外加950美元的管理费，而司法仲裁调解服务（JAMS）每小时费用在350—800美元之间，外加275美元的管理费。

加莱西亚公司的这一诊断令人震惊，不过早在2002年和2004年，欧盟委员会的审查报告就已经表达了对"安全港"及其数据保护有效性的严重担忧。欧盟委员会2002年的审查发现，自我验证遵守"安全港"的美国组织并没有足够透明的隐私政策或争议解决程序。[96] 2004年，欧盟委员会的审查报告还发现，只有不到一半的"安全港"

291

---

95 C. Connolly（C. 康诺利），New Galexia Study: The US Safe Harbor — Fact or Fiction?（《新的"加莱西亚"研究：美国的安全港——事实还是虚构？》），*Privacy Laws and Business International* 2008, No. 96 of 2 December 2008, p.4, http://www.galexia. com/public/research/assets/safe_harbor_fact_or_fiction_2008/safe_harbor_fact_or_fiction.pdf.

96 European Commission, The application of Commission Decision on the adequate protection of personal data provided by the Safe Harbour Privacy Principles（《适用委员会有关〈安全港隐私原则〉提供的充分保护个人数据的决定》），13 February 2002, p.2, http://web.archive.org/web/20060724174359/http://www.ec.europa.eu/justice_home/fsj/privacy/docs/adequacy/sec-2002-196/sec-2002-196_en.pdf.

拥护者的隐私政策体现了该计划的所有原则。[97]

2013 年 11 月 27 日，欧盟委员会向欧洲议会和理事会发布了题为《重建欧美数据流动的信任》（Rebuilding Trust in EU-US Data Flows）的函件。[98] 在该文件中，欧盟委员会对在"安全港"之下传输到美国的欧盟公民的个人数据保护水平做出了保留。这种保留与那些诸如仅有拥护该计划的声明而不确保其原则的透明度和可执行性的情况有关。随后在 2013 年 11 月 27 日，欧盟委员会向欧洲议会和理事会提交了《关于从欧盟公民和欧盟公司的角度看待"安全港"的运作》的函件[99]并指出，许多正式加入"安全港"的组织并未完全遵守其原则。在该文件中，欧盟委员会提出了 13 项旨在改善"安全港"运行的建议。欧盟委员会建议的措施包括：拥护安全港的组织应在其网站上发布其隐私政策；它们应该公开披露与分包商例如云服务提供商签订的协议条款；美国商务部应该在官方网站上清楚标记不再符合该计划要求的所有公司，并起诉那些对是否遵守"安全港"进行虚假陈述而误导消费者的组织。欧盟和美国发表了联合声明，宣布计划在 2014 年夏季之前全面加强"安全港"的保护。[100]但是，该计划并未得到修订。由于其违规的做法，直接导致了欧盟法院在 C-362/14 号案件中判决欧盟委员会的《第 2000/520/EC 号决定》无效。

---

97 European Commission, The implementation of Commission Decision on the adequate protection of personal data provided by the Safe Harbour Privacy Principles（《实施委员会有关〈安全港隐私原则〉提供的充分保护个人数据的决定》）, 20 October 2004, http://web.archive.org/web/20060724173657/http://www.ec.europa.eu/justice_home/fsj/privacy/docs/adequacy/sec-2004-1323_en.pdf.

98 COM(2013) 846 final, 27.11.2013, http://ec.europa.eu/justice/data-protection/files/com_2013_846_en.pdf.

99 COM(2013) 847, 27.11.2013, http://ec.europa.eu/justice/data-protection/files/com_2013_847_en.pdf.

100 EU-US Summit – Joint Statement（《欧盟–美国布鲁塞尔峰会联合声明》）, Brussels, 26 March 2014, http://europa.eu/rapid/press-release_STATEMENT-14-84_en.htm, point 14.

三、欧盟-美国数据传输法律基础的变化:"安全港"协议之失效,启用"欧盟-美国隐私盾"计划

欧盟委员会关于"安全港"的《第 2000/520/EC 号决定》是从欧盟向美国传输数据的重要法律依据(尽管并非是唯一依据,因为数据出口商本来可以而且仍然可以基于具有约束力的企业规则、数据保护标准条款和其他法律工具进行数据传输)。到了欧盟法院通过 C-362/14 号案的判决使该决定无效的时候,就迫切需要以另一种制度安排代替该决定。为跨大西洋数据传输提供最理性的基础对于贸易至关重要,因为实际上所有形式的合作都涉及个人数据的提供,甚至间接地提供个人数据。然而,考虑到欧盟委员会和欧盟法院就"安全港"是否符合欧盟法律(见本章前面的讨论)等方面提出了非常关键的发现,很明显,任何新的制度安排都不应该是临时性的,应该保证个人数据保护标准符合依据《欧洲联盟基本权利宪章》加以解释的欧盟法律的要求。

2016 年 7 月 12 日欧盟委员会《第(EU)2016/1250 号实施决议》宣布了在"欧盟-美国隐私盾"计划之下的充分数据保护水平,这个新的法案取代了无效的"安全港"计划,成为欧盟-美国数据传输的法律基础。[101] 然而,后来欧盟法院在 2020 年 7 月 16 日裁判的数据保护委员会诉爱尔兰脸书公司和马克西米利安·史瑞姆斯案(史瑞姆斯 II 案)中,导致了该决定无效。

欧盟委员会在该《实施决定》的序言第 136 条至第 141 条(第 4 节)以及该《决定》第 1 条中宣布,对依照"欧盟-美国隐私盾"计划从欧盟传输到自我认证组织的个人数据,美国将确保提供足够的保

101　Commission Implementing Decision (EU) 2016/1250 of 12 July 2016 pursuant to Directive 95/46/EC of the European Parliament and of the Council on the adequacy of the protection provided by the EU-U. S. Privacy Shield, OJ EU L 207, 1.8.2016, p.1, http://ec.europa.eu/justice/data-protection/files/privacy-shield-adequacy-decision_en.pdf.

护。欧盟委员会宣布，由美国商务部制定的"隐私盾"计划的原则可确保对个人数据的保护程度等同于依据《欧洲联盟基本权利宪章》加以解释的《第 95/46/EC 号指令》规定的基本原则，并且符合欧盟法院在马克西米利安·史瑞姆斯诉数据保护委员会一案（C-362/14）中的结论。

但是，重要的一点是，这个"隐私盾"决定并不等于宣告整个美国都确保了充分水平的个人数据保护，毋宁是，只有那些参与了该计划的美国组织和机构对此做了保证，并符合该《实施决定》规定的条件。

四、作为将数据从欧盟传输到美国的法律基础的"欧盟–美国隐私盾"计划无效了，现在情况又如何呢？

欧盟法院在 2020 年 7 月 16 日裁决的第 C-311/18 号案件[102] 涉及脸书公司爱尔兰子公司基于标准合同条款和"欧盟–美国隐私盾"将脸书公司用户的个人数据传送到美国总部的合法性。该案的裁决导致了"欧盟–美国隐私盾"计划的无效。

该决定是欧盟法院基于对美国法律特别是《外国情报监视法》（FISA）第 702 条的分析而得出的，美国的《外国情报监视法》允许美国情报机构访问欧洲的个人数据。

对"隐私盾"（以及之前的"安全港"）做法的主要批评之一是，美国国家安全局对数据进行了大规模的监控，且对隐私权的这种侵扰并不符合比例原则。欧盟法院在其判决中强调，"美国国内法对从欧盟传输到美国的个人数据保护的限制，就限制美国公共部门访问和使用这类数据（也即欧盟委员会在'隐私盾'决定中所评估的情况）的方式而言，并不能满足欧盟法律的要求，欧盟法律的这些要求实质体

102　Case C-311/18 *Data Protection Commissioner v. Facebook Ireland and Maximillian Schrems* (Schrems Ⅱ case), ECLI: EU: C: 2020: 559.

现在《欧洲联盟基本权利宪章》第 52 条第 1 款第二句"（判决书第 185 点），而且，根据欧盟法律，"无论是《外国情报监视法》第 702 条还是第 12333 号行政命令（EO），包括将它们与第 28 号《总统政策指令》（PPD-28）一并解读，都是与欧盟法律之下根据比例原则所产生的最低保障措施不相关的，因此，基于这些条款所实施的监视计划，不能被视为是仅局限在绝对必要的情况"（判决书第 184 点）。

此外，欧盟委员会的"隐私盾"决定并没有确保法院对美国主管部门享有有效和可执行的权力，这违反了《一般数据保护条例》第 45 条第 2 款第 a 项的要求，而且，"隐私盾"决定所提到的监察专员机制（ombudsperson mechanism）并没有向数据被传输到美国的那些人员提供一个法律救济的程序，以保障其获得基本上等同于《欧洲联盟基本权利宪章》第 47 条所要求的保护（判决书第 181 点和第 197 点）。

欧盟委员会 2016 年 7 月 12 日《关于"欧盟－美国隐私盾"提供数据保护的充分性的第（EU）2016/1250 号决定》是将数据从欧盟传输到美国的重要法律依据（尽管不是唯一的，因为数据出口商过去可以而且仍然可以基于具有约束力之企业规则、标准合同条款和其他法律工具进行数据的传输；实际上，有 88% 的公司使用了标准合同条款将数据传输到了欧盟之外，而 60% 的公司则依靠"隐私盾"框架[103]）。欧盟法院的结论是，欧盟委员会 2010 年 2 月 5 日关于将个人数据转移给在第三国设立的数据处理者的标准合同条款的欧盟委员会《第 2010/87 号决定》仍然是有效的。

欧盟法院指出，欧盟委员会《第 2010/87 号决定》中的标准数据保护条款并不约束个人数据传输到的第三国的主管当局，这一事实并不影响那个决定的有效性（判决书第 136 点）。但是，欧盟法院强调，是否有效取决于《第 2010/87 号决定》是否采纳有效的机制，以确保在实践中遵守欧盟法律要求的保护水平，以及根据此类法律条款所进

103　参见 IAPP 的研究报告，https://iapp.org/news/a/cjeus-schrems-ii-decision-slated-for-july-16/。

行个人数据的传输在违反此类条款或无法兑现这些条款时可以被中止或禁止（判决书第 137 点）。

欧盟法院认为，《第 2010/87 号决定》提供了这样的手段，特别是要求欧洲数据出口商和非欧洲数据进口商在进行任何数据传输之前核实所涉第三国是否尊重欧盟法律要求的数据保护水平，数据进口商必须通知数据出口商任何无法遵守这些条款的情况，后者则有义务中止数据传输和 / 或终止合同（判决书第 142 点）。

欧盟法院强调，依赖标准合同条款的欧盟数据出口商必须在传输数据之前主动评估数据出口商的管辖权是否足以确保在数据传输之后对个人数据提供"充分的保护水平"。欧盟法院还指出，数据出口商可以在标准合同条款规定的措施之外，采取更多的保护措施，以确保对所传输的个人数据提供"充分的保护水平"；但是，欧盟法院的判决中并未具体说明这些额外保障措施的性质。

在史瑞姆斯 II 案判决之后，数据保护主管部门发布的第一份指南建议了缓解风险的额外安全措施，其中特别包括了加密措施，即"只有数据出口商才持有密钥"，并且加密措施"不能被美国情报部门破解"。[104]

正如欧盟法院指出的，非欧洲数据进口商必须将任何无法遵守标准合同条款的情况告知欧洲数据出口商，并且由于欧洲数据出口商会被要求暂停数据传输或终止合同，因此使用欧盟批准的包括标准合同条款和具有约束力之企业规则在内的数据传输机制的数据出口商，必须逐案验证在进口数据的第三国中有关政府对个人数据的访问的法律保护是否符合欧盟的标准。美国商务部在其《"标准合同条款"白皮书》中强调，大多数公司"不会经营和买卖美国情报机构感兴趣的数

294

104　The Data Protection Authority of Baden-Württemberg, Guidance on international data transfers following the judgment of the CJEU in the Schrems II case, August 25, 2020, https://www.baden-wuerttemberg.datenschutz.de/wp-content/uploads/2020/08/LfDI-BW-Orientierungshilfe-zu-Schrems-II.pdf.

据，也没有理由相信他们这样做"。[105]

但是，《美国云法案》授权美国主管部门要求主要的（甚至在美国之外的）云服务提供商提供存储的数据，这可能导致与标准合同条款和《一般数据保护条例》发生冲突。

"脸书公司并没有威胁要退出欧洲"，但正如脸书公司的发言人所说，其对外声明只是对现实的简单回应。不过，这种说辞只是在试图缓和先前其数据保护主管兼副总法律顾问伊冯·坎南发表的声明，即"如果完全停止脸书公司向美国传输用户数据，这种情况下脸书公司如何能在欧盟继续提供脸书应用和照片分享应用的服务还不清楚"。[106]

自欧盟法院的史瑞姆斯Ⅱ案裁决以来，欧洲经济区数据保护当局已经收到了由非政府组织"我的隐私与您无关"代表所提起的101项内容相同的投诉，这些投诉都针对位于欧盟/欧洲经济圈的公司，它们使用谷歌公司或者脸书公司的服务，涉及将个人数据传输到美国。面对这些投诉，欧洲数据保护委员会成立了一个专门工作组来调查这些投诉，并就适当的额外保护措施提出建议，以确保在将个人数据传输到第三国时可以得到适当的保护。[107]但是，每个组织将需要评估自己的数据处理操作和数据传输并采取适当的措施。另请参阅欧洲数据保护委员会的声明[108]和"常见问题解答"[109]。

295

105　Department of Commerce, Information on U. S. Privacy Safeguards Relevant to SCCs and Other EU Legal Bases for EU-U. S. Data Transfers after Schrems II, https://www.commerce.gov/sites/default/files/2020-09/SCCsWhitePaperFORMATTEDFINAL508COMPLIANT.PDF.

106　"脸书公司宣称将退出欧洲，因为禁止与美国分享数据"。

107　European Data Protection Board—Thirty-seventh Plenary session, Friday, 4 September, 2020, EDPB_Press Release_2020_14, https://edpb.europa.eu/news/news/2020/european-data-protection-board-thirty-seventh-plenary-session-guidelines-controller_en.

108　https://edpb.europa.eu/news/news/2020/statement-court-justice-european-union-judgment-case-c-31118-data-protection_en.

109　https://edpb.europa.eu/sites/edpb/files/files/file1/20200724_edpb_faqoncjeuc31118_en.pdf.

我确实希望，"欧盟－美国隐私盾"框架将被类似的商业友好机制所取代，因为（如今已被大多数市场参与者援引的）数据传输法律基础的无效，对欧美经济和其他领域的合作产生了严重影响。但是，鉴于欧盟法院提出的非常关键的裁决，很明显，任何新的制度安排都不应该是临时性的。

五、欧盟－美国关于环球银行金融电信协会系统中金融数据传输的协议

欧盟和美国之间签署的一项协议[110]为美国财政部访问"环球银行金融电信协会"（SWIFT）系统之中的欧洲金融机构客户金融信息数据并用于"恐怖分子资金追踪项目"提供了法律基础（该协议的英文名称因此被缩写为 SWIFT 或 TFTP）。执行"恐怖分子资金追踪项目"需要欧盟和美国达成该项协议。该项目是美国在 2001 年 9 月 11 日遭遇恐怖袭击的惨痛经历之后，由美国财政部连同其他措施一并实施的。[111]但是，该项目的存在直到 2006 年才被美国媒体公开。

在 2009 年之前，欧盟银行业务数据也在位于美国的环球银行金融电信协会的服务器上进行处理，然后再传输到欧盟。环球银行金融电信协会服务器位于美国的事实，使得美国财政部在数据主体不知情的情况下访问欧盟的数据，服务器之所以这么放置，不是为了满足任何法律要求，而仅是出于技术条件的考虑，也即出于信息技术安全的考虑，在美国和欧盟同时保留具有相同内容的数据处理服务器。因此，处理来自欧盟的（受到银行保密规定约束而且构成个人数据的）

110　2010 年 6 月 26 日欧盟和美国缔结的有关处理和传输由欧盟传送到美国的"金融信息数据"（Financial Messaging Data）以用于"恐怖分子资金追踪项目"（the Terrorist Finance Tracking Program）的协议在 2010 年 8 月 1 日生效（OJ EU L 195 of 27.7.2010, p.5.）。

111　"恐怖分子资金追踪项目"的法律基础是美国总统乔治·W. 布什在 2001 年 9 月 23 日依据《紧急经济权力法》（the Emergency Economic Powers Act，50 U. S. C.，§§ 1701–1706.）发布的第 13244 号行政命令。

296 金融消息数据的规则需要进行重大更改和重组。

签订《环球银行金融电信协会协议》是为了使欧洲金融机构的客户数据传输遵守《第 95/46/EC 号指令》规定的数据保护基本原则，例如必要性、数据最小化和目的限制原则。的确，人们有必要充分了解与银行保密有关的信息，以及隐私权的存在和范围的充分相关性的信息。无现金支付的普遍存在，例如银行转账或使用支付卡的形式，意味着有关银行客户的账户动向和负债的信息可能会揭示从银行账户转入或转出的款项的来源和接收者，因此间接导致披露账户所有者的财务状况、生活方式、行为、兴趣、信仰或健康状况。

根据"恐怖分子资金追踪项目"协议而提供给美国财政部的数据量是巨大的。这些数据来自环球银行金融电信协会，也即位于比利时拉胡珀（La Hulpe）的环球银行金融电信协会。环球银行金融电信协会是一家全球运营商，在银行间的信息交换之中充当中介人。它汇集了大约遍布全球 200 多个国家 / 地区的 9000 家银行和其他金融机构，并经营着全球约 80% 的电子金融转账，每天经营的转账高达 900 万笔，交易额达 6 万亿美元。[112]

《环球银行金融电信协会协议》的第 8 条包含了一项重要声明，即就该协议而言，美国财政部将负责确保从欧盟传输到美国的金融消息数据得到足够的保护。美国作为第三国无法在其立法中确保充分的个人数据保护，因此从欧盟向美国传输个人数据本来是存在障碍的，《环球银行金融电信协会协议》第 8 条上述声明消除了源自目前《一般数据保护条例》第 44 条规定（在该协议生效之时，《第 95/46/EC 号指令》第 25 条规定）的障碍。

该协议规定，根据"恐怖分子资金追踪项目"规定的数据搜索操作仅限于下述需要，即有正当理由相信，该数据搜索的主体与恐怖主义或恐怖主义融资有关。因此，该规定禁止收集和分析数量不受限制

---

112 这些数据以该协议生效的时间也即 2010 年 9 月份为准，http://www.swift.com。

的用户的数据，并借口目的是验证其是否包括了与恐怖主义或恐怖分子融资有关联者的数据，或试图证明这种"数据挖掘"做法[113]或者其他算法或自动数据画像或过滤是合理的。美国财政部要求欧洲实体提供数据的任何要求都应该受到下述特定条件之限制：

— 尽可能清楚地明确所需的数据类别，即为了预防、调查、侦查或起诉恐怖主义或资助恐怖主义活动所需的数据类别；

— 明确指出为分析恐怖主义威胁所需的可能最窄的数据范围；

— 证实获取数据的必要性；这样的证实不可以是重复性的公式化的行为，而必须指向具体的案件。

297

这些义务是否履行，由欧洲刑警组织（Europol）加以核实。

该协议明确规定了可以提供给美国财政部的信息范围，具体包括有关交易的发起者或接收者的识别信息，包括名称、账号、地址和国家标识号。对数据类别的这一指示，明确了可以提供给美国财政部的最大数据范围。实际的数据范围应在个案情况下确定，具体取决于特定情况下所需的数据。

为了确保各方遵守《环球银行金融电信协会协议》，必须由欧洲刑警组织的联合监管机构进行定期检查，以及由欧盟委员会和美国财

---

113 全面介绍数据挖掘方法的文献，可以参见：P. Giudici（P. 朱迪奇），S. Figini（S. 菲吉尼），*Applied Data Mining for Business and Industry*（《工商业应用数据挖掘》），Chichester 2009; J. Han（J. 翰），M. Kamber（M. 坎伯），*Data Mining: Concepts and Techniques*（《数据挖掘：概念和技术》），San Diego 2001［包括数据挖掘的描述（第 5 页及以下）以及数据挖掘系统的架构（第 171 页及以下）］；I. H. Witten（I. H. 威腾），E. Frank（E. 弗兰克），M. A. Hall（M. A. 霍尔），*Data Mining: Practical Machine Learning Tools and Techniques*（《数据挖掘：实用的机器学习工具和技术》），Burlington 2011, pp.85 et seq.（描述了数据挖掘之中算法的使用）。

政部根据该协议第 13 条进行联合的定期审查。

根据该协议第 4 条第 3 款至第 5 款规定的程序，美国财政部试图从环球银行金融电信协会的数据库获取数据时，必须向欧洲刑警组织提供该请求的副本以及补充文件，接着欧洲刑警组织必须核实该请求是否符合该协议第 4 条第 2 款的规定。联合监管机构有权决定，是否核实欧洲刑警组织上述核验的正确性，特别是美国请求获取的数据范围，在特定情况下与预防恐怖主义或遏制资助恐怖主义的目的是否相称。

之前曾有检查显示，在达成协议后的最初阶段就存在违规行为。在此之后，欧洲刑警组织在执行其任务时在方式上做了一些改进，也即对美国财政部从环球银行金融电信协会的数据库获取信息的请求加以验证。

尽管有这种改进，随后的媒体报道依然表明，美国当局未经授权访问数据的问题尚未得到完全的解决。（对美国的这些指控可追溯到几年前；不过，根据欧盟委员会提交给欧洲议会和理事会的关于《环球银行金融电信协会协议》实施情况的联合审查报告[114]，并没有发现侵权行为。）

根据丹麦的日报《柏林格》的报道，美国机构在环球银行金融电信协会的系统中直接和不受限制地获取欧洲的金融消息，且获得此类数据并非出于预防恐怖主义的目的，从而违反了该协议。[115]《柏林格》报道了一次接管的行为，涉及丹麦一家银行向德国一家银行转账了 26,000 美元，以支付德国供应商进口到德国的一批古巴雪茄的价金。

298

114　Joint Review Report of 19 January 2017, Section 4. Recommendations and Conclusion（"第 4 节：建议与结论"），http://eur-lex.europa.eu/legal-content/EN/TXT/?uri=CELEX%3A52017SC0017.

115　S. Bendtsen（S. 本特森），P. Suppli Benson（P. 斯普莱·本森），Dansk politimand fanget i amerikansk terrornet（《丹麦警察陷入美国恐怖组织网络》），*Berlingske*（《柏林格》），26 February 2012, http://www.b.dk/nationalt/dansk-politimand-fanget-i-amerikansk-terrornet.

由于丹麦的购买方违反了美国对古巴的贸易禁运，因此美国财政部的这一举动被证明是合理的。

德国的《镜报》也公布了有关环球银行金融电信协会的金融信息，包括由美国国家安全局监视的客户银行转账和银行卡交易。[116] 该杂志引用了爱德华·斯诺登（Edward Snowden）的说法，称美国国家安全局为了该目的，在安全局内部设立了一个名为"跟着钱走"（Follow the Money）的分支机构，然后将其获得的信息存储在一个称为"金融追踪"（Tracfin）的财务数据库中。根据《镜报》的说法，"金融追踪"数据库在 2011 年拥有 1.8 亿个数据集，其中 84% 的数据与使用信用卡和信用交易的客户有关。

在美国国家安全局被确认可以直接访问、获取环球银行金融电信协会的数据库中的欧洲公民的个人和财务数据之后，欧洲议会对违反"恐怖分子资金追踪项目"的情况表示担忧，并要求欧盟委员会暂停《环球银行金融电信协会协议》。[117] 该决议强调，根据《环球银行金融电信协会协议》，这种直接访问和获取不仅缺乏法律依据，而且大大超出了打击恐怖主义目的所需的个人数据范围，与这些目的背道而驰，并且违反了该协议所规定的数据必要性、数据最小化和目的限制原则。但是，该决议并没有法律的约束力。在早些时候，欧洲议会的公民自由、司法和内政委员会（the European Parliament's Committee on Civil Liberties, Justice and Home Affairs，LIBE）宣布了其对中止

116　G. -P. Schmitz（G. -P. 施密茨），SWIFT Suspension? EU Parliament Furious about NSA Bank Spying（《暂停环球银行金融电信协会？欧盟议会对国家安全局银行间谍活动感到愤怒》），*Spiegel Online International*（《明镜国际在线》），18 September 2013, http://www.spiegel.de/international/europe/nsa-spying-european-parliamentarians-call-for-swift-suspension-a-922920.html.

117　European Parliament resolution of 23 October 2013 on the suspension of the TFTP agreement as a result of US National Security Agency surveillance(2013/2831(RSP))（《欧洲议会 2013 年 10 月 23 日关于因美国国家安全局的监视活动而中止 TFTP 协议的决议》），http://www. europarl.europa.eu/sides/getDoc.do?pubRef=-//EP//TEXT+TA+P7-TA-2013-0449+0+ DOC+XML+V0//EN.

环球银行金融电信协会系统的数据交换将带来的灾难性国际和经济后果的理解，并强调不应当从字面上理解其建议，而应将其作为彻底解决侵犯隐私问题的一种呼吁。

之前由欧洲刑警组织的联合监管机构进行的检查以及欧盟委员会和美国财政部的定期联合审查显示，在协议签订后的最初阶段存在违规行为。之后，欧洲刑警组织执行任务的方式，即验证美国财政部从环球银行金融电信协会的数据库获取信息的请求方式，有了一些改进。

在欧盟委员会 2017 年 1 月 19 日提交给欧洲议会和理事会的关于《环球银行金融电信协会协议》实施情况的第四次联合审查的报告[118]（第 4 节"建议与结论"）中，欧盟委员会宣布，《环球银行金融电信协会协议》及其保障和控制措施得到了妥当的实施，第三次联合审查的结果也得到了后续的跟踪和关注。[119]

六、《美国海外账户税收合规法》

个人数据从欧盟（和其他国家）传输到美国，也是间接因为《美国海外账户税收合规法》。[120] 这种关系是间接的，因为《美国海外账户税收合规法》是美国法律的一部分，因此，如果没有单个欧盟成

---

118 Report from the Commission to the European Parliament and the Council on the joint review of the implementation of the Agreement between the European Union and the United States of America on the processing and transfer of Financial Messaging Data from the European Union to the United States for the purposes of the Terrorist Finance Tracking Program, http://eur-lex.europa.eu/legal-content/EN/TXT/?uri=CELEX%3A52017SC0017 [retrieved on 21 February 2018].

119 "根据财政部、欧洲刑警组织、指定提供商和独立监督员所提供的信息和解释，对相关文件的验证以及在'恐怖分子资金追踪项目'（TFTP）提供的数据上进行检索的代表性样本的核查，欧盟委员会认为该《协定》和它的保障措施和控制措施得到了适当实施，并且财政部也已经跟进了第三次联合审查的结果。"

120 The Foreign Account Tax Compliance Act (FATCA), 26 USC §§ 1471-1474, 26 USC § 6038D.

员国和美国之间的双边协议，那么该法是无法直接作为欧洲实体向美国传输数据的法律基础的。不过欧盟成员国和美国确实有达成过这类协议。

《美国海外账户税收合规法》是根据双边协议在欧盟国家实施的，该法案要求金融机构（银行、投资基金、信托基金、保险公司）识别属于美国纳税人的客户，并向美国联邦税务机关报告。[121]《美国海外账户税收合规法》旨在防止美国纳税人通过外国金融机构将其资金转移到其他国家来逃避美国的纳税义务。《美国海外账户税收合规法》涵盖的人员范围也即必须由欧洲机构报告其数据的人员包括"美国人员"。该法案使用的"美国人员"术语，特别针对并非美国居民在内的美国公民，以及美国居民（包括在美国领土上度过大部分时间的人），还有美国企业和公司。

《美国海外账户税收合规法》仅适用于美国实体；作为美国立法的一部分，该法案并不是欧盟成员国普遍适用的法律渊源，对欧洲实体而言，它并不具有法律约束力，也没有设置任何义务。因此，只有在与美国缔结了双边协议的欧盟成员国的数据控制者，才能根据《美国海外账户税收合规法》将数据传输到美国，并根据其特定规则来规范数据的传输。[122]美国与所有欧盟成员国和许多主要的非欧盟经济体，例如澳大利亚、巴西、加拿大、中国、中国香港、印度、日本、墨西哥、新西兰、新加坡、南非、韩国、土耳其和阿拉伯联合酋长国，都签订了这样的双边协议。

某些国家的银行保密、保险保密或其他类似的专业保密制度或当地隐私法律阻止金融机构将任何信息直接传输给美国税务机关的，则实施了替代《美国海外账户税收合规法》的制度安排。它们要求这些 300

---

121 美国国税局（Internal Revenue Service, IRS）。

122 截至 2016 年 6 月 15 日，美国一共缔结了与《美国海外账户税收合规法》相关的 113 个双边协议，http://www.treasury.gov/resource-center/tax-policy/treaties/Pages/FATCA.aspx。

国家／地区的金融机构将为美国纳税人保存的账户信息传输到这些国家的税务主管部门，然后再由它们把这些信息转发给美国税务部门。

由于《美国海外账户税收合规法》并非欧洲的法律渊源，第二十九条工作组已经排除其作为数据传输到美国的法律依据的可能性。第二十九条工作组还指出，《美国海外账户税收合规法》与欧盟法律规定的个人数据保护基本原则不兼容。[123] 第二十九条工作组注意到，《美国海外账户税收合规法》并不符合数据处理应当与其处理目的成比例的原则。第二十九条工作组声明，仅根据美国国籍或居住地的标准，就向美国税务机关提供包含欧洲金融机构客户的个人和财务数据的大量报告的做法，属于"非法调查"，与数据处理的比例原则不一致。与之相反，第二十九条工作组建议采取选择性措施，以确保仅提供符合《美国海外账户税收合规法》宗旨的选定数据。工作组还呼吁，应该认真分析，达成《美国海外账户税收合规法》的目的是否确实要求大量传输个人和财务数据，以及这些目的是否可以在不（或较少）干扰欧洲金融机构客户隐私的情况下实现，例如通过传输匿名的数据。

第二十九条工作组还指出，向美国传输数据，前提在于数据进口商受到个人数据保护原则的约束，确保向数据被传输的个人提供充分的保护。为此，即便在数据传输之后，数据主体也必须能够执行其权利。

123　Opinion of Article 29 Working Party to the European Commission (Taxation and Customs Union DG)（《第二十九条工作组向欧盟委员会（税收和关税同盟总干事）的意见》）, Ref. Ares(2012)746461－21/06/2012, http://ec.europa.eu/justice/data-protection/article-29/documentation/other-document/files/2012/20120621_letter_to_taxud_fatca_en.pdf. 下述研究报告也载有第二十九条工作组的意见：E.-M. Poptcheva（E.-M. 波普切娃）, A FATCA for the EU? Data Protection Aspects of Automatic Exchange of Bank Information（《欧盟的〈美国海外账户税收合规法〉？自动交换银行信息的数据保护问题》）, Library of the European Parliament, 27 May 2013, http://www.europarl.europa.eu/RegData/bibliotheque/briefing/2013/130530/LDM_BRI(2013)130530_REV1_EN.pdf.

因此，在适用欧盟成员国与美国缔结的双边协议，执行《美国海外账户税收合规法》时，应当考虑到第二十九条工作组所做的保留。目前的例子是 2018 年 2 月 8 日第二十九条工作组主席的来函，内容涉及将《美国海外账户税收合规法》适用于"意外的美国公民"（accidental Americans）*或者具有欧盟和美国双重国籍的欧盟公民。第二十九条工作组主席指出，有关此类人群是否受到《美国海外账户税收合规法》管辖的决定，已经超出了第二十九条工作组的权限，因为它涉及对"美国纳税人"概念的解释，但是在这方面的投诉仍可以由本国的数据保护部门、法院和税务部门进行调查。[124]

第七节　旅客姓名记录数据

为了防止恐怖主义和其他严重犯罪而进行的国际数据交换，还包括与航空公司旅客有关的"旅客姓名记录"（PNR）数据。旅客姓名记录数据是在预订航班和办理登机手续时收集的，通常包括旅客的姓名、航班日期、路线、机票信息、联系方式、预订航班的旅行社的身份、付款方式、座位号以及行李信息。这些信息还包括有关"常客计划"的乘客会员信息、单程航班的信息以及乘客对特殊服务的要求，例如飞机上的特殊餐点、某些宗教特有的要求等等。

有组织犯罪（例如走私或恐怖主义）往往与所涉人员的海外旅行有关。因此，分析和交换旅客姓名记录数据，可以帮助执法机构识别以前并没有涉嫌与有组织犯罪或恐怖主义有联系的人，并找出可能表现为非法行为的行为。

根据与以下国家达成的协议，欧盟与澳大利亚、加拿大和美国交

---

* 指并非美国国籍也没有居住在美国，但与美国产生了税收关系的人。——译者

124　第二十九条工作组主席伊莎贝尔·法尔克·皮尔罗汀有关《美国海外账户税收合规法》的函件，2018 年 2 月 8 日，http://ec.europa.eu/newsroom/article29/document.cfm?doc_id=49770, p.2 [retrieved on 21 February 2018].

换了"旅客姓名记录"数据：[125]

- 2011 年 9 月 29 日欧洲联盟和澳大利亚之间达成的《关于航空承运人处理和传输旅客姓名记录数据至澳大利亚海关和边境保护局的协议》[126]
- 欧洲共同体与加拿大政府于 2005 年 10 月 3 日达成的《有关处理旅客信息和旅客姓名记录数据的协定》[127]（欧盟法院在 2017 年 7 月 26 日的意见 [128] 中认定，加拿大和欧洲联盟之间设想并且在 2014 年 6 月 25 日签署的《有关旅客姓名记录数据的传输和处理的协定》不能以其目前的形式缔结。欧盟委员会于 2017 年 12 月获得欧盟理事会授权之后，于 2018 年 6 月与加拿大启动了有关旅客姓名记录的新一轮谈判，但该协议在本书出版时尚未生效。）
- 美利坚合众国和欧洲联盟于 2011 年 12 月 14 日《关于使用和传输旅客姓名记录到美国国土安全部的协议》[129]

应当牢记的是，欧盟委员会认为澳大利亚和加拿大法律规定的个人数据保护等级是充分的，也即基本上相当于欧洲的等级。另一方面，在数据保护方面，美国被认为是第三国，美国并不能确保达到欧盟标准所要求的数据保护水平。与美国达成的协议宣布，对于该协议的履行，美国国土安全部应确保对从欧盟传输过来的旅客姓名记录数据进行程度充分的保护。

302

125　2015 年 6 月，欧盟理事会通过了一项决定，授权与墨西哥就类似协议进行谈判。
126　OJ EU L 186 of 14.7.2012, p.4.
127　OJ EU L 82 of 21.3.2006, p.15.
128　ECLI:EU:C:2017:592.
129　OJ EU L 215 of 11.8.2012, p.5.

欧洲议会和理事会于 2016 年 4 月 27 日发布的《关于使用旅客姓名记录数据进行预防、侦查、调查和追诉恐怖主义犯罪和严重犯罪的第（EU）2016/681 号指令》也为交换旅客姓名记录数据提供了法律依据 [130]（该指令要求欧盟成员国在 2018 年 5 月 25 日之前实施）。

该指令回应了对犯罪和恐怖主义风险进行监视的需要，因此，根据《申根协定》取消欧盟内部边界的边境管制的好处，不会因为安全性降低而被抵消。因此，该指令制定了新的规则，要求航空承运人向成员国提供有关往返于欧盟的国际航班和选定的欧盟内部航班的旅客的姓名记录数据。它还规定了主管当局对此类数据的处理，以及欧盟成员国执法机构之间的信息交换。

该指令承认目的限制和数据最小化原则：它列出了证明执法机构处理旅客姓名记录数据合理的目的。该目的清单包括使用预先确定的风险标准评估到达的旅客清单，制定后续的风险症状，在此基础上识别特定人员，以及使用数据进行调查和起诉。该指令也认可存储限制原则，它将数据存储保存期限设置为五年。在最初的六个月后，数据必须匿名处理。该指令禁止仅通过自动处理（也即仅基于算法而未经人工验证）而作出具有负面法律影响或对某人有重大影响的决策。

第八节　2018 年《加州消费者隐私法》和美国的拼凑型隐私体系

对于跨大西洋合作而言，重要的是美国正在采取与《一般数据保护条例》一致的新立法举措。美国加利福尼亚州在 2018 年通过了《加州消费者隐私法》，该法于 2020 年 1 月 1 日生效，并于 2020 年 7 月 1

130　OJ EU L 119, 4.5.2016, p.132.

日开始施行。[131]《加州消费者隐私法》是美国目前最全面的州数据保护立法。尽管该法并未涵盖所有企业，但核心经营活动包含大规模处理个人数据的下述企业，都落入该法的管辖范围：

— 企业年总收入超过 2500 万美元，或者

303
— 企业每年出于商业目的单独或联合购买、接收、出售或分享不低于 50,000 个消费者、家庭或设备的个人信息，或者[132]

— 企业年收入的 50% 或以上来自出售消费者的个人信息。

《加州消费者隐私法》与《一般数据保护条例》有许多相似之处。举例来说，前者规定的"个人信息"的定义包括识别、关联、描述特定消费者或家庭的信息，或者能够合理地与之产生直接或间接关联的信息，例如标识符（真实姓名、别名、邮政地址、唯一的个人标识符、网络标识符、互联网协议地址、电子邮件地址、账户名、社会安全号码、驾照号码、护照号码或其他）、商业信息（包括个人财产记录，购买、获得或考虑的产品或服务，或其他购买或消费历史或趋势）、生物特征信息、地理定位数据。

另一方面，消费者个人信息定义中"家庭"的内涵（《加州消费者隐私法》第 1798.140 条第 o 款第 1 项）仍不清楚。由于即使是单独居住在一个住房中的人也被视为一个家庭，因此该法有关个人信息的定义并没有清晰地说明家庭中的个人与单个消费者有何不同。换句话

131　Civil Code – Civ, Division 3. Obligations [1427-3273] (Heading of Division 3 Amended by Stats. 1988, Chapter 160, section 14.), Part 4. Obligations Arising from Particular Transactions [1738-3273], (Part 4 Enacted 1872.), Title 1.81.5., California Consumer Privacy Act of 2018 [1798.100-1798.199], (Title 1.81.5 Added by Stats. 2018, Chapter 55, section 3).

132　《加州隐私权法》提高了企业业务的门槛之一：每年 5 万消费者或家庭的门槛提高到 10 万；设备不再包括在内。

说，构成一个家庭的个人，同时也是《加州消费者隐私法》定义的消费者（加利福尼亚居民），因此该法中的"家庭"与个人信息定义中的"消费者"在含义上有重复。[133]

2020年11月3日，加利福尼亚州通过了《加州隐私权法》，该法将于2023年1月1日生效并取代《加州消费者隐私法》。[134]《加州隐私权法》不仅规定了关键的数据主体请求的范围（访问权和删除权）、个人数据存储期限的透明度、敏感个人信息作为个人数据新类型[135]，而且（有趣的是）还设立了加利福尼亚州隐私保护局，这是美国第一个州层面的个人数据保护机构。

美国并没有规制数据保护和隐私的综合联邦法案。相反，美国该领域的法律制度是由多个部门法律拼凑而成的，例如《儿童在线隐私保护法》（《美国法典》第15编第6501条及下）、《医疗保险流动性与会计法》（HIPAA-PL104-191）、《格莱姆-利奇-比利法案》*（《美国法典》第15编第6802条及下）和《公平信用报告法》（《美国法典》第15编第1681条），后两个法案与银行和金融部门处理个人信息有关。

然而，2020年9月，美国参议院提出了《建立确保数据访问、透明度和问责制的美国框架法》的法案，引发了联邦层面关于未来美国联邦数据隐私法的辩论。美国参议院商业、科学和交通委员会之前曾经讨论过该法案，其目的是为消费者建立国家的数据隐私标准。

304

133　M. Krzysztofek, The Interpretation of 'Household' in the Definition of Personal Information in the CCPA, *Global Privacy Law Review*, February 2021, Vol. 2, No. 1, pp.38–43.

134　继《加州消费者隐私法》之后，《弗吉尼亚州消费者数据保护法》预计将成为美国第二部州层面的综合数据隐私法，该法将于2023年1月1日生效。

135　具体包括健康状况、种族或民族血统、宗教或哲学信仰、社会安全号码、地理位置。

*　也称《金融服务现代化法》。——译者

第十五章　互联网和监视时代的隐私；
技术对隐私的威胁

第一节　技术对隐私保护的挑战

信息技术的全球规模和快速发展改变了数据的处理环境，并带来了新的挑战。这些改变和挑战主要归因于个人数据处理的指数级增长，[1] 广泛应用的在线个人数据处理，硬件和软件不断提升的数据处理能力，无处不在的可以访问互联网的设备，普遍使用的社交网络服务，[2] 网络购物和网络银行业务，向广告商销售数据（包括行为模式的数据），以及跨国公司内部数据的大规模传输。

第三方间接使用互联网、移动电话以及其他技术来获取（主要出

1　P. M. Schwartz（P. M. 施瓦兹），Managing Global Data Privacy: Cross-Border Information Flows in a Networked Environment (A report from thePrivacyProjects.org)（《管理全球数据隐私：网络环境中的跨境信息流动（隐私项目组织的报告）》），2009, http://theprivacyprojects. org/wp-content/uploads/2009/08/The-Privacy-Projects-Paul-Schwartz-Global-DataFlows-20093.pdf.

2　在线社交网络服务（Online social networking services, SNS）；M. Czerniawski, Portale społecznościowe a prawo do ochrony danych osobowych — zarys problemu（《社交网络和个人数据保护权——问题概述》），in: *Internet. Prawno-informatyczne problemy sieci, portali i e-usług*, ed. by G. Szpor, W. Wiewiórowski (Assistant European Data Protection Supervisor), Warszawa 2012, p.163.

于商业目的但又不仅限于此）特定时间的用户位置、用户的人际关系、职业活动、兴趣、健康或财富的数据。新的数据类别出现了，例如地理位置数据、互联网协议地址或者作为消费者的互联网用户的数据画像。[3] 新技术的影响与日俱增。有些技术是以前就已经存在的，例如物联网或面部识别系统，但是，随着这些技术的普及，它们的重要性愈加明显。所有这些发展意味着，隐私权受到的威胁与数据冗余和存储的规模成正比。

考虑到现在数据处理的新条件与《第 95/46/EC 号指令》生效时普遍存在的条件截然不同，我们有必要更新、修订现有的数据保护法规以应对这些挑战。《第 95/46/EC 号指令》生效至今已经超过了 20 年，这对数字技术领域而言，是一段漫长的时间。在更新的个人数据保护法中，隐私权、消费者权利和数字服务市场都需要新的基础以适应当前的新情况。

为了应对这些挑战，弥合法律规定的个人数据保护水平与实际水平之间的技术差距，欧洲联盟通过了《一般数据保护条例》，这是自 21 年前制定《第 95/46/EC 号指令》以来，数据保护制度最重大的改革。

诚然，法律规范的有效性一般取决于实施这些规范的措施，而与法律规范管辖的领域无关（例如，"不可偷盗"原则的实施也需要技术、程序或惩戒措施）。但是，就隐私权而言，技术和组织措施是至关重要的。这种关系在诸如非法跟踪（stalking）或冒充行为（impersonation）中也有所表现。非法跟踪即持续骚扰行为严重侵犯了个人的隐私或使人感受到威胁；使用他人画像或其他个人数据来冒

3　欧洲数据保护监管机构（the European Data Protection Supervisor）在 2011 年 1 月 14 日关于欧盟委员会向欧洲议会、理事会、经济和社会委员会以及地区委员会的欧洲联盟全面保护个人数据的信函之中，也表达了支持数据保护法改革的这些论点。A comprehensive approach on personal data protection in the European Union, Section A, point 2, OJ EU C 181, 22.6.2011, p.1; M.-T. Tinnefeld, Jak Internet zmienia prawne ramy prywatności?, in: *Internet. Prawno-informatyczne problemy sieci, portali i e-usług*, ed. by G. Szpor, W. Wiewiórowski, Warszawa 2012, p.3.

充他人，是意图给受影响的人带来损失或伤害的行为。持续骚扰行为一直是存在的，但是近年来这种行为的规模在增长，而这恰好是"非法跟踪"一词被普遍使用的时候。毫无疑问，这是由于现有技术允许人们通过电子邮件或短信匿名联系受害者，并且可以在互联网论坛或社交网络服务上发布匿名意见来广泛传播相关的信息。如果非法跟踪者没法使用这些技术工具，那么非法跟踪者的"打击力量"将会小得多，侦破这类违法行为也会更加容易。

网络数据处理的技术条件和新的数据类别对隐私保护的挑战形式并非是一成不变的，因为这些挑战在本质上包含了现有形式的变异以及新形态的出现。我在下面列举了一些例子。通过分析它们对隐私保护的影响，可以认为，为了促进个人和社会生活的便捷，隐私已经成为了相应的代价。国家和公司控制个人的技术工具（无论其声明的目的如何）日趋复杂，收集的数据迅速增长，这些情况基本使得数据主体控制个人数据处理方式和目的的权利沦为理论之谈。[4]

307　　在这种背景之下，地理位置偏好的收集和互联网用户的数据画像就成为特别重要的问题。鉴于互联网的广泛使用，智能手机或平板电脑以及为它们开发的应用程序的普遍存在，个人数据保护受到了巨大的威胁，数据主体对个人数据处理的控制也已经变得非常有限。当某人使用一部手机时，其位置和行动会受到持续的监视，其呼叫的次数和持续时间会被记录下来，其联系的人也会被识别出来。此外，智能手机或平板电脑上使用的众多应用程序都需要访问用户的数据，例如他或她的位置或设备中存储的数据，这会进一步带来隐私风险。[5] 由 26 个数据保护机构即全球隐私执法网络（the Global Privacy

4　A. Kozinski（A. 科津斯基），The Dead Past（《死者已逝》），in: *The Privacy Paradox. Privacy and Its Conflicting Value*s, *Stanford Law Review*, 2 February – 12 April 2012, http://www.stanfordlawreview.org/online/privacy-paradox/dead-past.

5　Article 29 Working Party, Opinion 02/2013 on apps on smart devices, 27 February 2013, WP 202, and Opinion 13/2011 on Geolocation services on smart mobile devices, 16 May 2011, WP 185.

Enforcement Network）进行的一项研究表明，在调研所涉的 1200 多个移动应用程序中，有三分之一需要授权以访问大量个人数据；与此同时，有 85％ 的应用程序没有提供足够的数据处理信息，特别是有关提供、获取数据的信息。[6]

其他不容忽视的问题包括用户地理数据的处理，用户青睐的书籍、电影、话题论坛、医疗网站查询、休闲活动、政治观点、财务状况等等。[7]例如，谷歌公司使用的"广告联盟"算法可以根据特定用户的搜索历史生成针对该用户的广告（例如当特定用户搜索有关特定旅行目的地的信息时，显示某些航空公司或酒店的广告）。市场营销的自动化也使用了类似的机制，例如通过监视网站访问者的活动，根据数据控制者的分析，仅依据访问者的数据画像，甚至仅依据特定的访问时间，就可以立即向网站访问者提供与他们这一刻的期望相对应的服务。有些公司诸如美国的"卡分析"公司（Cardlytics）所使用的模式也是类似的：与银行合作对银行卡交易进行分析，用于识别寻求其产品营销服务的潜在客户或商业交易对手，例如，将燃料公司或连锁饭店的广告投放到各自行业竞争品牌的消费者手头。[8]

6　Results of the 2014 Global Privacy Enforcement Network Sweep（《2014 年全球隐私执法网络扫描结果》），Office of the Privacy Commissioner of Canada（加拿大隐私事务专员办公室），https://www.priv.gc.ca/media/nr-c/2014/bg_140910_e.asp, 10.09.2014.

7　International Working Group on Data Protection in Telecommunications (a.k.a. the Berlin Group), Working Paper of 15–16 April 2013: Web Tracking and Privacy: Respect for context, transparency and control remains essential, https://www.coe.int/t/dghl/standardsetting/dataprotection/News/Web%20tacking.pdf. 第二十九条工作组提到了这些隐私威胁，并强调了互联网用户基本权利的重要性和约束力；工作组还指出，有必要确保在线活动以及"隐私的设计保护"的透明度和监视。

8　Opinion 2/2010 of the Article 29 Working Party on online behavioural advertising of 22 June 2010, WP 171; Opinion 16/2011 of the Article 29 Working Party on EASA/IAB Best Practice Recommendation on Online Behavioural Advertising of 8 December 2011（2011 年 12 月 8 日第二十九条工作组《关于 EASA/IAB 在线行为广告的最佳做法建议的第 16/2011 号意见》），WP 188, http://ec.europa.eu/justice/data-protection/article-29/documentation/opinion-recommendation/files/2011/wp188_en.pdf. 此外，欧洲议会在 2011 年 7 月 6 日关于欧盟全面保护个人数据的决议［2011/2025（INI），P7_TA-PROV（2011）0323］中也对滥用在线行为广告表示了关注。

　　地理位置数据的重要性不容低估。认为收集此类数据不会导致识别出特定人员的想法是具有误导性的。尽管地理位置数据收集者无法直接识别出该信息所涉及的人员，但是通过将地理位置信息链接到其他数据，是可以识别这些人员的。通过地理位置定位，或者基于在线论坛的登录，可以获得身份不明的人在特定时间访问的多个位置的信息，如果再结合该人银行卡的付款信息，就可以识别该人的身份了。根据麻省理工学院伊夫·亚历山大·德蒙乔耶小组的一项研究，只要有 4 条这类信息，就可以识别匿名数据库中 90% 的人。[9]

　　实际上，在线数据处理技术和所涉及的信息规模意味着分散的数据（或元数据）可以轻松地与网络上的其他数据链接。有的人一厢情愿地以为，仅仅公开诸如电话号码，只要不披露其他数据，并不会损害匿名的状态，但是斯坦福大学的乔纳森·梅耶和帕特里克·穆奇勒的实验击碎了这种天真的想法。他们的实验目的是验证，是否有可能仅根据这些人自己在互联网上披露的信息来识别电话号码所有者的姓名。研究人员发现，这项任务"简直太容易了"：他们仅使用"谷歌定位""脸书""叶谱"和"因特留斯"四款应用，就可以从 100 个随机的电话号码样本之中，找出 91 个电话号码所有者的姓名。[10]

　　英国数据保护机构信息专员办公室在其整理的一份国际研究报告之中，披露了 Cookies[11] 使用状况的惊人数字：[12]

9　Y. -A. de Montjoye, L. Radaelli, V. K. Singh, A. S. Pentland, Unique in the Shopping Mall: On the Reidentifiability of Credit Card Metadata, *Science*, 30 January 2015, Vol. 347, No. 6221, pp.536–539.

10　R. J. Rosen, Stanford Researchers: It Is Trivially Easy to Match Metadata to Real People, *The Atlantic*, 24 December 2013, http://www.theatlantic.com/technology/archive/2013/12/stanford-researchers-it-is-trivially-easy-to-match-metadata-to-real-people/282642/.

11　有关 Cookies 的讨论，请参见本书第六章"直接营销、电子营销、Cookies 和在线行为广告"，包括该章第 4 节"Cookies 和在线行为广告"。

12　根据英国信息专员办公室于 2015 年 2 月 17 日发表的信息，新的国际隐私研究表明，Cookies 可以使用 7984 年，https://ico.org.uk/about-the-ico/news-and-events/news-and-blogs/2015/02/a-cookie-can-last-7984-years-according-to-new-study/。

- 在首次访问期间，一个普通的网站会在访问者的设备里放置 34 个 Cookies。

- 其中 70% 的 Cookies 是第三方 Cookies，而且不是由正在访问的网站放置的。

- 多达 86% 的 Cookies 是永久性的，在对话结束后会保存在访问者的设备上；只有 14% 的 Cookies 是对话 Cookies，在访问结束后会被删除。

- 虽然 Cookies 的平均有效期设置为一两年，但也有检测到 Cookies 的有效期限被设置为 10 年、100 年甚至接近 8000 年。[13]

309

摩斯拉公司（Mozilla）是市场主打的网站浏览器之一火狐（Firefox）的所有者，摩斯拉公司通过自己的分析发现，如果用户以正常频率使用互联网两天的话，用户的设备中将会保存大约 100 个来自用户从未访问过的网站的 Cookies，摩斯拉因此为用户设计了默认情况下禁用第三方 Cookies 的选项。

侵犯隐私权的类似例子是公司开发的软件使用智能手机的麦克风来识别用户正在观看的电视节目、电影和广告的音频信号，例如阿方索公司（Alphonso）。[14] 阿方索公司开发的一款软件已安装在 250 多个游戏中，该软件用于验证哪些广告有效地鼓励了用户访问其所在社区的特定商店。借助用户智能手机的地理位置数据，阿方索公司可以识别出用户所在的社区。虽然该软件供应商已强调，只有在用户事先

13　C. Castellucia（C. 卡斯特鲁奇亚），Behavioral Tracking on the Internet, a Technical Perspective（《互联网上的行为跟踪》），in: *European Data Protection: In Good Health*?（《欧洲数据保护：健康与否？》），Springer Netherlands, 2012, p.25.

14　S. Maheshwari（S. 马赫什瓦里），28.12.2017, That Game on Your Phone May Be Tracking What You're Watching on TV（《手机上的该游戏可能正在跟踪您在电视上观看的内容》），https://www.nytimes.com/2017/12/28/business/media/alphonso-app-tracking.html.

知情同意的情况下，应用程序才会使用麦克风和定位模块。但是，用户同意的已知情性质（the informed nature）非常可疑：用户很难完全意识到，由于自己表示了同意使用麦克风和位置模块，也就同时接受了持续的监控，且这种监控仅是为了软件供应商及其客户的经济利益。

隐私保护和个人数据保护的另一个风险来自数据画像的广泛使用。[15] 数据画像的结果可能会导致污名化和歧视，而且可能影响在诸如贷款、保险或雇用等事项上的正面或负面决定。[16]

用于这类分析和预测的个人数据来源可能包括：手机、笔记本电脑和平板电脑在登录网络时的位置、社交网络服务、在线购物、交易、互联网用户在网络论坛上的查询、工作时间记录设备等。将信息技术系统中的此类痕迹与自然人的唯一标识符，例如互联网协议地址、Cookies、无线射频识别标签和服务器收集的其他信息相结合，就可以识别特定的人并创建其个人资料和数据画像（序言第 30 条）。这些数据之中，有些部分通常是由数据主体自己公开的，例如在社交网络服务上公开的个人数据。客户或互联网用户所留的"痕迹"包

310

15　有关数据画像，请参考第十章"数据主体的权利：访问权、更正权，删除权（被遗忘权），限制处理权，数据可携带权，反对为了直接营销和数据画像进行数据处理的权利"。

16　有关数据画像产生的污名化和歧视风险的讨论，请参见：C. J. Bennett, In Defence of Privacy: The Concept and the Regime（《防护隐私：概念和制度》），*Surveillance and Society* 2011（《监视与社会（2011）》），No. 4, p.490; F. Bosco（F. 博斯科），N. Creemers（N. 克里默斯），V. Ferraris（V. 法拉利），D. Guagnin（D. 瓜宁），B.-J. Koops（B.-J. 库普斯），Profiling Technologies and Fundamental Rights and Values: Regulatory Challenges and Perspectives From European Data Protection Authorities（《数据画像技术和基本权利与价值：欧洲数据保护当局的监管挑战和观点》），in: *Reforming European Data Protection Law*, ed. by S. Gutwirth, R. Leenes, P. de Hert, Springer 2015, pp.11-12; A. Canhoto（A. 甘乌图）and J. Blackhouse（J. 布莱克豪斯），General Description of Behavioural Profiling, in: *Profiling European Citizens. Cross-Disciplinary Perspectives*（《对欧洲公民的数据画像：跨学科的视角》），ed. by M. Hildebrandt and S. Gutwirth, Springer, Dordrecht 2008, pp.47–63. 第二十九条工作组在其 2013 年 5 月 28 日的新闻稿和随附的建议文件中也暗示了因数据画像所引起的威胁，http://ec.europa.eu/justice/data-protection/article-29/press-material/press-release/art29_press_material/2013/20130528_pr_profiling_en.pdf。

含了其他数据，而且他 / 她们不知道（更不用说在同意的情况下）自己数据在将来可能会被用于其他目的，这种情况对隐私构成更为严重的威胁。这也包括那些与被画像者有关但不一定从被画像者处获得的数据。

自动化决策和数据画像通常会得出在统计上可能是正确的但在某些特定情况下是错误的结论。这种情况的出现，是因为创建的数据画像以未经确认的、不准确、不完整的或匿名提供的未经第三方确认的数据为基础，并且据此对人们进行分类从而对其利益产生了负面影响，这是他 / 她们所不知道的并且超出其控制范围。根据从诸如社交网络服务之类的资源中获得的不确定信息，并通过各种机构定义的过分简化的算法对其进行数据处理，从而预测一个人的特征和行为，可能会导致歧视和污名化。

从那些未经证实且脱离具体背景的数据中得出结论，并仅在假设它们与统计的行为和特征相吻合的情况之下构建这些结论，这么做在统计上是合理的，但是对于特定的人而言，这样的结论可能是完全不正确的。在这种机制下，如果发现特定的数据主体具有某些特征，例如年龄在 35—50 岁之间，居住在大城市，属于自由职业者等，那么从统计上可以合理地假设，他 / 她与具有类似数据画像的大多数人一样，还具有其他共同的特征。[17]

例如，基于相关人员定期购买不健康食品或大号服装的信息，自动的数据画像可能会导致保险费增加。它也可能错误地将酒精或赌博问题归属到那些实际并没有遭受任何此类问题但职业与之相关的人，例如作为治疗师或新闻工作者。因此，应该建立一个系统来限制错误

17　M. Hildebrandt, Defining Profiling: A New Type of Knowledge?, in: *Profiling the European Citizen. Cross-Disciplinary Perspectives*, ed. by M. Hildebrandt, S. Gutwirth, New York 2008, pp.20 et seq.; D. Kreiss, Yes We Can (Profile You). A Brief Primer on Campaigns and Political Data, in: *The Privacy Paradox. Privacy and Its Conflicting Values, Stanford Law Review*, 2 February – 12 April 2012, http://www.stanfordlawreview. org/online/privacy-paradox/political-data.

推断的风险，并允许数据主体纠正这些自动分析的结论。

剑桥分析公司就是这方面一个臭名昭著的例子，它说明了个人数据画像可能会对个人乃至整个社会产生巨大影响。这家公司从脸书获得了 5000 万个用户的数据，并使用这些数据创建了用户偏好的资料，这与个人数据保护的基本原则是明显冲突的，数据主体对此一无所知，并且其使用数据的方式也与其声明的目的不相符。这些个人资料被极力用以扩大操纵性政治营销传播活动对数据主体的影响，而且大多基于虚假陈述和虚假新闻，这些虚假信息的目的明显是要让人们对 2017 年美国总统大选和英国退欧公投的结果产生偏见。[18] 很矛盾的是，现在甚至布莱恩·阿克顿——脸书公司旗下的 WhatsApp 消息服务的联合创始人——也建议用户删除其"脸书"的账户，因为他认为继续使用脸书账户是不安全的。[19] 更能说明问题的是，埃隆·马斯克（Elon Musk）也删除了特斯拉公司和太空探索技术公司的"脸书"页面，马斯克的行为难以视为只是单个用户放弃"脸书"的行为。[20]

重要的是，还有另一种情况，由于爱德华·斯诺登举报行为所揭露的类似美国国家安全局持续大规模监视电子通信的情况，导致我们需要采取必要的规制措施。这些情况的共同特征是严重违反了个人数据保护原则和隐私权。但是，剑桥分析公司的丑闻进一步说明了，就法律对发布故意误导或诽谤性信息的行为的制裁而言，网络媒体例如脸书公司、油管公司、推特公司与其他传统媒体（例如新闻媒体）之间是不一致的。网络媒体发布的虚假新闻的规模巨大，但其责任是虚无缥缈的，尽管其获利能力借助丑闻信息的高点击率而有所提高。鉴

311

18 Cambridge Analytica execs boast of role in getting Donald Trump elected, The Guardian, 21 March 2018, https://www.theguardian.com/uk-news/2018/mar/20/cambridge-analytica-execs-boast-of-role-in-getting-trump-elected.

19 Delete facebook, says WhatsApp founder Brian Acton as data scandal continues, https://www.independent.co.uk/life-style/gadgets-and-tech/news/facebook-delete-whatsapp-cambridge-analytica-brian-acton-jan-koum-a8266116.html.

20 http://money.cnn.com/2018/03/23/technology/elon-musk-facebook/index.html.

于传统媒体也已经将很大一部分活动转移到互联网领域并继续这样做，这一点就更加令人困惑了。

数据保护的另一风险来自云计算，因为云计算服务（例如基于网络的电子邮件服务、照片存储服务或在线计算机备份服务）中的数据是存储在第三方的服务器或软件之上。这是一种数据处理外包的形式，[21]包括将数据处理外包给强大的市场参与者诸如谷歌公司、微软公司或者亚马逊公司，因为它们的服务之中就包括向用户提供软件，而且无需安装或购买许可证或者存储数据。云服务的模式包括：基础架构即服务（infrastructure as a service，IaaS），即从云提供商那里租用信息技术基础架构，例如虚拟服务器或磁盘空间；平台即服务（platform as a service，PaaS），即服务提供商为创建、测试和管理的应用程序提供环境；软件即服务（software as a service，SaaS），这是最全面的解决方案，包括提供应用程序和用于托管和维护的基础结构以及后续的更新。

美国国家标准与技术研究院（NIST）将云计算定义为"一种模型，用于使人们能够对共享的可配置的计算资源集合（诸如网络、服务器、存储、应用程序和服务等）进行普遍、方便、按需的网络访问，可以通过最少的管理工作或服务提供商的交互就快速配置和释放出这些资源集合"。[22]除了企业定义的商业秘密保密数据之外，个人数据（包 312

---

21 X. Konarski, Przetwarzanie danych osobowych w chmurze obliczeniowej（《在云计算中处理个人数据》），*Monitor Prawniczy* 2013, No. 8 – special appendix 'Aktualne problemy prawnej ochrony danych osobowych 2013'（特别附录：《个人数据法律保护的当前问题（2013）》），pp.39 et seq. 该文认为云用户是数据控制者，云提供商是数据处理者。G. Szpor（G. 思兹波），Prawne aspekty dostępności chmur（《云可访问性的法律问题》），in: *Internet. Cloud computing. Przetwarzanie w chmurach*（《互联网——云计算》），ed. by G. Szpor, Warszawa 2013, p.233; C. Osterwalder（C. 奥斯特瓦尔德），Cloud computing. Przetwarzanie na duz.ą skalę i bezpieczeństwo danych（《云计算：大规模数据处理和数据安全》），in: *Internet. Cloud computing. Przetwarzanie w chmurach*, ed. by G. Szpor, Warszawa 2013, p.13.

22 Special Publication 800-145, The NIST Definition of Cloud Computing（《美国国家标准与技术研究院对云计算的定义》），2011, p.3.

括诸如表现为电子邮件或照片的敏感数据）也将在云端进行大规模处理。

第二十九条工作组在 2012 年 7 月 1 日《关于云计算的第 05/2012 号意见》中，指出了这种数据处理形式对隐私的威胁。[23] 已确定的风险因素分为两类：对提交给云计算的数据缺乏控制，以及数据处理缺乏透明度（没有数据处理者和处理位置的信息）。尽管正被处理的数据很重要，但是对于数据保护的保障措施是否足够，以及其个人数据是否根据提供者签订的合同或具有约束力的法律法规所提供，数据主体都一无所知而且无法产生任何影响。这类风险的示例之一是云计算解决方案（包括 Gmail 等电子邮件服务）是由受到职业秘密义务约束的专业人士（例如律师）所使用的。国际电信数据保护工作组（即柏林小组）在 2012 年 4 月 24 日《关于云计算——隐私和数据保护问题的工作文件》，即 "索波特备忘录" 中发表了类似的结论。[24] 其中列出的风险因素包括无法监视服务提供商或云端的数据处理。

此外，《2018 年美国云法案》授权美国当局要求主要的云提供商提供（甚至在美国以外）存储的数据，这种做法可能会导致与标准合同条款和《一般数据保护条例》发生冲突。[25]

对隐私权的另一个威胁来自监控摄像机，它们已经在公共场所和私人场所普遍存在，被用于收集和进一步处理数据。据估计，目前全球范围内在使用的监控摄像机数量达到 7.7 亿个，到 2021 年全球将有 10 亿个监控摄像机在使用。[26] 这里举若干例子来说明监视的规模。在

23　WP 196, http://ec.europa.eu/justice/data-protection/article-29/documentation/opinion-recommendation/files/2012/wp196_en.pdf#h2-2.

24　http://datenschutz-berlin.de/attachments/873/Sopot_Memorandum_Cloud_Computing. pdf.

25　https://eucrim.eu/news/data-protection-authorities-and-edps-assess-impact-us-cloud-act/.

26　E. Cosgrove（E. 科斯格罗夫），One Billion Surveillance Cameras Will Be Watching Around the World in 2021, a New Study Says（《一项新研究称，到 2021 年全球将有 10 亿个监控摄像机在监视我们》），https://www.cnbc.com/2019/12/06/one-billion-surveillance-cameras-will-be-watching-globally-in-2021.html.

俄罗斯莫斯科，有 10 万个配备了面部识别技术的摄像机网络。[27] 另
一方面，旧金山是美国第一个在监控摄像机系统中禁止使用面部识别
技术的大城市。[28]

监控摄像机的运营和操控应当受法律规范。应当要求在这类法律
中规定，在某些场所位置不得安装任何摄像头，以防止非法侵入他人
隐私和私密领域，并要求明确这些记录可以存储的必要时间。例如，
如果视频监控超出了相关场所的周围环境，那么数据控制者应当考虑
将不相关的区域遮挡或者像素化，并且在某些情况下考虑使用"黑匣
子"的解决方案，也即相关镜头将在一定存储期之后自动删除，并且
仅在发生事故时才可以访问。[29]

由于无人机的日益普及，隐私也受到了威胁。由于无人机有可能
在人们不知情的情况下制作、存储和传播他们在私人场所的视频录
像，第二十九条工作组[30] 特别指出了这种风险。工作组强调，即便缺
乏与无人机有关的详细规定，也应由一般个人数据处理规定对无人机
进行规范。工作组还指出了无人机与闭路监视摄像机之间的相似之处。

在公共场所收集有关人们行为和个人特征的信息并使用自动方式
分析此类信息的可能性，仅受技术可获取性和成本的限制。例子之一
是"应得"智能系统（INDECT）也即"支持观察、搜索和检测城市

27　https://www.france24.com/en/20200324-100-000-cameras-moscow-uses-facial-recognition-to-enforce-quarantine.

28　K. Conger（K. 康格），R. Fausset（R. 福塞特），S. F. Kovaleski（S. F. 科瓦列斯基），San Francisco Bans Facial Recognition Technology（《美国旧金山禁止面部识别技术》），*The New York Times*, May 14, 2019，https://www.nytimes.com/2019/05/14/us/facial-recognition-ban-san-francisco.html.

29　EDPB, Guidelines 3/2019 on processing of personal data through video devices, Version 2.0, 29 January 2020, p.11.

30　Opinion 1/2015 on Privacy and Data Protection Issues relating to the Utilisation of Drones (WP 231) adopted on 16 June 2015（2015 年 6 月 16 日通过的《关于使用无人机的隐私和数据保护问题的第 1/2015 号意见》），http://ec.europa.eu/justice/data-protection/article-29/documentation/opinion-recommendation/files/2015/wp231_en.pdf.

环境中公民安全的智能信息系统",这是由位于波兰克拉科夫的 AGH 科技大学与其他中心合作开发的;另一个例子是由位于美国的 BRS 拉布斯公司(BRS Labs)开发的"爱视"系统(AISight)。"应得"系统允许通过摄像机以及检测运动、声音、温度或选定化学物质的装置,对公共场所(例如街道、公共交通或购物中心)进行监视。这个相互连接的信息技术系统可以根据预定义的算法分析数据;例如,针对可能构成暴力行为的特定运动方式和速度,它可发出信号,或者挑选出特定的词语。当相机图像中的人脸和车辆登记号码是模糊状态时,对可疑行为的自动检测并不涉及对相关人员的跟踪和数据画像。"爱视"系统已经安装在许多机场和火车站,它可以检测可疑或非常规的行为或事件,例如遗留的行李箱,或者有人跳下汽车或翻越栅栏。但是,这些原则上有助于保护公共安全的功能,其具体使用方式也可能与它们声明的目的相反或不一致,从而导致过度监视。

314 　　如果不配套技术手段或组织制度的规制,隐私原则将失去其保护能力,尚未广泛使用的现有系统进一步证实了这种风险。典型例子包括:物联网或者对象命名服务(Object Naming Service,ONS),[31] 将设备和电器链接到使它们能够通信的网络中(例如与供应商店、汽车和高速公路相连的冰箱);[32,33] 无线射频识别标签技术,通过无线电传

---

31 The Article 29 Data Protection Working Party, Opinion 8/2014 on the on Recent Developments on the Internet of Things(《关于物联网的最新发展的第 8/2014 号意见》),No. WP 223 of 16 September 2014, http://ec.europa.eu/justice/data-protection/article-29/documentation/opinion-recommendation/files/2014/wp223_en.pdf.

32 EDPB, Guidelines 1/2020 on processing personal data in the context of connected vehicles and mobility related applications(《关于联网车辆和移动相关应用程序中处理个人数据的第 1/2020 号指南》),Version 1.0, 28 January 2020, https://edpb.europa.eu/sites/edpb/files/consultation/edpb_guidelines_202001_connectedvehicles.pdf.

33 在美国部分地区,喜互惠集团(Safeway)和巨鹰集团(Giant Eagle)零售连锁店使用位于货架上的传感器,这些传感器与过往顾客的智能手机相连。它们不仅显示广告和要约,还分析顾客的行为、他 / 她对某种产品的兴趣以及顾客在架子附近度过的时间和查看特定产品的时间;因此,客户被做了数据画像。

输数据以识别被标记的产品（该技术旨在管理商店的库存，但也可以跟踪已识别顾客的购买信息）；[34] 近场通信（NFC）技术允许在非接触式支付设备中使用无线数据交换，包括智能手机和可穿戴电子设备；或面部识别系统，这类系统可自动识别位于闭路电视监视区域内的人员，或照片存储在数据库里的人员。[35]

物联网对智能家居服务的发展具有重大影响，这也引起了对服务提供商收集家庭数据（包括敏感数据）的担忧。2017 年，全球智能家居服务市场规模估计为 385 亿美元，到 2023 年预计将增长至 1250.7 亿美元，到那时，智能家居服务的全球市场渗透率预计将达到 19.5%。[36] 私人健身追踪器不仅知道我们在什么时间训练以及训练之

---

34 欧洲议会在 2011 年 7 月 6 日关于欧盟全面保护个人数据的决议［2011/2025（INI），P7_TA-PROV（2011）0323］中，对 2011 年 4 月 11 日欧盟委员会、行业代表、欧洲网络和信息安全局以及欧洲数据和隐私保护组织签署的涉及使用无线射频识别（RFID）情况的数据保护的协议表示欢迎，该协议致力于在无线射频识别标签大量使用之前就解决这方面的问题。参见：M. Czerniawski, Prawne aspekty identyfikacji z uz . yciem fal radiowych (RFID)（《使用无线射频识别进行身份识别的法律问题》），*Kwartalnik Prawa Publicznego* 2010（2010 年《公法》季刊），No. 3, p.95。欧盟委员会宣布了一项射频识别技术标准，以符合数据保护指令（95/46/EC）以及欧盟委员会 2009 年关于无线射频识别的建议："信息技术—无线射频识别通知—信息标志和其他由无线射频识别应用系统的运营商提供的信息"，欧洲标准化委员会，2014 年 7 月 16 日，http://standards.cen.eu/dyn/www/f?p=204:110:0::::FSP_PROJECT,FSP_ORG_ID:383 50,6206&cs=1BAE0547EB314F2AF0D24EF8AADCD6A0E。

35 全面介绍对隐私构成威胁的技术的文献，参见：R. Vamosi（R. 瓦莫西），*When Gadgets Betray Us: The Dark Side of Our Infatuation with New Technologies*（《当小工具背叛我们时：痴迷于新技术的黑暗一面》），New York 2011。另请参阅：Opinion 02/2012 of the Article 29 Working Party on facial recognition in online and mobile services of 22 March 2012（第二十九条工作组 2012 年 3 月 22 日《关于在线和移动服务中的面部识别的第 02/2012 号意见》），WP 192, http://ec.europa.eu/justice/article-29/documentation/ opinion-recommendation/files/2012/wp192_en.pdf; E. Morozov（E. 莫罗佐夫），*To Save Everything, Click Here: The Folly of Technological Solutionism*（《为了拯救一切，点击这里：技术解决主义的愚蠢》），Basic Books 2013。

36 N. Guhr（N. 古尔），O. Werth（O. 沃思），Ph. P. H. Blacha（P. H. 布拉查博士），M. H. Breitner（M. H. 布雷特纳），*Privacy Concerns in the Smart Home Context*（《智能家居环境中的隐私问题》），January 2020, https://www.researchgate.net/publication/338743740_Privacy_ concerns_in_the_smart_home_context.

315 后回家的时间，而且还知道我们睡眠和起床的时间，智能设备监控我们的睡眠质量、体重、心率和血压高低，从而产生更多与我们日常活动相关的信息。

旨在提高能源效率和降低能源消耗成本的智能电网和智能计量系统也可能损害到隐私权。[37] 尽管这类系统在功能上具有明显的优势，但我们不应该忽视它们收集个人数据的事实，例如用户日常生活安排的信息——他／她们何时在家中，以及何时使用特定的电器。[38] 因此，实施这类解决方案确实需要采取隐私保护措施。[39]

上述提到的互联网、移动电话和其他技术无时无刻不在持续监视

37　要求执行这些工具的是欧洲议会和理事会 2006 年 4 月 5 日《关于能源最终使用效率和能源服务的第 2006/32/EC 号指令》(OJ EU L 114, 27.4.2006, p.64)，以及欧洲议会和理事会 2009 年 7 月 13 日《关于内部电力市场的通用规则的第 2009/72/EC 号指令》(OJ EU L 211, 14.8.2009, p.55)。

38　有关基于智能计量设备的数据对人员进行数据画像的风险的讨论，参见：C. Cuijpers（C. 库伊珀斯），B. -J. Koops（B. -J. 库普斯），Smart Metering and Privacy in Europe: Lessons from the Dutch Case, in: *European Data Protection: Coming of Age*, ed. S. Gutwirth, R. Leenes, P. de Hert, Y. Poullet, Springer Dordrecht 2013, pp.269 et seq.; W. R. Wiewiórowski (Assistant European Data Protection Supervisor), Prawo do prywatności w systemie inteligentnych sieci（《智能电网系统中的隐私权》），Monitor Prawniczy 2013, No. 8 – special appendix 'Aktualne problemy prawnej ochrony danych osobowych 2013', pp.22 et seq.。该文献第 31 页使用一个反智能计量社交活动中的幽默口号说明了这种风险："我的兄弟在淋浴上花费的时间更长，因此审核员认为他有女朋友！"也请参阅：R. Brownsword（R. 布朗斯沃德），M. Goodwin（M. 古德温），*Law and Technologies of Twenty-First Century. Text and Materials*（《二十一世纪的法律和技术：文本和素材》），Cambridge 2012, pp.223, 224; R. Knyrim（R. 内里姆），G. Trieb（G. 特里卜），Smart Metering under EU Data Protection Law（《欧盟数据保护法之下的智能计量》），*International Data Privacy Law* 2011, Vol. 1, No. 2, pp.121–128; 波兰个人数据保护总检察长于 2011 年 8 月 24 日致经济部长的邀请函，http://www.giodo.gov.pl/plik/id_p/2484/j/pl/(in Polish); Opinion of Article 29 Working Party No. 12/2011 of 4 April 2011 on smart metering（第二十九条工作组 2011 年 4 月 4 日《关于智能计量的第 12/2011 号意见》），WP 183, http://ec.europa.eu/justice/policies/privacy/docs/wpdocs/2011/wp183_en.pdf。

39　第二十九条工作组在 2013 年 12 月 4 日《第 7/2013 号意见》以及 2013 年 4 月 22 日《第 4/2013 号意见》中，提出了针对智能电网和智能电表系统的推荐数据保护影响评估模板。参见：http://ec.europa.eu/justice/data-protection/article-29/documentation/opinion-recommendation/files/2013/wp209_en.pdf; http://ec.europa.eu/justice/data-protection/article-29/documentation/opinion-recommendation/files/2013/wp205_en.pdf。

用户的活动，监视用户的家庭和社会纽带，监视用户的爱好和职业活动，监视用户的健康和财富状况；而且这种监视的范围每天都在扩大，不断覆盖新的领域。电话簿、主题和贸易网站、公共交通时间表和预订系统以及社交网络服务，源源不断地提供了这类信息。诸如物联网之类的未来技术必定会导致这种监视更加严格和全面。某些我们已经在实施的工具，本来是用电子方式测量体温、心率、血压，或监视面部表情或不寻常的斜眼频率，现在可以轻松地找到新的用途。如果我们把这种监视措施使用到汽车或火车驾驶员或航空公司飞行员身上，降低由于他／她们入睡或健康问题而导致撞车和坠机的风险，很可能会（正确地）获得公众的认可。但是，这些技术也有可能会缓慢但潜移默化地进入我们生活的其他领域。例如，雇主可以使用它们自动监视雇员的活动，或者监视雇员对待客户的行为，这势必大大超越了限度并侵犯了隐私。

316

卡齐米日·克里奇斯托弗克给我们描绘了未来世界的信息技术全面监视我们个人生活的迷人却又可怕的愿景："现在出生的一代，在成年时将进入另一个时代，在那个时代的现实中，智能电网和网络将像活着的皮肤一样覆盖着我们的星球。放置在各处的传感器会将所有信息直接传输到网络，这将是一个自我监控的全球有机体，就像神经将信息直接传输到大脑一样。"[40]

仅仅是使用了互联网和移动电话，这些用户的活动就受到不断的监视（这只是他／她们所受到的监视的一小部分），这不禁让人想起用于监视在监狱外服刑的囚犯的电子手镯。

上述系统业已处理的数据范围是巨大的，并且仍处在系统、迅速增长状态之中。这仅仅证实了戴维·里昂（David Lyon）的断言，即

---

40 K. Krzysztofek, Big Data Society. Technologie samozapisu i samopokazu: ku humanistyce cyfrowej（《大数据社会——自我记录和自我展示的技术：面向数字人类》），*Kultura i Historia*（《文化和历史》），3 March 2012, UMCS, Lublin, http://www.kulturaihistoria. umcs.lublin.pl/archives/3626.

所谓的监视社会已经出现了。[41] 戴维·里昂将其定义为这样一个社会，在该社会中，个人受到监视，公共当局和私营部门实体可以访问个人数据（包括敏感数据），并且通过高效的信息技术系统和数据库对个人的行动和行为进行分析。[42] 重要的是，信息技术系统的这种高效性，在公共当局和私人企业永久侵犯个人隐私的规模方面，扮演了至关重要的角色。例如，大数据[43] 和商业智能系统的开发，就涉及在名

---

41 "监视社会"（surveillance society）一词最早是由加里·T. 马克斯（Gary T. Marx）在《监视社会：类似 "1984" 的技术威胁》（"The Surveillance Society: The Threat of 1984-Style Techniques", *The Futurist*, June 1985, p.21.）中提出的。（这里的 "1984" 应该是指乔治·奥威尔著长篇政治幻想小说《1984》，该作品刻画了人类在极权社会的生存状态，警醒世人提防这种预想中的黑暗成为现实，是 20 世纪影响最为深远的文学经典之一。——译者）

42 D. Lyon, A Report on the Surveillance Society for the Information Commissioners Office by the Surveillance Studies Network: Full Report（《监视研究网络有关信息专员办公室监视社会的报告：完整报告》）, September 2006, http://www.ico.gov. uk/upload/ documents/library/data_protection/practical_application/surveillance_society_full_ report_2006.pdf. 下文也对监视社会进行了分析：Emrys Westacott（埃默里斯·韦斯塔科特）, Does Surveillance Make Us Morally Better?（《监视会使我们的道德更好吗？》）, *Philosophy Now*（《当代哲学》）, November–December 2010, http://www.philosophynow. org/issue79/Does_Surveillance_Make_Us_Morally_Better。对日益增长的个人监视进行各个方面分析，可以参见：C. J. Bennett, Cookies, Web Bugs, Webcams and Cue Cats: Patterns of Surveillance on the World Wide Web（《Cookie、网络爬虫、网络摄像头和提示猫：万维网上的监视模式》）, *Ethics and Information Technology 2001*（《伦理和信息技术（2001）》）, Vol. 3, No. 3, pp.195 et seq.; C. J. Bennett, D. Lyon, *Playing the Identity Card: Surveillance, Security and Identification in Global Perspective*（《身份证的游戏：全球视野中的监视、安全和识别》）, London 2008; C. J. Bennett, Storming the Barricades So We Can All Be Private Together: Everyday Surveillance and the Politics of Privacy Advocacy（《为了大伙的隐私向障碍猛攻：日常监视和倡导隐私的政治》）, *Leviathan* 2010（《利维坦（2010）》）, Vol. 25, p.299; N. M. Richards, The Dangers of Surveillance（《监视的危险》）, *Harvard Law Review*, 25 March 2013, http://papers.ssrn.com/sol3/papers.cfm?abstract_id=2239412（提出了他认为的将来在规范国家对公民的监视以确保监视的成本和收益之间平衡的相关法律演进和制定之中必须遵循的原则）。

43 介绍大数据并探讨其利弊和威胁的文献诸如：V. Mayer-Schönberger（V. 梅耶－申伯格）, K. Cukier（K. 库基尔）, *Big Data: A Revolution That Will Transform How We Live, Work, and Think*（《大数据：一场将改变我们生活／工作和思维方式的革命》）, New（转下页）

为"了解客户"（Know Your Customer，KYC）的数据库中创建客户数据画像并预测其未来行为的工具。这些工具包括："客户关系管理"（CRM）；"客户体验管理"（CEM），一种用于分析消费者在使用某些产品或服务时的体验和情绪的工具；或者"客户参与管理"（CIM），一种让客户参与产品设计过程的工具。[44]

此外，对互联网用户留下的数字痕迹进行分析，可以建立其未来行为和偏好的模型。例如，阿尔伯特－拉斯洛·巴拉巴西等人开发的"社交网络分析"方法就可以进行这类分析和建模。[45]

网络零售商亚马逊已经对一个类似的系统申请并获得了专利。该系统将在未来部署，用以分析客户迄今为止的购买信息、客户的搜索历史甚至是客户鼠标光标在网站上的移动迹象，以便更准确地预测客户将来要购买的产品。然后，相关产品会发送到客户居住的仓库附近，确保在客户下订单后几乎立即将产品交付给客户。尽管这在许多情况下看起来很方便，但是，如果分析师和贸易商经常比您对自己想

317

（接上页）York 2013; E. Siegel（E. 西格尔），*Predictive Analytics: The Power to Predict Who Will Click, Buy, Lie, or Die*（《预测分析：预测谁会点击、购买、说谎或死亡的能力》），New Jersey 2013; O. Tene（O. 特内），J. Polonetsky（J. 波洛涅茨基），Privacy in the Age of Big Data. A Time for Big Decisions（《大数据时代的隐私：做出重大决定的时刻》），in: *The Privacy Paradox. Privacy and Its Conflicting Values, Stanford Law Review*, 2 February – 12 April 2012, http://www.stanfordlawreview.org/online/privacy-paradox/big-data; T. Craig, M. E. Ludloff（M. E. 鲁德洛夫），*Privacy and Big Data*（《隐私和大数据》），Sebastopol, CA 2011。

44　有关商业智能工具的更多描述，参见：K. Krzysztofek, Świat w wersji hiper: Od hipermedium do hiperspołeczeństwa（《超级世界：从超媒体到超社会》），in: *Kulturowe kody technologii cyfrowych*（《数字技术的文化规范》），P. Celiński (ed.), Lublin 2011；K. Krzysztofek, The Algorithmic Society: Digitarians of the World Unite（《算法社会：世界数码人团结》），in: P. T. Kidd (ed.), *European Visions for the Knowledge Age. A Quest for New Horizons in the Information Society*（《欧洲知识时代的愿景：信息社会新视野的探求》），Cheshire Henbury, UK 2006, p.89。

45　A.-L. Barabási（A.-L. 巴拉巴西），*Bursts: The Hidden Pattern Behind Everything We Do, From Your Email to Bloody Crusades*（《爆发：从您的电子邮件到血腥的十字军，我们一切所作所为背后的隐藏模式》），New York 2010.

做的事情或者您可能要做的事情了解得还要多，您肯定会感到困惑和不安的。

事实证明，可以通过应用程序中的解决方案或设置，有效地防止互联网上的隐私受到侵犯。这一事实也证实了隐私法规需要补充必要的技术手段的主张。例如，这些技术手段可以做到：加密电子邮件，或匿名发送电子邮件信息；匿名浏览网站；通过设置，选择允许让其他人浏览到的脸书账户上的个人信息；阻止广告提供商跟踪脸书账户的可能性；通过 AdSense 禁用谷歌根据用户以往网络活动生成针对特定用户的广告；由用户分析安装在其计算机上的 Cookies。

正如欧盟委员会在 2011 年 6 月 16 日发布的欧盟民意调查所显示的[46]，欧盟有 42% 的互联网用户使用了目前可用的技术工具来限制电子消息的数量，而 23% 的互联网用户在其网络浏览器中修改了安全设置。这表明了，对互联网个人数据处理的实际保护，取决于普通互联网用户可以获得的技术保护工具以及这些工具的易用性。

第二节　为了换取服务的安全性和可得性而牺牲隐私

为了收集个人偏好的详细数据而侵入隐私，企业的监控，或者向广告商销售行为数据，这些现象的出现有时似乎是为了获得相关好处而付出的代价。[47]这促使一些人放弃了大量的隐私信息。例如，借助对客户进行数据画像，服务提供商可以为客户提供量身定制的服务。这种"选择架构"有其支持者，而且可能占多数；例如凯斯·桑斯坦

318

46　http://europa.eu/rapid/press-release_IP-11-742_en.htm.

47　G. Valkenburg（G. 法肯堡），Privacy Versus Security: Problems and Possibilities for the Trade-Off Model（《隐私与安全：权衡模型的问题和可能性》），pp.252 et seq.; M. Leese（M. 里斯），Privacy and Security—On the Evolution of a European Conflict（《隐私与安全——欧洲冲突的演变》），pp.271 et seq., in: *Reforming European Data Protection Law*, (ed.) S. Gutwirth, R. Leenes, P. de Hert, Dordrecht 2015.

和理查德·泰勒；[48]但也有持反对意见的，例如肖沙娜·朱伯夫（"这是一方对另一方实施权力的行为，而不是教育或警示"）[49]。通过移动电话运营商收集地理位置数据和分析互联网用户的数据画像，目的是向用户提供更便捷的服务或功能，例如在用户的周边地区显示服务提供商，或者根据用户购买历史推送其青睐商品的信息，也即面向服务的体系结构。这些数据甚至可以用于紧急情况下的救援服务或用于警察定位用户的位置，例如，欧盟要求其成员国从2018年4月起对在欧盟销售的新车配备电子呼叫系统，该系统在发生事故时会自动发送紧急呼叫。云数据处理使得云提供商可以访问文本文档、电子邮件消息或照片中的商业秘密和敏感数据，但是用户可以使用相关应用程序或服务器空间而无需购买它们。公共场所闭路摄像机的无处不在则提高了城市的安全性，或者至少提高了安全感。那些允许零售商访问其购物信息或银行卡交易信息的客户，可以换取到零售商的忠诚度计划中的积分并在消费中享有折扣。

为了证明行为的合理性，公司在使用客户或潜在客户的个人数据的时候通常会说，客户是为了获得这些好处，才放弃了自己某些隐私的。但是，至关重要的是，这种放弃隐私权的做法，仅应由数据主体独立决定做出，因为他/她（而不是服务提供商）才是唯一有权在其隐私权和所涉服务的好处之间作出选择的人。

因此，对个人隐私的任何干扰都应征得该个人的同意，允许该人提出异议，并向其提供必需的在先信息，以便其作出明智的决定。[50]

48　Cass Sunstein（凯斯·桑斯坦）and Richard Thaler（理查德·泰勒），*Nudge: Improving Decisions About Health, Wealth, and Happiness*（《说服：改善关于健康、财富和幸福的决定》），Penguin Books 2009.

49　Shoshana Zuboff（肖沙娜·朱伯夫），*The Age of Surveillance Capitalism*（《监视资本主义时代》），PublicAffairs 2019.

50　M. J. Culnan, R. J. Bies, Managing Privacy Concerns Strategically: The Implications of Fair Information Practices in Marketing in the Twenty-First Century, in: *Visions*（转下页）

例子之一是前文谈及的使用 Cookies 的情形。

　　服务提供商甚至有可能收集对数据主体的隐私有不利影响的个人数据，而且不会以提供有用服务的形式给予任何补偿。举例来说，服务提供商的报价可能会高于客户正常情况下能获得的价格，因为服务提供商可能会根据客户过去支付的金额来估算报价，且这种估价匹配客户的财务状况。在这样的情况下，客户虽然向服务提供商提供了其个人数据，但却无法获得有用的服务。相反，客户的隐私受到了损害，而服务提供商却获得了好处。因此，如果服务提供商使用这种方法，影响到不知情的用户，则必须视为侵犯了隐私。

　　如果用户接受了侵入其隐私的行为，那么对应的法律判断必须有所差异，因为这是向其提供服务所必需的。但是，"提供服务所必需的"意味着"所必需的范围是相称的"。如果我们假设，使用电子邮件或社交网络服务的任何人都完全意识到隐私带来的损失并且乐于接受它，那么未免过于乐观。很少有用户会想到，诸如扫描和生成个人资料之类的数据处理，其目的几乎是不可预测的。这种超出服务性质合理范围的非法侵犯隐私行为的例子是，用户的网络搜索结果包含了用户未搜索的但却与其电子邮件或社交网络服务网站提到的假期计划相对应的信息。例如，网络搜索结果向用户提供了目的地的航班或酒店，但就该用户所知，其仅向其家人或朋友这样的封闭社交圈子披露过该出行的目的地。

　　正如斯坦福大学的研究人员所发现的，在 500 个最受欢迎的网站所显示的广告中，只有 9% 的广告附有在线跟踪用户的信息。[51] 而欧盟委员会于 2011 年 6 月 16 日发布的欧盟民意调查[52] 结果表明，尽管 58% 的互联网用户阅读了网页的隐私信息，但其中一些人认为这些信

（接上页）*of Privacy: Policy Choices for the Digital Age*, ed. by C. J. Bennett, R. Grant, Toronto 1999, pp.149 et seq.

51　Gazeta Wyborcza（《波兰选举日报》），19 August 2011.

52　http://europa.eu/rapid/press-release_IP-11-742_en.htm.

息难以理解。

我在上面指出，一个人放弃自己的大量隐私，或接受隐私被侵犯（例如通过收集地理位置数据或与手机或互联网用户特征有关的数据）的风险，可以看作是获得处理此类数据而产生的个人或集体利益所要付出的代价。关于这种牺牲隐私而换取的利益，一个特别重要且有争议的例子是公共安全。

2001 年 10 月 26 日的《美国爱国者法案》（the USA PATRIOT Act）就引发了一场广为人知的争端。该法案是针对 2001 年 9 月 11 日在纽约市和华盛顿特区的恐怖袭击（"9·11"恐怖袭击）而制定的美国法律。[53] 除了其他与本书主题无关的措施，《美国爱国者法案》允许大规模收集电子通信数据，所覆盖的人群不仅仅是涉嫌对国家安全构成威胁的人。争议双方提出的截然相反的论点包括：一方面是宪法权利和自由，它们为抗议过度干涉这些价值观念提供了正当的理由；[54] 另一方面，从恐怖主义袭击中可以看出，有必要采取某些措施，这些措施虽然干涉了公民权利和自由，但同时被认为可以有效地预防今后的袭击。根据这种观点，基本的人类自由也包括了人们免于恐惧遭遇恐怖袭击的自由。

不过，美国国会并没有延长《美国爱国者法案》第 215 条的适用期限。因此，美国政府大规模收集电子通信数据（包括电话交谈）的法律基础已于 2015 年 6 月 1 日到期。值得关注的是美国国会在放弃该有争议措施时的支持规模：在众议院，共有 338 票赞成放弃该法案，88 票反对放弃该法案；在参议院，支持与反对票数比为 67 : 32。 320

过去美国政府对电信联系的所有数据进行大量收集的做法，终于

53　Uniting and Strengthening America by Providing Appropriate Tools Required to Intercept and Obstruct Terrorism Act of 2001, Public Law 107-56, 26 October 2001.

54　Report by the American Civil Liberties Union, Reclaiming Patriotism: A Call to Reconsider the Patriot Act (《再造爱国主义：呼吁重新考虑爱国者法案》), March 2009, New York, http://www.aclu.org/pdfs/safefree/patriot_report_ 20090310.pdf.

被尊重隐私权和比例原则的措施代替了：电信联系的数据被存储在电信运营商的数据库中，但是美国国家安全局仅可以访问和获取受怀疑的特定人的数据（2015年6月2日的《美国自由法》）。

挪威乌托亚岛和奥斯陆的恐怖袭击也引发了类似的辩论。在辩论中，人们将隐私权与公共安全并列起来，而在爆炸式恐怖行为的背景下，为了提升公共安全，国家安全部门可以监控诸如炸药爱好者的网站、在线购买与极端主义团体主题相关的书籍或电影、银行卡付款或者人员流动。

由于近年来内部恐怖主义的威胁更加难以控制和预防，这种辩论已经回到欧洲和其他各洲的公共论坛：伊斯兰极端分子已经实施了数量众多的袭击或未遂的袭击，其中许多极端分子是第二代甚至第三代的欧盟成员国国民。

戴维·里昂表示，隐私和安全并不矛盾，他认为，无论在何种情况下，都不应削弱公民的权利和自由；而且，从国家安全机构调查潜在的公共安全威胁表现的实践经验来看，还没有证据表明，政府对公民隐私的监视可以使预防恐怖主义更加有效。[55] 实际上，犯罪分子可以成功地掩盖其行动，例如使用那些可以确保在线匿名的应用程序或设备，或者使用许多预付费的手机。法国、德国、意大利、波兰和西班牙采取的诸如要求注册预付费电话卡之类的解决方案，已被实践证明是无效的。瑞典、英国、墨西哥和韩国在分析了该措施的有效性之后，都决定不采用该措施。事实证明，这无法对犯罪分子造成任何阻碍，他们可以购买以他人名字注册的卡，窃取他人的身份或使用外国手机号码。欧盟委员会委员塞西莉亚·马尔姆斯特罗姆（Cecilia Malmström）同样对要求注册预付卡作为犯罪控制措施的有效性表示

55　参见 A. 列斯琴斯基（A. Leszczyński）与（D. 里昂）的访谈：Statystycznie podobny do Breivika（《与 Breivika 类似的统计》），Gazeta Wyborcza, 30–31 July 2011, http:// wyborcza.pl/1,98077,10030938,Statystycznie_podobny_do_Breivika.html。

怀疑。[56]

但是，戴维·里昂的结论可能会受到国家情报和安全机构的挑战，正如情报机构和安全机构的代表在媒体上所断言的那样，它们通过分析获取的数据，时不时成功地识别了实施恐怖活动和其他罪行的犯罪分子，瓦解了恐怖主义分子和犯罪集团，从而阻止了有计划的恐怖主义行动。[57]

但是，国家情报和安全机构的这一主张，在美国国会委员会有关是否可能延长 2015 年《美国爱国者法案》第 215 条适用期限的讨论过程中受到了质疑。该法案允许对电子通信进行不受限制的监视，但最终还是被废除了。该委员会发现，大量收集电信数据是一种无效的反恐手段，并且过度侵犯了民众的隐私权，而且与其所获的效果相比，这种做法的成本之高是不相称的。委员会发现，成功防止了恐怖行为的具体案件都无法归功于政府采取了这项措施。而通过这项措施发现的唯一犯罪案件是圣地亚哥一名出租车司机及其同伙向索马里极端伊斯兰组织青年党发送了 8500 美元。[58]

美国开国元勋之一本杰明·富兰克林曾经断言，如果社会放弃基本的自由来换取暂时的安全，结果将是两者都得不到。[59]在恐怖分子威胁日益严重的背景下，这种说法也许过于理想化。然而，至关重要

---

56 http://www.europarl.europa.eu/sides/getAllAnswers.do?reference=P-2012-006014&language=EN.

57 英国政府在其《在不确定时期确保英国的安全：战略防御与安全审查》（Securing Britain in an Age of Uncertainty: The Strategic Defence and Security Review）报告中指出，所有重要的反恐行动并且有 95％的针对有组织犯罪的重要调查都已经使用了电信数据，2010 年 10 月 21 日，https://www.gov.uk/government/uploads/system/uploads/attachment_data/file/62482/strategic-defence-security-review.pdf。

58 M. Schwartz, The Whole Haystack（《整个干草堆》）, The New Yorker（《纽约客》）, 26 January 2015, http://www.newyorker.com/magazine/2015/01/26/whole-haystack.

59 本杰明·富兰克林的原话是："那些为了一时的安全而放弃基本自由的人，既不配得到自由，也不配得到安全。"（Those who would give up essential Liberty, to purchase a little temporary Safety, deserve neither Liberty nor Safety.）

的是必须明确，由于保障公共安全之必要而允许侵入隐私的不可扩展的边界，从而在这两个价值之间取得合理的平衡。[60]

但是从美国的实践来看，这种合理的平衡几乎是无法实现的。[61]自 2013 年 6 月起，根据乔治·W. 布什总统政府于 2007 年开始实施并由巴拉克·奥巴马总统政府继续扩大实施的"用于资源集成、同步和管理的计划工具"（Planning Tool for Resource Integration, Synchronization, and Management, PRISM）计划，美国就持续地监视电话、谷歌和雅虎服务中的电子邮件、脸书应用的信息、斯凯普（Skype）应用的对话和银行的转账行为。欧洲议会宣布，有证据表明，[62] "美国和欧盟一些成员国的情报服务机构开发设计了影响深远的、复杂且技术先进的系统，用于收集、存储和分析通信数据，包括世界上所有公民的内容数据、位置数据和元数据，而且是以前所未有的规模，以不加区别和不加怀疑的方式。"欧洲议会特别提到了下述例子：美国的"用于资源集成、同步和管理的计划工具"计划

322

---

60 波兰宪法法庭 2000 年 10 月 3 日的判决（K 33/99, OTK 2000, No. 6, Item 188）将这种平衡定义为："使用必要的（关键的）措施，因为它们对系争价值的保护方式和程度是采取其他方式无法达到的；而且这种措施对权利或自由受到限制的个人或实体的负担应当尽可能少。"

61 美国中央情报局和国家安全局前雇员爱德华·斯诺登向媒体披露了这种做法。例如参见：G. Greenwald（G. 格林瓦尔德）, E. MacAskill（E. 麦克阿斯基尔）, NSA Prism Program Taps in to User Data of Apple, Google and Others（《国家安全局的 Prism 程序可利用苹果、谷歌和其他公司的用户数据》）, *The Guardian*, 7 June 2013, http://www.theguardian.com/world/2013/jun/06/us-tech-giants-nsa-data; E. MacAskill, Edward Snowden: How the Spy Story of the Age Leaked Out（《爱德华·斯诺登：这个时代的间谍故事是如何泄露的》）, *The Guardian*, 12 June 2013, http://www.theguardian.com/world/2013/jun/11/edward-snowden-nsa-whistleblower-profile/print。

62 Resolution of the European Parliament of 12 March 2014 on the US NSA surveillance programme, surveillance bodies in various Member States and their impact on EU citizens' fundamental rights and on transatlantic cooperation in Justice and Home Affairs（《欧洲议会 2014 年 3 月 12 日关于美国国家安全局监控计划、各成员国监控机构及其对欧盟公民基本权利的影响以及对跨大西洋司法和内政合作的决议》) (2013/2188(INI)), 12 March 2014, http://www.europarl.europa.eu/sides/getDoc.do?pubRef=//EP//TEXT+TA+P7-TA-2014-0230+0+DOC+XML+V0//EN.

对欧盟公民的大规模监视，"十楔石"（Xkeyscore）系统的内容和元数据分析，"布尔岚"（BULLRUN）和"艾芝西尔"（Edgehill）的数据解密，以及"滕波拉"（Tempora）计划对电信网络和地理位置数据的访问。

这类监视行动针对的是恐怖主义活动。只要它们根据某些特定标准确定监视的对象，就是正当的。然而，如果这类行动不分理由地针对所有人，则是不恰当的。

第二十九条工作组认为，"在现代数字世界中，获得强大而可靠的加密措施是必不可少的。加密措施必须保持标准化、强大和高效，然而，如果提供商被迫采用后门或提供主密钥，那就无法确保这种状况。执法机构已经可以借助其现有的权力访问大量的数据。它们应该专注于提高自己解释这些数据的能力，以调查和起诉罪犯。"[63]

例如，有的国家实施全国性的社会信用体系。这些国家的政府依法有合法权限访问私人提供商大规模收集的用户数据。这些数据可以是对个人信用评级有正面影响的数据，例如涉及个人献血、慈善捐赠或自愿提供社区服务等信息的数据，也可以是对个人信用评级产生负面影响的数据，例如涉及个人欺诈性财务行为、拖欠债务、违反交通规则、不正确分类生活垃圾或者游戏成瘾等信息的数据。这类数据被纳入到用户的个人社会信用评分之中，用以定义他／她作为公民对社会的价值。另一方面，技术公司例如优步或爱彼迎可能会根据驾驶员或房东发布的用户等级来禁用用户的账户且无需任何说明；它们的决定是不可逆的，并且影响到该用户任何重复或将来的账户。这里并没有无罪的推定。有趣的是，这类技术公司已经控制了与交

323

---

63 The Article 29 Working Party's Statement on encryption and their impact on the protection of individuals with regard to the processing of their personal data in the EU of 11 April 2018（第 29 条工作小组 2018 年 4 月 11 日《有关欧洲个人数据处理的加密及其对个人保护的影响的发言》），http://ec.europa.eu/newsroom/article29/item-detail.cfm?item_id=622229.

通或住宿相关的越来越多的社会服务，它们正在建立法律以外的信用评分系统。[64]

同样值得注意的是，围绕欧洲议会和理事会2006年3月15日关于保存与提供公共电子通信服务或公共通信网络生成或处理的数据的《第2006/24/EC号指令》所涉及的与保存通信数据相关的争议。[65]

该争议涉及如下情况：政府授权网络运营商和电信提供商收集与电信连接有关的传输数据，尤其是个人数据以及连接或尝试连接的时间和位置，并自连接之日起将此类数据保存六个月至两年，由主管的公共服务和机构使用，以确保公共安全。这种数据收集和监督的范围也是讨论的主题。有人批评说，为期两年的数据保存期对于调查和打击犯罪是多余和不必要的。政府当局极少使用保存时间超过六个月的数据。

2014年4月8日，欧盟法院在"爱尔兰数字版权案"中提出了一项突破性的保存交通数据和位置数据的方法，宣布了《数据保存指令》的无效。[66]法院的判决理由是，该指令与《欧洲联盟基本权利宪章》所规定的基本人权之一即隐私权不一致。欧盟法院并没有质疑该指令的目的即确保公共安全以及预防和打击犯罪，但认为相对于该目的，该指令对隐私的干扰是过分的。电信和互联网服务提供商有义务

324

64　Mike Elgan（迈克·埃尔根），Uh-oh: Silicon Valley Is Building a Chinese-Style Social Credit System（《哎哟：美国硅谷正在建设中国式的社会信用体系》），*Fast Company*，https://www.fastcompany.com/90394048/uh-oh-silicon-valley-is-building-a-chinese-style-social-credit-system.

65　OJ EU L 105, 14.4.2006, p.54.

66　合并审理的第C-293/12号和第C-594/12号案件，爱尔兰数字版权有限公司诉通信、海洋和自然资源及其他部长（C-293/12）和卡林西亚省政府（C-594/12）、迈克尔·塞特林格、克里斯托夫·肖尔等人。有关欧盟法院根据《欧洲联盟基本权利宪章》界定打击犯罪与隐私权之间的界线，以及在保存电信资料方面保护个人数据的讨论，请参阅A. 哥泽拉克，《有效打击犯罪与保护隐私权以及个人数据权之间的分界线：对法院2014年4月8日合并C-293/12和C-594/12两案判决的评论》，载《欧洲司法审查》2014年第7期，第45页。

保存其服务过的用户的各种数据，例如名称、地址、日期、时间、期间、通信类型以及互联网协议地址。欧盟法院还指出，目前缺乏数据保存明确期限的标准。[67]

欧盟法院 2016 年 12 月 21 日对瑞典 Tele 2 案（合并的 C-203/15 案和 C-698/15 案）[68] 的判决结论是一样的。欧盟法院认为，欧盟法律不允许大规模保存所有网络流量和位置数据。成员国法律允许为了打击严重犯罪而合法保存某些数据，但是数据范围、数据类别、数据主体和保存期限的范围不应超出该目的所必需的范围。成员国法律还必须规定主管机构访问保存的数据的条件，并规定由独立机构控制访问的基础和范围。由于可以进行自动化分析，因此元数据可以揭示个人敏感数据，例如某人已被包含在反政府邮件列表中或参与了示威抗议活动；打给特定医生的电话记录，可能会识别出该病人患有特定疾病；拨打电话或发送给支持服务组织的电子邮件的历史记录，可能会识别出酗酒或吸毒的人。[69]

67　The Article 29 Data Protection Working Party, Document No. WP 220 of 1 August 2014, Statement on the ruling of the Court of Justice of the European Union (CJEU) which invalidates the Data Retention Directive, http://ec.europa.eu/justice/data-protection/article-29/documentation/opinion-recommendation/files/2014/wp220_en.pdf.

68　*Tele2 Sverige AB (C203/15) v. Post- och telestyrelsen*, and *Secretary of State for the Home Department (C698/15) v. Tom Watson, Peter Brice, Geoffrey Lewis*, https://eur-lex.europa.eu/legal-content/EN/TXT/?uri=CELEX:62015CJ0203.

69　M. Brkan, The Essence of the Fundamental Rights to Privacy and Data Protection: Finding the Way Through the Maze of the CJEU's Constitutional Reasoning, *German Law Journal* 2019, p.873, https://www.cambridge.org/core/services/aop-cambridge-core/content/view/00621C26FA14CCD55AD0B4F4AD38ED09/S207183221900066Xa.pdf/essence_of_the_fundamental_rights_to_privacy_and_data_protection_finding_the_way_through_the_maze_of_the_cjeus_constitutional_reasoning.pdf [retrieved on 20 December 2020]; T. Ojanen, Privacy Is More Than Just a Seven-Letter Word: The Court of Justice of the European Union Sets Constitutional Limits on Mass Surveillance. Court of Justice of the European Union, Decision of 8 April 2014 in Joined Cases C-293/12 and C-594/12, Digital Rights Ireland and Seitlinger and Others, 10 Eur. Const. L. Rev. 528, 537 (2014).

欧盟法院在"私隐国际"案[70]以及在诸如四方网络公司等的并案
判决中认为,"根据《欧洲联盟条约》第 4 条第 2 款,《宪章》第 7 条、
第 8 条、第 11 条和第 52 条第 1 款的精神,以及《第 2002/58 号指令》
第 15 条第 1 款的规定,如果国家法律要求电子通信服务提供商以通
用的、不加区分的传输方式,向国家安全和情报机构披露交通数据和
位置数据,那么这样的法律就超出了必要的、严格限定的程度,在民
主社会中不应被视为是正当的。"(判决第 81 点)因此,泛泛地要求
保存数据(例如成员国规定数据的一年保存期义务以及传输所有网络
流量和位置数据的义务),而不对诸如地理条件等任何情况作出区分,
都是有悖欧盟法律的做法。这适用于"那些没有证据表明其行为可能
具有关联(甚至是间接联系或联系疏远)的人,尤其是没能在传输的
数据与国家安全受到威胁之间建立任何联系的情况,尽管目的是维护
国家安全"(判决第 80 点)。针对这种情况,请参阅 2014 年 4 月 8 日
的爱尔兰数字版权和其他案(第 57 段和第 58 段)以及 2016 年 12 月
21 日的瑞典 Tele 2 案(第 105 段)的判决。

仅当满足下述情况,成员国才能规定保存所有电信数据的一般性
义务:第一,出现了严重威胁国家安全的例外情况,且根据现实证据
可以认为这种情况是真实存在的;第二,该义务被限制在规定的期限
内;第三,该行为接受独立机构的监督。

此前,德国宪法法院在 2010 年 3 月 2 日的判决中裁定,执行关
于保存电信数据的指令不符合《德国基本法》第 10 条的规定,因为
这违反了对邮政保密和比例原则,而且在与公民的行为无关的情况下
侵入了每个公民的隐私。

波兰宪法法庭在 2005 年 12 月 12 日的判决(K 32/04)中也对数

---

70 CJEU judgment of 6 October 2020, Case C–623/17, *Privacy International v. Secretary of
    State for Foreign and Commonwealth Affairs, Secretary of State for the Home Department,
    Government Communications Headquarters, Security Service, Secret Intelligence Service*,
    ECLI:EU:C:2020:790.

据保存提出了质疑。[71] 波兰宪法法庭裁定："在法治民主国家中，以经营活动期间获得信息的有用性为理由保存公民的信息，是缺乏必要性的。仅当根据某项法规要求的特定程序，可以出于国家安全和公共秩序的原因，对自由加以限制，才能够对个人数据进行这种保存。"

第三节　结论

在《欧盟基本权利宪章》生效后，隐私权被赋予了基本权利的法律地位。很显然，隐私权获得这种地位与脸书公司创始人马克·扎克伯格的"隐私不再是一种社会规范"的说法[72]，或者谷歌公司前任首席执行官埃里克·施密特的"要想人不知，除非己莫为"的说法，[73] 是截然相反的。缺乏隐私保护，我们的自由和尊严将会被剥夺殆尽。在社会领域中，缺乏隐私保护将会导致监视资本主义（surveillance capitalism）和"数字剥夺"（digital dispossession）[74] 以及政府对公民的大规模监视。

您也许会问："四大"科技公司*的所有者和首席执行官信奉"每个人都有权知道您所做的一切"，那他们自己家中的墙和门是否是玻璃做的？他们是否从来没有私下做过不想让别人知道的事情？谁赋予他们改变社会基本规则的权利？他们的授权又是来自何处？保护隐私权的规定见于《世界人权宣言》第 12 条和《公民权利和政治权利国际公约》第 17 条（由联合国大会制定通过），《欧洲保护人权和基本自由公约》第 8 条（由欧洲委员会制定通过），欧洲理事会 1981 年 1 月 28 日《关于保护自然人个人数据自动处理的第 108 号公约》第 1 条，

326

71　Dziennik Ustaw (Polish Journal of Laws) of 2005, No. 250, Item 2116.

72　https://www.theguardian.com/technology/2010/jan/11/facebook-privacy.

73　https://www.businessinsider.com/eric-schmidt-quotes-2013-11?IR=T.

74　Shoshana Zuboff, *The Age of Surveillance Capitalism*, 2019.

*　一般指美国的谷歌、亚马逊、脸书和苹果四家信息技术公司。——译者

以及《欧洲联盟基本权利宪章》第 8 条第 1 款。信息技术公司的经济利益是否应当凌驾于这些国际法立法行为之上？信息技术行业的商业模式及其对利润的渴望是否能够剥夺隐私权由《欧盟基本权利宪章》赋予的作为基本权利的地位呢？

当前，大型互联网平台和社交媒体已经构成了对隐私权（在以用户隐私为产品的"监视资本主义"中）和民主价值（想一想有针对性的虚假新闻所导致的诸如 2021 年 1 月 6 日袭击美国国会大厦的事件）的威胁。"在线下属于非法的活动，搬到了网络上，应该照样是非法的活动"[75]，包括非法监视。我们的隐私必须属于我们自己，而不属于大型的互联网公司，也不属于政府。马克·扎克伯格的"隐私已死，面对现实吧"的说法是错误的。隐私权是自由的前提。这也是我们必须拯救隐私的原因。如果我能通过本书为此做出一些贡献，那将是对我最大的回馈。

75　T. Breton（T. 布雷顿）, Thierry Breton: Capitol Hill — The 9/11 Moment of Social Media（《蒂埃里·布雷顿：国会山——政治媒体的 9/11 时刻》）, *Politico*《政治》, 10 January 2021, https://www.politico.eu/article/thierry-breton-social-media-capitol-hill-riot/.

索 引

（索引中的页码为原书页码，即本书边码）

图书在版编目(CIP)数据

欧盟个人数据保护制度:《一般数据保护条例》/(波)
马里厄斯·克里奇斯托弗克著;张韬略译. — 北京:
商务印书馆,2023
(法律与科技译丛)
ISBN 978-7-100-21961-7

Ⅰ.①欧… Ⅱ.①马… ②张… Ⅲ.①个人信息—法
律保护—研究—欧洲 Ⅳ.① D950.3

中国国家版本馆 CIP 数据核字(2023)第 025866 号

法律与科技译丛
欧盟个人数据保护制度
——《一般数据保护条例》
〔波兰〕马里厄斯·克里奇斯托弗克 著

张韬略 译

商 务 印 书 馆 出 版
(北京王府井大街36号 邮政编码100710)
商 务 印 书 馆 发 行
北 京 冠 中 印 刷 厂 印 刷
ISBN 978-7-100-21961-7

2023年3月第1版 开本710×1000 1/16
2023年3月北京第1次印刷 印张29½

定价:128.00元